위기와
ESPIONAGE

CONTENTS

- 서정순 교수 서문

- 이일환 교수 서문

※ 제1부 : 복합위기 시대 국가정보
(서정순 교수)

위기상황과 국가정보 / 3

- 분석의 틀
- 위기상황과 국가정보의 적시성 및 정확성과의 상관관계
- 정보의 적시성과 정확성 차원에서 사례 분석
    1. 제2 연평해전
    2. 미국의 쿠바 미사일 위기

✼ 제2부 : 위기 속 정보공작과 첩보전
(이일환 교수 편저)

우크라이나 전쟁과 정보

- ◆ 정보와 러시아의 우크라이나 침공 / 51
- ◆ 정보를 이용한 사전 물타기 작전 / 54
- ◆ 러시아 전함 침몰, 미국의 정보지원 덕분(U.S. provided intelligence that helped Ukraine sink Russian warship) / 59
- ◆ 허위조작정보 시대의 공개출처정보
  (OSCINT in an age of Disinformation Warfare) / 64
- ◆ 과연 정보가 푸틴의 속마음까지 예측할 수 있을까? / 68
- ◆ 러시아의 우크라이나 침공과 선전, 혼돈, 그리고 언론자유에 대한 공격 / 76
- ◆ 우크라이나 전쟁을 둘러싼 러시아와 우크라이나의 정보심리전 / 81

외교관 스파이

- ◆ 외교적 스파이 행위 : 이 도구를 유용하게 쓰는 법 / 89
- ◆ 미국판 '늘공'과 '어공' 스파이 외교관 / 106
- ◆ FSB 그늘아래 숨죽이고 활동하는 러시아 외무성 / 119
- ◆ 외교관의 탈을 쓰고 활동하는 소련 첩보원들 / 123
- ◆ 스파이, 외교관, 그리고 기만행위 : 북한의 전가의 보도 / 129
- ◆ 냉전 시기 북한 스파이 외교관의 휴즈 헬리콥터 입수 공작의 전말(1981 – 1986) / 157

어둠 속에서의 정보공작

- ◆ CIA 밀라노 지국의 AbuOmar 납치공작 전모 노출 (2003년 2월) / 186
- ◆ '넵튠공작' : 냉전시기 허위조작 심리전 공작 / 192
- ◆ 흐루쇼프 스탈린 격하 연설문 입수공작 : 바르샤바에서 사랑을 싣고 / 203
- ◆ 영국 정보기관의 성공적인 노르망디 상륙작전 역정보 공작과 시사점 / 218

중동지역에서의 숨 막히는 첩보전

- 1967년 '6일 전쟁' 비사 - 숨가쁜 막전막후 / 224
- 모사드와 이란, 모순적인 관계 : 핵개발 추진과 저지 공방
  - 친이란 성향 IAEA사무총장 낙마 공작과 실패 / 237
- 정보와 언론 플레이 : 이스라엘의 사례 / 254
- 미국 정보공동체와 이란 팔레비 왕조몰락 예측 실패 / 271
- 최초 무슬림 국가와 정보 / 288
- 중동을 종횡무진한 러시아 언론인 스파이 / 306

복합위기 시대 정보의 미래

- 복합위기시대 새로운 정보전략 / 320
- 일본 정보공동체 개혁 성과와 미흡점 / 337

" 정보기관 요원은 이빨에 단검을 무는 정신이 필요하다.
(이스라엘 전 총리 샤론)"

" 공작 장소에는 흔적을 남기지 않는다.
(No trace were lef the work site)"

" 스파이가 죽어 천국에 갔다. 베드로가 "너는 세상에서 무엇을 하다 왔느냐?" 고 물었다.
" 잘 아시잖아요. 아무 말도 못해요(Never say anything)"

서정순 교수 서문

　우리는 정보의 홍수시대에 살고 있다. 물론 학문적으로는 정보와 첩보, 자료 등이 명확하게 구분되지만 일반적으로 이러한 것을 통틀어 정보라고 인식한다. 정보의 홍수 현상은 그만큼 수요자가 많다는 의미일 것이다. 정보의 수요가 많은 이유는 수요자의 목적 달성을 위해 정보가 필요하기 때문이며, 그 수요자는 개인이나 기업, 연구나 사회단체가 될 수도 있고, 국가가 될 수도 있다. 특히 국가가 필요로 하는 정보는 국가의 흥망성쇠와 직결되는 것으로 국가 차원에서 수집되고 분석되어 정보로 생산된다. 이것을 우리는 국가정보라고 칭하는 것이다.

　국가정보는 국력의 가장 중요한 요소라고 할 수 있다. 국력의 요소는 주로 국제정치학자들에 의해 논의되어 왔는데 대개 인구, 영토, 천연자원, 경제력, 외교력, 군사력, 과학기술, 국민의 사기, 정부의 질 등을 들고 있으며, 국가정보는 포함되지 않았었다. 그러나 필자는 수십 년간 정보업무를 수행하면서 국가정보가 경제나 과학기술, 외교력, 군사력 등에 직접적인 영향을 미친다는 인식을 하게 되었고, 2017년 박사학위 논문을 작성하면서 국력의 요소에 정보를 포함시켰다. 그 이후에 출간되는 일부 책에서 정보를 국력의 요소에 포함시키고 있다.

　국가정보는 국가 위기에 대한 조기경보 및 위기관리 지원, 국가정책 수립 및 집행 지원, 협상 체결 및 국제조약 검증 등의 기능을 수행한다. 특히, 조기경보 기능은 긴급을 다투는 경우가 대부분이고, 판단이 지연되거나 오판 할 경우 국가 존망의 위기에 직면할 수도 있다. 위기상황 판단이 빠르면 빠를수록 위기에 대비할 수 있는 시간을 벌게 되며, 위기관리 과정에서의 오판은 더욱 심각한 상황을 초래할 수 있기 때문이다.

　이러한 이유로 인해 국가정보는 적시성(신속성)과 정확성이 구비되어야 한다. 이 책의 1부에 실린 『위기상황과 국가정보』는 전통적 군사안보 관점에서 위기상황 판단과 위기관리 과정에서 정보의 적시성과 정확성의 상관관계를 필자의 경험을 토대로 논리적으로 풀어보고자 한 것이다.

전통적 군사안보 관점에서 국가위기는 "국가이익에 심대한 위협을 초래할 수 있는 전혀 예상하지 못한 상황이 발생하여 위협에 대처할 수 있는 가용시간이 부족"한 경우라고 할 수 있다. 국가 위기는 대개 국가 간에 발생하기 때문에 적절히 대처하지 못할 경우 전쟁으로 비화 될 수도 있다. 그렇기 때문에 위기발생 시 신속하게 위기상황으로 판단하고 국가의 전 역량을 투입하여 위기관리의 주도권을 확보해야 한다. 위기관리가 성공하면 원상태로 회복이 될 수 있지만 위기관리에 실패할 경우 전쟁으로 비화 될 수도 있다.

위기발생 초기에는 정보가 매우 제한될 수밖에 없다. 국가의 정보자산은 국가 정보목표 우선순위(Priority of National Intelligence Objective)에 의해 일상적인 임무를 수행하기 때문이다. 정보가 제한되는 상황에서 위기상황 여부를 판단하는 것은 매우 어려운 일이다. 단일 출처 첩보에 의해 위기 여부를 판단해야 하는 상황이라면 분석관 자신도 첩보의 신뢰성을 확신하기 어렵기 때문이다. 위기여부를 판단해야 하는 분석관은 첩보에 신뢰를 가지기 위해 추가 첩보를 요구할 가능성이 높고, 추가 첩보를 기다리는 만큼 위기에 대비할 시간을 줄어들게 될 것이다.

따라서 위기상황 발생 초기에는 첩보의 정확성보다는 신뢰성이 우선해야 하고 제한된 첩보를 가지고 정확한 판단을 위해서는 분석관의 탁월한 능력이 요구되는 것이다. 군에서는 '유능한 정보분석관은 군단을 능가한다.' 격언이 있다. 정보분석관의 판단에 의해 신속하게 위기관리체제로 전환될 수 있고 위기관리의 주도권을 장악할 수 있는 것이다. 역으로 위기상황을 일반상황으로 오판하거나 정보가 왜곡되면 위기관리는 실패하게 된다.

위기상황을 판단하고 위기관리체제로 전환되면 상대국의 도발에 대하여 대응과 역대응의 과정이 반복된다. 이때부터는 정보의 적시성보다는 정확성이 요구된다. 상대국에 대한 정확한 정보가 있어야만 효과적인 대응을 할 수 있으며, 상황에 따라서는 신속한 대응보다는 기다리는 것이 유리한 경우도 있기 때문이다.

본고의 「미국의 쿠바 미사일 위기」는 군사적 위기상황에서 위기관리의 성공사례로 제시한 것이고, 「제2연평해전」은 실패사례로 제시한 것이다. 「미국의 쿠바 미사일 위기」는 위기 발생 가능성 판단부터 첩보수집 강화, 위기판단, 위기관리의 모범사례로 꼽히는 것이다. 미국은 위기관리 과정에서 대소(對蘇) 주도권을 장악하고 성공적으로 위기를 관리하고 원상회복을 시켰으며, 향후 대소 정책에서 주도권을 잡는 계기가 되었다. 즉 미국은 위기를 성공적으로 관리함으로써 위기를 기회로 전환시킨 것이다.

역으로 「제2연평해전」은 정보기관에서 위기상황이라고 판단을 했으나 보고 및 전파 과정에서 정보가 왜곡 전파됨으로써 효과적으로 대비하지 못하였으며, 결국 대한민국의 경비정인 '참수리호'가 피침되고, 6명의 전사자가 발생하였다. 위기관리 시 정보 실패원인은 분석의 실패, 의도적 왜곡, 첩보수집의 제한, 적의 기만 등 다양하지만 「제2연평해전」은 정보의 의도적 왜곡이 주원인이 된 실패사례라고 할 수 있다.

이 두 사건 외에도 정보의 실패사례는 무수히 많다. 정보의 성공사례는 대부분 공개가 되지 않기 때문이다. 이일환 교수가 편저한 2부는 주로 정보의 성공 및 실패사례를 다루고 있다. 성공사례보다는 실패사례를 통해 많은 교훈이 도출된다. 이 책이 출간되는 주목적이라고도 할 수 있다. 많은 사례를 통해 정보기관에서 근무하는 요원들이나 국가정보를 연구하는 학자들에게 도움이 되었으면 하는 바람이다.

지금 세계정세는 신냉전의 징후가 여러 분야에서 감지되고 있다. 국가들 간에 진영을 중심으로 경쟁이 심화되고 있다. 이 경쟁에서 이기기 위해서 가장 필수적이고 우선적인 요소가 정보임에는 이론의 여지가 없다. 지금 이 순간에도 정보전쟁을 치열하게 진행되고 있다. 이 책은 특히 정보전쟁을 수행하고 있는 정보요원들에게 많은 도움이 될 것으로 기대한다.

끝으로 연구결과를 책으로 펴낼 수 있도록 물심양면으로 도와주신 이일환 교수님께 진심으로 감사드린다. 그리고 30여 년 이상 정보맨으로 근무하면서 좋은 남편, 좋은 아빠가 되지 못했지만, 항상 응원하고 존경하는 마음을 가지고 있는 아내와 사랑하는 우리 아이들에게 고마운 마음을 전한다.

2022년 6월 용인 우거(寓居)에서

이일환 교수 서문

위기의 시대이다. 정치, 경제, 안보, 환경 등 거의 모든 분야가 망라해서 작동하는 '복합위기 시대'라는 말까지 나오고 있다. 짙은 안개와 친구처럼 다가오는 복합위기 시대를 돌파할 최선의 치료약은 정보이다. 정보는 미로에서 길을 비추는 등불이며, 크고 작은 위기 속에서 정보맨은 움직인다. 이 책 제목을 <위기와 Espionage>로 잡은 이유이기도 하다.

정보의 백미는 각종 이슈나 현안에 대한 정리나 분석, 그리고 판단보다는 현상을 변경하고자 시도하는 '공작'에 있다. 현상을 변경하려면 기존의 사고체계와 방식을 뛰어넘어야 한다. 한마디로 창의적이고 돌발적인 사고와 행동이 필요하다. 공작이 성공했을 때의 쾌감은 그 무엇과도 견줄 수 없다. 아쉽게도 수많은 공작 성공 사례는 베일 속에 감추어진 채 역사의 그늘로 사라져간다. 정보계의 숙명이다.

이에 못지않게 정보맨을 흥분시키는 또 하나는 중대한 이슈에 정보가 결정적인 기여를 할 때이다. 지나고 나면 hindsight bias가 작동하여 "그러면 그렇지"라고 말하기는 쉽지만, 탄성을 자아내는 결과를 만들어 내기 까지 정보맨은 머리가 찌근거리고 각종 위험 지뢰가 매설되어 있는 지역을 돌아다니며, 유가치한 정보를 금 광맥 찾듯이 보이지 않게 휘 젖고 다닌다.

성공에 따른 영광은 주로 정치인들이나 지배자들이 가져가지만, 정보맨들은 자신들의 헌신이 국가 안위라는 제단에 바쳐졌다는 자부심 하나로 평생을 살아간다. 또 정보의 중요한 기능 중 하나가 '짙은 안개처럼 앞이 불투명한 미래를 예측하는 일'인데, 미래예측 모습에 대해 정보계가 그린 그림이 실제적인 현실과 흡사하게 나타날 때 정보맨들의 자부심은 다시한번 스카이로켓처럼 올라간다. 2022년 현재까지도 진행되고 있는 러시아의 우크라이나 침공에 대한 정확한 정보가 적절한 사례이며,

'우크라이나와 정보'라는 한 파트로 분류한 이유이기도 하다. 그리고 정보와 미래에 관한 전문적인 글은 필자가 지난 2022년 1월에 펴낸 「Gray Intelligence – 정보생태계의 명과 암」에서 비중 있게 다룬 바 있어 이 책을 참고하면 좋을 듯하다.

　이상은 필자가 일부이긴 하지만 각종 사이트나 학술지 등에 공개된 과거의 정보공작 성공과 실패 사례를 번역하면서 떠올린 정보계의 정경(landscape)이다. 1부로 편집한 서정순 교수의 논문이 원론적이고 학술적인 시각에서 정보의 어느 한 분야에 대해 체계적이고 분석적으로 정리해놓은 것이라면, 2부를 전담한 필자는 현장에서 실제 벌어졌던 사건, 즉 '정보의 현장'을 생생하게 독자들에게 전달하고자 했다.

　그래서 사례를 중심으로 편집했다. 정보전문가들이 아니라도 이론과 실천이 접목되어 정보계의 정경(landscape)을 보다 포괄적으로 이해하는 계기가 되기를 바라는 마음이 컸기 때문이다.

　우리 사회는 '정보에 헌신한 사람'이 제대로 대우받지 못하는 사회이다. 미국은 숱한 실책을 겪으면서도 CIA로 대표되는 정보맨들의 존재를 인정하고 퇴직 후에도 이들이 가진 장기를 십분 활용하는 사회이지만, 우리 사회는 과거 군사정부시절 음습했던 시절의 편견에 매몰되어 국가를 위해 한 몸을 던졌던 정보맨들은 어찌 보면 어둠의 장막을 치고 살아간다. 이 책은 정보맨들에 대한 사시적이고 편협한 시각을 이제는 벗어 던지고 공과를 균형 있게 평가해주는 사회로 바뀌기를 바라는 헌사의 성격도 있다.

　이 책의 또 하나의 강점은 그간 스파이 세계를 다룬 많은 책들이 거의 다루지 않은 부분을 부각해서 게재한 것이다. '스파이 외교관'이 그 하나다. 이 파트는 과거 소련이 괄목할 정도로 두각을 나타냈었고, 북한이 구소련을 능가할 정도로 최고수준의 기량을 보이는 분야이기도 하다.

아울러 과거 이란 팔레비 왕조의 몰락을 전후한 상황과 이에 대한 미국 정보당국의 정보판단과 고뇌를 담은 내용은 오늘날 이란을 바라보는데 새로운 안목을 던져준다. 그리고 일본의 정보공동체에 대해선 크게 알려진 경우가 적다. 일본 스스로의 폐쇄성에 기인한 것인데, 이런 상황에서 일본 정보계를 평가한 내용은 윤석열 정부가 출범하면서 한일관계를 새롭게 정리하려는 시점에서 일본을 바라보는데 있어 작은 팁을 줄 것으로 믿는다.

이 책이 위기의 시대에 딱부러진 해답을 주지는 못하지만, 이 책에 포함된 국내외 사례는 그 자체로 미래의 안개 속을 헤쳐 나가는 인사이트를 준다고 자부한다. 흥미도 있다고 생각하며 독자들의 큰 관심을 기대한다.

이 책이 나오기 까지 언제나 변함없는 후원자 역할을 하는 아내와 딸에게 지면으로나마 고마움을 전한다.

2022년 6월, 남산 목멱산 아래 을지로 사무실에서.

제 1 부
복합위기 시대
국가정보

위기상황과 국가정보

I. 서론

안보의 개념이 포괄안보 개념으로 확장되면서 국가의 위기 유형도 다양해졌다. 국가의 위기를 조기에 식별하고 효과적으로 대응하면 피해를 최소화 하거나 원상회복이 가능하지만 위기관리에 실패하면 전쟁 상황으로까지 확대될 수 있다. 따라서 국가는 위기 발생 예방과 억제에 주력하는 한편, 위기 발생에 대비하여 위기를 조기에 식별하고 효과적으로 관리하기 위한 대비책이 강구되어 있어야 한다. 이를 위해서는 정보가 절대적으로 필요하다. 그러나 위기 초기에는 첩보의 부족 등으로 위기 여부를 식별하는 것 자체가 제한을 받는다. 위기의 조기 식별은 대응 준비시간과 직결되기 때문에 위기 초기에는 정보의 적시성(신속성)이 무엇보다도 중요하다.

따라서 위기 초기에는 정보의 정확성은 낮더라도 신속하게 위기를 판단·선포하고 위기관리 체제로 전환하는 것이 필요하다. 반면 위기관리 체제로 전환된 이후부터는 정보의 신속성보다는 정확성이 더 중요하다고 할 것이다.

특히 전통적 안보개념에서의 위기관리는 위기 당사국 간 주도권 장악을 위한 대응과 역대응의 반복과정이면서 원상태로 회복하기 위한 노력의 과정이기 때문에 위기상황을 조기에 종결하기 위해서는 상대국의 의도를 정확하게 파악해야만 한다.

물론 위기 초기에도 정보의 정확성이 중요하며, 위기관리 과정에 서도 정보의 적시성이 중요하다. 위기 초기에 적시성에 치중하다보 면 정확성이 결여되어 오판을 할 수 있으며, 초기 오판은 위기관리 과정에서 주도권 상실의 주원인으로 작용하기 때문이다. 또한 위기관리 진행과정에서 첩보의 홍수현상이 일어나면서 첩보처리와 정보 생산이 지연되는 상황이 발생할 수 있으며, 정확성에 치중하다 보면 적시성을 상실하여 중요한 정보가 아(我)측의 역대응에 활용될 수 없기 때문이다. 따라서 본 논문의 목적은 위기식별과 위기관리 과정에서 정보의 적시성(신속성) 및 정확성이 어떤 상관관계를 가지고 있으며, 사례연구를 통해 그 관련성을 검증해보려는, 하나의 시론(試論)적 연구이다.

사회 내의 모든 조직은 조직의 목표가 있고, 목표를 달성하기 위하 여 조직이 운영된다. 조직의 설립 목적에 따라 목표는 다양하며, 목표를 달성하기 위하여 조직이 운영되는 과정에서 크고 작은 장애 요소에 봉착하게 된다. 이는 각기 다른 목표를 가진 조직 간, 또는 조직 구성원 간 이해관계가 상충하는 경우가 발생할 수 있기 때문이다. 크고 작은 장애 요소 중 조직의 사활이 걸릴 정도로 중대한 장애라면 이것은 그 조직의 위기[1]라고 할 수 있다. 조직이 직면한 위기를 효과적으로 관리하여 신속하게 극복한다면 조직은 정상으로 환원되어 목표를 향해 순항할 수 있지만, 위기를 극복하지 못한다면 조직이 존폐 위기에

---

[1] 위기는 일반적으로 '위험한 고비' '위급한 시기'라고 해석할 수 있지만 현대에 그 의미는 더욱 다양하게 사용되고 있다. 위기의 개념 정의에 대해서는 Charles F. Hermann, *Crises in Foreign Policy: a Simulation Analysis* (Indianapolis: The Bobbs-Merrill Company, Inc., 1969), p. 29.; Pill Williams, *Crisis Management: Confrontation and Diplomacy in the Nuclear Age* (London: Martin Robertson, 1976), p. 25.; 한용섭, 『국방정책론』(서울: 박영사, 2013), pp. 46-50.; 김열수, 『국가안보-위협과 취약성의 딜레마』(서울: 법문사, 2010), p. 181.; 김은기, "한·미 안보 협력체제하에서 미국의 한반도 위기관리 전략 연구," (경기대학교 정치전문대학원 박사학위 논문: 2002), pp. 7-8.

처하는 상황을 맞이할 수도 있다. 만일 그 조직이 국가라면 위기관리에 실패할 경우 국가의 존망이 위태로운 상황에 직면하게 될 수도 있는 것이다. 따라서 국가를 비롯한 모든 조직은 발생할 수 있는 다양한 위기 유형을 분석하고 대응할 수 있는 준비가 되어 있어야만 한다.

그러나 위기를 예방하거나 효과적으로 관리하기란 대단히 어렵다. "위기는 시·공간적 제약을 받지 않고 돌발적으로 발생하기 때문에 일상적인 능력으로 해결하기 어려우며, 제 관계기관의 협조와 노력이 필요하다."[2] 특히, 국가 간 군사적 위기의 경우에는 전쟁의 위험이 고조되는 경향을 가지고 있기 때문에 신속한 대응이 요구되며, 이를 위해서는 정확한 정보가 적시에 뒷받침 되어야 한다. 즉 정보판단 에 의해서 위기 식별이 가능하고 정보의 지원이 있어야 성공적인 위기관리가 가능한 것이다. 그러나 위기발생 초기에는 첩보가 제한되어 정확한 정보를 생산하기는 쉽지 않다. 위기는 예측하기 어렵고 돌발적으로 발생하는 반면 정보기관은 통상적인 업무수행 예규에 따라 정보활동을 수행하고 있기 때문이다.

정확한 정보생산이 제한되는 원인은 첩보부족에서 기인하는 것이 대부분이지만, 사용자가 의도적으로 정보를 왜곡시키는 경우도 있다. 전자의 경우에는 위기관리가 진행되면서 첩보의 양이 증가되고 정확한 정보생산이 가능하여 효과적인 위기관리가 가능하지만 후자의 경우에는 초기 판단이 왜곡되어 주도권 상실의 원인으로 작용하여 위기가 장기화되고 종국에는 위기관리에 실패하여 위험에 직면하게 되는 것이다.

따라서 전통적 안보관점에서 군사적 위기를 중심으로 위기식별과 위기관리 과정에서 정보의 적시성 및 정확성이 어떠한 상관관계를 가지고 있으며, 어떠한 영향을 미치는가를 사례를 통하여 규명해 보고자 하는 것이다. 그러나 이러한 상관관계와 영향의 정도를 정확한 계량적 수치로 나타낼 수 없는 한계를 가지고 있다. 그것은 모든 나라가

---

[2] 정찬권, 『21세기안보시대의 위기관리론』(서울: 대왕사, 제2판, 2012), pp. 37-38.

위기관리와 관련된 정보활동과 위기관리 과정을 철저하게 비밀로 관리하고 있기 때문이다. 사례로 제시한 제2연평해전의 경우에도 대부분의 정보가 비밀로 보호되고 있어 국회 속기록과 당시 첩보수집부대장의 비망록 형식의 저서에 의존함으로써 연구에 제한사항이 많았음을 미리 밝혀둔다.

따라서 향후 국가정보 기관과 학계를 중심으로 제2연평해전을 포함하여 위기상황에 대하여 평시와 징후 발견 시, 위기 판단 시와 위기관리 체제로 전환 시 첩보수집 건수와 정확성이 어떻게 변화하고 어떠한 상관관계가 있는지를 계량적으로 분석하여 규명하는 것도 하나의 과제가 될 것이다.

Ⅱ. 분석의 틀

1. 선행연구 검토

위기상황과 국가정보의 관계에 대하여 국내외를 막론하고 많은 연구가 있어왔다. 우선 국외에서는 엘리슨(Graham Allison)이 쿠바 미사일 위기 분석을 통해 정보와 위기관리정책과의 상관관계를 규명하여 위기관리 정책모델을 발전시켰으며, 특히 합리적 행위자 모델은 "국가를 의인화 하여 국가라는 위기정책결정의 행위자는 '합리성에 근거하여 주어진 상황에서 특정한 목표에 적합한 행위'를 한다는 것으로 국제정치의 주체인 국가가 단일한 행위자로서 국가는 여러 행동방책 중에서 예상되는 비용과 이익을 엄격하게 따져서 국가의 이익을 극대화 하는 대안을 선택한다는 것이다."[3] 국가라는 행위자가 합리적 선택을 하기 위해서는 충분하고도 정확한 정보가 전제되어야 함은 당연하다.

---

3) Graham Allison & Philip Zelikow, *Essence Decision-Explaining the Cuban Missile Crisis* (New York: Wesley Longman, 2nd ed. 1999), pp. 4-27.

미국 외교협회장이던 겔브(Leslie H. Gelb)는 미국의 對중동정책 등 외교정책 사례를 중심으로 정보와 정책결정의 관계, 정보생산자와 정책결정자와의 관계와 문제점, 상대국에 대한 중요 첩보 수집의 어려움 등을 상세하게 설명하고 있다. 겔브는 정보생산자들이 정책 결정자들의 생각과 상반되는 정보를 생산하거나 보고할 때 심한 압박감을 느끼며, 상대국에 대한 중요한 정보는 상대국은 어떠한 방법을 써서라도 숨기려고 노력하기 때문에 첩보 수집이 어렵고 따라서 정확한 정보생산도 제한될 수밖에 없다고 주장한다.[4]

이러한 문제점은 정확한 정보생산이 제한되고 적시성을 떨어뜨리는 원인으로 작용한다. 한편, 베츠(Richard Betts)는 정보실패의 원인에 대하여 "분석관의 인지과정상 주관성, 정보생산자와 정보소비자 간 인식의 차이, 정보책임자가 정책결정자에게 정보의 중요성을 설득하는 과정에서 발생하는 병리현상" 등을 중심으로 설명하고 있다.[5] 즉 정보생산자의 주관에 의해 정확성이 저하될 수 있으며, 정책결정자가 정보를 취사선택하는 과정에서 적시성과 정확성이 저하될 수 있음을 지적한다고 할 수 있다.

정보실패는 '오판을 하거나 예측하지 못함으로서 적으로부터 기습을 당한 상황'이라고 할 수 있을 것이다.[6] 국내에서는 주로 정보실패의 원인 측면에서 정보와 정책결정의 관계에 대한 많은 연구가 있다. 김강무는 한국의 위기경고 능력을 지적하면서 경고를 위해서 정보의 정확성과 판단의 신속성이 중요함을 강조한다. 즉 "선략성고 분석은 징후분석을 바탕으로 전략적 판단이 심도 있게 가미된 예측상황을 포함하는 고난이도의 정보 분석으로써 한국은 전략경고분석을 수행할 수

---

4) Leslie H. Gelb, *Power Rules-How Common Sense Can Rescue American Foreign Policy* (New York: Haper Collins Publishers, 2009), p. 126-131.
5) Richard K. Betts, "Analysis, War, and Decision: Why Intelligence Failures Are Inevitable," *World Politics*, Vol. 31, No. 1(October 1978), p. 88.
6) 정보실패는 학자들에 따라 다양하게 정의되고 있지만 "국가이익이나 안보에 치명적인 영향을 끼칠 수 있는 현상을 제대로 예측하거나 판단하지 못함으로써 국가적으로 상당한 손실이 발생하게 되는 상황을 의미하는 것," 이라는 정의가 타당할 것이다. 전웅, "9·11 테러, 이라크 전쟁과 정보실패," 『국가전략』, 제11권 제4호(2005), p. 11.

있는 체제를 갖추고 있지 못하고 있으며 또한 이를 수행 할 능력 또한 미흡한 상태"라고 지적하면서 욤 키프르전쟁(1973년), 이라크의 쿠웨이트 침공(1990년), 9.11테러(2001년), 북한의 핵실험 (2006년, 2009년, 2013년, 2016년) 등을 전략적 기습과 관련된 경고실패의 사례로 제시하였다.7)

또한 위기경고가 미흡한 원인으로 수집자산의 부족, 정보기관 간 첩보 통합의 미흡, 판단정보보다는 현용 정보 중심의 정보기관 운영 등을 들고, 해결 방안으로 제 정보기관들의 첩보를 통합할 수 있는 전 출처 첩보 통합 망 구축, 현용정보위주의 정보생산을 개선하여 판단정보 생산 능력을 강화, 정책결정자와 정보생산자간의 소통채널 제도화 등을 주장하고 있다.8)

박종재는 정보의 성공과 실패를 좌우하는 요인으로 정책 결정자의 성향과 정보 생산자의 성향과 능력, 정보의 정치화 등을 제시하고 정보가 성공하기 위한 조건으로 생산자-소비자의 유기적 협력과 상호 존중을 들고 있다.9) 즉 정책결정자가 정보보고서를 불신하여 수용하지 않거나 무시하는 경우 정책결정의 오류를 범할 수 있으며, 정보생산자가 정책결정자의 의사에 따라 판단을 하는 경우, 또는 정치적 목적에 의해 정보를 왜곡하는 경우 등이 정보 실패의 원인으로 작용한 다는 것이다.

한편, 전 웅과 장호근은 정보실패의 원인을 정보순환 과정에서 발생될 수 있는 문제점을 정보외적 실패와 정보적 실패로 구분하여 제시하고 있다.10) 특히 전 웅은 정보실패 원인의 정보적 요소로써 첩보 수집 수단 및 자료의 신빙성 문제, 분석과정에서의 오류, 정보기관들 간 정보공유의 부재 등을 제시하고 있으며, 정보외적 요소로써 정보의 정치화, 관료

---

7) 김강무, "한국의 전략정보생산체제 문제점과 개선 방향 고찰," 『국가정보연구』, 제9권 제2호(2016), p. 15.
8) 위의 논문, pp. 16-23.
9) 박종재, "안보정책 결정 과정에서 국가정보 생산자와 소비자 관계 고찰," 『국가정보연구』, 제7권 제1호(2014), pp. 30-42.
10) 장호근 "6·25전쟁발발과 정보 실패요인에 관한연구," 『국가정보연구』, 제9권 제1호 (2016), pp. 61-63.

주의적 부처 이기주의, 정보 배포와 운영체계의 비효율성 등을 들고 있다.11) 즉 정보순환의 각 과정에서 여러 가지 원인에 의해 정확한 정보생산과 적시성이 제한되는 원인을 설명하고 있으며, 정보외적 요소에 의해 정보가 왜곡됨으로써 정보의 정확성이 저하될 수 있음을 지적하는 것이다.

서동구는 베티의 이론을 중심으로 정보실패의 원인을 설명하면서 특히, 첩보의 "수집 요청단계에서 정책결정자는 정보기관이 제한된 자원을 가지고 있기 때문에 필요한 정보를 정확하게 요청해야한다. 만약 요청사항이 지나치게 포괄적이거나 지엽적일 경우에는 정보실패의 요인이 될 수 있는 것이다."고 주장하면서 분석관과 정책결정자들의 '인지적 폐쇄성(cognitive closure)'과 그에 따른 '담론화 실패(discourse failure)'도 정보실패의 원인으로 지적하고 있다.12) 서 동구의 주장은 대한민국의 정보현실을 정확하게 지적하고 있다고 볼 수 있다. 즉 제한된 정보자산으로 위기에 대응하기 위해서는 위기 원인의 가능성이 높은 첩보를 요구하되 구체적이어야 한다는 것을 의미하며, '폐쇄성'은 비밀보호를 위한 소위 '차단의 원칙'에 대한 문제점을 제기한 것이라고 볼 수 있다.

위기관리 시 국가정보의 역할 측면에서의 연구도 다양하다. 심상용은 국가의 정책결정 시 국가정보는 "정책분석과 정책결정 과정에 있어서 대안의 선택과 정책의 형성에 기여하게 된다."고 주장하면서 국가정보의 역할에 대하여 "정책결정자들에게 상황 인식 및 정책 결정에 대한 이해력 향상, 정책결정자로 하여금 대안 선택 시 자신감 부여, 정책결정의 질 향상, 불확실성에 따른 정책결정상의 차별화 및 정책이 실제로 받게 되는 영향과 가능성 인식에 의한 정책결정 지원," 등을 제시하였다.13) 또한 위기발생 직전단계는 첩보가 제한되어 정책결정자들의 정보요구를 충족시키기 어렵지만 정보의 적시성이 그

---

11) 전 웅, 앞의 논문, pp. 14-17.
12) 서동구, "정보실패 최소화를 위한 이론적고 찰," 『국가정보연구』, 제6권 제2호 (2013), pp. 107-117.
13) 심상용, "위기상황하의 정책분석과 정보의 역할에 관한 연구," 『정책개발연구』, 제2권 제2호(2002), pp. 34-35.

어느 때보다도 중요한 시기라고 주장한다. 심상용의 국가정보의 역할과 위기 직전 단계에서 적시성의 강조는 타당하다. 위기 상황하의 정책분석 및 정책결정에 있어서 정보가 갖는 중요성은 아무리 강조해도 지나치지 않는다. 신속하고 정확한 정보판단에 의해 위기관리체제로 신속하게 전환할 수 있는 것이며, 정보에 의해서만 심각한 위협, 불확실성의 증대, 긴박한 정책결정이 요구되는 상황 하에서 위협에 대한 정확한 인식 및 평가가 가능하기 때문이다.

김기중은 위기관리 시 전략정보의 기능과 역할을 이론과 사례를 통해 상세하게 제시하고 있다. 전략정보의 기능과 역할로서 "전략적 충격방지, 장기적인 전문성 제공, 정책 지원" 등을 제시하고 전략정보 분석 시 제기되는 주요 쟁점과 분석 실패사례를 제시하고 있다.14) 또한 위기관리 정책과 전략정보와의 상호관계로써 기관 간의 상호관계, 정책결정자와 정보관리 간의 상호관계, 정책과 전략정보의 관계를 설명하고 있다. 특히 정보 분석 과정상의 문제에 대하여 경험적 요소를 반영하여 "분석관의 사고방식에 관한 문제, 정보 분석관들의 현장지식과 경험의 문제, 분석관의 신뢰성 문제" 등을 들고 있다.15)

위에서 제시한 연구 외에도 위기상황과 국가정보의 상관관계에 관한 연구는 다양하다. 제시된 논문과 같이 대부분의 연구는 국가의 위기상황에서 국가정보의 역할에 관한 것과 국가정보의 실패원인에 관한 연구가 주를 이루고 있다. 위기상황에서 국가정보의 실패는 국가 정보가 역할을 다하지 못한 것이고 이것은 결국 국가정보가 갖추어야 할 적시성과 정확성, 활용성을 갖추지 못했다는 것이다. 그러나 국가정보기관에서 수집하고 생산하는 정보가 활용성이 없는 것은 거의 없다. 평시 정보활동 자체가 국가정보목표 우선순위 목록에 의해 수집되고 생산되기 때문이다. 따라서 위기상황에서 국가정보가 역할을 다하지 못하여 실패하는 것은 결국 정보의 적시성과 정확성이 결여되었기 때문이다.

---

14) 김기중, "위기관리정책에서의 전략정보 기능과 역할에 관한 연구," 경기대학교 정치전문대학원 박사학위 청구논문(2013), pp. 12-15.
15) 위의 논문, pp. 22-24.

특히, 위기초기 즉 위기징후가 식별되었을 때 적시성은 매우 중요 하다. 적시성은 신속한 대응과 관련되며, 위기의 형태나 상황에 따라서는 대응시간이 위기관리의 성패를 좌우할 수 있으며, 초기대응에 실패할 경우 상대국에게 주도권을 빼앗길 수 있고 전혀 예측하지 못한 방향으로 진화될 수 있기 때문이다. 따라서 위기 단계에 따라 정보의 적시성과 정확성의 가중치가 상이할 것이다. 즉 위기징후가 식별되었을 때는 신속한 대응을 위하여 정확성 보다는 적시성이 중요할 것이며, 위기상황에서 상대국과 대응과 역대응이 반복되는 과정에서는 적시성보다는 정확성이 보다 중요할 것이다.

따라서 본 논문에서는 정보의 적시성과 정확성을 중심으로 위기상황판단 시기와 위기 상황에서 상관관계를 규명해 보고자 하는 것이다.

2. 위기상황과 국가정보의 개념 규정

위기상황과 국가정보의 상관관계를 분석하기에 앞서 위기와 위기관리, 국가정보에 대한 개념 정의가 전제되어야 한다. 국가안보 개념이 포괄안보 개념으로 확대되면서 국가 위기의 개념도 확대 되었으며, 이에 대응하기 위한 정보요구도 다양해졌기 때문에 연구의 범위를 명확하게 하기 위해서 개념정의가 필요하다.

먼저 위기와 위기관리에 대한 개념 정의이다. 국가위기 개념의 확내에도 불구하고 본고에서는 국가위기를 전통적 안보개념에 입각한 군사적 위기로 한정하고자 한다. 전통적 군사안보 관점에서 국가 위기는 "정책결정자들이 전혀 예상하지 못한 상황이 발생하여 의사 결정 단위의 최우선 목표가 심각한 위협을 받고 있고, 위협에 대처할 가용시간이 제한되는 상황"[16]으로서 통상 "국가 간의 갈등에서 비롯되기 때문에 단기간의 긴박한 상황 속에 전개되며, 대결 당사국 간에 전쟁이 발발할 수도 있다는 인식이 급격히 높아질 수 있는 상황"[17] 이라고 할 수 있다. 이러한 상황이 발생한 경우를 위기상황이라고 할 수 있을 것이며,

---
16) Charles F. Hermann, *op. cit.*, p. 29.
17) Pill Williams, *op. cit.*, p. 25.

따라서 위기관리란 '위기상황을 관리하여 원상으로 회복하기 위한 모든 활동'이라고 할 수 있다.

위기관리에 대하여 윈햄(Gilbert R. Winham)은 "전쟁의 위험을 줄이기 위한 조치"라고 정의하며, 뉴홀드(Hanspeter Neuhold)는 "위기를 격리하고 완화하기 위해 이미 취한 조치"라고 정의한다.[18] 그러나 이러한 개념은 협의(狹義)의 개념으로 위기 상황 발생 후의 대응에 치중함으로서 예방과 사전 대비의 중요성이 간과될 수 있는 문제가 있다. 특히 국가 간에는 이해관계의 충돌이 갈등으로 비화되지 않도록 외교적 노력을 통해 사전에 타협하는 경우가 일반적이며, 이러한 외교적 노력도 위기관리의 범주로 보는 것이 타당할 것이다. 이러한 문제점을 보완하기 위해 위기관리를 "위기를 예방하고 극복해 가는 모든 절차와 활동"이며, "위기를 통제하고 노력하는 시스템 전체"[19]라고 광의(廣義)의 개념으로 정의하는 것이 타당할 것이다.

<그림 1>은 위기의 진행과정과 위기관리 범주를 도식한 것이다. 이해관계가 충돌하여 갈등으로 비화되기 전까지는 위기징후 단계라고 할 수 있으며, 갈등이 발생한 이후부터는 위기관리 단계라고 할 수 있을 것이다. 국가 간의 위기는 대부분 이해관계의 충돌에서 비롯된다.

아래의 <그림 1>과 같이 국가 간에 이해관계의 충돌이 발생했을 때 타협점을 찾지 못함으로서 갈등으로 발전하여 위기상황이 발생하는 것이다. 위기상황이 발생하면 당사국 간에는 여러 가지 수단을 동원하여 대응과 역대응을 반복하면서 위기가 고조되는 것이다. 즉 대응과 역대응 과정에서 대응의 강도가 점진적으로 강화됨으로서 위기를 고조시키게 되고 전쟁으로까지 발전할 수 있는 것이다. 그러나 위기가 반드시 그림과 같이 진행되는 것은 아니다. 당사국의 상황과 노력에 따라 이해관계의 충돌이 갈등으로 비화되지 않고 해결될 수도 있으며, 영토 분쟁의 경우에는 당사국이 상호 가지고 있는 적대감이나 외부 동맹의

---

[18] Gilbert R. Winham, *New Issues in International Crisis Management* (Colorado: Westview Press 1988), pp. 14-16.
[19] Charles F. Hermann, *op. cit.*, p. 125.

여부에 따라 더욱 빨리 전쟁으로 비화될 수도 있다.[20]

<그림 1> 위기의 진행과정과 위기관리 범주[21]

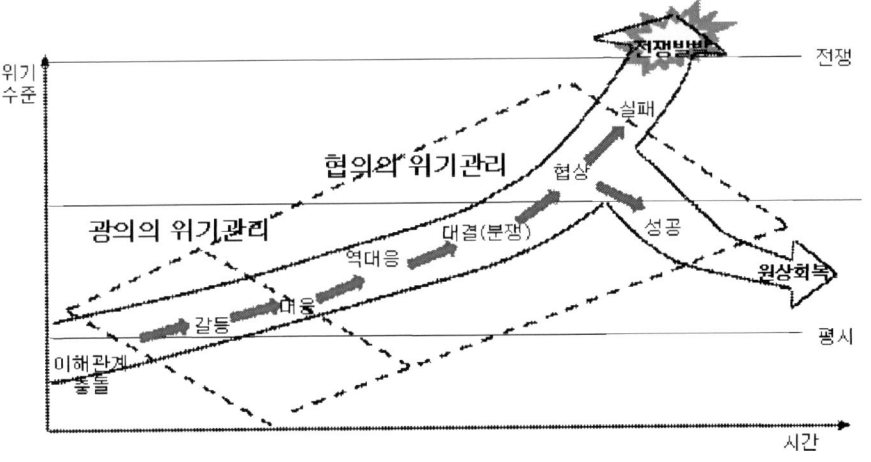

다음은 국가정보에 대한 개념 정의이다. 현대사회는 정보가 지배 하는 사회라고 해도 과언이 아니며, 정보의 개념 또한 학자들에 따라 다양하다. 제프리 리첼슨(Jeffrey T. Richelson)은 정보를 "현재 또는 잠재적으로 국가안보에 중요한 영향을 미칠 수 있는 국가나 작전 지역에 대한 첩보를 수집하여 평가, 분석, 종합 및 판단 과정을 거쳐 생산한 결과물"[22]로 정의하며, 켄트(Sherman Kent)는 정보를 "지식(knowledge)이고, 활동(activity)이며, 조직(organization)"이라고 정의한다.[23] 켄트의 정의는 정보생산물은 물론 첩보의 수집과 정보생산 활동, 이를 수행하기 위한 조직까지도 포함하는 개념이라고 할 수 있다.

---

20) Paul D. Sense & John A. Vasquez, *The Steps to War* (Princeton: Princetpn University Press, 2008), pp. 179-180.
21) 서정순, "전쟁원인론과 한반도 상황의 연계성 연구," 경기대학교 정치전문대학원 박사 학위 청구논문(2017), p. 290을 참고하여 재구성한 것임.
22) Jeffrey T. Richelson, *The U.S. Intelligence Community* (Lexington, MA: Ballinger, 1985), pp. 1-2.
23) Sherman Kent, *Strategic Intelligence for American World Policy* (New Jersey: Princeton University Press, 1971), pp. 3-10; 69-77; 151-158.

이에 반해 국가정보는 '국가 정책수립이나 결정에 필요한 정보로 국가차원에서 수집되고 생산된 정보'라고 할 수 있다. 켄트는 국가정보는 "전략정보로서 다른 국가들과 관련된 상위수준의 정보로서 국가 존립을 위한 필수적인 지식"24)이라고 정의하며, 허만은 국가의 전술적 충격을 예방하기 위한 전술정보도 국가정보의 범주에 포함 시키고 있다.25) 또한 국가정보는 국가 부문정보의 상대적 개념으로 이해되기도 한다.26) 즉 국가 부문정보가 행정부처 및 국가 기관의 임무수행에 필요한 정보라면 국가정보는 '국가의 안전보장과 국가이익을 실현하는 목표를 달성하는데 필수적인 정보이다.

국가정보는 국가 차원에서 수집되고, 생산되며, 활용되는 정보'로서 국가이익을 달성하고 보호하기 위하여 최고정책결정권자가 사용하는 정보라고 할 수 있다. 부문별 정보의 하나로서 군사정보는 "적대적 무력 또는 잠재적 적대세력과 실제적·잠정적 작전지역 환경에 관련된 가용한 모든 첩보자료를 수집 및 처리, 융합, 분석 및 평가과정을 거쳐 획득된 지식, 또는 이 같은 결과물을 생산하는 활동 뿐 아니라 그 활동과 관련된 조직"이라고 할 수 있다.27) 이러한 국가정보에 대한 개념은 모두 정보의 지식적 측면을 강조하고 있는 것이다. 특히 국가위기 측면에서 볼 때 국가정보의 지식적 측면은 더욱 중요하다. 위기판단과 관리, 위기관리 과정에서의 대응과 역대응의 제반 활동이 상대국과 아국에 대한 지식에서 출발하기 때문이다.

그러나 이러한 다양한 정의에도 불구하고 국가정보가 되기 위해서는 몇 가지 요건을 갖추어야 한다.28)

첫째는 정보의 적시성이다. 이것은 정보의 신속성이라고도 할 수

---

24) *ibid.* p. vii.
25) 한희원, "국가정보의 새로운 이해에 대한 연구: 정보 신(新) 이론과 현대적 중요성," 『국가정보연구』, 제3권 제2호(2010), pp. 131-133.
26) 정보의 분류 방법은 이 외에도 분석형태에 따라 기본정보, 현용정보, 판단정보로 분류 하며, 대상에 따라 정치정보, 경제정보, 군사정보, 사회정보, 과학기술정보 등으로 분류한다. 또한 수집수단(출처)에 따라 인간정보, 기술정보(영상정보, 신호정보, 전자정보, 계측정보)와 공개정보 등으로 분류한다.
27) 합동참모본부, 『합동정보』 (서울: 합동참모본부, 2010), pp. 부-20-부-21.
28) 육군본부, 『정보』 (대전: 육군본부, 2015), p. 18.

있는데 적시에 필요한 첩보가 수집 되고 정보로 생산·전파되어 필요한 때에 활용될 수 있어야 한다는 의미이다. 정보는 상대국의 미래와 그 가능성의 확률을 다루며, 변화의 양상을 예측하고 추적하는 것이다.[29] 즉 상대국의 행동이 이루어지기 이전에 정보가 생산되어 상대국의 행동을 억제하거나 행동이 진행되더라도 효과적인 대응책을 준비하는데 활용되어져야 하는 것이다. 아무런 대응책이 없는 가운데 상대국의 행동이 이미 진행되고 있다면 상대국의 의도에 관한 정보는 이미 정보가 아닌 것이다.

둘째, 정보의 정확성이다. 정보의 정확성은 정보의 생명과도 같은 것이다. 정보가 정책결정을 위해 반드시 필요한 것이라면 정확하지 않은 정보는 오히려 정책 오판의 원인으로 작용할 수 있기 때문이다. 특히 위기상황에서 정확성이 결여된 정보에 의한 오판은 상대방을 더욱 자극함으로써 위기고조를 초래할 수도 있다.

마지막으로 정보의 활용성이다. 정보의 활용성은 업무와 관련된 유용한 정보를 의미하며, 좁은 의미로는 상황과 관련된 정보라고 할 수 있다. 모든 정보기관이 불필요한 첩보를 수집하거나 불필요한 정보를 생산하는 경우는 거의 없다. 따라서 정보의 활용성이란 상황과 관련된 정보라는 의미가 타당할 것이다. 그러나 첩보의 홍수 속에서 유용한 정보를 생산하는 데는 많은 시간과 인력을 필요로 한다. 국가의 모든 정보기관은 평시 매뉴얼에 따라 수집과 분석업무를 수행하지만 위기상황이 발생하면 모든 정보역량이 위기상황으로 집중하게 되고, 평시보다 첩보요구(Information Requirement)가 증가함에 따라 첩보의 홍수현상이 일어난다. 첩보의 홍수 속에서 분석관들은 첩보를 처리(기록, 평가, 해석 등) 하여 유용한 첩보를 선별하는 데만 도 많은 시간이 필요하기 때문이다.

이 외에도 정보의 요건으로서 객관성과 신뢰성 등이 있다. 객관성은 정보분석과 생산과정에서 주로 발생하는 것으로 정치적 이해관계나

---

[29] Sherman Kent, *op. cit.*, pp. 5-32.

분석관의 주관적인 판단이 개입되어서는 안되는 것을 의미하며, 신뢰성은 분석에 사용된 첩보의 신뢰에 관련된 것으로 첩보내용의 신뢰도, 출처나 수집관의 신뢰도 등을 의미한다고 할 수 있다. 그러나 이러한 객관성과 신뢰성은 결국 정보의 정확성과 직결되는 것으로 정보의 부수적인 요건이라고 할 수 있다.

적시성과 정확성, 활용성이라는 요건을 갖춘 국가정보는 몇 가지 특성을 가지고 있다. 첫째, 비밀성이다. 비밀성은 상대국의 비밀을 수집하는 것이기 때문에 내용은 물론 수집 출처와 과정이 비밀로 보호되어야 한다. 상대국에 대한 나의 정보를 상대국이 아는 순간 그 정보는 가치를 상실하며, 첩보의 출처가 노출될 위험도 높기 때문이다. 따라서 성공한 정보활동은 노출되기 어려운 것이 현실이다. 둘째, 국가정보는 전 방위적 성격을 가지고 있다. 국가정보는 유기적이고 종합적인 실용지식으로서 국가정책 결정에 정치·경제·군사·과학기술·사회·환경·지리 등 전 분야가 유기적으로 영향을 미치기 때문이다.[30] 셋째, 전 방위적 성격을 갖기 때문에 항상 수집자산이 부족하다. 따라서 첩보수집의 우선 순위를 정하기 위해서 각국마다 국가정보 목표 우선순위(Priority of National Intelligence Objective) 목록을 가지고 있으며, 위기상황 발생 시에는 위기에 대응하기 위한 우선 정보요구(Priority Intelligence Requirement) 목록을 작성한다.

마지막으로 항상 불확실성이 존재하며, 불확실성의 완전한 제거는 어렵다. 정보는 모든 국가가 비밀로 보호하기 때문에 상대국에 대한 모든 정보를 수집한다는 것은 사실상 불가능하다. 다만 분석을 통해 점을 선으로 연결하고, 선을 모아서 실물과 최대한 유사하도록 모자이크 정도를 만들 뿐이다. 따라서 정보 사용자는 정보를 무시하거나 불신해서도 안 되지만 항상 불확실하다는 위험요소가 있음을 인식해야 한다.

---

30) 국가정보학회, 『국가정보학』(서울: 박영사, 2013), p. 25.

3. 분석의 틀

　국가정보는 조기경보, 국가정책 지원, 협상체결 및 국제조약 검증 등의 세 가지 기능을 수행한다.[31] 그러나 이 세 가지 기능은 모두 상대국에 대한 정보와 관련된 것으로 완벽하게 수행하는 것은 사실상 불가능에 가깝다. 이러한 기능을 수행하는데 필요한 정보가 나에게 중요한 것이라면 상대국도 어떤 수를 써서라도 완벽하게 숨기려고 노력할 것이기 때문이다.[32] 따라서 정보 공동체는 최대한 첩보를 많이 수집하려고 노력하면서 제한된 첩보를 가지고 분석을 통하여 실제에 가까운 정확한 정보를 생산해 내야만 하는 것이다. 이를 효과적으로 수행하기 위한 절차로 대부분의 나라들이 정보순환 단계를 적용하고 있다. 즉 첩보소요 산출로부터 수집 계획 수립 및 지시, 첩보수집, 첩보처리, 분석 및 생산의 일련의 과정을 거쳐 생산된 정보가 사용자에게 전달되며 이 절차는 지속적으로 순환된다. <그림 2>는 이러한 정보순환 과정을 도식한 것이다.

<그림 2> 정보순환과정[33]

---

31) 위의 책, pp. 27-31.
32) Leslie H. Gelb, *op. cit.*, p. 126.
33) 정보순환과정 도표는 Headquarters Department of the Army, FM 34-52 *Intelligence Interrogation* (Washington D.C.: Headquarters Department of the Army, 1992), pp. 1-1~1-2; 육군본부, 앞의 책(주 28), pp.2-14~2-21.을 참고하여 재구성 한 것임.

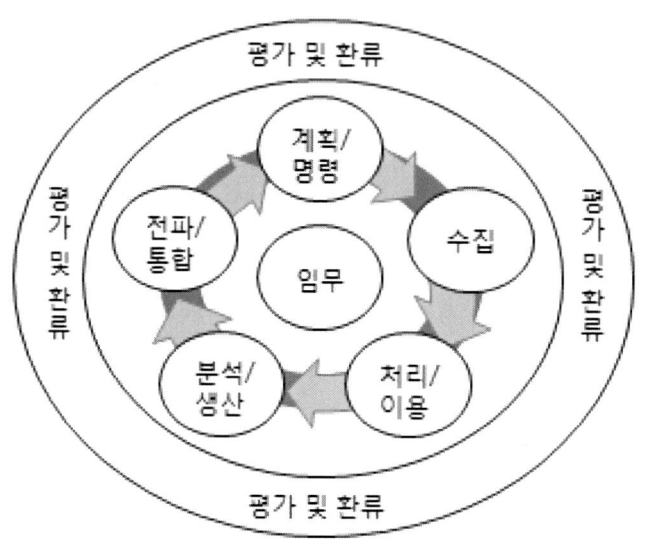

첫째, 계획 및 명령은 필요한 사용자의 요구에 따라 첩보소요를 판단하여 수집목록과 첩보수집계획을 작성하고 수집기관에 수집지시를 하는 것이다. 평시 계획 및 명령은 국가정보목표 우선순위(PNIO: Priority of National Intelligence Objective)와 첩보수집 매뉴얼, 각 정보기관의 예규 등에 의해 수행되어진다. 그러나 처리나 분석 과정에서 특이 징후가 발견되거나 추가 첩보가 필요할 경우 세부 첩보요구(SIR: Specific Information Requirements)나 특정지시 및 요청(SOR: Specific Orders and Request) 등을 통해 필요한 첩보를 충족하기 위해 노력하며, 위기 발생 시에는 국가정보목표 우선순위의 임시 조정이나 우선정보요구(PIR: Priority Intelligence Requirement) 등을 통하여 위기관리에 필요한 첩보를 집중적으로 수집하게 된다.

계획 및 명령 시에 고려할 것은 우선, 사용자의 요구를 최대한 반영하되 우선순위를 반드시 부여해야 한다. 수집자산이 제한되고 정보기관도 여타 정부기관과 같이 예산상의 제약으로 인해 모든 요구사항을 똑같이 우선순위 목록에 올릴 수 없기 때문이다.[34] 또한

---

34) Alexander L. George, *Avoiding War: Problems fo Crisis Management* (Boulder: Westview Press, 1991), p. 400.

수집기관의 능력을 고려하여 다수의 정보기관이 수집할 수 있도록 중첩되게 임무를 부여해야 한다. 동일한 사안에 대해 여러 기관이 수집할 경우 첩보의 신뢰도를 높일 수 있기 때문이다.

그 다음으로 수집은 정보기관은 물론 국가의 모든 기관에서 수행하는 임무라고 해도 과언이 아니며, 수집대상국을 여행한 민간인, 난민 등도 첩보수집원이 될 수 있다. 1962년 2월 미국은 난민 신문을 위한 합동조사실을 설치하고 쿠바를 탈출한 수만 명의 난민들로부터 첩보를 수집하여 800여 건의 정보보고서를 작성하였으며, 이 정보는 쿠바 미사일 위기 시 유용하게 활용되었다.[35] 세 번째는 처리 및 이용은 첩보를 사용할 수 있도록 해석하고 분류하는 과정이다. 즉 정보 분석 및 생산자가 사용할 수 있도록 주파수 및 교신분석, 암호해독, 전자정보 분석, 영상 판독 및 해석 등을 실시하는 과정으로 주로 수집기관에서 이루어진다. 마지막으로 분석 및 생산은 전 출처 첩보를 종합하여 결론을 도출하고 상대국의 의도를 판단하여 정보를 생산하는 과정으로 정보 순환의 핵심과정이라고 할 수 있다.

그리고 전파 및 통합은 생산된 정보를 사용자에게 배포하여 생산자와 사용자가 동일한 정보를 활용할 수 있도록 하는 과정이다. 정보가 통합되지 못할 경우 최고정책결정권자는 동일한 사안에 대하여 상이한 결과를 받게 될 수도 있다. 최고정책결정권자가 동일한 사안에 대하여 상이한 결과를 보고받게 되면 별도의 통합과정을 다시 거쳐야 하고, 신속한 조치를 필요로 하는 위기상황에서는 대응시간은 감소시킬 수 있다.

모든 정보기관에서 정보순환은 지속적으로 반복되며, 이러한 과정을 거쳐 매일 수많은 정보를 생산해 낸다. 그렇다고 모든 것이 정보로 활용되는 것은 아니다. 앞에서 언급한 정보의 세 가지 요건인 적시성과 정확성, 활용성 등을 갖추어야 한다. 즉 요구되는 시간에 정확한 정보가 필요한 기관(부서)에 전달되어야 하는 것이다. 그러나 각 단계에서 여러

---

[35] Graham Allison & Philip Zelikow, op. cit., pp. 219-220.

가지 문제로 인하여 적시성을 상실하고 정확성이 떨어지는 경우가 발생한다. 특히 위기 상황에서 정보의 적시성과 정확성은 대단히 중요하다. 대응시간이 제한되는 긴박한 위기상황에서 신속한 대응을 위해서는 적시성 있는 정보에 의한 신속한 위기관리 체제로의 전환이 필요하며, 상대국의 도발에 대응하기 위한 위기관리 정책결정은 정확한 정보가 전제되어야하기 때문이다.

이와 같이 위기상황에서 정보의 요건 중 가장 중요한 적시성과 정확성이 어떤 영향을 미치는 가를 분석하기 위해 먼저 정보공동체 내적인 관점과 정보 외적인 관점에서 접근할 것이다. 정보공동체 내적 인 관점은 정보 순환 과정에서 문제점을 분석하고 정보 외적인 관점은 정책을 결정하거나 정보를 선택하는 과정에서 정보가 왜곡됨으로써 적시성과 정확성이 저하 될 수 있는 가능성을 분석할 것이다.

정보의 적시성과 정확성이 위기상황에 미치는 영향을 분석하기 위해 첫째, 위기상황에서 국가정보의 역할과 임무를 고찰하고, 둘째, 위기 관리체제로 전환되기 이전, 즉 위기 징후가 식별되고 최종적으로 위기상황임을 판단하기까지 정보의 적시성과의 상관관계를 분석하고, 이 과정에서 적시성이 저하되는 원인을 규명해보고자 한다. 셋째, 위기관리가 진행되면서 위기상황과 정보의 정확성과의 상관관계를 분석하고 위기상황이 지속되면서 정보의 정확성이 향상되고 불확실성 이 감소하는 원인을 규명할 것이다.

마지막으로 2002년 제2연평해전과 1962년 미국의 쿠바미사일 위기에 대하여 정보의 적시성과 정확성을 중심으로 정보순환단계를 적용하여 비교 분석할 것이다. 제2연평해전을 사례로 선택한 이유는 제2연평해전은 위기징후와 관련된 정확한 첩보가 수집되고 분석이 되었으나, 생산과 보고과정에서 수집 기관의 의견이 삭제되고 생산되어 전파됨으로써 결국 위기상황에 대비하지 못한 정보의 실패사례이기 때문이다.

그리고 쿠바 미사일위기를 사례로 선택한 이유는 정보공동체가 장기적인 첩보수집과 정확한 정보분석 및 생산을 통해 위기를 예견하고 선제적 조치를 취할 수 있는 정보를 제공함으로써 위기 이전의 상태로 환원시킨 정보의 성공사례라고 할 수 있기 때문이다.

Ⅲ. 위기상황과 국가정보의 적시성 및 정확성과의 상관관계

1. 위기상황에서 정보의 역할과 임무

국가위기 발생 시에 국가정보의 역할은 크게 세 가지 이다. 첫째는 불확실성을 해소시키거나 최소화시키는 역할이다. 국가위기는 국가이익에 결정적인 악영향을 초래할 수 있는 예상하지 못한 상황이 갑자기 나타난 긴박한 상태이기 때문에 초기 상황은 불확실할 수밖에 없다. 위기발생 초기에는 애매함과 불확실성이 지배하고, 실제 정보가 부족하며, 추측이 난무한다. 특히 위기 상황에서 시간의 극심한 압박은 합리적으로 계산된 행동을 어렵게 하고 불가능하게 할 수도 있다.

또한 잘못된 정보와 오해의 가능성이 급격히 증가하고 신뢰할 수 있는 의사소통의 문제가 심각해진다.[36] 이러한 불확실성은 상대국에 대한 정확한 의도 파악을 방해할 뿐만 아니라 아국의 대응방책 수립도 어렵게 만든다. 국가정보는 적국에 대한 정확한 정보생산과 적시적인 전파를 통해 정책결정의 불확실성을 해소해야 하는 것이다. 그러나 불확실성을 완전히 해소하기는 사실상 불가능하며, 최소화 시키는 노력을 해야 하는 것이다. 상대국은 취할 수 있는 경우의 수가 많은 반면 아국의 정보자산과 가용시간은 제한되며, 첩보가 충분하더라도 상대국 정책 결정자의 의도를 100% 확신할 수 없기 때문이다.

---

[36] Barry Buzan, *An Introduction to Strategic Studies-Military technology and International relations* (London: Macmillian Press, 1987), pp. 257-258.

둘째는 정책결정의 안내자 역할이다. 위기관리는 상대국과 아국이 대응과 역대응을 반복하는 과정이다. 대응과 역대응의 반복은 두 갈래, 혹은 세 갈래 길이 수시로 나타나는 긴 여정과 같다고 할 수 있다. 이 과정에서 가장 안전하고 좋은 길을 선택하도록 안내하는 역할이 국가정보의 역할인 것이다. 그러나 여러 갈래의 길을 끝까지 가보지 않은 상황에서 가장 좋은 길을 선택하는 것은 쉬운 일이 아니다. 설사 과거에 가본 적이 있다고 하더라도 최근에 어떤 변화가 있는지는 확실히 알 수 없는 것이다. 새로운 도로가 개척되고, 여러 가지 원인에 의해 지형변화가 일어날 수 있기 때문이다. 위기상황에 있어서도 마찬가지이다. 나타나지도 않은 상황에 대한 정확한 판단은 쉬운 일이 아니며, 정확하게 판단하여 대응을 했다고 하더라도 상대국의 다음 대응을 100% 정확하게 알 수는 없는 것이다. 모든 국가가 안보와 관련된 정책은 철저하게 비밀로 분류하여 보호하고 있기 때문이다.

위기 발생 시, 불확실성을 해소하고 정책결정의 안내자 역할을 수행하기 위해 각국은 정보공동체에 여러 가지 임무를 부여한다. 그 임무는 대략 위기첩보 수집 및 공격 임박 경고, 위기대응을 위한 정보지원, 위기정책과 행동에 대한 위기 이후의 평가 등이다.[37]

각국이 정보공동체에게 부여하는 첫 번째 임무는 적국과 아국 모두 무엇을 하고 있는지에 대한 위기 첩보 및 공격 임박에 대한 사전 경고이다. 위기는 긴박한 상황이기 때문에 국가의 의사결정자들은 적의 공격이나 일어날 수 있는 심각한 부정적인 사건에 대한 사전 경고를 원하며, 잠재적으로 위험한 사건에 대해 적시에 적국에게 경고하고, 위기관리를 위한 정보를 요구한다.

그러나 이것은 어려운 문제이다. 우선 정보기관 자체의 물리적 제한성이다. 적대국은 이용할 수 있는 선택의 폭이 넓은 반면 이에 대응하기 위한 아국의 전(全)방위적인 정보활동은 정보자산이 제한되어 있기 때문이다. 따라서 이러한 문제를 극복하기 위해 각 국가는 국가정보 목표

---

[37] Alexander L. George, *op. cit.*, pp. 396-397.

우선순위(PNIO)에 따라 정보활동을 하며, 군사적인 차원에서는 적의 공격이나 도발과 같은 위기와 관련된 징후목록을 선정하여 정보활동을 하는 것이다.

조기경보가 어려운 또 다른 문제는 정보생산자와 정보사용자의 인식의 차이가 존재한다는 점이다. 정보생산자는 위기경보에 대하여 정보사용자, 즉 정책결정자에게 분명하게 납득시켜야만 하는 명시되지 않은 책임이 있다. 정책 실패 시 주로 책임이 정보 생산자들에게 돌아오기 때문이다. 정책실패 시 정책 결정자들은 경보가 명시적이지 않았고 보고서 속에 묻혀 있어서 명확한 보고를 받지 못했다고 주장하는 반면, 정보생산자들은 관심을 기울였다면 충분한 '경고'로 인식했다고 주장하거나 거짓 경보(crying wolf)라고 묵살되었다고 주장한다.38) 실제 제2연평해전의 문제점을 조사하는 과정에서도 유사한 현상이 발생하였다.

정보공동체가 부여 받은 두 번째의 임무는 위기관리 정책결정을 위한 정보지원이다. 위기가 발생하면 정책결정자들은 위기상황을 평가한 다음 상황평가에 따라 최선의 전략을 시행해야 한다. 위기관리를 성공하기 위해서는 상대방의 의도를 명확히 인식하고, 분명한 목표를 설정하여 대응해야 하며, 경우에 따라서는 압력을 가하거나 일정한 수준의 양보까지도 고려한 유연한 옵션을 가지고 있어야 한다.39) 상대방의 의도와 강약점을 파악하는 것이 위기관리 시 정보 지원의 시작과 끝이라고 해도 과언이 아니다. 상대방의 의도가 파악되어야만 위기관리 목표를 설정할 수 있고 적의 강약점을 알아야만 성공 가능성이 높은 위기관리 전략을 시행할 수 있기 때문이다. 그러나 적의 의도와 강약점을 판단하는 것은 많은 첩보와 분석관의 전문성이 전제되어야 가능하다.

---

38) Roger Z. George & James B. Bruce, "Analyzing Intelligence-Origins, Obstacles, and Innovation," 박동철 옮김(2010), 한울아카데미, pp. 181-182.
39) Gilbert R. Winham, *op. cit.*, pp. 17-22.

위기관리 시에 정책결정자가 요구하는 정보요구를 충족하기 위해서는 정보기관 내는 물론 정보기관 간에도 노력의 통합이 필요하다. 정보기관 내 노력의 통합은 정보순환 과정에서 정보요구의 우선순위 조정이나 적시적인 활용성 있는 첩보요구, 신속한 전파 등을 의미하며, 정보기관 간 노력의 통합은 각 기관이 수집한 첩보의 공유와 정보생산 간 현격한 의견 부조화의 해소 등이라 할 수 있다. 외국 정세에 대한 정확한 평가는 정확한 사실적 정보의 문제로서 상황의 흐름을 식별하기 위한 판단력과 능력을 필요로 하기 때문이다.[40]

정보공동체가 부여받은 세 번째 임무는 위기 정책과 행동에 대한 위기 이후의 평가로써 위기조치 과정에 대한 평가와 위기 종료 후 예상되는 제반 상황에 대한 평가를 의미한다. 특히 위기 종료 후에 약속의 불이행 등에 의해 또 다시 위기가 고조될 수 있으며, 이러한 경우 위기는 급속도로 고조된다. 따라서 정보기관은 위기 종료 후에도 위기조치 과정에서 아국의 대응에 대한 적국의 대응을 분석하고, 위기 종료 후에 예상되는 상황을 판단하여 향후 적국의 대응에 대비해야하는 것이다. 국가위기 시에 국가정보기관이 부여받은 임무는 결국 연속되는 불확실성 속에서 최선의 정책결정을 지원하기 위한 것이다.

2. 위기상황 판단과 정보의 적시성과의 상관관계

위기와 관련된 징후를 식별하고 분석하여 위기상황을 판단하는 것은 위기관리와 밀접한 관계를 가지고 있다. 위기상황은 대응시간이 제한되는 긴박한 상황을 의미하기 때문에 위기 상황을 신속하게 판단할 수 있다면 그 만큼 빨리 위기관리 체제로 전환할 수 있고, 대응에 필요한 시간을 더 많이 확보할 수 있기 때문이다. 신속한 위기상황

---

[40] Amos A. Jordan & William J. Taylor, Jr., *American National Security-Policy and Process* (Baltimore: The Johns Hopkins University Press, 1981), pp. 37-38.

판단은 정보의 적시성, 즉 신속성과 밀접하게 연계되어 있다. 적시성이 떨어질수록 위기상황 판단이 지연되고 그 만큼 위기관리 체제로의 전환이 지연되는 것이다.

<그림 3>은 정보의 적시성과 위기상황의 상관관계를 도식한 것이다. 적시성이 6일 때 2만큼이 시간이 경과한 다음 위기관리체제로 전환이 가능하며, 적시성이 2로 떨어지면 10만큼의 시간이 경과한 다음 위기관리 체제로의 전환이 가능하다는 것이다. 즉 적시성이 떨어지는 만큼 대응 시간이 지연되는 것이다. 위기상황을 경고하는 정보가 적시에 보고되어 정책결정자가 신속한 판단을 한다면 빠르게 위기관리체제로 전환할 수 있는 반면, 정보가 지연 보고되면 정책결정자에 의한 위기상황 판단은 그만큼 지연되고, 이미 위기가 진행되고 있는 상황에서 대응할 수밖에 없게 되는 것이다.

<그림 3> 정보의 적시성과 위기판단 시기의 상관관계[41]

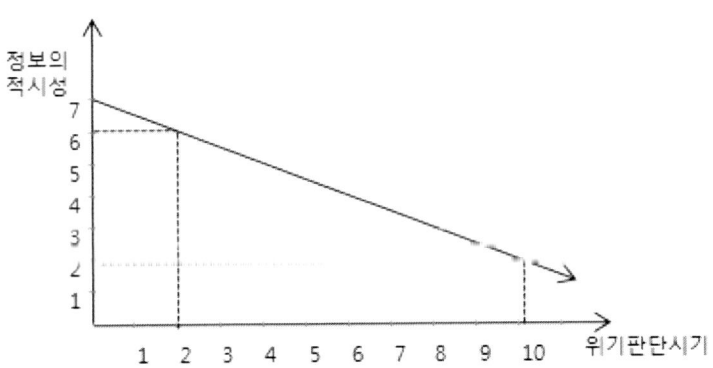

그러나 정보의 적시성은 첩보수집 및 분석, 전파, 의사결정 과정 등 여러 가지 원인에 의하여 제한을 받는다. 정보의 적시성이 제한받는 원인은 첫째, 첩보의 제한과 분석의 지연이다. 평시 국가 정보활동은 PNIO에 의하여 이루어진다. 물론 PNIO는 분야 별로 구분하여

---

[41] 이 그림은 계량화된 통계에 의한 것이 아니고 필자의 경험에 의한 대략적인 경향을 도식한 것임.

위기징후와 관련된 첩보를 우선순위에 반영하고 있지만 첩보가 제한되고 수많은 첩보 중에서 위기와 관련된 첩보를 선별하는데도 많은 시간이 소요된다. 극히 제한된 첩보만을 가지고 위기 여부를 판단해야 하는 것이다. 또 하나의 문제는 분석관의 자질과도 관련이 있다. 분석관이 첩보처리 과정에서 위기첩보를 식별하지 못할 수도 있고, 식별해 냈다고 하더라도 판단에 많은 시간이 소요된다면 적시성은 그만큼 저하될 수밖에 없는 것이다.

둘째는 전파의 지연에 따른 것으로 정보기관 내부의 위계조직에서 기인하는 문제를 들 수 있다. 분석관에 의해 정보가 생산된 후에도 정보기관 내부에서 다단계 검토가 진행되면서 정책결정자에게 전파가 지연되는 경우가 발생할 수 있다. 전파가 지연되는 또 다른 원인은 정보기관들 간의 경쟁이나 책임회피를 위해 정책입안자들에게 정보가 전달되지 않는 경우이다. 즉 정보기관들 간의 경쟁으로 위기와 관련된 정보보다는 정책입안자가 선호하는 정보를 먼저 보고 하는 경향이 있으며,[42] 부족한 첩보를 바탕으로 생산된 정보가 오판일 경우 분석관이 책임을 져야한다는 중압감으로 인해 확실한 첩보가 입수될 때까지 의도적으로 보고를 지연시키는 경우가 발생할 수 도 있다.

마지막으로 정책결정자에 의해 정보의 적시성이 저하되는 경우이다. 정책결정자는 보고된 많은 정보생산물 중 행동에 사용할 정보생산물을 결정해야 한다. 정책결정자가 위기 상황을 파악하고 성공적인 위기관리 정책을 수행하기 위해서는 정책결정 기구 내는 물론 정보 제공자와도 양방향 소통이 필수적이며, 소통이 원활하지 못할 경우 주요 징후를 놓치게 되고 결국 정책이 위기를 발생시키고 지속시키면서 위기의 고조에 기여하게 되는 것이다.[43]

또한 정책 결정자에 의해 정보가 의도적 왜곡되는 경우에도 결국 정확한 정보 전파가 지연됨으로써 적시성을 상실하게 된다. 정보사용자와 정보 수집·분석가들 간에 가장 흔히 발생하는 문제로써

---

42) Alexander L. George, *op. cit.,* p. 397.
43) *ibid,* pp. 398-404.

정보분석관을 압박해 공식 정책에 맞춰 그 판단을 수정하게 만드는 것이다. 정보부서 직원들에게 그렇게 하라고 지시를 하는 것은 아니지만 중압감을 느낄 수밖에 없으며, 정보부서의 고위급 관리들은 더 심하게 압박을 느낄 수밖에 없다.[44] 특히 보고 과정에서 정책 결정권자가 선호하는 방향으로 정보가 왜곡되는 경우, 위기관리 체제로의 전환이 지연되고 정책을 잘못 선택함으로써 결국 위기관리에 실패하게 된다.

3. 위기관리와 정보의 정확성과의 상관관계

불확실한 상황에서 일단 위기가 선포되면 정책결정자들은 위기를 극복하기 위한 다양한 방책을 수립하고 시행하는 한편, 위기 대응의 주도권을 장악하고자 노력한다. 위기관리가 성공하기 위해서는 불확실한 상황을 가시화시키는 것이 급선무이며, 상황 가시화를 위해서는 상대국의 의도와 능력, 상대국과 상대국을 지원할 수 있는 우호적인 국가의 국내외 상황 및 전략 등에 관한 정확한 정보가 필요하다.

그러나 위기발생 초기에는 첩보의 부족으로 정확한 정보가 제한될 수밖에 없다. 국가 정보기관은 평시 업무절차에 의해 정보임무를 수행함으로써 위기와 관련된 첩보는 극히 일부에 불과하기 때문이다. 첩보의 부족은 첩보 자체의 신뢰성을 저하시키며, 정확한 정보생산에 결정적 장애요소로 작용한다. 예를 들어 완벽한 정보생산물을 실물 사진에 비유한다면 위기 초기의 정보보고서는 공백이 많은 모자이크 사진 정도일 것이다.

위기를 식별하여 위기상황을 선포하고 위기관리가 진행되면서 첩보의 부족현상은 해소되고 이에 따라 정보의 정확성이 향상된다. 정보의 정확성이 향상되는 이유는 우선 첩보 양의 급격한 증가를 들 수 있다. 일단 국가나 지역에서 위기가 한번 터지면, 정책결정자들의 정보요구가

---

[44] Leslie H. Gelb, *op. cit.*, p. 128.

급격히 증가함에 따라 기획 및 명령 부서에서는 위기관련 정보를 재빨리 최우선 순위로 올리고 이에 따라 정보수집 자산이 전용됨으로서 첩보양이 급격히 증가한다.

그러나 위기 판단 전에는 부족한 정보수집자산을 그 지역으로 전용하는 것은 정당화하기 어려워 적절한 첩보 수집이 어려울 수밖에 없는 것이다.45) 첩보의 양이 증가함에 따라 신뢰성도 증가하고 동시에 정보의 정확성도 향상된다. 첩보 처리와 분석 요원의 증원도 정보의 객관성과 정확성 향상에 기여 한다. 위기관리체제로 전환되면 수집자산 뿐만 아니라 분석요원들도 증원된다. 분석 요원의 증원에 따라 더 많은 첩보를 처리할 수 있고, 분석 및 판단 과정에서 다양한 의견 개진을 통해 중론을 결집시킴으로써 오판의 위험을 줄일 수 있기 때문이다.

정보의 정확성이 향상되는 또 다른 이유는 상대방의 행동에 대한 반복적인 탐사가 지속되기 때문이다.46) 즉 상대방의 도발과 대응, 역대응이 반복되면서 상대방의 의도를 어느 정도 간파할 수 있으며, 외교적 협상과정에서도 상대방의 의도를 알 수 있기 때문이다. 또한 각각의 위기들은 정치적 의도를 시험하고 전달하는 장이 될 수 있으며, 결국 위기 상황은 두 행위자에게 상대편의 시각을 훨씬 더 명확히 이 해하게 할 수 있기 때문이다.

미국의 쿠바 미사일 위기 시에도 위기가 최고조에 달했을 때 국무부 대변인 존 스칼리(John Scali)는 개인적인 친분관계가 있는 소련의 고위관계자와 여러 차례 접촉하여 미 국정부와 소련 간의 중간자 역할을 하였으며, 양국 간 의사소통의 중요한 채널이 되었다.47) 즉 미국과 소련은 비공식 접촉을 통해서 상대방의 의도를 명확히 인식하고 양보할 수 있는 수준까지도 판단이 가능했던 것이다. 이와 같은 이유로 위기가 진행되면서 정보의 정확성도 향상되는 것이다.

---

45) Alexander L. George, *op. cit.,* p. 400.
46) Paul D. Sense & John A. Vasquez, *op. cit.,* pp. 184-185.
47) John P. Lovell, *Foreign Policy in perspective-Strategy Adaptation Decision Making* (New York: Holt, Rinehart and Winston, Inc., 1970), p. 254.

<그림 4> 위기진행과 첩보 양의 상관관계[48]

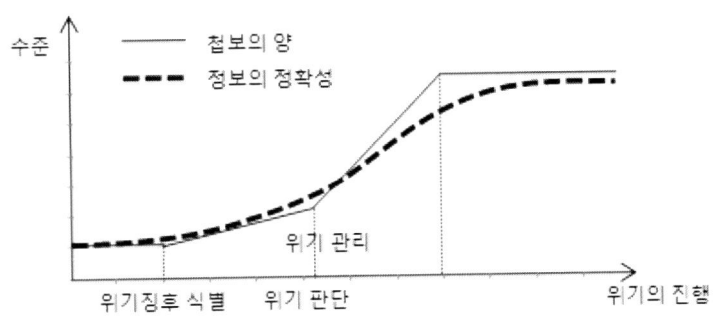

위의 <그림 4>는 위기가 진행되면서 첩보의 양과 정확성의 변화를 도식한 것이다. 위기징후 식별 후 첩보의 양이 증가하면서 정보의 정확성도 비례하여 증가하는 것을 보여준다. 위기징후가 식별되기 전에는 통상적인 수준의 첩보가 수집되지만 위기징후 식별 후에는 급격히 증가하기 시작한다. 이것은 위기징후가 식별된 후 부터는 위기상황으로 판단하고 위기관리 전략 수립과 시행을 위해 첩보요구가 증가하고 수집자산을 전환하여 운용하기 때문이다.

<그림 5>는 위기가 지속되면서 정보의 정확성이 향상되고 반대로 불확실성은 감소되는 경향을 도식한 것이다. 위기가 지속되면서 첩보양의 증가에 따라 정확성도 증가하지만 그림에서와 같이 정보의 정확도가 100%에 도달하지는 못하며, 불확실성도 완전히 해소되는 것은 아니다. 첩보수집 자산을 집중 운용하더라도 상대국에 대한 첩보를 100% 수집할 수 없으며, 상대국의 의도를 정확하게 알 수 없기 때문이다.

---

[48] 정보기관의 첩보수집 수단별, 시간대별 첩보수집 건수와 정보생산 건수 등은 비밀 내용으로 공개된 통계가 없음. 따라서 위 그림은 계량화된 별도의 자료에 의한 것이 아니고 필자의 경험에 의한 대략적인 개념을 도식한 것임. 위기판단 전과 위기판단 후 위기관리가 진행되는 구간의 기울기가 다른 것은 위기징후가 식별되면 위기판단에 필요한 추가적인 첩보요구가 증가하는 반면, 위기관리체제로 전환된 이후에는 위기관리 정책 결정을 위해서 상대국 전반에 관한 첩보가 필요하고 요구되기 때문이다.

<그림 5> 위기 진행과 정보의 정확성과의 상관관계[49]

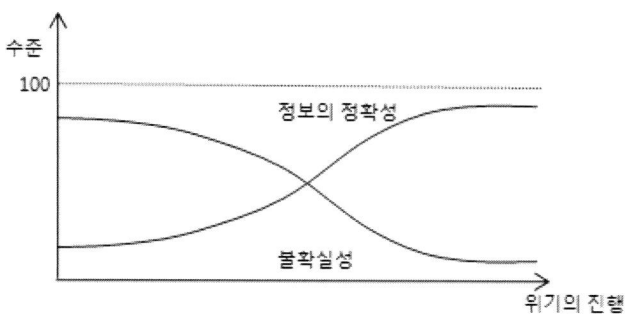

위기관리체제로 전환된 이후에는 정보는 적시성보다는 정확성이 더욱 중요하다. 정확한 정보가 있어야만 위기관리 전략을 수립하고 시행할 수 있으며, 위기가 지속되는 상황에서는 신속한 대응보다는 기다리는 것이 유리한 상황도 있기 때문이다. 정확하지 못한 정보를 바탕으로 위기관리 전략을 시행할 경우 예상하지 못한 적의 대응을 초래할 수 있으며, 오히려 위기를 고조시킬 수도 있다. 예를 들어 상대국에게 공갈전략으로 협박하면 수용할 것으로 예상했으나 수용 하지 않고 강력하게 대응할 경우, 국가의 체면 손상은 물론이고 더 강력한 대응을 할 수밖에 없는 상황이 초래될 것이다.

실제 상대국보다 더 강력한 군사력과 명분이 있다면 동일보복전략(Tit-for-Tat)으로 역대응할 수 있지만, 그렇지 못할 경우 오히려 상대국의 요구를 수용하거나 주도권을 상실할 수 있는 것이다. 따라서 위기관리 전략은 아국의 대응능력에 기초하여 상대국은 물론 그들의 동맹국들과 관련된 정확한 정보를 바탕으로 성공 가능성이 가장 높고 국익을 극대화 시킬 수 있는 전략을 선택해야 하는 것이다.

---

[49] 위기 상황 하에서 첩보요구의 증가와 협상 과정에서의 상호 인식의 확대 등에 의해 정보의 정확성이 향상되면서 상대적으로 불확실성은 감소하는 경험을 도식한 것으로 필자의 경험적 판단임.

Ⅳ. 정보의 적시성과 정확성 차원에서의 사례 분석

1. 제2연평해전

2002년 6월 29일 연평도 인근 해상에서 북한 경비정의 기습공격에 의해 대한민국해군 장병 6명이 전사한 제2연평해전은 정보의 적시성이 상실되는 과정과 원인, 그리고 적시성의 상실이 위기관리에 얼마나 큰 영향을 미치는 가를 보여주는 대표적 사례라고 할 수 있다.

제2연평해전이 일어나기 전인 6월 11일부터 북한경비정이 지속적으로 해상분계선(NLL)을 침범하자 5679부대는 6월 13일 위기를 경고하는 SI(Special Intelligence: 특수정보) 14자를 포함하는 정보 보고서를 정보본부에 보고하였으며, 6월 27일과 28일에도 북한군의 NLL침범이 계속되자 북한군의 특이징후를 보이는 SI 15자를 포함하여 정보보고를 하였다. 그러나 이러한 보고는 정확하게 적시에 작전부대에 하달되지 않았으며, 급기야 6월 29일 NLL을 또 다시 침범하여 아군 경비정을 기습 공격하여 침몰 시켰다.[50]

2002년 6월 13일 북한군의 도발 위기를 경고한 최초 정보보고 이후 제2연평해전이 일어나기까지의 과정과 문제점이 2002년 10월 4일 국회 국방위원회 국방부 국정감사에서 상세히 드러났다.[51] 국정감사상에서 박세환의원은 확인한 내용을 바탕으로 질의를 통해 "6월 11일 북한 경비정의 NLL 침범에 대하여 5679부대는 '매년 연례적으로 실시 중인 전투검열판정과 관련한 활동'이라고 정보본부에 보고하였으며, 6월 13일 북한경비정이 NLL을 또 다시 침범하는 사건이 발생 했을 때 5679부대의 분석관들은 이상 징후라고 판단하고 북한의 의도를 첫째, 북한 해군

---

50) 한철용, 『진실은 하나다, 제2연평해전의 실체적 진실』(서울: 팔복원, 2010), pp. 88-91.
51) 16대 국회 234차 국방위원회 속기록(2002. 10. 4.).

의 전투 검열판정과 관련된 침범, 둘째, 월드컵과 국회의원 재·보궐 선거 관련해서 한국 내의 긴장고조 의도 배제 불가, 셋째, 아군 해군의 작전활동 탐지 의도 등 세 가지의견을 정보본부에 보고했다.

이 중에서 긴장고조 의도 배제불가라는 용어는 매우 강력한 경고의 의미를 담고 있는 것으로 정보본부는 국방부장관에게 보고했으며, 장관은 둘째와 셋째 항목을 삭제하고 단순침범으로 전파하라고 지시하였다. 6월 27일과 28일에도 북한의 NLL침범은 계속되었고, 5679부대에서 해군 정보분석관들은 북한 해군 동향의 심각성을 알고는 있었지만, 그 당시에 장관이 햇볕정책의 영향을 받아서 단순침범 이라고 결론이 내려진 상황이었기 때문에 27일과 28일 연이은 오전의 북한경비정 침범에 대해서 특별한 결론과 거기에 대한 분석을 내리지 않았다."52)고 발언하면서 정보본부 융합처장에게 장관 보고여부와 장관의 삭제지시 여부를 질의하였으나 보고 사실만을 인정하였다. 한편, 당시 5679부대장에게는 정보본부와 5679부대의 판단 이견 여부를 질의하였으며, 5679부대장은 '이견이 있었던 것은 사실이며, 180도 틀렸다.'고 답변하였다.

6월 13일부터 28일까지 5679부대가 수집하여 보고한 첩보는 미군 측과도 공유되어 미군 측도 5679 부대와 같은 의견을 가지고 있었으며, 미군 측도 이와 관련된 위성 영상을 한국 측에 제공했던 것으로 추정된다. 2002년 9월 17일 국회국방위원회 국정감사에서 5679부대장은 국방위원의 질의에 대해 "5679부대의 자료를 미국에게 주어서 그 쪽에서도 잘 판단했고…(중략)…미국은 단지 인공위성으로 하나 찍은 것 밖에 없습니다."라고 답변하였다.53)

5679부대의 최초 수집 및 보고부터 기습을 당하기까지의 상황을 정보순환 과정과 대비해 보면 수집과 처리, 정보생산 및 보고까지는 문제가 없었다. 1998년 제1연평해전 이후 대한민국의 군사정보기관은

---

52) 당시 5679부대장은 6월 27일 보고서에도 도발징후와 관련된 특수정보(SI) 15자를 포함하여 국방부에 보고했으나 실제 예하부대에는 SI 15자를 삭제하고 '단순침범' 으로 적시하여 하달함으로써 대북 경계심을 이완시키는 결과를 초래하였다고 주장했다. 한 철용, 앞의 책, p. 289.
53) 2002년도 국회국방위원회 국정감사 속기록(2002. 9. 17.).

서해 5도 지역의 북한군 동향을 첩보수집 우선순위로 반영하여 지속적으로 수집해 왔으며, 북한군의 의도를 정확하게 판단하여 신속하게 보고하였다. 다만 적의 의도에 대하여 여러 가지 가능성을 제시함으로써 사용자로 하여금 결정을 주저하게 할 가능성은 있었다. 그러나 2002년 6월 11일부터 29일 까지 북한군의 일련의 특이 활동과 5679부대 정보보고의 사실(fact)은 북한군의 도발 가능성이 높다는 위기를 경고하는 정확한 정보였음은 부인할 수 없는 사실이다.

정확한 정보가 적시에 정책결정자에게 보고되었으나, 북한군이 실제 도발을 자행하여 아(我) 경비함정이 기습을 당할 때까지 작전부대는 활용하지 못했다. 정보공동체는 정보의 역할을 충실하게 수행했으나 정보 외적인 문제에 의해 정보가 역할을 다하지 못한 결과를 초래한 것이다. 즉 정보의 보고 및 전파(배포) 과정에서 왜곡되어 작전 부대에 전파됨으로써 정보의 적시성이 상실되어 위기 경고라는 역할을 다하지 못한 것이다.

정보공동체가 위기 경고라는 역할을 다하지 못한 원인은 첫째, 전파 과정에서의 문제이다. 5679부대장은 예규에 의거 정보본부에 정상적으로 신속하게 보고를 하였으나, 북한의 의도 3개 항목 중 위기관련 내용인 두 개항목이 삭제되고 하달됨으로서 실제 정보의 사용자인 작전부대에 하달되지 못했다.[54] 즉 적이 기습할 가능성이 있다는 정보는 존재했으나 작전부대는 기습을 당할 때까지 정보를 받아보지 못한 결과를 초래한 것이다.

둘째, 정책결정자의 인식의 문제이다. 정책결정자가 어떠한 인식을 가지고 있었는지는 확인할 수 없으나 5679부대의 정보보고가 왜곡되어 전파된 것은 분명한 사실이다. 알렉산더 조지(Alexander L. George)는 정보의 왜곡은 심리적인 이유 또는 이념적·정치적인 이유 때문에 발생한다고 주장한다.[55] 심리적인 힘이 인지과정에 영향 을 미치며, 기존의 믿음

---

[54] 국방부 특별조사단 조사결과 발표에서 박세환의원의 지적대로 5679부대 정보보고 중 둘째와 셋째 항목이 삭제되고 예하부대에 하달된 것이 확인되었으나 누가 지시했는지 는 명시하지 않았다. 한철용, 앞의 책, pp. 199-203.

과 정신적 이미지는 새로운 정보의 중요성을 배제하거나 희석시키는 경향이 있으며, 지배적인 정책 가정에 부합 하도록 압력을 가하면 새로운 정보의 평가에 왜곡이 발생한다.

또한 이념적, 정치적 왜곡은 정보 판단을 보고받는 사람들의 생각에 부합 하도록 바꾸거나 그것을 보고하는 사람들의 이익을 증진시키기 위해 변경하고자 할 때 발생한다. 즉 햇볕정책에 의해 북한의 도발이 없을 것이라는 강한 믿음을 가지고 있었던 것은 아닌지, 정책결정자의 의도에 맞게 또는 지시에 의하여 의도적으로 왜곡한 것은 아닌지 의심을 갖게 하는 주장이다. 이러한 행태에 의해 정보가 생산되는 풍조는 직·간접적으로 위기관리에 영향을 미칠 수 있다.

마지막으로 정보생산자가 모든 가능성을 제시함으로써 사용자로 하여금 선택할 수 없게 하거나 불신했을 가능성이다. 제2연평해전 정보보고 논란을 규명하기 위한 국방부 특별조사단의 조사결과 발표에 의하면, "6월 13일 보고를 받은 국방부 장관은 보고내용이 단순 침범으로부터 도발가능성까지 모든 가능성을 다 열거하고 있어 어느 것이 맞는지 받아보는 부서에 혼란을 줄 수도 있겠다. 이렇게 언급을 하면서 정보본부에서 확실하게 정리하여 다시 보고하라고 지시했다."고 밝혔다.[56)]

이것이 사실이라면 국방부장관은 정보본부의 보고를 신뢰하지 않았거나 모든 가능성을 열거함으로써 어떻게 대비할지를 결정하지 못했을 가능성을 배제할 수 없다. 그러나 이러한 문제는 사용자가 정보 의 특성을 이해하지 못하는데서 기인하는 것이다. 제한된 첩보를 바탕으로 생산된 정보는 불확실할 수밖에 없기 때문에 정보 분석관의 입장에서는 조그만 가능성이라도 제시하지 않을 수 없는 것이다.

---

55) Alexander L. George, *op. cit.*, pp. 404-407.
56) 한철용, 앞의 책, p. 201.

6월 13일 5679의 정보보고는 신속하였으며, 정확하였다. 그러나 이 정보는 실제 사용자인 작전부대에는 전파되지 않았다. 전파된 정보는 실제와는 정반대로 왜곡된 것으로 정보가 아닌 것이다. 제2연평 해전 이전 최소한 16일의 대응 준비기간이 있었음에도 정보가 왜곡 되고, 왜곡된 정보가 전파됨으로써 실제 정보는 적시성을 상실하여 위기관리에 실패하게 된 것이다. 만일 13일 보고된 정보가 왜곡 없이 그대로 정책결정에 사용되고 전파되었다면 국가 차원에서는 정치·외교적 조치를 통해 북한에게 경고를 하거나 압력을 가하여 적의 도발 의지를 억제할 수 있었을 가능성을 배제할 수 없으며, 작전부대는 최소한 기습공격을 피할 수 있었을 것이다.

물론 정보본부에서는 단 일 출처 첩보를 기초로 생산된 정보에 의문을 가졌을 수도 있다. 그러나 위기발생 초기에는 첩보가 제한될 수밖에 없기 때문에 정확성 에 치중할 경우 대응시간을 상실할 수 있다. 따라서 위기와 관련된 첩보가 입수되었을 경우에는 신뢰성과 정확성은 낮더라도 우선 위기를 선포하고 대비하면서 추가적인 첩보수집을 통하여 정확성을 높여 가는 것이 바람직할 것이다.

2. 미국의 쿠바 미사일 위기

1062년 10월 미국의 쿠바 미사일 위기는 신속한 위기관리체제 전환에 따른 충분한 가용시간 확보, 활용 가능한 첩보요구, 다(多)출처 첩보에 의한 정확한 정보생산을 통해 위기관리에 성공한 대표적 사례라고 할 수 있다. 쿠바 미사일 위기는 소련이 쿠바에 핵 탄도미사일을 배치하자 미국이 압력을 가해 철수시킨 사건이다.

1959년 소련이 쿠바에 무기를 공급하기로 결정한 이후 1962년 4월부터 지대공 미사일을 우선 공급했으며, 7월부터는 쿠바에 입항하는 소련 선박이 급격히 증가하였다.[57] 미국은 소련의 핵탄도미사일 쿠바 배치에 대비하여 4중 첩보수집 체계, 즉 쿠바 입출항 선박에 관한 정보, 쿠바 난민, 쿠바 내부의 첩보원, U-2기에 의한 정찰 등을 운용하였다. 이들로부터 수집한 첩보를 종합하여 1962년 9월 중순 경 쿠바에 소련의 핵탄도미사일이 배치되었다는 결론에 도달하였다. 다만 사진과 같은 확실한 증거자료만 없을 뿐이었다. 이때부터 미국은 사실상 위기관리 체제로 전환되었다고 볼 수 있다.

1962년 9월경 소련이 쿠바에 잠수함기지를 건설하고 있을 때 미국 대통령과 국무장관은 소련이 탄도미사일 잠수함을 주둔시킬 수 있는 능력을 증가시킬 것이라는 판단 하에 WSAG (Washington Special Action Group)의 대표되는 각 기관들에게 이 사안에 대해 매우 제한적인 기준으로 평가와 권고안을 제출해 줄 것을 요청했으며, 이 때 국무부와 국방부·합참은 정반대의 결과를 제출했다. 국무부 소련 전문가인 톰슨(Llewellyn Thompson)은 '소련의 움직임은 상징적인 것이며, 소련이 10여 년 전 미국의 노력을 모방하여 해외 해군기지를 개발하고 있다'고 보고한 반면, 국방부와 합참은 쿠바의 소련 잠수함 기지를 미국에 대한 전략적 위협으로 여기고 기지 제거를 권고했다.[58]

이에 따라 국가정보평가회의(National Intelligence Estimate)가 개최되었으나 소련이 쿠바에 공격용 미사일을 반입하지 않을 것 이라고 결론지었다.[59] 거의 확실한 정보가 있었음에도 이러한 결론에 도달한 것은 100여개 국가에 대한 방대한 첩보를 모두 검토하는 것은 사실상 불가능하였고, 실제 평가위원들은 쿠바에 미사일 배치 관련 첩보를 보지 않고 회의에 참석했기 때문이었다. 이것은 분명한 정보의 실패였다.

그러나 정보기관은 쿠바의 상황을 계속 추적했으며, 마침내 10월 1일 고공정찰합동위원회(COMOR: Interagency Committee on Overhead Reconnaissance)는 쿠바에 중거리탄도미사일(MRBM) 기지가 건설

---

57) Graham Allison & Philip Zelikow, *op. cit.,* pp. 197-206.

58) Henry Kissinger, *White House Years*(New York: Simon & Schuster Paperbacks, 1979), pp. 640-643.

59) Graham Allison & Philip Zelikow, *op. cit.,* pp. 219-223.

중일지 모른다는 결론을 내리고 국방장관과 합동참모본부에 보고하였다. 이 보고에 의해 실제 U-2기에 의한 고공정찰이 위험성을 내포하고 있었음에도 불구하고 10월 4일 쿠바의 해당지역에 대한 U-2기의 직접 비행 및 촬영을 제안하는 보고를 하였다.

이 제안은 10월 9일 대통령의 재가에 이어 10월 14일 정찰을 실시하였으며, 쿠바에 배치된 소련 미사일기지 사진촬영에 성공하였다. 발견된 미사일은 MRBM 6개 대대와 IRBM 4개 대대를 세우기 위한 것으로 MRBM 발사대 24개와 IRBM 발사대 16개를 운용할 수 있는 것에 불과했으나, 미국은 소련의 미사일에 의해 미국인들이 죽게 되는 것은 다르지 않다고 판단했다.[60] 즉 소련 중거리핵미사일의 쿠바 배치는 소련 핵무기에 의한 미국의 핵심적 국가이익에 대한 새로운 위협을 의미하는 것으로 반드시 제거해야 된다고 판단한 것이다.

10월 16일 백악관에서 개최된 최고지도부 회의에서 소련의 탄도미사일이 쿠바에 있어서는 절대로 안 된다는 점을 확고히 하고, 이를 수행하기 위한 군사적 조치로 쿠바에 대규모 폭격 및 전면 침공, 소규모 폭격을 통한 탄도미사일 파괴 등 두 가지 방책을 강구하였다. 이 두 가지 방책은 수개월 전에 수립된 쿠바에 대한 세 가지 군사계획 중 일부였다. 이 방책을 기초로 5개안이 구체화되어 10월 17일 백악관에 보고되었다.[61]

그러나 군사적인 공격 방책은 미국이 위험도 감수해야만 하는 것이었다. 따라서 군사적인 공격 외에 봉쇄계획도 동시에 준비되었으며, 최종적으로 봉쇄를 선택하였다. 10월 22일 케네디 대통령은 대국민 연설을 통해 미국은 쿠바 내에 소련의 전략미사일이 있음을 발견했다고 밝힌 후 쿠바로 향하는 모든 선박에 실린 공격용 군사 장비를 철저히 차단할 것

---

60) Russel F. Weigley, *The American Way of War-A History of United States Military Strategy and Policy*(Bloomington: Indina University Press, 1973), p. 453.
61) 쿠바에서 미사일을 발견하기 수개월 전에 미국의 군부는 공습만을 위한 작전계획 312와 두 가지 중요한 침공 안을 담은 작전계획 314, 316 등 3개안을 수립해 놓고 있었다. Graham Allison & Philip Zelikow, *op. cit.*, p. 225.

을 선언하고 흐루쇼프에게 세계평화에 대해 비밀스럽고 무모하고 도발적인 위협을 당장 중단하고 제거할 것을 요구했다.62)

이와 함께 미국은 민간비행장에 B-47 폭격기로 완전한 보복성 공격 위협을 병행했다.63) 이 조치를 소련과 쿠바는 '봉쇄'로 인식했으며, 팬윅(Charles G. Fenwick)은 "평화적 봉쇄를 위한 미국의 강력한 의지"라고 불렀다. 봉쇄국으로 향하는 선박에 대한 무력 사용은 사실상 전쟁행위를 의미하는 것이기 때문이었다.64) 즉 미국은 소련이 응하지 않을 경우 전쟁도 불사하겠다는 강력한 의지를 소련에 전달한 것이다. 이 봉쇄계획 선언 이후 10월 28일 흐루쇼프 서기장이 '당신들이 공격용이라고 하는 무기가 해체되어 소련으로 철수할 것'이라고 선언하면서 쿠바 미사일 위기는 종료되었다.

이 사건에서와 같이 미국의 정보기관은 정보의 사용자들에게 정보의 적시성과 정확성을 충족시켰다. 먼저 정보의 적시성 면에서 첫째, 실제 전면적인 위기관리체제로 전환하지는 않았지만 1959년 소련이 쿠바에 미사일을 공급하기로 결정한 이후 쿠바를 대상으로 중첩된 감시체제를 가동함으로서 다량의 정확한 첩보를 수집하였다. 즉 기관 간에 이견이 있음에도 불구하고 정보공동체는 쿠바 지역에 대한 지속적인 첩보요구를 통해 만족할 수준의 첩보를 수집할 수 있었으며, 전문화된 분석관들에 의해 적시에 정확한 정보생산이 가능하였다.

둘째, 적시에 비교적 정확한 정보가 보고됨으로써 군사작전계획을 포함하여 위기상황에 대비할 수 있는 충분한 시간을 확보할 수 있었다. 즉 정보공동체와 정책결정 그룹 간에 지속적인 의사소통을 통해 이견을 좁혀 나갔으며, 상호 신뢰함으로써 충분한 가용시간을 활용하여 사전에 대비책을 강구할 수 있었다.

---

62) ibid, pp. 223-238.
63) Lawrence Freedman, *The Evolution of Nuclear Strategy*(London: The Macmillan Press, 1968), p. 244.
64) N. D. Houghton, *Struggle Against History-U.S. foreign Policy in an Age of Revolution*(New York: A Clarion Book, 1968), pp. 236-238.

마지막으로 위기관리가 진행되면서 지속적으로 신속한 정보보고가 이루어짐으로써 소련을 압박할 수 있었다. 즉 정보공동체와 정책 결정그룹 간 신뢰를 바탕으로 적시에 정보요구를 충족시켰으며, 정책결정자는 이를 적극 활용하였다.

정보의 정확성 면에서는 충분한 첩보를 바탕으로 정확한 정보생산을 통하여 쿠바에 미사일이 배치되었다는 결론에 이르자 U-2기 정찰을 실시하여 미사일이 배치된 영상을 획득할 수 있었다. 이 영상정보를 통해 최종 결론에 도달하고 차후 전략을 구상하는 계기가 되었다. 즉 미사일 배치를 확신하게 되자 세부첩보요구(SRI)와 특정지시 및 요청(SOR)을 통해 추가 첩보를 수집함으로써 정보의 정확성을 높여 나갔다. 둘째, 정확한 정보판단에 의해 준비된 여러 개의 군사작전계획을 재검토 하고 보완하는 한편, 추가적인 대안을 수립할 수 있었다.

마지막으로 소련과 쿠바에 대한 정보를 바탕으로 대안의 장단점을 분석하여 최선의 방책으로 봉쇄계획을 시행함으로써 위기관리에 성공한 것이다. 즉 정책결정자가 정보공동체의 판단을 신뢰함으로써 효과적인 대응책을 강구할 수 있었다. 결국 미국이 쿠바미사일 위기 시 대소 협상의 주도권을 장악하고 미국의 의도를 관철시킬 수 있었던 것은 적시에 미사일 위기를 경고함으로써 충분한 시간을 가지고 대비할 수 있었고, 위기상황 하에서 정확한 정보를 바탕으로 소련이 수용할 수밖에 없는 전략을 선택했기 때문이라고 볼 수 있다.

만일 소련 내부의 상황이나 흐루쇼프의 의도를 잘못 판단하여 봉쇄정책이 실패로 돌아갔다면 미국은 군사작전을 시행할 수밖에 없었을 것이고 소련뿐 아니라, 미국의 피해도 심각했을 것이다. 그러나 미국은 정보능력을 바탕으로 최소의 위험부담으로 최상의 성과를 거둔 것이다.

V. 결 론

 국가의 위기는 언제든지 발생할 수 있으며, 주로 예상하지 못한 상황이 갑자기 발생하기 때문에 대응시간의 제한을 받는다. 대응시간을 최대한 확보하고 성공적인 위기관리를 위해서는 정보의 적시성과 정확성이 전제되어야 한다. 위기판단과 위기관리를 위해 정보의 적시성과 정확성이 전제되어야 하는 이유는 정보가 있어야 위기판단이 가능하고 위기관리체제로 전환할 수 있기 때문이다.

 위기발생 전에 위기와 관련된 첩보를 수집하지 못하거나 수집했더라도 정보생산이 지연되고 사용자에게 적시에 전달되지 못한다면 신속한 위기판단은 불가능한 것이다. 따라서 위기와 관련된 정보는 다소 정확성이 다소 떨어지더라도 신속한 전파가 필요하다. 위기판단이 지연되는 만큼 대응시간이 감소함은 자명한 사실이기 때문이다.

 제2연평해전의 예에서와 같이 정보의 적시성이 상실되면 적에게 기습을 당한 이후에나 위기관리체제로 전환할 수 있는 것이다. 따라서 수시로 도발을 자행해 온 북한과 대치하고 있는 대한민국의 정보공동체는 정보의 적시성 향상에 많은 노력을 해야 할 것이다. 정보의 적시성 향상을 위해서는 첫째, 위기징후와 관련된 첩보목록을 구체화하고 우선순위를 높여 수시로 확인하는 체제를 갖추어야 할 것이다. 제2연평해전은 물론 2010년의 천안함 피격사건과 연평도 포격도발도 첩보부재의 결과라고 해도 과언이 아니다.

 둘째, 위기징후와 관련된 첩보 입수 시 동시에 보고하고 분석하는 원스텝 시스템을 갖추는 것이 바람직할 것이다. 제2연평해전의 사례에서와 같이 다단계의 보고체계가 정보의 전파를 지연시킬 수 있으며, 중간보고자에 의해 정보가 왜곡될 가능성이 있기 때문이다. 왜곡된 정보의 전파는 결국 정보가 전파되지 않은 것만도 못한 결과를 초래한다.

셋째, 위기관리 정보전문가의 양성이다. 위기와 관련된 정보분석관의 보직이 수시로 교체됨으로서 전문성을 향상시키고 유지하는데 제한이 있다. 정보분석관이 단편첩보를 가지고도 위기여부를 정확하게 판단할 수 있다면 그만큼 대응시간을 확보하게 되는 것이다.

마지막으로 정책입안자와 정책결정자들이 정보에 대한 이해의 폭을 넓혀야 한다. 정책결정자들은 주로 정보를 요구하고 사용하는 그룹이다. 이들은 훨씬 더 일찍 질문했어야 할 질문들에 대해 즉답을 요구하는 습성이 있다.[65] 정보의 사용자들이 조금 더 일찍 정보를 요구한다면 그 만큼 조기에 첩보수집이 이루어지고 적시적인 정보생산이 가능할 것이다. 이를 위해서는 정보사용자들도 정보공동체의 특성을 이해하고 전개될 상황을 고민하는 노력이 필요하다. 아는 만큼 의문이 많고 의문이 많아야 많은 정보를 요구할 수 있기 때문이다.

위기발생 시에 정보의 적시성이 중요하다면 위기관리 시에는 정보의 정확성이 더욱 중요해진다. 적의 행동을 억제하거나 차단시키고 최소의 위험으로 최대의 성과를 거두기 위해서는 적의 의도와 능력은 물론, 실행 가능성 등 상대국의 모든 분야에 대한 정확한 정보가 필요하며, 정확한 정보가 뒷받침 될 때 주도권을 장악할 수 있고 유리한 방향으로 위기를 종결지을 수 있기 때문이다. 만일 오판한 정보에 의해 전략을 수립하고 시행했을 경우 예상하지 못한 적의 역대응을 초래할 수 있으며, 주도권을 상실함으로써 위기가 종결되더라도 국가이익에 막대한 손해를 가져올 수 있다.

따라서 위기가 진행되고 있는 상황에서는 정보의 적시성보다는 정확성이 중요하다. 위기가 지속되고 있을 때 정보의 적시성보다 정확성이 중요한 또 다른 이유는 상황에 따라서는 대응하지 않는 대응, 즉 기다리는 것이 최선의 방책일 경우도 있기 때문이다. 위기가 진행 되면서 첩보의 양이 증가하고 이에 따라 정보의 정확성도 향상된다.

---

[65] Alexander L. George, *op. cit.*, p. 397.

그러나 첩보 양의 증가만으로 정확성이 향상되는 것은 아니다. 정보의 정확성을 높이기 위해서는 크게 네 가지가 전제되어야 한다.

먼저 충분한 가용시간이다. 충분한 가용시간이 있을 때 위기징후와 관련된 충분한 첩보를 수집하고 다수의 전문가 의견을 반영함으로써 정보판단의 오류를 감소시킬 수 있다. 충분한 가용시간은 위기판단 시간과 직결되어 있다. 위기판단을 통해 위기관리체제로 전환되었을 때 정보자산 전환 등을 통하여 위기관리에 필요한 정보요구를 충족할 수 있으며, 분석관 등 추가적인 필요 인력을 위기관리실로 전환시킬 수 있기 때문이다.

그 다음은 첩보수집 자산의 중첩운용이다. 다수의 출처에서 수집된 첩보일수록 첩보의 정확성과 신뢰성이 높으며, 정보생산에 사용될 수 있기 때문이다. 또한 중요한 정보는 철저하게 비밀을 유지하고 상대국의 오판을 유도하기 위한 기만방책을 고려하기 때문에 반드시 첩보의 중첩 확인이 필요하다. 예를 들어 통신첩보의 경우에는 운용 가능한 인간첩보(HUMINT) 혹은 영상첩보 수단을 통한 중첩확인을 통해 첩보의 신뢰성을 향상시킬 수 있으며, 영상첩보의 경우 HUMINT 등을 통하여 모의 시설 여부를 확인할 수 있을 것이다.

또한 HUMINT의 경우에도 영상이나 다른 수단을 통하여 반드시 확인하는 절차가 필요하다. HUMINT는 단순하면서도 실체를 확인할 수 있는 영상 등 여타 수집수단에 비해서 계획이나 의도 등을 직접 확인할 수 있다는 불변의 이점이 있으나 상대국의 역정보에 의한 기만, 첩보원의 공명심이나 실적에 대한 압박감으로 인한 허위·과장 보고, 금전이나 협박 등에 의해 첩보원이 매수되는 위험 등이 있기 때문이다.[66]

분석관의 풍부한 경험과 지식도 고려사항이다. 첩보가 충분하고 분석에 필요한 가용시간이 충분하더라도 분석관이 상황을 통찰하는

---

[66] 전 웅, "첩보수집 수단의 유용성 비교: 인간정보와 기술정보를 중심으로," 『국가정보연구』, 제7권 제2호(2014), pp. 99-101.

능력이 부족하거나, 첩보의 중요도를 이해하지 못하면 위기관리에 필요한 정확한 정보를 생산할 수 없는 것이다. 분석관의 능력에 따라 중요한 첩보가 사장되는 경우도 발생할 수 있다.

끝으로 사용자 중 정책입안자나 정책결정자들의 인식전환이다. 이들은 대체로 자신들이 선호하는 정보만을 보길 원하며, 원하지 않는 정보는 완전히 무시하는 경향이 있다. 또한 정보공동체를 자신들의 이익을 위해 활동하는 조직으로 인식하고 정보공동체의 판단을 의심하는 경향이 있으며, 자신들이 정보공동체보다 우수하다고 생각한다. 그리고 정보의 능력과 정보의 한계를 인식하지 않고 단시간에 많은 것을 요구한다.[67]

정책결정자들의 이러한 생각은 결국 정보를 왜곡시키기도 하며, 정확하게 판단된 정보를 사장시키거나 자기의 생각을 임의로 추가하여 판단하기도 한다. 따라서 정책결정자들이 정보의 능력과 한계를 인식하고 정보전문가의 판단을 신뢰하고 존중 할 때 정보의 정확성은 향상될 수 있는 것이다.

---

[67] 김기중, 앞의 논문, pp. 49-52.

< 참고문헌 >

16대 국회 234차 국방위원회 속기록(2002. 10. 4.).
2002년도 국회국방위원회 국정감사 속기록(2002. 9. 17.).
강성학,『유엔과 국제위기관리』, 서울: 리북, 1995.
국가안전보장회의사무처,『국가위기관리기본지침서』, 서울: 국가안전보장회의사무처, 2004.
국가정보학회,『국가정보학』, 서울: 박영사, 2013.
김강무, "한국의 전략정보생산체제 문제점과 개선 방향 고찰,"『국가정보연구』, 제9권 제2호(2016), pp. 5-27.
김기중, "위기관리정책에서의 전략정보 기능과 역할에 관한 연구," 경기대학교 정치전문대학원 박사학위 청구논문(2013).
김명식, "미국에서의 국가정보 개념에 대한 논의,"『미국헌법연구』, 제20권 제2호(2009), pp. 377-407.
김열수,『국가안보-위협과 취약성의 딜레마』, 서울: 법문사, 2010.
김은기, "한·미 안보협력체제하에서 미국의 한반도 위기관리 전략 연구," 경기대학교 정치전문대학원 박사학위 논문(2002).
김희상,『중동전쟁』, 서울: 전광, 1995.
나기산, "위기 시 정책분석에 관한 연구,"『국방연구』, 제35권 제2호(1992), pp. 129-152.
민진규,『국가정보학』, 서울: 도서출판 배움, 2010.
박종재 "안보정책 결정 과정에서 국가정보 생산자와 소비자 관계 고찰",『국가정보연구』, 제7권 제1호(2014), pp. 7-58.
서동구, "정보실패 최소화를 위한 이론적 고찰,"『국가정보연구』, 제6권 제2호(2013), pp. 101-136.
서정순, "전쟁원인론과 한반도의 연계성 연구," 경기대학교 정치전문대학원 박사학위논문(2017).
－－－, "한반도 군비통제방안- Tit-for-Tat 전략을 중심으로," 연세대학교 행정대학원 석사학위 논문(1994).
성낙양,『동아 새국어사전』, 서울: 두산동아, 2011.

심상용, "위기상황하의 정책분석과 정보의 역할에 관한 연구."『정책개발연구』, 제2권 제2호(2002), pp. 23-45.

육군본부,『정보』, 대전: 육군본부, 2015.

윤태영, "국경안보체계와 국가정보의 역할,"『국가정보연구』, 제6권 제1호(2013), pp. 85-128.

이기덕, "국가정보학의 학문적 발전을 위한 과제."『국가정보연구』, 제6권 제2호(2013), pp. 165-214.

이기택,『국제정치사』, 서울: 일신사, 1993.

이용준,『게임의 종말, 북핵 협상 20년의 허상과 진실』, 파주: 한울, 2015.

전 웅, "첩보수집 수단의 유용성 비교: 인간정보와 기술정보를 중심으로."『국가정보연구』, 제7권 제2호(2014), pp. 75-115.

———.『현대국가정보학』, 서울: 박영사, 2015.

———. "9·11 테러, 이라크 전쟁과 정보실패,"『국가전략』, 제11권 제4호(2005), p. 5-40.

정인흥 외,『정치학대사전』, 서울: 박영사, 1980.

정찬권,『21세기안보시대의 위기관리론』, 서울: 대왕사, 2012.

———.『국가위기관리론』, 서울: 대왕사, 2012.

최평길,『국가정보학』, 서울: 박영사, 2012.

한용섭,『국방정책론』, 서울: 박영사, 2013.

한희원, "국가정보의 새로운 이해에 대한 연구: 정보 신이론과 현대적 중요성."『국가정보연구』, 제3권 제2호(2010), pp. 123-154.

합동참모본부,『합동정보』, 서울: 합동참모본부, 2010.

———,『합동·연합작전 군사용어사전』, 서울: 합동참모본부, 1998.

허태희·정준현, "미래 세계안보 및 정보환경 변화와 한국의 정보개혁 방향,"『국가정보연구』, 제2권 제2호(2009), pp. 41-93.

Allison, Graham & Zelikow Philip. Essence Decision-Explaining the Cuban Missile Crisis , New York: Wesley Longman, 1999.

Brown, Chris & Ainley, Kirsten. Understanding International Relations, New York: Palgrave Macmillan, 2009.

Betts, Richard K. "Analysis, War, and Decision: Why Intelligence Failures Are Inevitable," World Politics , Vol. 31, No. 1(October 1978), p. 88

Busan, Barry. An Introduction to Strategic Studies- Military technology and International relations , London: Macmillian Press, 1987.

Deutsch, Karl W. The Analysis of International Relations , New Jersey: Prenstice Hall, 1978.

Ellsberg, Daniel. Secrets: A memoir of Vietnam and the Pentagon Paper , New York: Penguin Books, 2002.

Freedman, Lawrence. The Evolution of Nuclear Strategy , London: The Macmillan Press, 1968.

Gaddis, John Lewis. Strategies of Containment-A Critical Appraisal of Postwar American National Security Policy , New York: Oxford University Press, 1982.

Gelb, Leslie H. Power Rules-How Common Sense Can Rescue American Foreign Policy , New York: Haper Collins Publishers, 2009.

George, Alexander L. Avoiding War: Problems fo Crisis Management (Boulder: Westview Press, 1991.

George, Roger Z. & Bruce, James B. "Analyzing Intelligence- Origins, Obstacles, and Innovation," 박동철 옮김(서울: 한울아카데미, 2010)

Headquarters Department of the Army, FM 34-52 Intelligence Interrogation , Washington D.C.: Headquarters Department of the Army, 1992.

Hermann, Charles F. Crises in Foreign Policy: a Simulation Analysis , Indianapolis: The Bobbs-Merrill Company, Inc., 1969.

Houghton, N. D. Struggle Against History-U.S. foreign Policy in an Age of Revolution , New York: A Clarion Book, 1968.

Jordan, Amos A. & Taylor, Jr. William J., American National Security- Policy and Process , Baltimore: The Johns Hopkins University Press, 1981.

Kent, Sherman. Strategic Intelligence for American World Policy , New Jersey: Princeton University Press, 1971.

Kissinger, Henry. White House Years , New York: Simon & Schuster Paperbacks, 1979.

Lovell, John P. Foreign Policy in perspective- Strategy Adaptation Decision Making , New York: Holt, Rinehart and Winston, Inc., 1970.

Midlarsky, Manus I. Handbook of War Studies , Boston: Unwin Hyman, 1989.

Morgenthau, Hans J. Politics Among Nations - The Struggle for Power and Peace (New York: Alfred A. Knoff, 1973.

Nelson, Keith L. and Olin, Jr. Spencer C. Why War? California: University of California Press, 1979.

Northedge F.S. The Foreign Politics of the Powers , New York: The Free Press, 1975.

Nye, Jr. Joseph S. Understanding International Conflicts , New York: Longman, 2005.

Reichart, John F. & Sturm Steven R. American Defense Policy , Baltimore: The Johns Hopkins University Press, 1982.

Richelson, Jeffrey T. The U.S. Intelligence Community , Lexington, MA: Ballinger, 1985.

Rosenau, James N. Kenneth W. Thompson, Gavin Boyd, World Politics an Introduction , New York: Free Press, 1976.

Sense, Paul D. & Vasquez, John A. The Steps to War (Princeton: Princetpn University Press, 2008.

Weigley, Russel F. The American Way of War-A History of United States Military Strategy and Policy , Bloomington: Indina University Press, 1973.

Williams, Pill. Crisis Management: Confrontation and Diplomacy in the Nuclear Age, London: Martin Robertson, 1976.

Winham, Gilbert R. New Issues in International Crisis Management, Colorado: Westview Press, 1988.

Wright, Quincy, A Study of War, Chicago: The University of Chicago Press, 1970.

제 2 부
위기 속 정보공작과 첩보전

우크라이나 전쟁과 정보

정보와 러시아의 우크라이나 침공[68]

러시아의 우크라이나 침공의 현저한 특징 중 하나는 바이든 정부가 러시아 침공을 확실히, 한 목소리로, 명확히 드러내놓고 예측했다는 사실이다. 바이든 자신의 평가를 포함해서 공개적으로 드러낸 평가들은 너무나도 명백해서 '늑대 소년 효과'를 염두에 두고 들은 사람들은 불편함을 느꼈는지도 모른다.

바이든 정부의 태도는 "러시아가 침공하지 않을 것이며, 푸틴은 단기적인 목적을 달성하기 위해 힘을 과시하는 쇼"라고 주장한 많은 전문가, 정치평론가 등과 상반되있다.

그런 엉터리 예측을 한 사람들에게 내 탓이요(mea culpas)를 기대하지 마라. 바이든 행정부의 확고한 진단은 러시아의 침공 가능성을 부정한 유럽의 기존 시각을 뒤엎은 것이었다. 기관 내부에서 수행한 내용을 외곽에서 이를 분석 평가하는 사람들은 미국 정보기관에게 이렇게 통고한다.
"푸틴의 의사결정 과정을 시계열적으로 정확히 알지 못했지 않았느냐".

---

[68] Paul Pillar, *the National Interest*, 2022. 2. 25. 원제는 Intelligence and the Russian invasion of Ukraine임.

우크라이나 무력 사용에 대한 푸틴의 생각은 바이든 정부가 그렸던 내용보다 조건적이었다는 것은 인정한다. 푸틴의 최종적인 전쟁개시 결정은 미국과 서방측의 위기 대응에 일정 정도 영향을 받았다. 바이든 정부를 맹렬히 비판하는 사람들은 반복적으로 푸틴의 전쟁 돌입 가능성을 주창함으로써, "'공격자'라는 꼬리표가 붙은 푸틴에 대처해야한다"는 대담함을 갖도록 하는 것이었다.

그러나 푸틴은 전방위적으로 시행된 경제제재로 인해 우크라이나 침공에 따른 군사적 손실[69]만큼 많은 것을 잃었다. 러시아 군의 침공준비를 입증하는 강력한 증거와 침공을 정당화하기 위한 푸틴의 교묘한 거짓 역사담론은 상당히 오래전부터 침공을 준비했음을 시사한다. 푸틴은 오래전부터 품어오며 종종 밝힌 생각, 즉 옛 소련 제국내의 슬라브 민족의 땅이란 개념아래 행동해왔다. 소련제국으로부터 떨어져 나간 영토들을 다시 끌어 모아 나중에 Saint Vladimir이란 칭송을 듣고자 한다.

미국 정보기관과 정책결정자들의 평가는 정확히 과녁을 맞힌 것으로 보인다. 두 가지 관측을 살펴보자. 하나는 이 에피소드가 대중들과 정치권에 정보성공과 실패에 관해 비대칭성을 보여준다는 우려이다. 전쟁, 혁명, 핵실험과 같은 눈에 보이면서도 뜻밖의 일이 외국에서 벌어지더라도 미국 정부가 소리 높여 예측을 먼저 하지 못한다.

그러면 전문가 등은 정보실패라고 즉각적으로 아우성을 친다. 아우성을 치는 내용 중에는, 정보기관이 본연의 임무를 제대로 했는지, 정책결정자들은 정보기관의 보고에 귀를 기울였는지 등에 대해 의문을 쏟아낸다. 대부분의 사람들은 러시아의 움직임을 예측한 성공사례에 거의 귀 기울

---

[69] 러시아의 초기 전쟁 실패의 주요 원인으로 준비 부족과 군수보급 문제를 들고 있으나, 훈련 부족 역시 빼놓을 수 없다. 예를 들어 땅이 진흙탕으로 변하는 라스푸티차는 당연한 계절적 현상으로 기갑부대들의 이동시 필수적으로 진흙 탈출용 장비를 달고 다니거나, 이에 대한 훈련이 되어 있어야 함에도 그렇지 못했다. 이에 비해 우크라이나 군은 크림반도 사태 이후부터 나토와 군사훈련을 진행해오면서 기량과 기술이 급속도로 발전되었다. 현장에서 유연한 판단을 우선시하는 소규모 부대의 편제방식, 다양한 정보를 쉽게 소화하는 능력 등은 모두 서방국과의 군사훈련을 통해 얻어진 능력이었다.

이지 않는다. 이 에피소드가 언젠가 '정보실패'로 기록되는 날이 올 것인지 지켜보는 것도 흥미로울 것이다.

아마도 그렇지는 않을 것 같다. 일반적으로 실패 혹은 실패로 간주하는 패턴은 구체적인 케이스를 지적하기보다 근본적인 제도적 문제점 탓으로 돌린다. 또 다른 관측은 정보가 완벽하여 정책결정자들이 그 정보를 소화시켰다고 해도 뜻하지 않게 발생하는 사건은 미국 정부가 아무리 최선을 다해도 막을 수 없다.

우크라이나 침공을 전후하여 바이든 정부가 적극적으로 관련 정보를 공개한 것은 푸틴을 군사적 책동을 피하거나 실행하지 못하게 하려는 전술이었다. 선제적으로 푸틴의 의도를 노출시키는 방법이었다. 이 전술은 전쟁 돌입을 막을 수는 없었지만 가치 있는 전술이다. 정보노출로 인해 러시아는 전술적 혼선을 야기했고, 전쟁 돌입에 관해 다시한번 생각하는 계기가 되었을 것이다.

1967년 중동전을 회상해보자. 미국 정보기관은 "전쟁 돌입 가능성과 이스라엘이 신속히 승리할 것"이라는 내용의 정보보고를 존슨 대통령에게 정확하게 보고했다. Richard Helms Director of Central Intelligence 가 매주 화요일 대통령과의 점심 식사자리에서 이 내용을 보고했다. 대통령의 화요일 정례 점심은 존슨 시절 안보담당자들의 의사결정 장소였다. 존슨은 정보기관의 보고를 바탕으로 백방으로 이스라엘을 설득했으나, 전쟁을 피하지 못했다.

몇 년 전 미국과 서방동맹국들이 우크라이나와 조지아를 끌어들이는 형태의 나토확대에 실패한 점을 고려하면, 지금의 우크라이나 상황은 1967년 존슨이 직면했던 상황과 흡사하다. 정보에 대한 정책결정자들의 대응은 정보 그 자체만큼이나 중요하다. 바이든이 사지로 멀리 가듯이 러시아의 공격 가능성을 반복적으로 소리 높여 외친 것은 높이 평가해줄 만하다. 정보기관 보다 푸틴의 허황된 말을 믿었던 트럼프와 대조되는 대목이다.

정보를 이용한 사전 물타기 작전[70]

'서방 정보기관의 정보평가는 정확했지만, 그렇다고 전략 그 자체를 대체할 수 없다.'

푸틴이 동트기 전 기자회견에서 오랜 기간 준비해온 우크라이나 침공을 위한 '특별 군사작전'을 발표하고, 며칠 되지 않아 새벽에 우크라이나를 3개 방면에서 기습적으로 침공하고 수도 키이우를 주 공격대상으로 삼아 맹렬한 공세를 퍼부었다.(2022. 4월 현재 키이우 공세는 실패하고 퇴각한 상태다)

러시아가 우크라이나 국경에 15만여 명의 병력과 장갑차, 탱크 등을 배치하면서부터 미국을 비롯한 서방정보기관은 푸틴의 노림수와 공격 시기 등을 예측하고 경고성 정보를 공개하는 한편, 외교적으로 이 사안을 풀어보려고 노력했었다. 서방정보기관은 우크라이나 현 정부를 푸틴이 전복하려 한다는 것을 경고했고, 그 하이라이트는 전면침공이라는 최악의 시나리오였다.

---

[70] Dan Lomas, *RUSI*(Royal United Services Institute), 2022. 2. 24. 원제는 Ukraine and intelligence prebuttal : A quick post-mortem임.

이미 블링컨 국무장관은 2022년 2월 23일 ABC News와의 인터뷰에서 이렇게 말했다.
"지난 24시간에서 48시간 동안 우리가 간파한 것은 러시아가 우크라이나 국경을 넘어 북쪽, 동쪽, 서쪽 방면으로 침공할 만반의 준비를 갖추고 마지막 점검을 하고 있다."

다시 되돌아보면, 서방정보기관은 정보기관이 해야 할 일을 잘 해왔다. 정책결정자들에게 경고정보를 제공하고, 러시아의 위협이 엄중하다는 것을 강조했다. 우크라이나 전쟁 발발을 전후한 몇 주간에 약간의 구멍이 있었지만, 정보체계도 차질 없이 돌아갔다.

Warning Signs(경고 사인)

정보경고는 큰 목소리로 분명하게 해왔다. 2021년 12월 워싱턴포스트지는 "미국 정보기관은 러시아가 2022년 초에 우크라이나에 대한 군사공격을 감행할 것으로 믿고 있다"고 보도한 바 있다. 이름을 밝히지 않은 바이든 정부의 고위관리도 "공격 계획은 17만 5천여 명의 병력을 기본으로 100개의 전투부대와 포병과 장갑차 등으로 무장한 대대적인 작전"이라고 덧붙였다.

러시아가 기습 공격을 감행하기 몇 주 사이에 정보브리핑이 최고조(crescendo)에 달했다. 2022년 1월, 정보당국자는 바이든 정부에 말했다. "러시아가 동부 우크라이나 지역에서 '거짓 깃발 선전공작'을 자행하고 있다"고. 백악관 대변인 젠 사스키(Jen Psaki)는 말했다.
 "머지않아 공격할 것이므로 모든 사람은 눈을 치켜뜨고 주시해야 하며, 가짜 비디오, 화학무기에 관해 상대방에게 덮어씌우기, 실제로 발생하지도 않은 러시아 군인들에 대한 해꼬지 등과 같은 거짓 선전공작을 똑똑이 봐야 한다"

미국은 반복적으로 러시아가 우크라이나 정부를 전복하려고 노력하고 있음을 경고하면서 러시아가 우크라이나 전직 공직자를 끌어들이고 있다고 비난했다. "미국은 러시아의 침공 대가를 치루기 위한 조치를 취해나갈 것이다. 우크라이나 정부와 파트너십을 유지하면서 러시아의 책동을 파악하고 공개하는 방식으로 분쇄할 것이다"라고 블링컨 국무장관은 성명을 통해 말했다.

영국 정부 또한 정보를 무대 중심에 갖다 놓았다. 2022년 1월 22일 Liz Truss는 '우크라이나 정부를 전복하려는 러시아의 음모'를 언급하고, "푸틴이 우크라이나 젤렌스키 정부를 전복하고 親러시아 인물을 내리 꽂으려 한다"는 내용을 사진과 함께 공개했다. 며칠 후 존슨 총리도 의회에서 "영국은 비밀을 해제해서라도 러시아의 사이버 공격, 거짓 깃발 선전공작 및 허위조작 정보 등에 관한 '설득력 있는 정보(compelling intelligence)'를 공개하겠다"고 강조했다.

2월 셋째 주 러시아 군 병력 일부가 철수한다고 크레믈린에서 흘리자, 영국 Chief of Defense Intelligence의 Jim Hockenhull 중장은 언론인들에게 "러시아가 우크라이나 국경에서 일부나마 철수한다는 증거를 보지 못했다. 오히려 러시아는 자신들의 주장과 반대로 우크라이나 국경 지역에 군사력을 증강하고 있다." 영국 국방장관도 이 같은 주장을 뒷받침하면서 영국 국방부는 러시아 군 침공의 축을 뒤트는 창의적인 조치를 취했다고 말하면서, 러시아의 최우선 타깃이 키이우이며, 경고 없이 언제든 침공할 수 있다." 영국 국방장관도 정보를 전면에, 중심에 갖다 놓은 것이다.

러시아의 우크라이나 침공 전후에 정보가 매끈하게 작동했다는 점에 의심의 여지는 없다. 정보기관들은 적시에 경고하고 대응책을 마련하는데 기여했다. 그러나 러시아 음모에 대한 'prebuttal(사전 반박)'은 정보의 창의적인 활용 방법이지만, 진정으로 효과를 발휘했는지에 대해서는 논란의 여지가 있다.

1) 비밀정보 해제와 허위조작 정보 공개는 일이 터진 다음에 보고하는 것보다 낫기는 하다.
2) 출처 보호와 정보신뢰성은 핵심 우려 사항이다. 메시지가 너무 규칙적으로 나갔고 '늑대소년(a boy who cried wolf)'을 피하려는 강박관념은 비판자들이 신랄하게 비판하는 대목이다.

2월 셋째 주, 미국 정보기관은 러시아 지휘관이 모스크바로부터 우크라이나 침공을 진행하라는 명령서를 받았다고 말했다. 바이든 대통령도 기자들에게 "푸틴이 전쟁을 결심하고 조만간 침공할 것으로 믿는다."고 설파했다. 러시아는 당연히 서방측의 주장을 히스테리로 몰아갔다. 어떤 사람들은 역사적인 정보실책이라고 지적하기도 했다. 2003년 이라크전을 앞두고 미국과 영국 정보기관이 실착한 것과 비교하면서. 그러나 영상정보와 공개정보 덕분에 러시아의 의도는 만천하에 드러나게 되었다.

Lessons(교훈)

분명한 것은 사전반박 전략이 러시아의 허위조작정보에 대응했다는 점이다. 정보는 위기 상황에 처했을 때 외교적, 정치적 대응을 하는데 주춧돌의 일부가 된다. 러시아의 침공에 대한 국내 수용자와 동맹들에게 경각심을 불러일으킨다 그 중대한 의미를 지나치게 중시해선 안되지만.

우리가 러시아를 상대로 한 '사전반박전략(the prebuttal strategy)'의 임팩트를 완전히 알지 못하지만, 정보리크만으로는 푸틴이나 그 이너서클을 완전히 물러서게 하지 못했다는 점이다.

전 미국 對테러 및 안보센터장 William Evanina는 트위터에 다음과 같은 글을 올렸다."푸틴은 미국 정보공동체가 세계에서 최강인 것을 잘 안다. 미국 정보는 정교하고 깊이가 있으며, 특히 푸틴과 그를 둘러싼 집단들에 대한 정보수집이나 판단의 갭이 거의 없다. 푸틴이 미처 대비하지 않은 것이 있다. 미국이 세계를 상대로 수집한 정보를 그렇게 공격적으로 공유할지에 대해."

정보는 다만 정교하고 깊이 있으며 갭이 없을 수 없다. 모든 정보는 갭이 있으며 다른 그 어떤 것보다 그 갭은 중대한 의미를 갖는다. 마찬가지로 단순히 정보만 갖고 외국지도자들과 정부를 억지할 수 없다. 정보 소스가 최근 군대와 러시아 안보기관이고, 그 기관들이 우크라이나 침공 계획과 그 효과에 대한 의심을 갖고 있다고 해도 그렇다.

영국과 미국의 정보보고에 대해 비판적인 사람들도 러시아 의도에 대한 평가가 대체로 정확했다는 점에 동의한다. 공격 타이밍과 공격 형태를 칼같이 예측하기 어렵지만 러시아의 허위 깃발 교범, 병력 증강과 거짓말 등을 성공적으로 불러냈다.

 정보 릴리스는 전략을 만들지 못하지만 거기에서 교훈을 찾을 수 있다.
1) 정보는 국가운영에 필요한 것을 주는 도구이다. 정보 그 자체가 파워풀한 힘을 갖고 다른 나라나 지도자들의 정책을 변형시키지 못한다는 점이다.
2) 이번 사태가 주는 가장 큰 교훈은 아무리 압도적인 정보망을 구축하고 경고해도 푸틴은 이에 아랑곳하지 않고 군사적 긴장을 고조시키고 전쟁을 택했다는 사실이다.

러시아 전함 침몰, 미국의 정보 지원 덕분[71]

미국은 우크라이나에 대해 러시아군의 움직임과 군 작전 상황 등에 대한 정보를 제공하여 수도인 키이우 방어와 러시아의 흑해함대 기함인 Moskva 격침에 보이지 않게 기여했다. 동 기함 격침은 71일간 진행되고 있는 우크라이나 전쟁의 드라마틱한 성공사례 중 하나로 기억되고 있다. 지난 4월 우크라이군의 미사일 공격으로 러시아 군사작전의 주력 함정을 제거함으로써 크레믈린을 당혹하게 했다. 이는 미국의 정보지원이 없었다면 불가능한 일이었으며, 미국이 러시아군과 맞싸우는 전장에서 상당히 깊숙이 잠복하고 있음을 가인시켜 준다. 이번 공격에서 러시아 해군 사망자 수는 명확치 않으나, 상당한 숫자가 사상했을 것으로 미국 당국은 추산한다.

Moskva함에 대한 정보를 제공했음에도 미국은 우크라이나군의 공격을 '사전에 인지'하지 못했다. 미국 정부는 우크라이나와 해군 상황에 대한 정보를 공유하여 우크라이나가 러시아의 위협에 대응하도록 조력 역할을 하고 있다. 흑해의 러시아 함대는 그간 우크라이나 주요 목표를

---

71) Shane Harris, Paul Sonne의 WP지 2022년 5월 7일자 보도내용으로, 원제는 "U.S. provided intelligence that helped Ukraine sink Russian warship" 임.

상대로 미사일을 발사하여 우크라이나에 대한 무자비한 공격을 뒷받침하는 역할을 해왔다. 군사전문가들은 우크라이나군의 강점과 창의성을 칭찬한다. 여러 측면에서 우크라이나 보다 압도적으로 정교하고 기술적으로 우월한 러시아군을 격퇴하고 있기 때문이다. 미국의 정보 또한 우크라이나 군에게 상당한 어드밴티지를 주었다. 러시아 군의 위치, 군사장비, 지휘통제 센터 등을 파악하게 해주고 있기 때문이다.

미국의 정보지원이 없었더라면 우크라이나는 단기간에 공급받은 두 발의 귀중한 Neptune 미사일을 발사하여 자신감에 차있는 전투함을 타깃으로 삼는데 큰 애로를 겪었을 것이다. NBC 뉴스는 미국이 Moskva함에 대한 정보를 제공했다고 처음 보도했다.

바이든 행정부는 개전 이전부터 우크라이나와 정보 공유를 극히 민감한 이슈로 간주했다. 미 관리들은 그저 우크라이나가 자국 영토수호에 도움되는 것만 지원할 뿐이라고 주장해왔다. 러시아가 우크라이나에 대한 정보제공을 미국과 동맹국들에 대한 보복을 정당화하는 구실로 이용될 것을 우려한 때문이다. "우크라이나는 우리가 제공한 것과 자신들이 수집한 것을 조합하여 군사작전에 활용한다. 그리고 결정은 그들 스스로 단독으로 한다." 국방부 대변인 John Kirby가 지난 5월 5일 뉴욕타임즈 기자에게 언급한 말이다. 덧붙여 John Kirby는 "우리는 전장상황에 바로 써먹을 수 있는 적시성 있는 정보를 제공 한다"고 말하면서도 활용방법 등에 대한 자세한 언급은 피했다.

바이든은 미국과 러시아라는 초강대국 간의 확전을 피하기 위해 미군을 우크라이나에 파병하지 않았고, 우크라이나 전역에 대한 No-fly zone 설정도 거부하고 전투기와 같은 특정 무기 공급도 제한했다. 미국이 지원한 전투기가 러시아 영내로 공습하는 것을 막기 위해서였다.

NSC 대변인 Adrienne Watson은 "우리는 우크라이나 방위에 필요한 정보만 제공하며, 러시아 장군을 죽이려는 의도가 있는 정보는 제공하지 않았다"고 강조했다. 이는 러시아 지도자들에겐 별 차이가 없어 보이지만 법률적 측면에선 차이가 있다. 크레믈린 대변인 Dmitry Peskov는 5월 5일 러시아군은 "미국, 영국, 나토 등이 온 힘을 합쳐 지속적으로 우크라이나 군을 상대로 정보와 여타 참고가 되는 것들을 지원하고 있음을 절감하고 있다"고 불편한 심기를 드러냈다. "미국, 영국 등 서방동맹국들이 우크라이나에 보내는 무기가 2배를 훨씬 넘는다는 것을 잘 알고 있으며 작전이 신속하게 마무리되지 못하게 만드는 행동이다. 그렇다고 해서 서방은 러시아의 목표 달성을 막지 못할 것이다."

Peskov는 "미국이 제공한 정보가 러시아 군 장성의 죽음과 관련이 있어 구체적인 반격조치를 할 의향이 있느냐"는 질문을 받고, "물론 러시아군은 이 상황에서 필요한 모든 것을 할 준비가 되어 있다"고 대꾸했다. 우크라이나의 정보공유는 미국이 동맹국과 힘을 합쳐 직접 공습을 시행했던 과거의 분쟁(보스니아 세르비아와의 분쟁 등)과는 확실히 다른 차원이다. 미국이 2008년 이라크에서 이라크정규군을 파트너로 삼아 작전할 때, NSA(국가안보국)가 추적한 핸드폰 데이터를 활용해서 반군과 무장단체의 소재를 파악하여 공격했다.

우크라이나가 지원 받은 정보를 바탕으로 자국을 방위하는데 활용한다면 미국의 관점에서 보면 우크라이나 군이 누구를 겨냥하고 어떤 목표를 향해 공격했는지에 대한, 'targeting'한 정보를 제공하지 않은 것과 같다. 미 국방부 대변인 John Kirby은 지난 4월 기자회견에서
"미 해군의 순항비행기가 흑해 연안에서 우크라이나 군이 공격하기 전부터 Muskva함을 추적하여 '표적 정보'를 제공하지 않았느냐"는 질문에 대해 그 차이를 분명하게 선을 그었다.
"문제가 된 항공기 P-8 Poseidons는 이탈리아에 주둔하면서 나토의 유럽 전 지역에 대한 "항공 정찰미션" 수행의 일환으로 운용하고 있을 뿐이다. 미 해군은 P-8 비행을 통해 수집한 정보를 특정 타깃에 맞게 가공하여 제공한 적이 없다."

우크라이나전이 격렬해지면서 미국은 제공하는 정보의 질과 양을 대폭 늘렸다. 개전 초기 일부 우크라이나 관리들은 "러시아군 위치에 대한

정보가 너무 늦게 도착하고 정보내용도 자세하지 않아 정확한 공격 타이밍과 목표를 설정하기 어려웠다"고 불평했다. 오늘날 정보는 리얼타임으로 전송되어 우크라이나 군의 작전에 필수적인 '행동가'가 되었다.

미국은 상당한 규모의 위성사진과 러시아 군에 대한 보고서를 제공하고 있으며, 일부는 러시아 군 등의 통신을 감청한 것이다. 미국은 또한 개전 초기에 제공하지 않았던 우크라이나 남동쪽에 위치한 러시아군의 위치 정보도 제공하고 있다. 바이든 행정부는 2월 24일 러시아 침공이 현실화되자 러시아군이 우크라이나 국경에 집결한 위성사진 등을 비밀 해제하여 공개적으로 정보를 흘렸다.

발틱 연안국의 정보기관들도 우크라이나에 대한 정보지원에 중차대한 역할을 하고 있다. 특히 우크라이나 동부지역에 대한 러시아군의 활동상에 관한 정보이다. 러시아군이 이 지역에 대한 군사활동을 배가하면서 이 지역에 대한 정보지원의 중요성이 커지고 있다. 발틱 연안국들의 정보지원은 대부분 러시아군의 핸드폰과 전장에서의 군 통신을 가로챈 것이다. 러시아 장교와 군인들은 암호화가 되지 않은 핸드폰과 워키토키를 사용하여 통신하고 있어 외부인들이 그 대화를 엿듣게 만들고, signal location(위치 정보)를 활용해서 핀 포인트식 공격을 가능하게 해주고 있다.

우크라이나는 2014년 러시아의 크림반도 병합과 동부 돈바스지역의 분리주의자들의 분리투쟁이 가열된 이후 대잠 미사일 국내개발에 투자해 왔다. Neptune 미사일 테스트 수년이 걸렸다. 우크라이나 방위산업체인 Luch Design Bureau는 2022년 처음으로 우크라이나군에 Neptune 미사일 시스템을 공급했을 뿐이다. 우크라이나가 그 미사일을 러시아를 상대로 사용한 것은 상징적인 의미까지 담겼다. 1979년 진수한 Moskva는 러시아 해군 함대 중에서 크루즈 미사일을 장착한 몇 안되는 선박 중 한 척이었다. 원래 이름은 Slava 였고 1989년 고르바초프가 조지 부시와 함께 말타회담 당시 호위하기도 했다.

러시아는 처음엔 동 선박의 침몰사실을 은폐하려고 했다. 러시아군은 화재로 전소하여 선원들을 전원 대피시켰다고 둘러댔다. 이후 러시아 당국은 "그 배가 항구로 돌아오는 도중 폭풍우를 만나 침몰했다"고 주장했다.

개전 초기 Moskva 선전가들이 흑해 Snake Island에 주둔한 우크라이나 방위군에게 큰 소리 쳤다. "I am a Russian warship이다. 총을 내려놓고 항복해라."

우크라이나 군은 즉각 쏘아붙였다.

"러시아 전함이라고, go f--- yourself,".

이 말은 러시아 침공에 대한 우크라이나인들의 저항의 외투가 되었다.

허위조작정보 시대의 공개출처정보[72]

공개정보는 다양한 방식으로 우크라이나 전쟁에 대해 대응하고 이해하게 해주고 있다. 우크라이나 침공을 위한 병력배치 장면이 담긴 위성사진이 공개되어 온라인에 광범위하게 유포되었고, 언론보도에도 인용되어 서방측의 러시아의 공격 의도에 대한 공식적 경고에 신빙성을 더해주었다. 그 이후 self-taught enthusiasts, 전통적인 언론기관, 싱크탱크, NGO와 전문가팀들은 협력하고 다함께 러시아의 폭력적이고 공세적인 정보전쟁 머신에 대응하고 있다. 러시아의 정보전은 폭포수 같은 허위조작 선전과 외국 언론사 뉴스 담당자 공격, 우크라이나 TV 방송국 공격과 검열 및 러시아 매체에 대한 강력한 통제 등을 통해 서방측을 혼란에 빠트리면서 효과적인 대응을 무력화시키려 한다.

이와 대조적으로 투명하고 자발적이며 crowed-sourced 정보수집과 분석은 우크라이나 전쟁을 둘러싼 치열한 정보전쟁 공간에 황소 같은 방어막 역할을 하고 있다. OSCINT 즉 공개출처정보는 20세기 초에 시작된 이래 일종의 혁명을 겪어왔다. 과거에는 OSCINT는 언론보도가 대다수를 차지하는 한정된 공개출처를 철저히 모니터하여 정부기관의 분석

---

[72] Matt Freear, 14 March 2022, RUSI에 기고한 평론성격의 글로써, 원제는 "OSINT in an Age of Disinformation Warfare"임.

작업을 지원했다. 지금은 서로 협력하고 공유하는 글로벌 네트워크 실천자가 생겼다. 시리아 전쟁에서 시작되었는데, 이 당시 온라인 데이터가 폭증하여 동 전쟁에 관한 자료를 샅샅이 뒤질 수 있었다. OSCINT는 지금 데이터의 보고인 스마트폰과 소셜미디어가 보편화되는 덕분에 번영할 채비를 갖추고 있다.

OSCINT는 정보 뿐아니라 공익저널리즘과 디지털 행동주의도 다루게 되었다. 그 기능은 전문적인 뉴스 매체의 기능을 보완해준다. OSCINT 실천가들이 온라인 데이터를 샅샅이 뒤져서 기자들이 미처 파악하지 못한 분쟁 실상과 시각을 전해준다. 현장에서 일어나는 개별적인 사건에 관한 진실을 전해줌으로써 안개 같은 전쟁 상황을 파악하는데 도움을 준다. 개별 혹은 모든 사건에 대한 심층조사는 전쟁의 성공과 합법성을 둘러싼 전반적인 내러티브 구성에 중요한 역할을 한다.

특히 러시아가 공격 수위를 끌어올리기 위해 우크라이나에 있는 미국 화학무기 실험실에 관한 내용 등과 같은 뉴스를 조작하는 게 혈안이 되고 있는 상황에서 더 그렇다. 영국, 네델란드, 우크라이나에 근거지를 둔 리딩 OSCINT 조직들은 소셜미디어의 이미지와 위치정보를 활용하여 1000여개 사건들에 대한 생생한 사진 등을 유지하고 있다. 군사기지 상실, 시민 사상자와 폭격 등.

OSCINT는 또한 우크라이나에 대한 공세수위를 높이고 침략을 정당화하려는 허위 정보기 가득한 정보전에서 수비역할도 맡는다. 이 선전전은 러시아어 구사자에게만 국한하지 않는다. 다양한 언어로 정보의 조작내용과 기만의 출처를 밝혀 사실을 전달하려는 취지이다. 우크라이나 전쟁이 지속되면서 인권압살과 전쟁범죄를 입증하는 공개출처 증거는 확보될 필요가 있으며, 이것들에 대해 국제사회와 언론 등에서 크게 주목하고 있다.

아프간과 시리아전에서 자행된 인권침해에 관한 OSCINT의 데이터베이스는 국제전법재판의 증거로 활용되었다. 2017년 리비아의 벌어진

Mahmoud al-Werfelli의 전쟁범죄를 이슈화하는데 기여했다. OSCINT는 우크라이나 전쟁을 계기로 새 장을 열었다. 푸틴과 그 측근들이 관련된 사실을 폭로하는 개가를 올렸다.

OSCINT가 마크를 찍는 데는 포렌식과 고통스러운 조사과정이 수반된다. 온라인 공간에 넘치는 비디오에 대한 정치한 크라우드소스 분석은 여성들과 아이들이 했으며, 2014년 우크라이나 동부지역에서 친러시아 반군에 의해 격추된 말레이시아 민간항공기 17 추락에 대한 국제적인 조사에서도 중심적인 위치를 차지했다. 우크라이나 전쟁의 경우, 러시아 측이 올린 전쟁에 관한 내러티브를 자원 봉사자들이 서로 협력해가며 조사했다. 발견한 것들을 온라인으로 공유하며 수시로 되살릴 수 있도록 캡쳐해 두었다.

공격 타깃이 된 우크라이나 TV 방송국과는 대조가 되었다. 그 과정은 생산품 만큼이나 중요하다. 분석과정에 참여하는 것과 정보공유는 하나의 원인(cause)이 되어 정보기관, 공동체, 하부기관에서 정보 감각을 가진 사람들에게 도움을 준다. 영국에 근거지를 둔 the Centre for Information Resilience는 매일 자발적으로 보내오는 네티즌들의 도움을 받아 보고서를 작성하고 있다.

아마추어 자원자들은 점차 전문가들과 합쳐지면서 그 영향력을 키우고 있다. 그 대표적인 것이 러시아군의 우크라이나 침공을 위한 병력증강 상황으로, OSCINT가 상당히 가치 있는 것임을 과시했다. 일부 공개출처 센터는 매일 기사 출처를 넓히고 뉴스의 신뢰도를 높이려고 안간힘을 쓰고 있는 언론인과 접촉해서 보고서를 작성한다.

많은 보도 매체들은 내부에서 OSCINT 능력을 키우고자 부심중이다. 다른 조직들은 기존에 있는 OSCINT 조직을 활용한다. 이 조직 중에는 독립적인 비영리 조직도 많다. 이제 OSCINT 분석은 미국이나 영국 언론기관에서 일상적인 일이 되었다. 이는 냉전 종식 이래 여태껏 보지 못했던 유럽 국경에서 벌어지는 색다른 현실을 굳건히(entrench)할 것이다. 냉전기에 BBC가 수행했던 공산권의 보도에 대한 모니터링 같은 것을 공개출처 기구들이 한다. 이런 맥락에서 OSCINT는 힘은 더 들어도 중요성은 보다 커질 것이다.

OSCINT 분야는 논란의 소지도 있다. 공공여론이란 법정에서, 조사관으로서, 재판관으로서, 판사로서 행동하게 되면 물의 소지 가능성을 배제할 수 없다. 일부 공개출처 전문기구들은 정부보조를 받거나 언론인을 능가할 정도로 행동주의가 될 수 있다. OSCINT의 모든 것은 분석과정과 이에 따른 결과물의 신뢰성에 좌우된다. 실천가들이나 정부기구들은 지나치게 서로가 얽히는 것을 경계할 필요가 있다.

OSCINT is here to stay.
OSCINT의 기민하고 유연한 분쟁 상황에 대한 대응은 관료화되어 있는 기존의 정보 수집이나 평가체계에 채찍이 된다. 동시에 전장이나 미디어 내러티브에도 충격을 주고 있다.

과연 정보가 푸틴의 속마음까지 예측할 수 있을까?[73]

2022년 2월 셋째 주말에 열린 기자회견에서 바이든은 "러시아 푸틴이 우크라이나 침공을 결정했다고 확신 한다"며 자신 있게 말했다. 그 이유에 대한 질문에 간략하게 답했다.

"우리는 의미심장한 정보능력을 갖고 있다"

소규모의 조언그룹에 의존하는 지도자들이 외부세력으로부터 방어하면서 외국 지도자들의 의도를 이해하는 데는 Holy Grail(聖杯,성배)이 있다. 미국 스파이이자 영국 동료들은 그 성배에 대한 탐구를 계속해 왔지만, 수십 년 후에 관련문서가 기밀 해제될 때 까지 드러내놓고 알기는 쉽지 않다. 그러나 역사가 그에 대한 힌트를 준다. 바이든이 알고 있는 것과 일부 정보를 공개하기로 선택한 이유에 대해.

---

[73] Calder Walton, *Texas National Security Review*, 2022. 2. 28. 원제는 Can Intelligence tell how far Putin will go?임.

냉전시기 아카이브는 적대국의 의도와 능력에 대한 정확한 경고가 어느 한 종류의 정보만으로 얻어진 것이 아니라는 점을 보여준다. 휴민트와 과학기술정보 등을 총체적으로 조합하여 이룬 결과물이다. 오늘날에는 공개정보 또한 그 중요성이 날로 더해지고 있다.

구체적인 정보출처를 뒤섞는 것은 정부가 공개적으로 공유하는 정보에 대해 영향을 줄 수 있다. 1962년 쿠바 미사일 위기를 회고해보면, 당시 대통령들은 정보소스가 불타 없어질 리스크가 크지 않을 때 정보를 외교무대에 스마트하게 군부대처럼 배치했다.

The Human Factor(인간적 요인)

휴민트는 외국 지도자들이 무슨 생각을 하는지에 대해 유니크한(unique) 통찰력을 제공해준다. KGB 경력을 갖고 있는 푸틴이 적절한 사례이다. 푸틴은 다른 나라들의 정보능력을 꿰뚫고 있고 최종 결심단계에서 자신의 의도를 드러냄으로써 인터셉트 당할 리스크를 줄이고 있다.

데이터가 폭증하는 시대이긴 하지만, 외국 지도자들의 숨결을 느낄 수 있는 비밀에 접근하는 휴민트는 여전히 이들의 마음구조과 동기를 추적하는데 독특한 통찰력을 준다.

냉전시기 서방정보기관 그 어느 곳도 그래믈린 내부의 은밀한 의사결정 과정을 파악하기 위해 스파이를 투입하지 않았다. 소련과 동구 위성국가들은 분쟁이 발생하면 서방 정보기관에겐 포도밭 같은 핵심 지역이었다. 철의 장막 뒤에 숨은 국가들은 전방위적인 감시, 외교관 신분으로 활동하는 서방정보요원에 대한 가혹한 제한("your papers, please"), 빈번한 신상 위협(아파트에 그림을 재진열하거나 방문객을 알고 있다는 등), 정보요원을 접촉했거나 채용될 가능성이 있는 사람을 육체적으로 괴롭히는 등 온갖 수단을 동원하여 정보활동을 방해했다.

서방정보요원들은 모스크바의 무지막지한 압력으로 인해 짧은 기간에만 정보활동을 하는 경우에도 번아웃(탈진) 되었다. CIA는 냉전 말기 대사관을 빠져 나와 협조자와 은밀하게 만나기 위해 교묘하면서도 정교한 위장술을 창안하기도 했다.

대조적으로 소련 정보기관은 서방국가들 안에서 마음껏 자유를 누리며 정보활동을 하여 가공할 효과를 거두었다. 의사결정을 하는 핵심 요소에 첩보망을 부식했다. 스탈린의 에이전트 덕분에 냉전이 시작되자, 영국과 미국 정부는 효과적으로 소련을 향해 open diplomacy를 할 수 있었다. 스탈린은 서방 국가들의 의도와 능력에 대한 비밀을 상대적으로 더 많이 알았다. 이런 사실이 극적으로 드러난 것이 영국 정보기관의 서류함에서 드러난 영국의 'Cambridge Five(케임브리지 5인방)' 사건[74]이다.

공산진영에 첩보망을 부식하는 것이 이렇게 어려웠는데도 서방정보기관이 나름의 역할을 했다는 것이 믿어지지 않는다. 크레믈린의 내실에는 절대 들어가지 못했지만 내실을 들여다보는 창문을 확보했다. 쿠바 미사일 위기 당시 MI6와 CIA는 소련의 군 정보기관인 GRU내 Main Intelligence Directorate에 의미심장한 협조자(Oleg Penkovsky)를 침투시켰다. 최근에 그의 신출귀몰한 활동상이 영화화('The Courier')되기도 했지만, 정확한 것은 아니다.

 Penkovsky는 영국과 미국의 첩보원 조종관(핸들러)에게 영국과 프랑스 안전가옥에서, 모스크바에서는 머리가 쭈뼛할 정도로 긴장된 분위기 속

---

[74] 필비는 대학시절 공산주의를 함께 공부하던 도널드 맥클린과 가이 버지스(Guy Burgess)를 도이치에게 소개했다. 이들과 필비를 포함해 앤서니 블런트(Anthony Blunt), 존 케른 크로스(John Cairncros)등 케임브리지대 이중스파이 조직인 '케임브리지대 파이브'가 구성되는 순간이다. 이 중 케른 크로스에 대해서는 다소 논란이 있었지만, 당시 소련 측 관리관이었던 유리 모딘(Yuri Modin)이 훗날 펴낸 회고록을 통해 일부 행적이 입증되었다. 이들은 2차 대전 개전을 전후로 각기 주요 기관에 침투해 소련에 다량의 고급 정보를 누설한다. 블런트는 국내보안기관인 MI5에 들어갔고, 필비와 버지스는 해외정보기관인 SIS(MI6)에서 이중행각을 벌였다. 또 맥클린은 줄곧 외무부에서 , 케른 크로스는 국무조정실, 외무부, 블리체리파크 암호연구소 등을 옮겨 다니며 기밀을 누설했다.

에서 귀한 정보를 제공했다. Penkovsky는 핵전쟁을 시사한 소련의 주장은 엄포라는 중대한 사실을 알려주었다. 흐루쇼프는 미국에 의해 화력이 우세하다는 것을 알았고, 케네디도 Penkovsky 덕분에 자신감을 가졌다. 코드네임 IRONBARK로 불린 Penkovsky의 정보는 13일간 핵대치라는 케네디의 벼랑끝 전술에 크게 도움을 주었다. 케네디와 참모들이 받은 정보는 휴민트와 CIA U-2기, NSA가 수집한 과학기술정보 및 신호정보를 모두 융합한 정보생산물이었다. NSA의 정보는 미사일을 싣고 쿠바를 오가는 소련 선박들을 감청한 것이었다. 쿠바 미사일 위기는 전쟁이라는 벼랑 끝 위기 상황에서 적의 의도와 능력에 관한 통찰력 있는 정보를 시의 적절하게 백악관 의사결정자들에게 제공하는 것이 얼마나 중요한지를 보여 준다.

12년이 지난 후 MI6는 KGB내에 Oleg Gordievsky라는 협조자를 투입하는데 성공한다. 크레믈린 내부를 들여다보는 그의 창은 서방에게는 심대한 결과물을 가져다주었다. MI6에게는 기쁘게도 동명은 런던 소재 KGB 지부의 시니어 요원으로 승진하여 영국 정보당국에게 리얼타임으로 가치 있는 소련의 기밀자료를 핸들러에게 전해주었다. 1985년 모스크바에서 MI6의 도움으로 등에 식은 땀이 나는 긴장감속에 탈출하기 까지 크레믈린과 KGB의 서방에 대한 생각에 관한 비밀을 제공해주었다.

CIA 국장을 역임한 Robert Gates가 "Oleg Gordievsky의 정보는 닭의 이빨만큼(scarce as hen's teeth) 희귀하고 귀중했다"고 극찬했을 정도다. 크레믈린은 겁요로 떠벌린 것과 달리 미국의 압도적인 군사력 우위에 대해 크게 염려하고 있었다. Gordievsky는 미국이 방어용이자 안보용이라고 주장해도 소련은 공세적이고 공격용으로 간주한다고 경고했다. 그의 정보는 소련을 바라보는 레이건의 전략적 사고의 바다를 변화시킬 정도로 획기적으로 바꾸어놓았다. '악의 제국'이라고 부르던 그간의 호전적인 코멘트를 거두어들이고 오직 정치국만을 상대로 경고음을 발했다. 레이건은 소련이 두려움에 휩싸여있다고 보고 소련과 함께해야 한다는 것을 깨닫게 된다.

Delicate Disclosure Decisions(미묘한 까발리기 결정)

우크라이나 위기 동안 미국정부는 기밀성 정보를 까발렸다. 리얼타임으로 푸틴의 침공을 막기 위해 침공계획, 전술과 전략 등에 관해 상세하게 드러냈다. 이는 전례 없던 일이다.

쿠바 미사일 위기 당시, 케네디는 첩보위성 U-2기가 수집한 쿠바에 배치된 소련 미사일에 관한 영상정보를 공개했다. 유엔 안보리 긴급회의에서 소련대사 Valerian Zorin은 다음과 같은 조롱을 쏟아냈다.
"미국 정보기관의 거짓 증거"라고.

이 논쟁을 TV를 통해 지켜보던 케네디는 유엔 주재 미국대사 Adlai Stevenson에게 "미국의 입장을 고수하라"고 지시했다. Stevenson은 세계인이 보는 앞에서 소련대사의 망신을 주고 Zorin은 유순한 반응을 보이며 떠났다.
"Stevenson씨, 우리는 당신의 사진을 보지 않을 것이다."

케네디가 쿠바 미사일에 관한 정보를 공개한 이유는 정보 출처와 방법을 크레믈린이 알아채지 못해 그 출처를 타격할 위험성이 없었기 때문이다. 첩보비행기 U-2기는 1960년 5월 소련 미사일에 의해 피격되어 그 실체가 드러났다. 조종사인 Gary Powers는 살아남았지만.

오늘날 우리는 크레믈린이 미국 정부가 갖고 있는 "의미심장한 정보 능력"의 성격에 관해 얼마나 알고 있는지, 추측성 정보도 있는지 알지 못한다. 러시아가 2016년 미국 대선에 개입했을 당시 CIA는 푸틴 가까이에 협조자가 있는 것처럼 얘기했고 이를 토대로 푸틴이 미국을 상대로 한 정보공작을 승인했다는 사실을 자신 있게 발표했다.

Gordievsky의 사례처럼 CIA는 그 첩보원을 서서히 크레믈린의 현장에서 빼냈다. 아마도 다시 이러한 공작을 하고 있을지 아무도 모른다. 미국 정보능력이 모스크바에서 알려지지 않았다면 바이든은 케네디 이상으로 비밀 출처와 방법이 노출될 위험을 무릅쓰고 푸틴의 야심에 대한 상세한 정보를 공개할 것이다.

미국 정보기관의 출처가 신호정보(SIGINT)에 기반한 것이라는 몇몇 증거는 있다. 러시아군이 우크라이나 침공에 관해 채팅하는 내용을 가로챈 것이다. 만일 그 정보능력이 신호정보와 사이버 수집을 통해 획득한 것이면 그 생명력은 더 짧을 것이며, 노출에 따른 기회 비용은 줄어들 것이다.

휴먼소스(인간출처)라면 그에게서 획득한 정보를 공개하는 문턱은 높아질 수 밖에 없다. 한 생명이 위태로운 상태에 빠질 수도 있기에 그렇다. 러시아 정보기관은 내부 스파이를 색출하여 처형한 오랜 전통을 갖고 있다. KGB는 Penkovsky를 스파이혐의로 체포한 뒤 KGB 본부 지하 모처에서 총으로 처형한 것으로 알려졌다. 치킨 와이어로 목을 매 자살했고 다른 요원들에 대한 경고표시로 살아있는 채로 화장했다는 루머가 있긴 하지만. 그래서 MI6는 Gordievsky의 행각이 노출되어 목숨이 위태로운 조짐이 보이자 곧바로 빼돌리는 공작을 진행했다.

New and Open Sources(새로운 공개 출처들)

세계가 신냉전으로 돌입했는지에 대한 논란은 있지만, 세계는 지난 30년간 변화해왔다. 첫 냉전의 최고 정보히트작품을 다시 상영하는 것은 이미 깨진 기록에 불과하다. 오늘과 어제의 가장 현저한 차이는 디지털로 연결되어 생산되는 공개정보의 의미심장한 역할이다.

이미 우크라이나 전쟁은 우리 모두가 온라인으로 전쟁 상황을 거의 실시간으로 지켜보는 최초의 TikTok 전쟁이다. 러시아 군대가 국경근처에 병력을 증강하고 이동하는데 비밀 정보가 거의 필요 없다. 냉전기간 동안 소련에 관한 정보의 80%는 비밀 출처였으며, 공개출처는 20%에 불과했다.

유비쿼터스시대가 되면서 그 비율이 역전되고 있다. 위성사진이 이런 추세를 잘 보여준다. 최근까지만 해도 위성분야는 고비용으로 인해 정부만이 고도의 비밀 하에 고가의 위성정보 수집 플랫폼을 갖고 있었다. 그러나 누구나 위성을 발사하고 이용 가능한 시대가 되었다. 비단 위성 분야 뿐만 아니다. Bellingcat과 같은 민간 정보기관은 공개정보를 철저히 추적하여 소련 GRU 요원들의 **세르게이 스크리팔** 독살시도 사건의 범인 3명을 밝혀냈다. 아마 과거 같으면 무척이나 품이 많이 드는 고된 작업이었을 것이다.

그렇다고 공개정보라고 해서 모두 믿을 만한 것은 아니다. 공개정보의 강점이 역으로 약점이 될 수 있다. 사람들이 스마트폰을 통해 여러 가지 현안 등을 전파하면서 동시에 허위조작정보가 퍼질 위험성도 그만큼 높아졌다. 수많은 눈동자가 푸틴을 향하고 있음을 알게 되면 푸틴이 자국의 군대에게 잘못된 방향으로 진군하도록 명령했는지를 상상하기 어렵지 않다. 서방 언론들이 포착한 러시아 군대 이동을 담은 틱톡 영상은 러시아의 기만전술을 널리 알려주었다. 이들 영상들은 과거 영국과 미국 정보기관이 2차 대전 당시 노르망디 상륙작전을 앞두고 펼친 'the Luftwaffe 작전'에서 탱크를 수와 소총수를 부풀리던 그 작전과 별반 다르지 않았다. 현대적인 'the Luftewaffe 작전'이라고 할 수 있다.

다른 음모도 있다. 러시아 군 지휘관들은 자신들이 하달하는 명령들을 모든 정보기관이 인터셉트하여 알아챈다는 것을 알고 일부러 비논리적인 지시를 퍼트린다. 서방정보기관을 혼란스럽게 만드는 교묘한 방법이다. **가장 명료한 정보가 가장 유용한 정보**이다. 독재자들에게는 자신의 의도를 세상 사람들이 알아챌 수 있게끔 전신으로 보내는 경우는 드물다.

서방 정보기관들이 히틀러의 Main Kampf를 공들여 읽었다면 보다 우월한 위치에서 히틀러의 의도와 능력을 간파했을 것이다. 푸틴이 공개적으로 소련의 붕괴는 20세기 최대의 재앙이라고 설파하는 방식으로 자신의 의도를 드러냈다. 푸틴은 소련 붕괴로 인해 야기된 '不正義(부정의)'를 자신이 바라보는 방식대로 바로잡길 진정으로 원했다. 2021년에 7월에 간행된 푸틴의 long history essay와 2022년 2월 셋째 주의 분노에 찬 연설 내용은 광신자의 횡설수설이다. 각국 정보기관이 심리학자의 자문을 받아 푸틴의 마음 구조와 그가 어디까지 전쟁을 끌고 갈 것인지를 이해하려고 하는 이유이다.

How far?(푸틴은 어디까지 갈까?)

러시아의 우크라이나 침공 와중에서 서방측의 경제제재가 이어지자 급기야 푸틴은 핵무력 태세를 갖추도록 특별 지시(special alert)했다.
푸틴은 어느 정도 멀리 갈까?
정보기관과 정책결정자들이 처절하게 고민하는 문제이다.

1946년 4월, 유럽에서 철의 장막이 처질 당시 모스크바 주재 미국 대사인 Walter Bedell Smith(나중에 CIA 국장도 역임)는 크레믈린에서 스탈린과 만났다. 서방측은 전후 유럽 안보를 위해 스파이 활동을 하고 있었지만 그의 의도에 대해서는 깜깜이였다. 스탈린은 낙서하면서 얘기를 늘어놓았다. "소련이 희망하는 것과 러시아가 진군해야할 방향에 대해". "우리는 더 나아가지 않을 것"이라고 말했지만 서방측의 그 누구도 이 말의 의미를 간파하지 못했다.

푸틴에게도 이 역사적 교훈이 적용된다. 위안을 삼는 것은 오늘날 미국의 정보능력이 2차 대전 초입에 비해 훨씬 발전했다는 점이다

러시아의 우크라이나 침공과 선전, 혼돈, 그리고 언론자유에 대한 공격[75]

우크라이나 대통령 젤렌스키는 러시아 침공이 임박한 날 밤 TV앞에 서서 러시아 국민을 상대로 연설했다. 검은 슈트를 입고 장중한 모습을 갖추고 노란색과 푸른색이 혼합된 3색 국기(성모, 성자, 성신을 상징) 앞에 섰다. 밝은 흰색 배경의 우크라이나 지도를 뒤로하고.

젤렌스키는 러시아 보통 사람들에게 호소했다. 시민운동가, 언론인, 음악가, 연극인, 운동선수, 과학자, 의사, 블로거 및 코미디언에 이르기까지 이들이 우크라이나 국민들에게 공통으로 가진 휴머니티를 강조했다. "러시아 정권은 당신들을 엉뚱한 방향으로 이끌고 있다. 러시아 TV가 나의 연설을 방영하지 않을 것임을 알지만 러시아 시민은 알아야 할 당위성이 있다. 진실을 알아야 하며, 그 진실을 통해 너무 늦기 전에 침공을 멈추어야하기 때문이다."

---

[75] Jon Allsop, 컬럼비아저널리즘 리뷰, 2022. 2. 24. 원제는 propaganda, confusion, and an assault on press freedom as Russia attacks Ukraine임.

러시아TV가 침공전후에 방영한 것은 "젤렌스키 군대가 러시아가 지원하는 분리주의자 지역에 '집단학살'을 자행하고 있다"는 쉴새 없는 프로파간다 물결이다. 푸틴은 2막짜리용 TV 연극을 통해 이 사실을 인지하고 숙고했다. 관영TV는 "우크라이나 군이 중요한 인프라와 피난 가는 여성과 아이들에게도 공격세례를 퍼부었다"는 가슴 메이는(?) 푸틴의 과장된 허위주장을 펼치는 장을 제공했다.

이 내용이 방영되자 *The Economist*의 러시아 편집장 Arkady Ostrovsky는 "full military swing and frenzy(대대적인 군사적 흔들기와 광란)"이라고 썼다. 관영미디어는 두 통의 편지를 공개했다. 분리주의 지도자들이 '우크라이나 공세'에 맞서는 자신들에 대한 지원을 호소하는 내용의 푸틴에게 보낸 편지였다. 이 편지가 공개된 후 푸틴은 TV 앞에 나가 우크라이나에 대한 "특별 군사작전"을 명령했다고 선언했다. 우크라이나를 "비군사화하고 반나치화" 하는 것이 목표라는 점도 제시했다. 그러면서 우크라이나 점령 의도는 없으며, '집단학살' 당하는 사람들을 보호가 목적이라고 우겼다.

이 장면을 본 미국의 주요 매체들은 신속히 푸틴의 의도를 담은 헤드라인을 대서특필했다. "Russia Attacks Ukraine"(*NYT, Wall Street Journal*) ; "Russia Invades Ukraine(*CNN, NPR*)". 진실은 우크라이나 거의 전역에 쏟아지는 폭탄세례와 함께 그 울림을 더해갔다. 기자들에게 폭탄이 터지는 장소와 상세한 포격 지점 등에 관해 상세한 취재가 쉽지 않았음에도.

"우리는 당국으로부터 전황에 대한 명료한 사항을 들은 바가 없다. 그저 우크라이나 국경에서 대공포 자킷을 입고 서있을 뿐이다" 라고 NBC의 Erin McLaughhlin은 자조적으로 말했다. 반면 Matthew Chance는 자신의 등 뒤로 포탄이 날아가는 소리를 들으면서 키이우 호텔 지붕꼭대기에서 CNN을 위한 생방송을 하고 있었다. 그러면서 더 이상 생방송 할 수 없을 것 같다. 대공포 자킷을 입고 몸을 숨겨야 하기 때문이다.

개전 초기 현장을 취재하는 기자들과 멀리서 상황을 커버하는 사람들은 다함께 짙은 안개처럼 앞이 보이지 않는 전장상황에 대한 정확한 그림을 그리려고 노력했다. 2022년 3월 초 러시아 군이 Mariupol을 거의 장악했지만, 2월말까지만 해도 이 지역은 러시아군이 장악하지 못했다. 장악했다는 보도는 조작된 선전물이었다.

NBC의 Richard Engel은 다른 기자들과 함께 이 도시를 순찰한 결과 사실이 아님이 판명되었다. 나중에 우크라이나는 치열한 전투 끝에 이 도시를 탈환했다고 주장했다(2022년 4월 22일 현재까지도 점령하지 못한 채 우크라이나 군의 항복을 요구했고 5월경 완전 장악했다. 필자 주). 공개정보 전문가들은 이를 검증하는 노력을 하면서 현장사진과 영상물을 찍어 소셜미디어에 올렸다. 그리고 악의적인 목적, 즉 조회 수를 늘리려고 옛날 사진을 포스팅한 계정을 보고 화가 머리끝까지 치밀었다.

심지어 미국의 인터넷 전문가 Joan Donovan은 미국 언론인이 우크라이나에서 살해되었다는 허위주장까지 게시했다. 점점 더 사진이 커지면서 보다 상세한 현장상황을 파악이 쉬워지자, 케이블 뉴스 논평가들은 재빨리 축소해서 그 사진 등을 살펴보기 시작했다. Jeremy Cliffe는 "우리가 역사적 전환점에 서있다는 말은 결코 과장이 아니다"라고 말했다.

러시아 국영TV로 시선을 돌려보자. 서방언론과는 전혀 다른 장면이 펼쳐진다. 분리주의자들이 장악한 지역의 외곽에서 활동하는 Rossiya는 대체로 정확하다. 이 매체는 "상당수의 러시아인들이 자신들의 미사일이 키이우 등 우크라이나 주요 도시 상공을 날아다니는 모습을 보고 싶어 하지 않는다." 최고로 잘 팔리는 타블로이드 신문도 유사한 편집방침을 고수한다.

그렇지만 어떤 매체는 "서방언론들이 본격적인 침공을 보고서도 침공에 대해 비판하는 것은 히스테리"라고 조롱한다. 관영매체들은 "러시아 군대 주둔지를 포기했다"는 정부의 허위주장을 실어 나르면서 우크라이나의 주장은 배제한다. 러시아 관영매체들이 프로파간다하는 것과 소수의 독립매체가 보도하는 것과의 미스매치는 일을 떡 벌리게 만든다. CNN의 Bianna Golodryga는 이렇게 트윗을 했다.
"푸틴이 지난 수년 동안 언론을 질식시키려 한 이유를 이제야 알겠다"

Golodryga는 러시아의 언론자유 탄압상을 언급한다. 푸틴 정권은 언론인과 매체를 '**외국 에이전트**'로 분칠을 하는데, 이는 부담스런 규제 조항도 수반된 의도성 있는 행위다. 언론인을 해외로 나가게 만들거나, 특정 매체를 '바람직하지 못한(undesirable)' 것으로 범죄시한다.

BBC 등 외국 기자들도 추방한다. 라트비아에 기반을 둔 독립매체 *MEDUZ*에 따르면, 러시아의 미디어 통제관들은 언론매체에 이렇게 지시한다. "우크라이나 전황에 관한 정보는 정부가 제공한 것만 보도하라" 허위정보(?)를 퍼뜨리면 검열이나 과징금을 부과하겠다고 위협한다. 이에 일부 언론매체들은 우크라이나 지역의 폭탄 공격 등에 관한 기사를 삭제하는 등 순응하고 있다. 다른 매체의 편집진들도 대통령 명령에 따라 자신들의 소셜 미디어 계정을 셧다운하고 있다. 셧다운의 근거가 크레믈린 때문이라는 비판과 함께.

검열만으로 몇몇 러시아 고위 언론인들이 침공에 대한 목소리를 내는 것을 중단시키지 못했다. 독립매체인 *Novaya Gazeta*는 노벨평화상 수상자인 Dmitry Muratov와 함께 러시아와 우크라이나 관계에 대한 글을 게재한 뒤, "부끄럽고 슬픈 일"이라는 내용의 영상물을 SNS에 포스팅하고 러시아의 반전운동을 "생명을 구하는 운동"으로 호명했다.

*Kommersant*지 소속 언론인 Elena Chernenko는 언론인과 학자 170명이 서명한 전쟁 비판 서한을 공개했다. 키이우에서 활동하는 우크라이나 언론인 Nataliya Gumenyuk는 이전에 만나지도 못했던 "유명한 러시아 독립매체 언론인"들이 침공이 시작되자 그녀를 불러 코멘트를 땄으며, 러시아를 위해 용서를 구했다. "우리 모두는 기자들로서 분쟁이라는 취재하기 힘든 일을 하고 있다. 우리는 말하고 울부짖는다."고 Gumenyuk는 썼다.

젤렌스키는 미디어 전쟁을 훌륭하게 수행하고 있다. 젤렌스키 수사학이라는 용어가 나올 정도이다.

"삶이 죽음을 이길 것이다. 빛이 어둠을 이길 것이다" 는 유명한 경구가 되었다. 젤렌스키는 서방을 상대로 말이 아닌 무기와 탄약을 지원해달라고 호소하고 있다. 그리고 온라인상에 퍼지는 가짜뉴스에 대응하기 위해 시간별로 전쟁 확전 상황에 대한 정보를 제공하겠다고 약속했다.

그러면서 러시아인들에게 연설했다.

"나는 이 연설이 러시아의 TV에 방영되지 않는다는 것을 안다. 상당수의 소셜미디어도 봉쇄되었다는 것도 안다. 주권 국가를 지구상에 없애려는 이 악독함은 결코 봉쇄될 수 없다. 푸틴은 역사를 봉쇄할 수 없다."

우크라이나 전쟁을 둘러싼 러시아와 우크라이나의 정보심리전[76]

러시아의 정보심리전

러시아는 국가안보위원회(KGB)의 후신인 연방보안국(FSB), 군사정보국(GRU), Russia Today(RT), Sputnik 등 관영매체, 러시아 정부와 계약을 맺고 가짜뉴스를 생산하는 민간 IT기업을 이용하여 정보심리전을 전개하고 있다. 전쟁 전 러시아는 침공명분을 다지고 현지인의 저항을 누그러뜨리며 국제사회의 동조를 이끌어 내기 위해 여론공작에 박차를 가했다. 러시아는 우크라이나 동남부 러시아계 주민들을 대상으로 "우크라이나 정부는 미국의 꼭두각시 정부", "서방의 이간질로 러시아와 형제국가인 우크라이나 간에 관계가 악화되었다", "NATO의 동진이 이번 전쟁의 근본적인 원인"이라는 논리를 내세웠다. 이 같은 주장은 2014년 러시아가 우크라이나를 침공할 때 사용한 것과 비슷한 내러티브였다. 이 당시 러시아는 우크라이나의 혼란과 불안을 유발하고 최종 국면에서 군사행동을 전개하여 값싼 전쟁 승리를 거두었다.

---

[76] 이 내용은 외교안보연구소 송태은 교수가 2022.5 발간한 내용을 일부 인용하여 재정리한 것임.

러시아는 개전 초기 정보가 부족한 상황을 이용하여 우크라이나를 군사적으로 압도하고 있다는 인상을 심으며 우크라이나의 대항의지를 좌절시키는 가짜뉴스를 광범위하게 유포했다. 대표적으로 "젤렌스키 대통령이 수도 키이우로부터 도망쳤다", "우크라이나가 먼저 러시아에 대해 군사공격을 가했다", "수도 키이우가 순식간에 함락되었다"는 허위조작정보를 퍼트렸다. 이 작전이 어느 정도 효험을 보아 해외언론들이 러시아 관영매체 發 가짜뉴스를 보도하기도 했고, 심지어 국제정치학자 등도 "NATO 동진이 이번 전쟁의 근본 원인"이라는 러시아의 전쟁명분을 합리하는, 러시아 입장을 대변하는 주장을 수용하는 모습을 보였다.

러시아는 우크라이나와 서방의 러시아 침공에 대한 대응과 의사결정을 지연시키고 우크라이나 내 여론을 분열시키기 위해 '가짜 깃발작전(false flag operation)' 혹은 '마스키로브카' 전략과 같은 위장전술을 펼쳤다. 전쟁 전부터 국경에 13만 명의 중무장 병력을 이동시켜 놓고 전쟁을 계획하지 않는다고 주장했고, 러시아의 요구를 서방이 수용하지 않을 경우 유럽의 안보가 위험해 질 수 있는 협박을 지속해왔다. 이어 러시아는 자국의 군사적 자산에 대한 서방 정보기관들의 평가를 어렵게 만들고 서방측의 위성촬영에 대비하여 중무기의 실제이동상황을 은폐하는 '푸틴의 미끼(Putin's decoy)'로 불리는 가짜무기를 빈번하게 사용해왔다.

한 예로 미국 첩보위성이 촬영한 러시아의 전투기의 날개와 꼬리 등의 동체가 격납고가 아닌 노천 도로 위에 놓인 사진의 경우, 공기를 주입해 만들거나 스티로폴로 만든 가짜무기라는 추측이 나돌 정도이다. 실제로 2021년 러시아 국방부 TV는 가짜 전투기, 군 막사, 탱크, 트럭이 제조되는 현장을 실수로 방영한 적이 있다.

이외에도 러시아는 우크라이나 정부를 중상 모략하는 다양한 음모론과 우크라이나인에 대한 혐오유발을 통해 우크라이나인 학살과 인권유린을 정당화하고 있다. 심지어 Russia Today(RT), Sputnik 등 관영매체 혹은 정부와 연계된 미디어들은 'biological' 단어를 한 주에 600회 트윗하는 등 러시아 국방부가 주장하는 "미국이 우크라이나의 생물무기 연구를 은밀히 후원 한다"는 허위 내용을 전파하는 데 앞장서고 있다. 또한 우크라이나가 병원과 민간인들을 무차별 폭격했다는 가짜뉴스를 역으로 유포하기도 했다.

러시아의 또 다른 전략은 우크라이나 정부와 시민들이 나르는 정보의 신뢰성을 저해하는 것이다. 우크라이나發 정보의 신뢰성을 떨어뜨려 러시아내 반전 여론을 무마하려는 속셈이었다. 일례로 러시아의 미사일 공격으로 우크라이나 동부의 한 산부인과 병원에 있던 임산부의 참상 사진이 러시아의 비인도적 침공을 비판하는 대표적 이미지로 각국 언론사가 사용하자, 러시아는 안면출혈을 포도주로 분장하고 우크라이나 군 관계자가 연출한 장면이라고 주장하고, 폭격당한 병원도 운영이 중단된 우크라이나 군이 장악한 건물이라고 주장했다. 또 부차에서의 민간인 학살 정황이 담긴 우크라이나 정부가 제공한 영상에 대해 "우크라이나가 영상 속 시신의 팔이 움직이는 등 가짜 영상을 제작하고 있다"고 반박하기도 했다.

우크라이나의 정보심리전

우크라이나가 해외정보부(Foreign Intelligence Service, FIS)를 설립한 이후 최초로 발간한 「2021 국방백서(2021 White Book)」는 러시아를 우크라이나의 최대 안보위협이라고 적시하고, 2014년 우크라이나 침공 당시 러시아의 주된 하이브리드 전술이 소셜미디어를 이용한 정보전이라고 강조했다. 이 백서는 당시 러시아가 확산시킨 주요 내러티브가 "우크라이나는 극우 극단주의로 사회가 분열된, 불안정한 국가이며 우크라이나는 다시 러시아의 영향권으로 들어와야 한다"는 메시지로 분석했다. 우크라이나 정부는 현재도 러시아가 유럽과 우크라이나 여론의 간극을 넓히기 위해 이러한 메시지를 지속적으로 발신하고 있다고 주장한다.

우크라이나는 2015년 초부터 Ukraine Today와 StopFake와 같은 해외 발신에 중점을 둔 미디어 플랫폼과 펙트체크 플랫폼을 구축했고, 정부가 선도적으로 '진실이 가장 효과적인 프로파간다이다'라는 슬로건을 내걸고 러시아 發 내러티브의 기만성을 알리고 우크라이나의 입장을 대변하는 정보를 국내외로 확산시켜왔다. 우크라이나 정보부(Ministry of Information)는 전황에 대해 지속인 기자회견(press briefings)을 제공하고 국내외 미디어가 분쟁 지역에 접근할 수 있도록 조력하는 한편, 우크라이나 YTV와 라디오가 러시아에 의해 점령된 지역에서도 방송을 송출할 수 있도록 하여 전황관련 정보가 끊이지 않고 국내·외로 제공될 수 있도록 하고 있다.

사실 우크라이나는 전쟁 전부터 러시아 發 정보심리전 공격에 대한 대응에 있어 이미 서방과 다양한 협력을 이어오고 있었다. 특히 2020년 1월 말 우크라이나의 PSYOP팀은 독일의 <합동다국적 대응태세센터(Joint Multnational Readiness Center)>에서 진행되는 군사 훈련인 'Combined Resolve xii'에 참여한 적도 있다. 2020년 훈련에는 우크라이나를 포함하여 17개국이 10일 간 훈련하였고, 미군과 우크라이나군은 이라크, 아프가니스탄전과 2014년 우크라이나 전쟁에서의 정보심리전 경험을 서로 교환하며 협력의 기반을 다졌다. NATO는 2015년 3월 'East StratCom Task Force'를 조직하여 러시아의 정보심리전에 취약한 동유럽국에 대한 지원을 제공한 바 있다.

이에 힘입어 우크라이나는 2022년 2월 24일 러시아의 침공 직후 소셜미디어를 활용한 즉각적인 메시지 발신을 통해 전황에 대한 구체적인 정보를 제공하고 국제사회의 구체적인 지원을 유도하는 등 국제사회가 우크라이나의 메시지에 공감하고 러시아를 압박하도록 세계 여론을 효과적으로 결집시키고 있다. 젤렌스키 대통령이 전시 소셜미디어를 통해 전황을 시시각각으로 알리고 화상회의를 통해 미국이나 한국, 그리고 영국의회를 대상으로 연설하는 활동은 일국의 대통령이 전 세계의 정부와 대중을 대상으로 군사적, 외교적 지원을 요청하는 새로운 패러다임을 창출하였다.

젤렌스키 대통령은 우크라이나 사태를 거치면서 민주주의의 상징으로 재평가받고 있다. 제2차 대전 영웅으로 추앙받는 윈스턴 처칠과 비교하는 움직임도 일고 있다. 젤렌스키의 제1 덕목은 불굴의 의지다. 도피설이 나돌 때 전쟁 발발 다음 날 페이스북에 참모들과 함께 수도 키이우를 배경으로 찍은 영상을 올리며 도피설을 일축했다. 그는 영상에서 "나는 아직 여기 키이우에 있다"고 목소리를 높였다. 여기에 미국 망명제안을 거절했다는 뉴욕타임스의 보도가 나오면서 젤렌스키 대통령의 리더십에 대한 우크라이나 안팎의 지지가 이어졌다.

2021년 탈레반이 아프가니스탄 수도 카불을 점령할 당시 해외에 도망쳐 버린 아슈라프 가니 전 아프가니스탄 대통령과도 비교되는 행보라는 평가도 나왔다. 젤렌스키 대통령은 방탄조끼나 헬멧 착용 없이 우크라이나 군복과 비슷한 색깔의 티셔츠 차림으로 키이우 시내를 둘러보는 모습이 자주 공개되었다. 젤렌스키의 리더십도 만들어 지고 있다. '용기의 리더십' '실용의 리더십' '소통의 리더십'이 그에게 붙여진 이름이다.
시사주간지 타임은 "찰리 채플린이 처칠로 변신했다"고 극찬했다.[77]

우크라이나는 러시아의 주장에 대한 반격 내러티브를 신속하게 제공하는 방식으로 러시아 發 정보에 대한 신뢰성을 떨어트리고 러시아＝거짓말쟁이 이미지를 고착시키는데 성공했다. 젤렌스키 도주설을 정면으로 반박하며 젤렌스키 대통령이 인스타그램과 Tweeter를 통해 자신과 데니스 슈미할 총리 등 지도부 인사가 수도 키이우에서 항전하고 있음을 도시 설경을 배경으로 야외에서 올린 영상은 국제사회에 큰 반향을 일으켰다. 3월 4일 러시아의 피신설을 반박하며 집무실에서 집무하는 영상은 업로드 11시간 만에 533만 여건의 조회 수를 기록하고 댓글도 5만 여건이나 달릴 정도로 이목을 집중시켰다. 메시지 발신에 있어서도 코미디언 이자 배우 출신인 젤렌스키는 자신의 과거 직업을 통해 훈련된 고도의 스토리텔링 기술 즉 드라마틱한 방식의 효과적인 메시지 전달능력을 발휘하고 있다.

---

[77] 문화일보, "용기, 실용, 소통... 우크라 채플린, 21세기 처칠이 되다", 2022년 5월 16일자.

우크라이나의 심리전 내러티브는 자국을 전쟁의 '약자' 혹은 '피해자'로 묘사하는 식의 감정에 호소하지 않고 강대국 러시의 군사적 공격에 대해 '일치된 마음'으로 용맹하게 항전하는 '작지만 강한 국가'의 이미지를 투영하려 하고 있다. 2월 24일 우크라이나의 스네이크섬 국경수비대원 13명이 러시아 최대전함 <모스크바함>의 항복 불응 시 포격하겠다는 경고에 대해 "러시아 전하, 꺼져라"라고 욕설을 외친 대원들의 에피소드는 이들의 음성녹음 파일을 통해 온라인 공간으로 확산되면서 해외 대중들의 큰 반향을 일으켰다. 이들의 에피소드는 이후 <모스크바함>이 우크라이나의 '넵튠' 지대함 미사일 2발로 침몰되면서 우크라이나 기념우표의 그림이 되었고 현지에서 판매 10일 만에 70만 장이 판매되는 진기록을 세웠다.

우크라이나는 AI 안면인식 기술인 Clearview AI 소프트웨어를 사용하여 8,600명이 넘는 생포되거나 죽은 러시아 군인들의 안면정보를 수집하고, 'Find Your Own'과 같은 텔레그램 채널을 통해 러시아 가족들에게 알림으로써 러시아 내 반전여론을 유도하는 전략을 펼치고 있다.

이러한 우크라이나의 전략은 러시아가 배우나 러시아 소셜미디어 계정의 프로필 이미지를 이용하여 우크라이나 군인이 생포된 것처럼 가짜뉴스를 유포한 데 따른 반격전략의 일환이기도 했다.

신원확인 방법도 흥미롭다. **Clearview AI**가 러시아의 허위조작 이미지를 스캔하자 이 이미지들이 러시아의 최대 소셜 미디어인 VKontakte(VK) 및 인스타그램 계정에서 수집된 것이어서 러시아인의 신원확인이 가능하게 되었고, 이 정보를 심리전의 목적으로 사용하게 되었다.

우크라이나 정부는 이번 전쟁에 대한 국제사회의 관심과 주목을 유도하기 위해 엔터테인먼트 성격을 갖는(entertaining) 조작된 디지털 정보도 적극적으로 사용하고 있다. 일례로 우크라이나 국방부는 서방에 비행금지구역 설정을 촉구하는 과정에서 러시아의 공습 위험성을 경고하고 우크라이나가 무너지면 유럽도 무너질 수 있다는 논리를 뒷받침하기 위해 프랑스인이 만든 합성 영상인 파리 에펠탑이 폭파되고 파리가 공습 당하는 45초 분량의 동영상을 트위터에 공유했다.

이 영상은 하루 만에 60만회나 조회되었다. 또한 우크라이나 정부의 **보안국(SSU**, Security Service of Ukraine)은 소위' 키이우의 유령' 으로 불리는 우크라이나의 에이스 파일럿이 개전 후 30시간 동안 6대의 러시아 전투기를 격추한 영상을 제작하고 트위터와 70만 명의 구독자를 거느리는 텔레그램 채널에 게시했다. 사실 '키이우의 유령'의 실존 여부는 확인되지 않았다.

Clearview AI가 우크라이나에 제공하는 안면인식 정보는 우크라이나 국경으로 러시아 스파이가 잠입하는 것을 막는데도 사용하고 있고, 우크라이나 내 개인의 수상한 소셜미디어 활동과 그러한 개인이 교류하는 인적 네트워크를 모니터링하는 데에도 사용되고 있다.

우크라이나 시민들도 페이스북, 인스타그램, 텔레그램, 트위터, 틱톡에 전황을 실시간으로 이미지와 동영상을 게시하여 전장을 생중계하고 있고, 정보심리전에 자발적으로 동참하는 방식으로 우크라이나 정부에 힘을 보태고 있다.

외교관 스파이

외교적 스파이 행위: 이 도구를 유용하게 쓰는 법[78]

수세기 동안 외교관과 스파이의 역할은 상당히 밀접했다. 대사들은 다양한 방법으로 자국과 관련되는 정보를 모았다. 때론 공개적으로 때론 은밀한 방법으로. 예를 들어 15세기 베니스와 러시아의 경우, 외교관은 성능 만점인 정보 수집관이었다. 시간이 흐르면서 외교관이나 정보요원들이 전문화되면서 분화되기 시작하여 그 차이를 노정하게 되었다. 거의 모든 국가에 외교업무와 관련된 부서가 설치되어 있어 전문성을 가진 외교관들을 손쉽게 기용하며, 정치지도자들은 정보요원을 외교적 목적으로 활용하기도 한다.

현대 정보역사를 보면 빈번히 그러한 에피소드를 언급하지만 왜 정치적 지도자들이 정보요원을 외교업무 수행에 동원했는지에 대한 설명은 거의 없다. H. Bradford Westerfield는 이런 역할을 "crypto-diplomacy(암호외교)"라고 불렀다. Len Scott는 "clandestine diplomacy(은밀한

---

[78] *International Journal of International Counterintelligence*, Vol.34, 2021. 원제는 Diplomatic Spying : How useful is it?임.

외교)"- 영국에서는 한 때 "special political action" "disruptive action"으로 호칭- 가 여러 형태의 은밀한 액션을 감안해야 하는지 의문을 제기했지만, 그 비밀활동의 범위는 광범위하다. 그러나 아직까지 정보활동은 외교 활동의 한 부분으로 되어 있다.

대부분의 국가들은 스파이를 외교관으로 위장하여 대사관에 배치하고 있다. 이 글의 목적은 정치인들이 외교관으로서 스파이를 활용한데 대한 언술의 패턴을 규명하면서, 특히 정치지도자들의 동기(motives) 속에서 그 패턴을 찾아보려는 것이다. 정보요원이나 외교관들은 자국 지도자들의 행위를 지지하기 때문이다.

그 다음으로 그 동기가 지도자 자신이 주장하는 이니셔티브의 효과에 대해 영향을 주는 정도를 파악하고자 한다. 이 논문의 지향점은 주요 정치인의 손에 잡히지 않는 동기에 포커스를 맞추고, 정보요원의 태도나 당시의 지도자들의 정책 방향에 조응하여 행동한 정보기관의 활동상 등에 대해서는 다루지 않는다.

"정치인들은 스파이를 외교적 목적으로 사용하지 말아야 한다"는 것이 1차적인 문제의식이다. 논문 등에서 공개적으로 언급한 내용에서 추론하면, 정치인들은 정보요원들이 보는 세상과 관점 측면에서 크게 다르다는 점이다. 셔먼 켄트의 정보에 대한 개념 정의를 따르지 않으려 한다. 켄트에게서 "정보란 누구나 인정하는 정부의 한 기능이며 지식, 조직, 행위의 한 형태로 평가될 수 있다"는 것이다. 또 비밀성을 조직의 테제로 사용하는 것에도 반대한다.

이 논문은 지도자들이 스파이를 외교업무에 활용하기로 결정하는데 영향을 주는 다양한 변인을 규명하고자 한다. 그 변인은 정치지도자들이 스파이를 외교업무에 활용하는데 영향을 주는 것, 정치인들이 구사하는 다양한 방법들, 외교업무와 다른 정보기관만의 차별적인 행위 등이 그것이다. 여기서 스파이란 용어는 정부가 채용한 모든 형태의 정보요원을 말한다. statesmen은 외교정책을 책임지는 국가지도자를 말하며,

정보요원 경력이 없는 사람들이다. 정치지도자 뿐 아니라 외교업무를 관장하는 고위관리도 포함한다.

Reasons Statesmen sometimes use spies as diplomats(정치인들이 가끔 스파이를 외교관으로 활용하는 이유)

역사적 기록은 보여준다. 정치적 지도자들이 스파이를 외교목적에 활용하는 동기는 7개 유형이다. 동기가 하나만 아니고 여러 동기가 컴비네이션이 되어 이루어지기도 한다. 간혹 어느 한 가지 유형만으로 독립적으로 이용하는데 자세히 살펴보면 독특한 영향을 미친다. 3가지 카테고리로 범주화가 가능하다. (1) perceived diplomatic needs given(지도자들이 직면하고 있는 국제정치적 환경에서 지도자들이 인식하는 필요성) (2) 정보기구의 능력(capabilities of their intelligence services), (3) 리더의 개인적인 목적 또는 스파이와의 관계인데, 신뢰와 연관이 깊다.

동기는 국제정세와 정보능력과 관련성이 깊다. 지도자들의 동기, 국제정세, 정보능력 등이 순차적으로 어떤 정보기관을 활용해서 외교적 목적을 달성할 것인가를 좌우한다.

Access(접근성) : 지도자들이 가치를 두는 것은, 정보요원들은 지향점만 정해지면 필요한 대상을 만나 외교관을 포함해서 다른 정부기간 사람들이 할 수 없는 일을 해낸다는 믿음이다. 접근 동기는 특히 중요한데, 외교 관계가 없는 나라 혹은 우려할만한 행위자들과의 커뮤니케이션 수단이 없을 때 유용하다.

Secrecy(비밀성) : 외교적 현안들은 대부분 민감하다. 국제적이건 국내와 연관이 있든, 아니면 비정부기구에 해당하건. 그래서 지도자들은 정보기관의 기본적인 능력과 비밀 유지능력에 가치를 둔다. 가끔은 일방적으로 외교적 접촉을 할 때 비밀유지를 내세우게 되는데 상대편도 받아들인다. 반면 다른 케이스를 보면 참여자 모두 다양한 이유를 들어 서로 간 협의내용 등을 비밀에 붙인다. 동기는 정치적이지만 간혹 부패를 숨기거나 정보기관의 지도자 교체공작 등과 연관이 있다. 이런 동기는 access동기와도 밀접하게 연관되어 있지만 동일하지는 않다.

대체로 정상적인 외교행로에 맡기면 노출될 위험성(chronic leak)이 있을 때 정보기관을 이용하는 경우가 많다.

Credibility(신뢰도) : 어떤 경우에는 정보요원들과 가진 토론이 협상의 신뢰도에 영향을 주기도 한다. 거친 녀석(tough guy)은 협상상대자로 tough guy를 선호한다. 아무래도 스파이는 외교관 보다 더 거친 사람으로 여겨진다. 터프함이 유용할 때도 있다. 상대방을 협박해야 할 때가 그렇다. 비밀외교를 통해 강조한 사항들은 공개적으로 제언했을 때 그 신뢰도를 높여준다.

Issue Importance(이슈의 중요도) : 지도자들은 이슈에 중점을 두지만 외교 부처들이 이 지시사항에 의미 있게 받쳐주지 못할 때가 있다. 이때 정보기관이 동원된다. 주요한 외교정책의 플레이어가 된다. 간혹 정보기관은 이런 기회를 이용해서 자신들의 조직 이익을 높이기도 한다.

Trust(믿음) : 정보요원과 정보기관은 가끔 ststesman에게 신뢰성 있게 보인다. 그래서 맞부딪친 정치적 현실, 언론 대처 능력, 지도자에 대한 충성심 보여주기 위해 스파이를 곁에 둔다. 외교관들은 이런 특질이 없는 공무원에 불과하다. 스파이들은 신뢰할만한 가치가 있는데, 정보기관장이 직접 지도자들에게 보고할 때 그 신뢰도는 높아간다. 대개 외교관료들은 정치적 충성심이나 정책 아젠다, 개인적 야망 등으로 인해 지도자들과 갈등을 빚는 경우가 많다.

Image(이미지) : 외교적 제안을 할 때 정보가 관여하게 되면 겉보기에 심각한 사안임을 암시한다. 공개적으로 하는 외교적 접근은 간혹 리더를 허약한 사람처럼 보이게 하고 패닉상태로 이끌기도 한다. 리더들은 별로 매력적이지 않은 국제 정세를 이용하여 취약한 국내 기반을 보전하려고 한다.

Strategic signaling(전략적 암시하기) : 공개적이든, 은밀히 행해지든 statesman은 정보를 이용하여 비밀공작처럼 중요한 메시지를 전달한다. 대개 공개적으로 언급되는 훈계조의 외교적 언사만으로는 정확한 속내를 전달하지 못하기 때문이다. 대상은 적이든 동맹이든 가리지 않는다.

Organizational interests(조직 이익): 권위적인 국가의 정보기관은 자신들의 영역을 확장하는 기회로 삼는다. 외교정책을 담당하는 부서와의 경쟁에서 이기는 기회로 삼는다. 지도자들이 가져야 할 이념적 아젠다(의제)를 갖고 다가간다. 때론 stateman들에 의해 한계에 부딪치기도 한다. 스파이 활용을 외교적 이니셔티브를 위한 여지(leeway)로 활용하면서도 치밀하게 감독(oversight)하거나 상세한 제안을 하지 못하게 하는 것이다.

이런 동기들은 정보와 관련된 행위 중에서 협소한 부분을 이용하게 한다. 정보와 관련된 문헌들이 언급하고 있듯이 정보업무를 구별 짓는 변인들은 많다. 체제의 유형, 정보문화, 예산, 분석기법, 개혁프로그램, 감독메커니즘 등과 같은 요소들은 포함하지 않고 있다. 이런 동기들을 모두 만족시키려면 statesman은 능력 있는 정보기관에 접근할 수 있는 준비태세가 되어 있어야 한다. 이는 유민트를 전문으로 하는 정부기관을 가져야함을 의미한다. 이들을 위해 일하는 정보기관이나 정보요원은 비밀공작 능력을 갖추어야 하며, 이는 은밀한 외교행위에 크게 도움 된다.

Clandestine diplomacy(은밀한 외교)란 비밀 공작활동 그 이상이다. 정보기관은 제도적으로 비밀공작을 수행할 능력을 충분히 겸비하고 있어 고위 정책결정자들을 쉽게 설득가능하다. 스파이들이 외교관이 되며 스파이들이 외교행위에서 행사하는 역할모형을 가늠 짓는다. 반면 신호정보담당관, 분석 및 국내정보, 對테러전문관들은 statesman들에게 자신들을 외교적 행위에 활용해달라고 얘기할 기회가 별로 없다. 외교행위라는 것이 다른 국가 인물들과의 인간관계 맺기에서 출발하는데, 이 분야 정보요원들이 이런 사람들을 접촉할 기회가 거의 없기 때문이다.

Environmental and Institutional reasons statesmen use spies as Diplomats(정치지도자들이 스파이를 외교관으로 활용하는 환경적, 조직적 이유)

statesmen들이 스파이를 매력적인 외교관으로 활용하는 요인들은 다음과 같다. 이 요인들은 상호 연계되어 작동되기도 하고 사안의 중요성에 따라 변용한다.

Access(접근성)

statesmen들이 스파이를 외교관으로 발탁하는 우선적인 이유는 스파이들이 흥미로운 행위자들에 대해 접근하는 능력 때문이다. 특히 statesman들이 대화채널도 없고 준비도 되어 있지 않을 경우 그 효용성이 더욱 크다. 공식적 외교관계가 없을 때 스파이 외교관들은 빛을 발한다. 외교책임자가 지배그룹 내에서 주도적 위치에서 밀려나 있을 때 더 그렇다. 이는 고민스런 국제관계를 나타내는데, 이것은 관행적인 외교적 미션수행 방법으로는 해결하지 못하는 경우이다.

어느 국가든 외교관만으로 해결방법이 없다면 당연히 다른 대안을 찾을 수밖에 없다. 제3국 대사관에서 중립적 위치에 있는 사람과 이해관계 영역(interest sections)이 가끔은 해결하기도 하지만, 정보요원들은 외교관이 갖지 못한 비밀 채널이나 커뮤니케이션을 만들어 낸다.

정보관은 이 같은 access를 끊임없이 만들어내고 창안해내는 자질을 구비하고 있다. 정보관들은 노출되길 꺼려하는 사람들을 탐색해 낸다. 위험을 무릅쓰고 혼자서 또는 미니그룹에 끼여 여행한다. 이 역할은 특히 보안을 이유로 노출되는 것을 극히 꺼리는 테러리스트나 반정부 인사들과의 커넥션을 만들 때 유용하다.

또 스파이를 외교관으로 이용하는데 매력적인 또 하나의 요인은 관계형성(이를 스파이 용어로 '**래포(rapport)**'라고 부른다)을 통한 정보의 교환이 복잡다단한 정치관계의 커다란 부분을 차지할 때이다. 미 국무부는 이런 역할을 잘 인식하고 전쟁을 치루는 기간에는 성공하진 못했지만 육군, 해군, FBI 등이 갖고 있는 정보부문의 활동을 중지시키고자 했다. 이들 기관들은 자신들이 갖고 있는 일부 외교업무에 대한 소유권을 침해한다며 습관적으로 불평해왔다. 정보기관들끼리의 관계는 관행적인 외교관계보다 더 안정적이다.

정보기관이 제공해온 the diplomatic access(외교적 접근)은 국제관계의 역사에서 반복적으로 나타난다. 지난 수십 년 동안 CIA와 사우디아라비아 정보기관 **GID(General Intelligence Directorate)**은 긴밀히 협조하여 파키스탄의 국내보안정보기관(ISI)에게 자금과 협상 기술 등을 지원하여 아프가니스탄의 반란그룹과 아프간 정부를 이끌었다. 정보기관은 활동자금이 풍부하고 감독에서도 제외되는 경우가 많아 의미심장한 접촉을 할 때 보안유지 하에 자금을 지원할 수 있다. 외교부가 이런 역할을 하긴 어렵다.

영국의 MI5, MI6는 과거 영국 정부와 격렬하게 대립했던 북아일랜드 해방군(IRA)과 영국 정부를 연결시키는 핵심역할을 했다 1971년부터 접촉하기 시작하여 **대처** 수상이 공개적으로 칭찬할 정도였다. 대처는 테러리스트와 협상하지 않는다는 기조를 지켰던 수상이다. 대처 뿐 아니라 다른 수상들도 국내문제를 해결하는 목적으로 '은밀한 외교'를 대안으로 삼았다. 동시에 영국 정보요원들은 준민병대와 접촉선을 유지했으며, 문제를 해결하기 위해 상당히 유연한 제안을 할 수 있었다. MI5가 이런 문제에 많이 간여했다. 영국 내에서 주로 일어난 때문이다. 영국 정보기관들의 은밀한 곳에서의 노력 덕분에 1988년 영국 정부는 IRA 와 협정을 타결할 수 있었다.

1979년 **미국 카터** 행정부는 소련의 영향력 하에 있는 제3세계를 상대로 쿠바가 지원하는 것을 못마땅했다. 그래서 뉴욕에 주재한 쿠바 정보관에게 메시지를 보낸다. 쿠바가 모스크바와 함께 활동하지 않으면 쿠바에 대한 경제제재를 풀겠노라고. 외교관이 아닌 CIA 요원 **로버트 게이츠**(나중에 국장으로 승진함)가 전달역을 맡았다. 채널은 FBI가 만들었는데, 그 쿠바 정보관은 카스트로의 측근이었다. 쿠바는 거절했다. FBI는 국내 보안기관이지만 UN을 중심으로 쿠바가 활동하기 때문에 가교역할을 맡았다.

FBI는 법집행 문제에 국한해서 외국 정부와 논의할 수 있는 권한을 갖고 있다. 이집트 정보기관 **EGIS**는 **나세르** 대통령의 요구에 따라 CIA와 막후 커뮤니케이션 채널을 열었다. 1967년 '**6일 전쟁**'[79] 패배 이후에 일어난 일이다. 정보기관 연락망을 통해 워싱턴을 설득하여 나세르가 이스라엘을 상대하는데 있어 갖고 있는 취약점을 보강하려했다.

이탈리아 정보기관이 CIA와 EGIS 사이를 중재했다. 정보기관이 외교적 업무를 행하는 것은 정보외교의 부차적 명령(second-order) 형태이다. 1970년 **사다트**가 나세르를 승계한 이후, 미 국무부는 이집트와 이중 채널을 가동했다. 공식적인 외교 채널과 별도로 CIA를 가동했다. EGIS는 팔레스타인 자치정부와 이스라엘 간 또는 하마스와 같은 다른 집단 등과의 중재역할을 하면서 평화협상에 기여했다. 나세르 재임 시 미국과 이집트와의 관계가 냉랭하던 시절에도 CIA와 EGIS는 막후채널을 가동하고 정기적으로 만나 정보도 교환하고 외교적 메시지도 주고받았다.

늘 함께 정보활동을 하는 CIA와 MI6는 2003년 리비아 카다피가 핵무기 개발과 대량살상무기 개발 노력 포기에 결정적인 역할을 한다. 리비아는 MI6를 상대로 핵무기 개발프로그램 포기 의사를 전달한다. 리비아에 대한 서방의 제재를 풀어주는 조건이었다. 곧이어 조지 부시가 조지 블레어 영국 수상 등과 캠프 데이비드에서 회동하고 리비아의 제안에 대한 검토에 들어갔다.

---

[79] '6일 전쟁' 막전막후와 전쟁 돌입 결정 과정은 이 책에 별도로 상세히 기술되어 있다.

신중하게 진행키로 하고 정보관에게 막후 채널역할을 맡기는 한편 서방의 제재 해제와 핵무기 프로그램 개발 포기를 맞바꾸는 제안 등을 전달하는 역할을 했다. **조지 태닛** CIA국장이 Steve Kappes 공작국장에게 밀명을 내려 수행하게 했다. 2003년 4월 중순 Kappes와 명미상의 영국 정보요원이 유럽에서 리비아 외교관 및 Musa Kusa와 비밀협상에 들어갔다.

얼마 후 Kappes일행은 2003년 9월 리비아 수도 트리폴리로 밀행하여 카다피를 독대했다. 핵시설에 대한 전면적인 사찰은 받아들일 수 없으나 핵시설 방문은 허용하겠다는 가다피의 약속까지 얻어냈다. 카다피는 Musa Kasa에게 Kappes와 세부적인 논의를 하라는 지시까지 내렸다. 카다피는 이 논의사안에 대해 매우 민감했으며, 자신의 존재감을 확실히 드러내고자 했다. 리비아 정부 내의 이슬람 극단주의자들의 반대에 대한 두려움 때문이었다. 이후 리비아는 약속대로 WMD를 파괴한다.[80])

리비아의 핵 포기 협상에서 보여준 정보기관의 역할은 여러 면에서 의미심장하다.
첫째, 리비아는 Musa Kusa를 통해 미국과 영국의 정보기관과 내밀한 채널을 유지하고 있었지만, 양국은 리비아와 공식적 외교관계가 없었다. 정보기관간의 access가 핵 포기 협상을 가능하게 했다.

둘째, 리비아 핵 포기 이슈는 리비아 국내·외적으로 매우 민감한 이슈이자 미국과 영국에게도 민감한 외교적 현안이었다. 정부기관의 비밀성은 양국 모두에게 중요했다.

셋째, 서방 정보기관은 리비아의 WMD 프로그램 개발 상태 등을 모니터하는데 뛰어난 능력을 가진 전문가들이 포진하고 있었다. 국무부나 영국 외무부도 이런 능력을 갖지 못했다. 당시 부통령인 딕 체니는 "카다피가 WMD 개발 여부를 둘러싸고 벌어졌던 미국 등 서방진영과 이라크와의

---

80) 그러나 리비아 핵 포기는 북한 김정일에게 새로운 위협이 되었다. 트럼프 시절 볼튼 안보보좌관이 리비아식 핵 포기를 주창했을 때, 김정은이 극력 반대한 것은 핵 포기 후 카다피 정권이 붕괴된 것을 목도한 때문이다.

분쟁과정과 이에 따른 후세인의 운명적 종말을 보고 크게 영향을 받았다"고 해석했다. 이 같은 믿음은 정보요원을 보다 더 신뢰성 있는 메신저로 만든다.

후에 서방국가들은 리비아에 대해 다른 메시지를 보낸다. 2011년 초 서방국가들은 카다피의 반대자들의 손을 들어준다. 카다피의 과거는 용서하지 못한다고 하면서. 카다피는 2011년 9월 살해되었다. 이 건은 두고두고 화근이 된다. 정보기관끼리 믿고 비밀협상을 했고 여기서 타결된 내용과 정반대 현상이 나타난 때문이다. 그래서 북한 김정은이 리비아식 핵 해법에 대해 신경질적 반응을 보이는 것이다. 핵 포기는 곧 죽음이며 권력의 종말을 알리는 것과 같다고 생각한다.

2010년 프랑스 정부는 Jean-Marc Gadoullet(프랑스 해외정보총국 DGSE 요원)을 Magreb에서 가진 알카에다 Abdelhamid Abou Zeid와 협상하기 위해 비밀리에 파견한다. AQIM에 의해 연금된 프랑스 인질 석방이 목적이었다. 말리 대통령의 도움을 받아 Gadoullet는 인질 3명을 석방할 수 있었다. 2012년 새로운 프랑스 정부는 전직 DGSE 요원 Pierre-Antoine Lorenzi에게 남아 있는 인질석방교섭을 일임했다. 소득은 없었다. 프랑스가 Operation Serval 작전의 일환으로 공습을 감행한 때문이다. 이 작전은 말리에서의 평화유지와 관련 있었다. 2013년 2월 이 공습으로 Abou Zeid는 죽었다.

Bradford Westerfield는 "수에즈 위기 발생 전부터 CIA가 이집트 나세르 대통령과의 막후채널을 가지고 있었다"고 주장한다.
2001년 9.11이전에 CIA 이슬라마바드 지국장 Robert Grenier는 아프가니스탄 탈레반 지도자들과 접촉을 가졌다. 당시 미국은 아프가니스탄과 별다른 외교관계가 없던 상태였다. 9.11터진 후에도 Grenier는 협상권한도 없었지만, 미국이 빈 라덴을 체포하는 방법에 대한 아이디어를 주었다.

Grenier과 이슬라마바드에 있는 미 국방성 관계자들은 ISI 지도자를 믿게 하려고 노력했다. ISI는 파키스탄의 국내 및 해외정보를 총괄하는 정보기관으로, 탈레반을 설득해서 빈 라덴 문제를 해결하기 위해 부심했다. **부시**는 테러와의 전쟁을 시작하면서 CIA 부국장 Kappes를 보내 Ashfaq Parvez Kiyani(당시 ISI수장)를 달래고자 했다. 아프가니스탄에서의 파키스탄의 주요 역할이 미국의 전쟁 개시로 인해 미국의 전쟁 노력과 지지 문제가 심각하게 복잡한 양상으로 흘러갔기 때문이다.

Kappes는 반복적으로 Kiyani에게 말했다. "자신은 언제든지 CIA를 거쳐 백악관과 커뮤니케이션 할 수 있다"고. 이런 경우에 statesmen은 정보채널을 이용한다. ISI가 비공식적이긴 하지만 파키스탄의 주요 정책을 결정하는 deep state에 포함되어 있기 때문이다. 미국과 아프가니스탄 대통령 Hamid Karzai(2001-2014)는 오랜 관계이지만 시간이 흐르면서 불편한 관계로 바뀌어갔다.

2009년 재선 당시만 해도 국무성과 백악관과의 사이가 좋지 않았다. CIA는 이런 좋지 않은 상황에서도 카불 지국장으로 Greg Vogel을 임명했는데 지국장으로 재임하는 동안 Karzai 대통령과 우호적인 관계를 맺었다. 오바마의 특사였던 Richard Holbrooke는 냉대를 받았다.

정보제공형 접근(the intelligence-provided access)은 공식적이지 않으며 기술적으로 복잡한 것도 아니다. 정치지도자들 간의 개인적 관계가 악화되지 않도록 역할 하는 정도이다. CIA는 국무부 등 다른 기관들이 업다운할 때에도 Karzai와 안정적인 관계를 원만하게 유지했다. 정보관계로 맺어진 관계가 상대적으로 안정적인 것은 일반적인 패턴이 있다. 국가 등이 드러내놓고 하는 정치적인 외교적 관계는 종종 은밀한 정보로 맺어진 은밀한 관계보다 더 취약할 때가 많다.

2001년 이후 아프간 전쟁[81]이 소강상태에 빠지자 사우디를 비롯한 많은

---

[81] 20년 만에 미국이 아프가니스탄에서 철수하자 아프간 정부는 2021년 9월 이슬람 급진 무장조직 탈레반의 진격 앞에 11일 만에 속절없이 무너졌다. 그동안 미국이 막대한 자원을 투입(880 달러)해 양성한 아프간 정부군이 별 저항도 없이 게릴라

국가들이 협상을 통해 해결책을 찾기 위해 노력했다. 사우디 정보기관 수장 Muqrin bin Abdulaziz는 탈레반과 막후 채널을 만들어 미국에 관련 정보를 제공했다.82) 사우디는 알카에다를 고무시키지 않으면서 탈레반과 대화통로를 만들기를 원했다. 탈레반과 알카에다는 당시 갈등 상태에 있었다.

이 제안은 4년 동안 미국과 탈레반과의 지루한 회담동인이 된다. 동시에 영국정보기관도 IRA와 과거 비밀협상을 해본 경험을 갖고 CIA에게 조언했다. MI6과 PIRA와 했던 유사한 방식으로 탈레반과 비밀리에 링크를 만들라고 충언했다. 독일 정보기관도 탈레반 중개자를 협상 테이블에 보내는 방식으로 도움을 주었다. 2010년 오바마는 3가지 트랙으로 탈레반과 협상하는 것을 재가했다. CIA, 국무부, 아프간에 주둔 중인 국제안전지원부대의 군 고위 장성 등이 그들이다. 그러는 동안 탈레반과 긴밀한 관계였던 ISI 요원들은 미국 등 동맹국을 제치고 아프간 정보요원과 협상을 했다.83)

전 CIA 국장 Michael Hayden(2006-2009)은 중동 방문 시 해당국가 수장들과 정기적으로 만났다. 이를 통해 이들 국가수장들이 CIA를 통해 워싱턴과 나누고 싶어 하는 이야기들을 경청했다. 이집트 무바라크 대통령(1981-2011)은 2008년 여름에 가진 미팅에서 미국의 對이집트 정책에 대한 불만을 털어놓았다. 미국이 이집트 내 민주주의 추종세력을 지원

반군에 항복한 것이다. 바이든 정부가 아프간 정부의 취약함을 제대로 파악하지 못했다는 비난이 높았으나, 아프간처럼 부패와 불신이 만연해 정확한 정보 수집이 어려운 상황에서 정부의 붕괴 시점을 예측하기란 지극히 어렵다

82) 윌리엄 번스 CIA 국장은 2022년 4월 극비리에 사우디아라비아를 찾아 무함마드 빈 살만 왕세자와 회동한 사실이 뒤늦게 확인되었다. 번스 국장의 방문은 미국과 사우디와의 관계가 악화일로를 걷는 가운데 이뤄진 것으로, 바이든 대통령은 취임 후 사우디 인권문제를 지적하며 빈 살만 왕세자를 철저하게 외면했고, 빈 살만 왕세자 역시 바이든에 대한 불편한 심경을 여러 차례 공개적으로 표명했다.
 외신들은 번스 국장의 사우디 방문이 양국 관계 개선에 전환점이 될 것으로 전망한다.(문화일보, 2022. 5. 4.)

83) 아프가니스탄은 2021년 9월 탈레반이 다시 장악하여 친미정권을 무너뜨리고 이슬람 율법을 준수하는 국가로 변모하고 있다. 친미정권이 무너진 이유는 바이든 행정부가 테러와의 전쟁에 투입할 자원을 안보위협대상으로 떠오른 중국과 러시아 견제에 정보자원을 집중 투입하기로 했기 때문이다.

(간섭이라는 "meddling")하는 행위는 잘못된 방향이고 스스로를 무너뜨리는 행위라고 비판했다.

무바라크는 또 콘돌리자 라이스 국무장관에 대해 "여성이기 때문에 개인적으로 거부감이 있고 남성들과 협상하고 싶다"고 성 비하 발언을 하기도 했다. 또 헤이든 국장은 조지 부시와 사이가 썩 좋지 않았던 요르단 왕 Abdullah 2세와 친밀하게 지냈다.

CIA는 1951년부터 요르단 해외정보부 창설을 지원하면서 정보협력 터전을 닦았다. 요르단은 CIA를 통해 미국의 중동정책에 대한 의견을 전달했다. 2007년 시리아 아사드 대통령은 정보국장과 이복형제인 Assef Shawkat를 내세워 미국과 막후 소통을 했는데, 미국으로부터 온 것은 "압력, 무지막지한 압력, 오직 압력뿐"이라는 내용이었다. 아사드는 정보기관을 매개로 한 비밀 채널을 미국 고위관리들에게 자신의 관심사항을 전달하는 효과적인 수단으로 여겼다. CIA는 또 사우디와 미국과의 관계 개선에 노력했는데 워싱턴 주재 사우디 대사는 CIA 본부에서 많은 시간을 보내기도 했다. 국무부라는 쉽게 접근할 수 있는 기관이 있음에도 불구하고.

성숙한 관계는 규칙적인 정보교환을 매개로 형성된다. 때론 정치적이고 성격상 외교적 행위이다. 암묵적으로 그런 관계를 맺고자 하는 리더의 결정은 외교업무 중 정보적 성격을 띤 업무 (a degree of delegation to their intelligence services of diplomacy)를 일정 정도 위임하는 것을 뜻한다. 보통 외교정책 결정과정에는 잘 반영되지 않는 측면이다. liasion(리에종) 관계는 상당히 안정적인 경우가 많다. 일시적인 정치적 위기가 왔을 때 쿠션역할도 한다. **Five Eyes**[84]와 같은 우호국가들 사이에서 조차 그 같은 역할을 마다하지 않는다. 그래서 Five Eyes는 '꽃처럼 만개한 긴밀한 관계(full-fledged liasion)'라고 부른다.

---

84) Five Eyes는 미국, 영국, 호주, 뉴질랜드, 캐나다 등 영연방 국가들과 미국이 맺은 일종의 감청동맹이자 협의체이다. 지구의 특성상 어느 한 국가가 전 세계 통신망을 감청할 수 없기 때문에 우호적인 국가끼리 협약을 맺고 자국에서 감청한 내용을 정보협력 형태로 교환하는 것이다. 최근에는 일본이 가입하고자 노력하고 있으나, 뉴질랜드가 반대하고 있다.

사회주의 국가라고 해서 예외는 아니다. 라틴 아메리카 국가들도 소련 외교관보다 KGB와 막후 대화하길 선호했다. 쿠바의 카스트로, 칠레의 아옌데, 파나마의 Omar Torrijos 등이다.
KGB와의 링크는 이들 지도자들에게 상당한 이점을 제공했다. 대사를 상대하는 것 보다 격식도 크게 갖추지 않아도 되었다. 외교장관이 주어야 하는 차관 제공 등 금융지원이나 선물 같은 것이 필요 없었다.

1979년 니카라구아에서 산디니스타(Sandinista)의 사회주의 혁명이 성공한 이후 KGB의 라틴아메리카 전문요원 일부는 언론인으로 위장하여 니카라구아에 침투했다. Managua에 부임한 소련 대사들은 알코올 냄새를 푹푹 풍기며 Sandinista 고위관리들의 품안에서 망가지고 있을 때였다. 소련 외교관들의 이런 추태는 KGB의 영향력을 더 키워주었다. KGB는 무기판매 협상도 하고 조언도 했지만, 외교관들은 소련위성국가들의 정보기관들에 영향을 미친 KGB를 따라가지 못했다.

가장 광범위하면서 오랜 동안 스파이를 외교관으로 활용한 나라는 이스라엘 총리의 모사드활용 사례이다. 이를 학자들은 "대안적인 외교업무(alternative diplomatic service)"라고 불렀다. 폭넓게 비밀외교를 하고 정보협력 관계를 맺었다. 이스라엘 건국 초기 벤 구리온 수상은 이스라엘로 향하는 중동 국가들의 위협을 둔화시키고자 했다. 이스라엘을 둘러싸고 있는 적대적인 아랍국가들에게 대항하기 위해 perimeter strategy(주변 전략)을 구사했다.

주변 전략은 터키나 이란, 이디오피아, 수단과 같은 비아랍국가들과 일시적인 동맹을 맺어 관계를 유지 발전시켜 아랍국가들에 대항하는 전략이었다. 공식적인 외교관계를 원활하게 맺지 못한 이스라엘 수상들은 모사드를 이용한 대안적인 외교에 의존했다. 모사드는 이들 국가들과 신중하게 상호작용을 했기 때문이다.

1958년 모사드는 터키와 공식적인 정보공유 협정을 맺었으며, 이란은 공식적 협정을 맺지 않았음에도 호의적으로 여러 활동을 하는데 도움을 주었다. 이를 Trident라고 불렸다. 시간이 지나면서 모사드는 여러 아랍 국가들과 우호적인 관계를 맺기 시작했다. 요르단, 모로코 왕들과는 다이렉트로 만나 외교적 기능을 수행했다. 이집트 고위관리들과도 건강한 실무관계(good working relationship)를 맺었다. 모사드는 이스라엘의 국익을 수호 임무를 선도했는데, 이는 정보협력이나 외교적 기능을 훨씬 초월하는 미션이었다.

Secrecy(비밀성)

대상 목표에 대한 접근포인트를 만드는 행위는 비밀스럽게 할 수 밖에 없다. Statesman의 비밀유지 동기는 악세스(access)할 수 있는 범위를 종종 넘어선다.

정보업무의 특성인 비밀성은 stateman들에게는 적어도 다음 몇 가지 방법에서 매력적이다.
첫째, 정보기관이 구축해놓은 채널을 활용하는 것은 국내외 정적들의 눈을 속이면서 비밀리에 대화할 수 있게 해준다. 전통적인 외교관행을 대체하는 것도 아니다. 비밀성은 다양한 수준에서 여러 사람들의 대화와 토론이 이루어지는 가운데서도 차단효과가 있다. 정보의 접근기능이 의미 없을 때조차도 중요하다.
둘째, 비밀정보채널 이용은 기만공작에도 유용하다. 기만공작은 공식적인 외교채널을 통해서는 하기 어렵다. 바람직하지 못한 결과 즉 신뢰성 손상을 가져오기 때문이다. 비밀성은 정부들 방으로 한 내화(intelligence-facilitated talks)의 중요성을 강조하는데도 도움을 준다. 토의한 내용들이 부분적 혹은 뒤늦게 리크가 되더라도 중요하게 보이지 않거나, 그에 따른 타격도 제한적으로 만든다.

소련은 1970년대 남아프리카공화국의 인종차별 정책에 대해 공개적으로 신랄하게 비판했다. 1980년대는 이데올로기적 측면에서 비판했다. 그렇지만 소련은 남아프리카 공화국과 경제적 이해관계가 많았다. 남아프리카 공화국은 다이아몬드와 금의 주요 생산국이었기 때문이다. 소련 지도자들은 대중에게 바람직한 이미지를 유지하기 위해 KGB는 은밀히 남아프리카공화국의 다이아몬드 거래와 관련한 무역협상에도 끼어들었다. 소련 정부기관을 대신해서. 만약 이런 사실들이 공개되면 위선적 행태라고 비난받을게 뻔하므로 양국 모두에게 이득이 되었다.

소련은 KGB를 외국 지도자들이나 비국가 행위자(nonstate group)와의 대화 시 off-the-record[85])를 유지하는 방편으로 활용했다. KGB는 접촉 카테고리가 있었다. 직접 소련정부가 컨트롤하는 "agents" ,소련의 선전 내용을 전파하는 "agents of influence(영향공작 요원)", 그리고 "신뢰성 있는 접촉자(confidential contacts)"가 있는데, 이들은 소련을 자발적으로 도우려는 사람들로서 정보요원이 되고자 하는 사람들은 아니다.

신뢰성 있는 접촉자(Confidential contacts)는 오랫동안 KGB와 내밀한 관계를 유지했으며, 때론 소련의 영향공작요원과 정보도 공유하고 협조에 따른 보수도 받았다. KGB기록을 보면, 빌리 브란트 전 서독 수상, 코스타리카 대통령 Jose Figueres Ferrer 등이 Confidential contacts였다. 전 KGB 요원 Oleg Gordievsky는 1995년 영국 노동당 당수 Michael Foot-1983년 총선에서 승리하여 수상이 될 뻔한-가 Confidential contacts 였으며, 소련정부로부터 은밀히 자금을 받았다고 폭로했다. Foot의 코드네임은 "Boot" 였다.

KGB는 칠레 아옌데 대통령과 긴밀한 관계를 유지했고 1953년에 첫 관계를 맺었다. 1970년 대통령이 되었을 때 KGB는 동명을 Confidential contacts로 등록했다. KGB는 아옌데로부터 입수한 정보를 모스크바 본부로 보내는 전달통로(passage) 역할을 했으며, 아옌데에게 5만 달러를 지급하기도 했고, 아옌데의 요구에 따라 아옌데가 만든 정당에 자금을 지원했다.

---

[85]) 이 제도는 주로 언론과 정부 당국자 간의 일종의 신사협정이다. 저녁 식사자리에서 설명한 내용을 기사화하지 않는 조건으로 배경 등을 얘기해주는 것이다. 그러나 일부 기자들이 특종 욕심에서 종종 약속을 깨는 바람에 정부 관리들은 조심하고 기피한다.

당연히 CIA 동향도 제공했으며 동명의 가족, 칠레정보기관과도 유대관계를 구축했다. 1972년 아옌데를 조종하는 KGB역할에 위기가 찾아왔다. 신임 소련대사 알렉산드로 Vasilyevich Basov는 칠레에 파견되어 잇는 KGB현지 요원 Svyatoslav Fyodorovich Kuznetsov에게 복종하고 싶지 않았다. 동명이 아옌데를 담당하고 있었는데 교체하고자 했다. KGB는 모스크바 정부도 모르게 교묘히 신임대사를 무시했다. 모스크바는 아옌데와의 비밀스런 유대관계가 지속되길 희망했다. KGB의 contacts가 대사보다 더 낫다고 여겼기 때문이다.

다른 케이스를 보면 외국지도자들과의 KGB contacts는 공식적인 형태를 띠지 않았지만 외교적 규범에 맞추어 진행하려고 노력했다. 특별한 정보채널도 아니었다. 한 예로 브라질 대사관에 정보요원이 근무할 수 있도록 브라질 정부와 합의를 하게 되는데, KGB요원은 정기적으로 브라질 대통령과 비공식적 미팅을 갖곤 했다.

그 요원은 KGB의 시니어 라틴아메리카 전문가 **Nikolai Sergeyevich Leonov** 였다.

미국판 '늘공'과 '어공' 스파이 외교관[86]

미 국무부와 CIA의 공작부서는 전문가로 채워져 있다. CIA 해외지부는 지부장과 부지부장 모두 전문가들이 운영한다. 국무성은 상시적으로 부책임자 수준의 전문가들이 운영하지만 대사관 수준에서는 늘 그렇지는 않다. 이런 전통이 바뀔 것이란 사실은 양 기관의 전문가를 존중하고 홍보하는 것과 다름없다. 미국은, 최고위급 수준에서는 비전문가를 기용하는 관행을 지속해왔다. 고립주의를 고수했던 역사 때문에다가 그렇게 행동하는 것이 파워를 가질 수 있었기 때문이다. 이게 현실이다. 그 현실은 CIA 요원들이 특히 해외에서 국무성과 같이 일할 경우 매우 유연해야 함을 보여준다. 그들의 경험과 정치적 수준은 질과 경험에서 상당한 차이가 있기 때문이다.

Collaborating Overseas(해외에서의 상호협력)

국무부와 CIA 만큼 해외에서 밀접하게 활동하는 기관이 없지만 상당히 다른 환경에서 서로 활동한다. 국무부는 관련국에게 미국의 정책을 대외

---

[86] Joseph w. Wippl, 2019. 3. 24, <국제정보연구>지에 게재한 논문으로, 원제는 CIA and U.S. Diplomacy : political vs professional leadership임.

적으로 표방하고 그 국가의 관점과 정책을 백악관에게 보고한다. 이론적으로 양국의 집권당과는 독립적으로 행동한다. 바로 전문가주의이다. 일반적으로 정치계급은 관련국 등이 제기하는 미국의 정책에 대한 비판적인 견해를 듣기 보다 미국의 정책을 널리 퍼트리고 지지하는 쪽을 선호한다. 국무부 보고는 미국 정부의 여러 관심사항 중 특히 정치, 경제, 과학, 문화 부문 등을 중심으로 보고서화 한다.

대사관은 각급 정부기관에서 파견한 사람들이 파견국 상대편과 일하는 것을 감독하기도 한다. 규모가 큰 대사관의 대사는 그래서 다종다양한 악기와 연주자들의 호흡을 조율하여 아름다운 하모니를 만들어내는 symphony conductor와 비유된다. 대사들은 미국 대통령을 대리하는 사람들로서 주재국에서 일어나는 미국과 관련한 공식적인 일에 무한 책임을 진다.

그러나 미국은 다른 나라와 현격히 다른 전통을 지니고 있다. 많은 미국 대사들은 정치적으로 임명된다. 대사 자리를 얻는 방법 중 하나는 대통령 선거 과정에서 거액을 정치자금으로 기부하는 것이다. 25만 달러를 기부한 의사는 그에 걸 맞는 대사 자리를 꿰찼다. 정치적으로 임명되는 자리를 차지하는 또 다른 방법은 당선이 유력한 대통령 후보를 공개 지지하거나 정치적으로 업적을 이루거나 선출직에서 가거나 지명되는 길이 있다. Mike Mansfield(민주당 Montana) 상원의원이 대표적이다.

Comparing Qualifications(자질 비교)

정치적인 대사 자리가 주는 인센티브는 무엇인가? 대사라는 타이틀이 주는 권위와 공적업무를 한다는 점이다. 다른 나라들은 선거 기여자라 하더라도 간헐적으로 대사 자리를 주지만, 미국은 대사 자리를 정치적으로 임명하는 전통을 변함없이 이어가고 있다. 독일, 프랑스, 영국 등 주요국 대사들 모두 전문가들로 충원되며 외교업무에 오랜 경험도 갖고 있다. 그래서 대다수는 미국의 정치, 문화 등에 매우 친숙하며 영어구사 능력도 뛰어나다.

미국의 정치적 임명직들은 파견국에서 최고수준의 삶을 누리는 것에 끌리는 경향이 있다. 거의 모든 유럽 국가들이 정치적인 대사를 받아들이며 아시아, 아프리카, 중동 지역 국가들도 대체로 그렇게 한다. 남아 있는 자리는 국무부 전문가들이 차지하는데, 개발도상국이나 어렵고 복잡한 관계에 놓여 있는 국가들의 대사 자리를 주로 가게 된다.

나는 CIA 본부에서 실시하는 대사 배우자를 상대로 한 보안교육프로그램 과정에서 직업적 대사들의 배우자들의 전문가적 능력에 충격을 받았다. 배우자들은 자신들이 해야 하는 의무와 능력에 관해 잘 알고 있었다. 주재국에 미국의 입장을 대변하는데 있어 남편들을 훌륭히 내조했다. 대조적으로 정치적으로 임명된 대사 부인들은 자신들이 무엇을 해야 할지를 모르는 깜깜이 상태에 놓여 있었다. 대다수가 미국을 벗어나 생활해 본적도 거의 없었다. 겨우 소수만이 외국 생활을 해보았고 사업능력도 있었지만 실패한 경우도 일부 있었다. 정치적으로 임명되는 대사와 전문가 대사 사이에는 주변적인 차이도 있었다. 한 사람은 야구표로 Saks를 사고, 다른 사람은 Macy를 사는 것이다.

CIA의 해외 파견자들은 대개 공작부서 출신이 파견되어 국무부와 비슷한 업무를 하는 경우도 일부 있지만 대개 공식적 접촉 보다는 비밀 공작 업무에 주력한다. 이 업무 분장이 가장 효과적일 때는 CIA와 국무부의 보고가 딱 들어맞을 때이다. 서로 화합해서 일하는 경우가 늘 있는 것은 아니고 양 기관이 부딪치는 경우도 종종 발생한다. 공통성이 규칙으로 작동하면 정책 결정자들에게 긍정적으로 영향을 미친다. CIA가 책임지는 영역과 국무부가 책임지는 영역이 분리되어 있다. 제3국 국적자를 대상으로 공작 토양을 배양하거나, 공통의 관심사를 놓고 주재국 보안기구들과 정보협력을 해야 할 경우 특히 그렇다.

오랜 해외주재원 생활 동안 3개 지부에서 지부장과 다른 3개 지역에서 부지부장을 했는데, 부지부장 시절을 회고해보면 지부장 중 두 명은 내가 대사를 다루거나 별다른 이유도 없이 the Deputy Chief of Mission(DCM, 일종의 공관 차장)을 해주길 바랬다. 내가 겪은 대사들

중 8명은 정치적인 대사였고, 정통외교관 출신 대사는 2명에 불과했다. 미국 외교에서 the Deputy Chief of Mission은 국무부 출신인 정통 외교관이 담당했다. 국무부는 DCM 집단을 疑似대사(quasi-ambassadors)로서 지원을 아끼지 않았다. DCM은 '대변지원(representational support)'를 하는 방식으로 주재국을 상대로 미국의 입장 전달역할을 하는 대사들을 뒷받침했다. 간혹 대사들이 기피하거나 하지 않는 일을 맡아서 하기도 했다. DCM은 늘 주재국 언어로 대화했다. 주재국에서 잃지 말아야 하는 것은 결과물을 얻기 위해 "실행하는(go-to)"데만 꽂힌 외교관의 정체성이다.

일반적으로 미국 대사들은 3년 복무한다. 국무부 관리들과 CIA 요원들은 2-4년 근무하는데 비해. 임기도 대체로 짧은데다 외교관으로서 전문성도 결여되어 있어 필요한 모든 부문에 협조관계를 신속히 만드는 일이 과제다. 러시아 Segey Kislyak는 2008년부터 2017년까지 9년이나 워싱턴에서 대사직을 수행했다. 1981년부터 1985년까지는 주니어 외교관 자격으로 유엔에서 근무한 뒤 1985년부터 1989년까지 워싱턴 주재 러시아 대사관에서 근무했다. 1998년부터 2003년까지 벨기에 브뤼셀에서 근무하며 러시아 대사직과 북대서양 조약기구 대표직을 함께 수행했다.

내가 함께 근무했던 2명의 정통외교관 대사들은 상당히 주도면밀했다. 차이가 있다면 성향 차이였으며, 한 사람은 까다로운데다 오만했으며, 다른 사람은 자신감이 넘쳐 적극적으로 일을 한 사람이었다. 까다로운 성향 소유자는 남의 충고를 거의 받아들이지 않고 문제를 처리하고자 했다. 정보와 관련한 사안조차도 방향을 제시하는 것을 싫어했다. CIA 요원들이 귀순자를 외국으로 빼돌리려고 할 때 유일하게 동의해주었다. 주재국 정부가 항의할 경우 무엇을 해야 할 지에 관해 얘기해주었기 때문이다. 그는 일찍이 CIA 공작 누설로 인한 희생자가 되었다.

공작누설은 정보의 정당한 목적을 달성하지 못하게 한다. 요즘 회고해보니 그 지식은 그 사람의 정통외교관으로서의 능력을 간섭하지 않았다. 그는 주재국에서 항의할 것에 미리 대비했다.

"나는 그(귀순자)에 관해 단 한마디로 들은 바 없다"고.

두 번째 정통 외교관 대사는 전략적 사고는 부족했지만 관리 능력이 출중한 사람이었다. 대사 산하에 20여개 기관에서 파견 나온 사람들이 있었다. 파견자들이 하는 일을 잘 알았고 파견자가 어떤 사람인지도 알았으며, 파견자 모두가 힘을 합쳐 미국의 이익이란 공통의 목적을 달성하길 원했다. 나는 그와 비밀 장소에 첫 미팅을 했는데, CIA와 국무부는 책임지는 분야가 겹쳐 서로가 미국을 대표하는 국익달성에 해를 끼친다고 비난하곤 했다. 몇 차례 큰 소리도 났지만 그는 진중했다. 주재국과 미국 간의 관계에서 중대한 변화는 그가 대사직을 수행하는 동안 발생했다. 그는 이 변화를 놓치지 않고 리드했으며, 사건 초기에 실행하는데 앞장섰다.

정보를 활용하는 방법도 알았다. 정책을 수행하는 국무부와 맞닥뜨리면서도 자신의 위치를 공고화하는 수단으로 정보를 활용했다. 다른 정보기관들은 주재국을 상대로 은밀하면서도 환영받지 못하는 일을 할 때 사무실 공간과 대사의 동의를 요구했다. 내가 한 문장으로 대답하면 손짓으로 자신의 생각이 나와 같다고 말했다. 내 견해를 전적으로 알아준 것이다. 내가 이임할 때 그의 사무실로 가서 예의를 표하고 나와 같이 일했던 DCM 동료들을 지원해주고 협력해준데 대해 감사를 표했다. 그는 감사했다. DCM과 같이 일한 사람들의 경험이 아닌 자신의 시각으로 결정했기 때문이다.

정치적으로 임명한 대사들의 경우, 4명은 매우 훌륭했고 3명은 대사로서는 부적격한 사람이었다. 그 중 한 명은 특별한 범주 속에 있었다. 1등급으로 분류되는 대사 4명은 공통적으로 카리스마가 있었다. 자질이 부족한 대사 2명은 뛰어난 DCM을 데리고 있었지만 한 사람은 그마저도 없었다. 특별한 범주에 속하는 대사들은 DCM 한 명을 데리고 있었는데, 이들은 불행히도 대사를 무조건적으로 추종했다.

대사가 올바르게 처신하도록 조언하는 것이 아니라 대사가 막무가내로 행동하는 것을 오히려 부추긴 사람들이다. 그들이 학자이건 다른 현실적 경력을 가지고 있든 간에 이것만으로 모범적인 대사가 되기에는 충분하지 않다.

한 사람은 전율할 정도의 학위를 갖고 있어 10여국 언어도 구사하며 금수저 출신이었지만, 지나치게 순진했다. 주재국 대통령이 "자신에게 거짓말을 했다"는 이유로 얼마나 배신감을 느꼈는지에 대해 말했다. 나는 그에게 외국에서 일하는 사람들이 겪는 일상적인 일이라는 정보를 주었다. 그는 또 대사관의 정치적 카운슬러들이 주재국 외무장관들을 만나지 못하게 하는 실수도 저질렀다. 대부분의 경우 이런 혹평은 옳다고 보지만, 이 경우 정치적 카운슬러와 외무장관은 오랜 친구이자 주니어 외교관 시절부터 친밀하게 지낼 정도로 믿음이 있는 사이였다. 정통 외교관은 이런 관계를 바벨탑처럼 쌓아 더 좋은 관계로 발전시켜 주재국 정부 안에서 미국을 지지하는 사람을 만들 수 있다.

DCM은 순진하긴 하지만 스마트하고 총명하며 전문가적인 능력을 가진 사람들이다. 국무부 관리들은 CIA 요원과 달리 tough guy가 되는 경향이 많다. 그들은 주재국에 시장(그리스어 demarches)을 소개하는 사람들이며, 주재국 정부에게 양자 혹은 다자간 협정 위반내용 등에 대한 정보를 건네준다. 정보기관의 자산을 잠재적으로 대단히 당혹스러울 수 있는 행위에 투입한다면 DCM으로부터 받은 충고나 지지는 별 가치가 없게 된다. 그러한 사건이 워싱턴이나 여러 인근 국가에서 이슈로 부상한다. DCM은 대사에게 충성하며 전력을 다해서 대사직 수행의 성공을 뒷받침하고자 한다.

주재국은 미국의 입법 및 행정부처에서 보내는 방문객을 영접한다. 그 지역에 강력한 정치적 이해가 얽혀 있기 때문이다. 그래서 DCM은 뛰어나며 나에게 정보와 솔직함, 인내의 중요성을 가르쳐주었다. 나중에 그는 정치적 인물을 절대로 임명하지 않는 나라에 대사직으로 가는 보상을 받았다. 그의 배우자도 대사관내 사무실 곳곳에 까지 손을 뻗칠 정도로 크나큰 노력을 했다. 많은 시간을 대사의 배우자로서 주재국에 적응하는 데 쏟았다. 그녀는 보수도 받지 않는 프로였다.

다른 대사는 미국 정치에 관해 매우 밝았다. 여성 대사는 자기만의 언어를 가진데다 개인적 습관과 내성적 성격으로 인해 대사 업무를 성공적으로 하지 못했다. 금수저 가정에서 자라나 대통령 선거 과정에 적지 않은 돈을 기부하고 후보를 대신해서 중요한 지방 선거 거점에 활동조직을 탄탄하게 가동했다. 그런데 몇 가지 당혹스런 습관을 갖고 있었다. 가능하면 스스로의 힘으로 워싱턴의 주목을 받길 갈망했다.

하나의 사례를 보면 미국 군사장비에 수백만 달러에 달하는 손실을 주는 일이 발생했다고 보고하면서 그것을 적대국의 사보타지라고 우기는 것이었다. 최종적으로 수백만 달러가 수천 달러로 축소되고, 설비에 대한 헐렁한 유지관리에 책임을 돌렸다. 이 사안에서 DCM은 여성 대사에게 모든 사실이 드러날 때까지 잠깐이라도 비난을 피하라고 강조했다. 너그러웠던 그녀의 남편은 대사인 마누라의 임기를 채우는 것에는 도움 되지 않았다. 그녀의 일부 행각이 호의적이지 않았기 때문이다. 프로정신으로 무장한 커플이었다면 그런 일이 발생하지 않았을 것이다.

정치적으로 임명되는 대사와 정통외교관을 구별 짓는 흥미 있는 특징 중 하나는 민주당이든 공화당이든 자신이 속한 정당 안에서 이익공동체를 찾으려는 경향이다. 그리고 대사 신임장을 주는 주재국내에서도 유사한 정치적 스펙트럼을 가진 정당에 호감을 보인다. 나는 그간 겪어본 여러 명의 대사를 머리 속에 떠올렸다. 중도 우파정당은 공화당과 달랐고, 중도 좌파 정당은 민주당과도 같지 않았다. 주재국 정치인들이 이런 마인드셋을 의식하지 못하는 것이 아니었다. 미심쩍은 대사를 조종해서 정치적으로 야당보다 자신들과 공통분모를 갖고 있다고 믿도록 하는 것이다.

주요한 정치적 기부자의 범주에 속하는 또 다른 정치적 임명 대사도 있다. 그는 수천만 달러 가치가 있는 인물이었다. 복장에서부터 부유한 티가 났으며 유연하고 친근한 인물이었다. 그는 괄목할 정도의 DCM을 데리고 있었고, 두 명은 일도 잘해서 미국 정부 기관에서 승진까지 했다. 대사관과 CIA 사무실은 주요한 국제 콘퍼런스를 지원하여 성공을 거두었다. 대사는 언어능력도 출중하여 주재국 인물과 자유롭게 소통했지만, 배우자는 미국에 남는 것을 좋아해서 외부에 표현해야할 많은 일들은 DCM들에게 하달되었다. 그럼에도 불구하고 이 DCM들은 아쉽게도 대사직이라는 형태로 보상받지 못했다.

Developing A Perspective(관점 발전시키기)

CIA에서 경력교관으로 몇 주 일하는 동안 선임요원이 우리 그룹에게 말했다. CIA는, 우리가 언젠가는 해외 지부장이 될 것에 대비해서 계획을 수립하고 있다고. 동시에 이것이 나와 대다수 동료들이 가진 마지막 생각이었다. 나의 목적은 해외에서 활동하고 협조자들을 충원하는 것이었다. 요원으로 복무한 초기 몇 달동안의 경험은 의구심을 던져주었다. 카운터 파트가 될 국무부의 시각을 CIA 경력 교관에게 적용할 수 있을지에 대해서 였다. 대사로 승진할 가능성이 없지 않은 그들이 대사직 중 일정 %를 정치적으로 임명하도록 하는 것을 이해하겠는가?

정치적으로 임명한 대사들은 주재국의 역사와 문화 등에 전문가적 식견도 제대로 갖추지 못했을 가능성이 있으며, 주재국의 언어도 유창하지 못하고 그 나라의 관료제에 대한 이해도 부족할 소지가 많다. 정치적인 임명자들은 한 가지 이점은 있는데, 간헐적으로 미국 대통령을 직접 만날 수 있다는 점이다.

그러나 이런 일은 거의 일어나지 않는다. 대통령은 너무 바빠서 개인 시간이 별로 없다. 연부역강한 정통외교관이 직무를 담당하는 시점에서 벌어지고 있는 상황을 이해하지 못했다면 나중에서야 경험하게 된다. 그들의 입장에서 보면 CIA 공작관은 해외 지부장이 되려는 목표를 가지고 자신의 경력을 즐겁게 뛰어넘는 사람들이다. 여러 지휘관의 위치에 있는 사람들은 국무부와 함께 일하는 것도 능력이기에 종종 그렇게 한다.

정치적으로 임명받는 대사를 묵인하는 풍조는 당연히 국무부의 분개를 야기한다. 이런 전통에 비견되는 국가는 지구상 어느 국가도 없다. 다른 나라 대사들은 거의 해외 업무 프로들이다. 이 시스템은 흥미로운 측면이 있다. 국무부로부터 CIA의 정보 독립여부이다. CIA가 대사에게 주재국에서 벌이는 정보공작 내용에 관한 정보를 주어야 한다면, 대사관이 공작과 비밀 활동에 간여하지 않도록 강력한 독립성이 일정 정도 보장되어야 한다. 대사들이 그런 사안을 다뤄본 경험이 거의 없기 때문이다. 브리핑을 해도 정치적으로 임명받은 대사들은 정곡을 찌르는 질문을 하지 못한다. 나아가 그들은 반CIA 이거나 친CIA일 수 있다. 후자에 대해선 그 이상은 아니더라도. 일례로 CIA는 요원 충원 시 주요국에서도 그렇게 하듯이 대사의 동의를 구할 필요가 없다. 이는 대사 자리 일부를 정치적으로 임명해온 전통에서 유래한 것이다.

정치적으로 임명받은 대사는 주어진 책무가 서툴다. 그녀는 내가 접한 대사 중 세 번째로 평균 이하였다. 좋은 사람이었고 가슴이 따뜻한 여성이어서 공조직을 움직여서 피난민을 지원하기는 했다. CIA 나의 전임자는 그녀를 함부로 대함으로써 관계형성에 도움 되지 않았다. 그녀는 대사 직분에 어울리지 않는 미국 내 문제에 개입하길 좋아했다. 길고도 지루한 미팅을 하면서도 지역민들이 자신을 숭배할 것이란 신념으로 가득 찼다.

주재국과 CIA 간에 발생한 지나간 이슈를 해결하는 복잡한 과정에서 그녀는 지속적으로 개입하여 대사관을 당혹스럽게 했다. CIA 국장을 만나러 워싱턴으로 가기도 해서 "CIA 국장은 그녀가 선을 넘었다"고 말하기도 했다. 국무부내 그녀의 상급자는 유사한 경험을 가졌기에 그녀는 간헐적으로 질책을 받곤 했다. 그러나 그 질책은 오래가지 않았다. 감사하게도 그녀는 얼마 되지 않아 대사직에서 물러나고, 대사관 No 3는 charge d'affairs(돌격대)처럼 행동했다. 그(No 3)는 자신의 프로필을 과시하기보다 전문성과 인내심을 갖고 협상에 임했다.

나의 첫 번째 과업에 앞서 CIA 지부장은 해외에 나와 있는 우리들에게 미팅에서 말한 것을 기억하도록 상기시켰다. 그의 추론은 그렇게 하는 것이 다른 사람들의 신뢰를 얻어 CIA가 접근하기 용이하다는 것이었다. 그는 몇 주 간격으로 많은 사안을 경험한 사람인데도 한마디도 섣불리 하지 않았다. 워싱턴에 있을 때 외교관에게 나를 소개할 때면 "부임하는 나라에 CIA정보를 대표하는 동료"라고 언급했다. 그러면 그 외교관은 사람이 유발하는 변화에 대해 기록했다. 말할 것이 있었고 은밀하면서도 쥐도 새도 모르게 행동하지 않기 때문이다.

세 번째 평균이하 대사의 후임자는 정치적으로 임명받는 대사 중 베스트 중의 한 명이었다. 선거과정에서 거액을 기부한 그녀는 자신감이 넘치고 학습능력이 뛰어났다. 정보브리핑을 할 때면 정곡을 찔렀고, 관계를 맺는 자리라면 장소를 마다하지 않고 참석했다. 정보업무에도 관심이 많아 CIA 역할을 상당히 신뢰했다. 선임 대표와의 만남은 전임자들이 두 세 시간 하던 것을 최대 1시간으로 줄였다. 주재국의 언어로 포스팅 할 정도로 기본적인 언어능력이 있었는데 1년도 채 되지 않아 유창한 수준으로 올라갔다. 그녀는 남편으로부터 든든한 후원을 받았다. 1급 DCM들이 조언하였고, 나중에 멋지게 일한 덕분에 대사직이란 보상을 받았다.

Unexpected Support(예상치 못한 지원)

또 다른 정치적 임명대사는 젊은 시절에 급진적인 정치운동에 뛰어들었던 인물이다. 그와 미팅하기 전에 내가 우려했던 것은 CIA에 대해 의구심이 많은 사람일지도 모른다는 생각이었다. 다행히도 그는 CIA를 이해하고 CIA 정보를 적절히 활용할 줄 아는 사람이었다. 그가 대사직에 부임하기 전에는 대사관 직원들은 일상적으로 하는 루틴한 업무만 하고 있었다. 부임하자마자 대사관 분위기는 급변했다. 그는 주재하는 지역에서 위기가 발생하면 불려가서 다각적인 외교적 노력을 기울였다. 조금 예외적인 방법으로 처리했다. 공동선이라는 마인드를 갖고 협조적이며 성숙한 자세를 갖고 사안에 임했다. 매우 능력 있는 DCM의 조언도 적절히 활용했다.

정치적 임명 대사는 특별한 지위를 부여 받는다. 임명된 배경은 집권당에서 오랜 기간 일한 덕분에 얻은 것이다. 앞서 언급한 그 대사는 대단히 스마트해서 힘들게 일하지도 않았다. 다만 나와 대부분의 관계를 유지하면서도 자신의 조건에 맞는 것이 아니면 협력하지 않으려 했다. 그는 미국 각료급 수준에서 정보맨들과 협력하겠다고 말했다. 대신 그는 그 결정을 저해할 가능성이 있는 거의 모든 것을 했다. CIA 본부는 나를 호출하여 전체 이슈가 다시 대두될 소지가 있는지 등에 대해 질문할 정도였다.

나는 누가 어디서 이런 결정을 하더라도 그렇게 하는 것이 불가능하다고 답했다. 적지 않은 갈등을 겪은 후, 그 대사는 자신의 상사의 결정을 수용하여 개인적인 결정사항까지도 협력하게 되었다. 나는 그 대사와 관계를 유지하면서 그와의 갈등을 피하기 위해 가급적 현장에서 한 결정을 본부로 까지 퍼 넘기지 않으려 했다. 사실 다른 선택이 없었다. 결과적으로 우리 모두를 위한 일이었지만 쉽지 않았으며 다시는 그런 일을 겪지 않겠다고 다짐했다.

10여년이 지난 후 은퇴한 국무부 부차관보와 대화하는 자리에서 그 대사의 이름이 회자되었다. 만약 그 대사와 같이 일하는 동안 그를 몹시 괴롭혔다면 지금 만나 대화하는 부차관보는 이보다 더할 사람이란 생각이 들었다.

또 다른 케이스를 보자. 명미상의 정치적 임명대사는 지난 세기 동안 정통외교관과 정치적 임명 대사가 거의 비슷한 숫자로 부임한 국가의 대사로 임명되었다. 정통외교관이었던 그의 전임자는 현지인과 오만한 대사관 직원들과의 마찰로 상당한 어려움을 겪었다. 사람이 아무리 많이 안다고 해도 모든 것을 알 수 없는 법이다. 많이 알면 사람이 겸손해야 하는데 현실에는 그렇지 않다.

이런 국가에 부임한 정치적 임명 대사 가운데 독특한 것은 단순히 선거 과정에서 거액을 기부한 것과는 배치되는 것으로서, 정부 내에서 자신이 겪은 경험과 업적이다. 그는 개인적으론 의미 있는 업적을 이룬 사람이었다.

베스트 DCM들과 일할 정도로 운도 좋은 사람이었다. 정치적 임명대사들이 모든 공작적 업무를 할 때 DCM들을 데려가는 것은 중요하다. 그 대사는 상당히 스마트하여 자신의 한계도 잘 알았다. 주재국 언어도 배우고자 노력했지만 시간이 여의치 않을 정도였다. 정통외교관과 달리 자신의 권위와 영향력을 어떻게 행사할 지에 대한 개념이 없었다. 그 당시 위세만으로 할 수도 있었지만 그렇게 하지는 않았다. 위계적 구조가 그를 짓눌렀기 때문이다.

대사가 후원하는 DCM이 CIA를 어떤 방식으로 측면 지원하는지 예를 들어보고자 한다. 타협이 진행되면서 당혹할 정도로 사안이 공개적으로 불거지기 전까지는 별 것이 아니다. 그래서 매우 심각한 것이 아니면 관심거리 정도가 된다.

그 DCM은 정보를 보고받은 대사와 그 문제를 해결하기 위해 백방으로 뛴다. 그가 그 사안에 관해 리크(leak)할 기회가 있는지 물었을 때 "리크는 50대 50 비율일 때 리크할 가능성이 높다"고 대답했다. 그러자 그는 "우리는 괴로운 날이 며칠 있었지 않나. 그렇지만 당신이 그 대가를 치루지 않았다"라고 말했다. 리크는 없었다. 정보요원들과 함께 음지여야 할 경우 대사나 DCM 모두 시간을 내서 참석한다. 그들은 Marine House Party의 월례 멤버였다.

DCMs Matter(DCM의 중요성)

요약하면 10명의 대사와 11명의 DCMs과의 큰 차이는 자질이었다.

DCMs 중 유일한 한 사람만이 메디컬 케어(medicore)였다. 대사 중 2명은 프로선수처럼 자질이 뛰어났고, 정치적 임명대사는 능력자와 별 볼일 없는 사람까지 스텍트럼이 다양했다. 많은 경우 DCMs 들에게 의존했다.

국무부와 CIA와의 관계는 늘 도전과제이다. 해외에서 미국의 국익을 위해 일하는 양 기관은 문화가 상당히 다르다. 정보와 외교행위 간의 근본적인 차이 때문이다. 다양한 사람들이 다양한 조직에서 일한다. 사려 깊은 사람도 있고 활동적인 사람도 있다. 지성적인 사람도 있지만 헌신적인 사람도 있다. 깊이 생각해서 행동하는 사람도 있지만 돌격대처럼 직선적인 인물도 있다. 이 들 모두 훌륭한 관료들이고 미국을 위해 절대적으로 헌신하는 사람들이다. 국무부와 CIA 요원들은 입사초기부터 서로가 서로를 어떻게 도울 지에 대해 배울 필요가 있다.

대사와 CIA 지부장과의 관계는 대사의 입직 경로와 무관하게 밀접할 필요가 있다. DCM과 CIA 지부장 간의 관계는 마찬가지로 가까워야 한다. DCM들은 대사관 지휘라인에서 때론 차석으로, 때론 유일한 전문가이기 때문이다. 포인트는 대사와 CIA 지부장과의 대화석상에서도 DCM들을 배제해선 안 된다는 것이다.

FSB 그늘 아래 숨죽이고 활동하는 러시아 외무성[87]

2020년을 전후하여 프랑스, 이탈리아, 그리스 등 유럽 각국은 적극적으로 러시아 외교관을 추방하고 있다. 우크라이나 침공에 대한 대응조치의 일환이다. 이 모든 것은 S. Lavrov부서에서 "special operation"을 착수하려는 열정을 드높이는데 별다른 기여를 하지 않는다. 그러나 이런 공작을 할 수 있는 또 다른 러시아 특별정보기관이 있었다. 그 부서는 외무성 복도에서 분위기를 면밀히 모니터하고 있다.

 2022년 2월 24일 러시아가 평화롭던 우크라이나를 침공한 이래 300여 명의 러시아 외교관이 미국과 유럽 각국에서 추방되었다. 4월 5일 하루에만 덴마크는 15명, 이탈리아는 30명, 스웨덴은 3명, 스페인 25명, 발틱 국가 27명, 슬로베니아 33명, 루마니아 10명, 포르투갈 10명 등이다. 오스트리아는 추가로 4명, 그리스는 12명을 추방했다. 게다가 EU 주재 <러시아 연방 Permanent Mission> 직원 여러 명이 PNG[88] 당했다.

---

87) Agentura.ru, 2022년 4월 7일자. 원제는 Foreign Ministry under the hood of the FSB임.

이번 추방으로 외무성내에 퍼져있는 비도의적 분위기를 개선하지 못하지만, FSB요원들이 이 분위기를 개선하고자 한다. 소련 시절 이래로 정보요원들은 외교부 내의 분위기를 면밀히 모니터해 왔기 때문이다.

Soviet period(소련이 지배하던 시기)

외무성은 KGB 거점을 감추는데 중요한 역할을 해왔으며, 정보기관이 외무성을 손에 쥐고 통제하는데도 중요했다. 소련 시절 KGB the Second Main Directorate내 7처가 이 임무를 담당했으며, 1970년대 중반에는 the Second Main Directorate 산하에 새로운 팀이 설치되었다. 이 팀은 제2국의 직접 지시를 받는 동시에 외부적으론 "언제든지 신분을 가장하여 목표에 침투할 수 있는" 보안기구 형태를 띠었다. 1975년에 보안기구가 외무성 안에 만들어졌다. 이름하여 '외무성 보안기구'였다. 외무성 장·차관들은 보안위원회 창설을 반대했지만, 결국 그로미코 외무장관은 받아들일 수밖에 없었다.

이후 Mikhail Ivanovich Kuryshev대령이 이끄는 공작팀이 외무성의 특별부서 스태프로 들어왔다. 그 직원들은 Smolenskaya Square에 있는 외무성 건물의 맨 꼭대기 층에 자리 잡았으며, "현역 예비군"장교의 지휘를 받았다. Kuryshev 대령은 외무부 장관 자문역으로 신분을 위장했고, 요원들은 모두 2등서기관으로 호칭했다.

외무성내 보안기구의 활동은 Dzerzhinsky Square에 있는 두 번째 KGB 건물에 소재한 7처가 주도했다. 이 업무를 위해 KGB내 다른 부서 직원들도 차출했다. 입사 전 일반대학을 졸업하고 KGB에 채용되어 Higher School을 수료한 졸업생들도 있었다. Higher School에서는 몰도바어 등 러시아 주변 국가들의 언어를 가르쳤다. 외무성 보안위원회 요원들은 외교관들의 통화 내용을 감청할 권한도 부여받았으며, Alexander Ogorodnik에 대한 방첩공작도 수행했다. Ogorodnik는 소련 외무성

---

88) PNG는 persona non grata의 약자로서 특정국이 어느 나라에 외교관을 파견했는데, 그 나라에서 파견자가 문제가 있다고 보고 거부하는 것을 말한다.

산하 UPVM(the Office for Planning Foreign Policy Activities) 소속 외교관이었는데, **Trianon**이란 공작명으로 CIA에게 협조한 인물이다.

한편 1977년 6월 21일 원예사가 자신의 아파트 입구에서 체포된 즉시 사망했다. 스스로 독극물을 먹고 자살했다. 이 공작은 KGB Second Main Directorate 제1부국장이자 중장인 Vitaly Boyarov가 주도했다. 70년대 말에서 80년대 초, 7처는 12처로 바뀌는 등 조직변천이 있었지만 이 기간 내내 외무성 내에는 보안위원회 반대파가 똬리를 틀고 불만을 토로했으며, 이 여파로 소련붕괴 후 보안기구는 해체되었다.

Post-soviet period(포스트 소련 시기)

나중에 FSB가 된 FSK는 첫 러시아 외무상 Andrei Kozyrev하에서 자신에게 걸 맞는 위치를 찾지 못했다. 1996년 1월 Yevgeny Primakov가 해외정보 담당직에서 외무성으로 옮겨 외무장관으로 발탁되고, 그의 주도아래 외무성 개혁이 진행되면서 자리를 잡기 시작했다. 조직 개편 당시 department를 조직 근간을 구성하는 구조적인 링크로 간주했고, 그 department 산하에 기능별 또는 지역을 담당하는 하부조직을 설치했다. 1996년 6월 외무성 개혁의 일환으로 외무성내 보안국이 창설되었다.

보안국이 기능은 이랬다. 러시아 외교미션에 대한 보안책임과 전방위적인 조직이슈의 해결, 엔지니어 보호와 엔지니어 기술의 보호, 긴급사태시 타부서와 상호소통, 러시아 외무성과 직원들에 대한 테러 대응 및 예방을 위한 관련조치의 수립, 체제제한 준수와 사무실 업무에 대한 통제 등이었다.

2008년 1월 외교 행랑서비스(courier service)가 DB에서 분리되었다. DB MPA는 "기관의 보안을 담보하기 위한 조치"와 "해외에서의 외교 미션"과 연관되어 있었다. 이 미션은 해외정보국과 FSB가 함께 수행했다. 동시에 외무성 보안국은 다음과 같은 업무를 수행했다.

▲ 협력 및 사찰 기능(coordinating and inspection functions)
▲ 대사관에 보안방책을 위한 기술적 수단 제공(provides the embassy with general-purpose technical means of protection)
▲ 무장운송수단(armored vehicles), 신호장비(signaling equipment), 감시 및 비디오 카메라(surveillance and video cameras)
▲ 시스템 접근 및 통제(access and control systems)

보안부는 전임 조직인 외무성 보안국과 달랐다. 외무성 보안국 책임자는 FSB 요원보다는 외무성 고참 관리가 맡는 것이 관례처럼 되었다. 2022년 8월 21일 Roman Yevgenyevich Ambarov가 외무성 DP의 책임자가 되었다. Ambarov는 모스크바 국제관계연구소를 졸업하고 1990년부터 줄곧 외무성에서 일하면서 남아프리카 케이프타운 총영사관을 거쳐 인적자원 관리부서(Human Resources Department) 부국장으로 승진한 인물이다.

FSB 핵심 기구 중에서 대테러기관의 DKRO 13번째 부서는 외무성 대테러 업무를 지원하도록 되어있다. 2017년 이 부서 소속 Andrei Kuternin, Alexei Kostenkov 등 대령 2명이 1백여만 루블을 빼돌린 혐의로 체포되었다. 그들은 러시아 외무성의 the Main Directorate for Servicing the Diplomatic Corps 시설 보호를 위한 계약에 편의를 봐주고 뒷돈을 받은 것이다. 이 사건은 FSB의 정보지원을 토대로 '군부에 대한 조사위원회(the Armed Forces of the Investigative Committee)'가 수행했다. 이들은 선고받기 전에 사전 연금 장소에서 구금된 상태로 지냈으며, 직위나 국가가 수여한 상훈을 박탈하지는 않았다.

외교관의 탈을 쓰고 활동하는 소련 첩보원들[89]

2022년 2월 24일 러시아의 우크라이나 침공 이후 미국 정부는 유엔에서 근무하는 러시아 외교관 13명을 추방했다. 이들은 외교관 신분을 가장하여 유엔에서 활동한 러시아 정보요원이거나 공작관이었다. 우리는 추방된 사람들의 상세한 의혹 내용은 알지 못하지만 확실한 그 무엇은 안다. 즉 러시아가 오래전부터 유엔을 무대로 첩보활동을 해왔다는 사실이다.

냉전기 소련 정보기관은 유엔 산하 각종 기구에 침투하여 전복활동을 전개했다. 이런 공작활동은 공공영역 속에도 침투하여 자행되었으며, 서방 국가들은 물의를 일으키는 소련 '외교관들'을 추방하는 방식으로 맞대응했다. 반대로 가정해보자. 이 같은 행위가 사람들의 눈길을 사로잡으려는 행위이자 서방국가들의 안보를 위한 對방첩 활동의 일환이라는 것이다.

---

[89] Calder Walton/ the Cipher Brief, 2022. 3. 16. 원제는 Soviet Espionage Under the Cover of Diplomacy임.

일찍이 소련은 유엔을 지구촌 국가들에게 자국의 메시지를 전파하는 플랫폼으로 삼았다. 소련은 유엔 안보리 상임이사국으로서 거부권을 갖고 수시로 자신들의 마음에 차지 않는 안건에 대해선 비토권을 휘둘렀다. 1945년부터 1983년 사이 소련은 무려 115번 비토권을 행사했고, 미국은 38번, 영국은 20회 정도 행사했을 뿐이다. 1945년 소련과 서방세력 간에 체결한 얄타협정에 따라 소련제국 산하에 있던 우크라이나와 벨라루스도 유엔 회원국이 되었다. 이는 소련에게 표결권을 두 장 더 부여한 결과를 초래하여, 3번이나 투표하는 기회를 주는 모순을 일으켰다.

유엔에서 소련이 벌이는 공개외교의 부정적 측면들은 잘 알려져 있다. 그곳에서 은밀한 행위가 적지 않았다. 2021년 9월 영국 정보기관이 소련 정보기관 요원들의 활동상을 담은 비밀문서를 공개했다. 타이틀은 **'유엔의 간판을 달고 공작을 하는 러시아 정보요원'**이다.

'비밀' 도장이 찍힌 노란색을 두꺼운 파일은 공작을 핸들링(조종)하는 엄격한 지시 등이 포함되어 있었다. 이를 읽어보면 오늘날 미국 정부가 취하는 조치는 구원으로 이끄는 것과 같다. 그 파일을 보면 1970년대 소련 정보기관 KGB와 GRU는 뉴욕에 있는 유엔 본부와 제네바를 상대로 치밀하게 침투했음을 보여준다.

특히 KGB는 외교관 신분을 이용하여 첩보활동을 하면서 유엔 내 각종 주요 파트를 컨트롤 했다. 이런 공작은, 소련이 데탕트 기간 동안 소련과 서방과의 긴장이 완화된 국면을 즐기고 있었다는 것을 보여준다.

소련의 유엔 침투공작을 적나라하게 보여 준 사건이 1978년에 일어났다. 그 해 소련 국적의 유엔 사무차장 Arkady Shevchenko가 미국 당국에 망명했는데, 당시로는 최고위급이었다. Shevchenko는 곧바로 자신이 KGB 요원이었음을 고백했다. Shevchenko는 사실 CIA가 이전부터 포섭한 인물로서 유엔에서 과감하게 공작활동을 계속하도록 요구받았다.

동명은 망명 후 공작활동을 디브리핑하는 과정에서 유엔에 소련 정보기관의 침투 뿌리가 매우 깊다고 폭로했다. 소련 정권은 데탕트를 비웃었던 것이다. 동명의 정보는 소련이 비밀로 지키고자 했던 다른 첩보출처들과 합쳐졌다. Shevchenko는 유엔 본부와 제네바에서 활동 중인 소련 국적자의 절반은 정보요원이거나 정보와 관련된 임무를 부여받은 사람들이라고 밝혔다. 소련 정부는 유엔 Secretariat에 거점을 설치하고 효율적으로 그곳에서 회원국에서 파견한 사무원들에 관한 정보 자료를 입수했다. 유엔과 제네바 지부 책임자는 KGB 요원이었다.

소련은 영구적으로 활용할 수 있는 거점을 확보했다. 뉴욕에 있는 Director of the Division for Policy Coordination in the Office of Personal Services이다. 이곳은 소련 정보기관들의 지휘소 역할을 하면서 신분을 가장한 정보요원들에게 지시를 하달했다. 그들의 성공여부는 유엔에서 일하는 내용이 아닌 비밀 자료를 얼마나 잘 수집하고 축적했느냐에 좌우되었다.

이는 유엔이 정한 규칙을 위반한 행동이다. 유엔 규칙은 특정 정부가 아닌 유엔을 위해서 일하는 사람을 파견 받도록 되어 있다. 유엔 지위 하이재킹은 KGB로 하여금 서방 국적자를 협조자 내지는 첩보원으로 채용할 수 있는 옥토를 열어주었다.

1978년 Shevchenko가 망명한 그 해 5월 이를 입증하는 사건이 발생했다. FBI는 유엔 사무처에서 일하는 두 명이 소련 국적자를 스파이 혐의로 체포 기소했다. 이들은 미국 해군 내에 부식한 협조자로부터 미국의 對잠수함 전투에 관한 비밀자료를 입수하려 했다. 그들의 출처는 FBI가 비밀리에 부식한 이중간첩이었다. 뉴저지 주 쇼핑몰에서 특수 협조자와 접촉하는 소련요원을 체포하고 디펜스 비밀이 담긴 마이크로필름을 되돌려 주려던 참이었다. 그 비밀 자료는 자신들이 부식한 해군 내 'agent'가 주스 통에 떨어뜨려 놓은 것이었다. 외교적 면책특권이 없는 제3의 소련 국적자는 현장에서 체포되었지만 자신의 저지른 행위에 대해 벌을 줄 수 없었다.

유엔 무대에서 소련의 첩보활동 성격은 소련 군 정보기관인 GRU요원 **Vladimir Rezen**이 1978년 7월 영국 정보기관에 망명함으로써 추가적으로 드러나게 된다. 그는 Viktor Suvorov라는 가명으로 출판한 책에서 "자신의 미션은 서방국가들의 과학 및 기술정보를 탈취하는 것"이었다고 술회했다. 그의 사냥터는 UNCTAD(the UN Conference on Trade and Development)였다.

소련 정보기관은 이에 아랑곳하지 않고 유엔 산하기구에도 스파이를 침투시켰다. 유네스코, 세계보건기구 등이 대표적인 사례이다. Shevchenko는 "유엔의 공공정보국(Department of Public Information)을 소련의 입술(mouthpiece)로 바꾸려 했다"고 증언했다.

우리가 물어 보고 싶은 것은 서방측은 무엇을 했느냐와 서방도 소련과 같은 방식으로 스파이를 외교관으로 위장해서 활동하지 않았느냐 하는 점이다(What about West governments, we might ask?
Were they not doing the same, using the as diplomatic cover for their spies?)

대답은 확실히 yes이다. 기록된 문서로는 추론하기 어렵지만 그 반대로 가정하는 것은 순진한 일인지도 모른다. **Spies spy(스파이는 스파이로 대항한다)**이기 때문이다. 유엔에 자리 잡은 소련 첩보망의 존재에 대해 잠시 생각해보자.

냉전기 소련과 서방측이 유엔을 무대로 가용했던 자원의 양적인 차이를 가늠해보자. 크레믈린은 외교관으로 가장한 일군의 정보요원을 가동하고 있다. 1984년 11월 소련은 유엔에 126명을 유엔에서 일하는 외교관으로 인준해달라고 요청했다. 이는 미국의 59명, 영국의 20명과 비교해도 터무니없이 많은 숫자이다. 새로이 영국 외무성이 공개한 파일에 따르면 소비에트 요원 대다수는 "정보활동에 간여한다". 1980년 스위스 정부는 스위스에 주재하는 소련관리 650여 명 중 최소 200명은 첩보활동에 종사한다고 밝힌 적이 있다.

냉전시기 소련과 서방측은 정보요원으로 의심되는 외교관을 맞추방했다. 2018년 **세르게이 스크리팔** 부녀에 대해 러시아 GRU 요원이 3명이 영국 솔즈베리에서 **노비촉**이란 독극물로 암살을 시도한 이후 영국과 러시아 간 외교관 맞추방 사태가 벌어졌다. 우리는 이런 맞추방이 초강대국 간의 상호 보복쇼로 여긴다. 이 방법은 특정한 목적달성에도 기여한다. 스파이 세계에서 추방과 같은 무뚝뚝한 수단이 필요하다.

소련 정보요원을 추방함으로써 서방국가들은 소련 정보기관들의 정보원 포섭 근거지와 서방 각국에 구축해놓은 첩보활동 뿌리를 제거할 수 있다. 1971년 9월 영국은 105명의 소련 외교관들을 영국에서 추방했다. Operation Foot라고 이름 붙인 작전명이었다. 냉전기에 가장 큰 규모의 추방이었다.

그 해 런던에 주재한 소련 요원은 거의 1,000여명에 육박할 정도로 넘쳐났다. 소련 대사관, 무역 대표부, 소련의 "working wives"도 있었다. "working wives"는 런던 주재 소련 대사관 직원이 넘침으로 인해 영국측으로부터 규제 받을 것을 우려한 '규제 피하기' 음모의 일환이었다. MI5가 파악하지 못한 소련 요원도 다수 있었다.

Operation Foot은 영국에서 활동하던 KGB 요원 **Oleg Lyalin**의 망명으로 이어졌다. 동명은 사보타지 부서(Department V)에서 활동했다. 소련 무역대표부 직원을 가장하여 3차 대전이 발발하여 영국과 소련이 충돌할 것에 대비하여 영국 내에서 사보타지 공작을 준비했다. 영국 외무장관 Alec Douglas-Home는 소련측 카운터 파트를 상대로 영국 땅에서 활동하는 소련 정보요원 실상을 이슈화했다. 그러자 안드레이 그로미코 소련 외무장관은 이렇게 불쑥 대꾸했다.
"이런 인물들은 사실이 아닐 수 있다. 소련은 스파이가 없기 때문이다."

영국으로서는 이런 크레믈린의 훼방수준이 어느 정도 인지 알기가 쉽지 않았다. Operation Foot은 냉전기 영국 정보기관의 對방첩활동의 분수령이 되었다. KGB의 비밀 자료가 사상 처음으로 공개되었고, 영국은 소련 첩보책임자들의 경성(hard) 타깃이 되었다. 전 고위 KGB 요원 **Oleg Kalugin**은 Operation Foot이 영국 내에 활동하던 소련 정보기관들을 한방 먹인 공작으로 회복이 쉽지 않을 정도로 타격을 입었다고 술회했다.

유엔에서 소련의 첩보활동은 냉전이 종식된 이후에도 멈추지 않았다. KGB의 후계격인 SVR이 그 수법을 전수받았다. 1990년대 SVR 요원이었던 **Sergei Treyakov**('Comrade J'알려진)는 뉴욕 유엔에서 CIA로 망명했는데, 당시 책임자 Sergei Lavrov와 가까운 사이였다.

오늘날 서방정보기관은 외교관 신분으로 활동하면서도 러시아 통치 방식 등에 실망한 러시아 정보요원을 포섭하려고 부심 중이다. 러시아 일부 정보요원들은 푸틴의 우크라이나 침공에 대해 혐오하거나 좌절감을 느끼고 있으리라는 것은 상상하기 어렵지 않다. 역사의 정의 편에 서서 자신이 알고 있는 비밀을 공유하려는 의지도 갖고 있을 수 있다.

희망사항이긴 하지만 서방정보기관의 공작관은 공작에 부심하고 있다. 우리는 언젠가 이 공작내용이 비밀에서 해제되어 읽을 수 있는 날이 올 것이다. 운이 따른다면 KGB를 건축한 **Vasili Mitrokhin**과 대등한 것을 입수할 지도 모른다. 소련제국을 혐오했던 그는 KGB의 내밀한 아카이브("Mitrokhin Archive")를 서방측에 은밀히 건네주었던 인물이다. MI6의 도움을 받긴 했지만.

오늘날 서방측에게는 푸틴이 깊숙이 숨겨놓은 정보 비밀을 파악할 수 있는 **Vasili Mitrokhin** 같은 인물이 절실히 필요하다.

스파이, 외교관, 그리고 기만행위: 북한의 傳家(전가)의 寶刀(보도)[90]

국가들이 WMD 확산을 막고 무기 수출 통제 조치를 실행하려고 하면, 나름의 첨단기술로 무장한 대량살상무기 등을 확산하고 이를 수출하고자 하는 국가는 교묘한 공급체인을 기민하게 이용하여 제재와 수출 통제를 피하고자 한다. 대량살상무기를 퍼트리려는 국가는 빈번히 자신들이 보유중인 자산을 최대한 활용하여 위법적인 무기 획득 네트워크 구축에 혈안이 된다. 여기에는 외교적 미션, 외교관, 해외에 주재한 정보요원 등이 동원되어 WMD와 연관이 있는 국제시장에 접근한다. 이런 자산은 또한 무기 금수조치에 맞선 군사기술 획득이나 WMD 관련 기술 판매, 탄도미사일 판매망을 구축하여 필요로 하는 외화를 획득하고 자신들의 동맹국들을 지원한다.

이 논문은 북한이 WMD와 무기 획득 및 확산 네트워크를 구축하는데 정보 및 외교적 자산을 어떻게 활용하는지를 탐색하고자 한다. 역사적 맥락에서 북한의 그간 은밀한 무기 거래 등을 살펴보고 유형화해보려

---

[90] Daniel Salisbury, *Asian Security*, 2021. 7. 원제는 "Spies, Diplomats and Deceit"임.

한다. 앞서 언급한 외교 및 정보자산들이 은밀한 네트워크 내에서 어떤 특정한 행위를 했는지 등을. 그리고 이런 자산들이 북한이 구축한 네트워크상에 사용된 이유가 무엇인지 규명해보고자 한다.

북한의 미션을 둘러싼 여러 가지 추세를 파악한다. 특정한 행위 유형 속에 숨어있는 특징적인 미션의 위치와 유형, 더 큰 미션 수행과 지역 허브와 제3세계를 이용하는 뛰어난 능력 등이다. 그리고 북한의 네트워크 내에서 이러한 자산이 지속되는 것이 대체로 편리함의 결과인지, 외교관에게 부여되는 면책특권 때문인지에 대해서도 논할 생각이다.

NK's Missions : Illicit Activities, Arms trading and Proliferation (북한의 미션: 불법행위, 무기거래와 확산)

십여 년 전부터 북한에 대한 경제제재가 늘어나면서 글로벌 경제사슬에서 북한의 상대적인 고립은 북한 정권의 외교관들을 전형적인 외교업무를 넘어서서 광범위한 분야에서 활동하게 만들었다. 북한은 인구 규모나 발전 수준, 인민들의 여행 제한, 정권에 대한 광범위한 제재 등을 고려할 때 이상 하리 만치 많은 외교적 미션을 수행하고 있다.

북한은 50여 개국에 대사관, 영사관, 상무대표들 파견하고 있는데, 대부분이 아시아, 아프리카, 유럽 국가들이다. 1970년부터 북한 대사관은 평양에서 재정 지원을 받지 못해 자체적으로 운영자금을 조달하고 있으며 매년 김씨 정권 유지에 필요한 외화 약 5천만 달러 내지 1억 달러를 조달하는 것으로 알려져 있다. 더러운 자금을 만드는 구조- legitimate, questionable and clearly illicit- 자체적으로 운영자금을 조달해야 하는 상황에 봉착하면서 진주 밀수 등 온갖 수법을 가동하게 된다.

 각국에 주재하는 외교관이나 국가보위성 등 정보요원들은 2006년 다방면에 걸친 유엔 제재가 실시된 이래 그 자금 만들기 네트워크에 핵심 노드(nodes)를 형성하고 제재의 구멍을 뚫는 역할을 한다. 유엔 안보리가 주도가 되어 제재를 시행하고 있으며 모든 유엔 회원국들에게 제재에 동참할 의무가 주어진 점을 고려하는 것이다. 북한 정권에 대한 제재는 초기에는 무기 금수조치와 WMD와 관련한 물품 이동 금지 등이었다. 2016년 이후 유엔의 제재 범위가 확대되어 제재 품목이 확대되고 산업 분야까지로 넓어졌다. 최근에는 북한 외교관은 제재 품목이거나 금, 바나디움, 석탄, 알콜, rhino horn 등과 같이 제재 받지 않는 품목 들을 밀수하기도 한다.

또 다른 기상천외한 방법으로 평양에서 하달된 미션을 수행한다. 외교관들의 미션에는 non-DPRK 비즈니스에 공간을 빌리거나, 이벤트를 호스팅하거나 제재 받는 북한인들의 사업을 지원하는 것 등으로 영역을 확장하고 있다. 외교관과 정보공작요원들은 반복적으로 북한의 무기와 WMD 확산 네트워크에 뚜렷이 각인되고 있다.

북한의 확산네트워크를 연구하는 학자들도 외교업무 중의 하나로 이러한 위법적이고 탈법적인 활동을 하는 것에 포커스를 맞추지 못했다. 2006년 이후 북한의 거래 네트워크에 관한 작업은 이 같은 북한의 자산을 이해하는 통찰력을 제공해준다. Park과 Walsh는 "국제제재망을 피하는 북한의 수입네트워크 개발노하우 진척상을 보면, 북한이 2000년대 말부터 대사관을 얼마나 효율적 기반으로 활용하는지를 보여 준다"고 말한다.

북한은 페이피 컴피니를 대사관에 두고 그나마 상업적으로 북한이 활동할 수 있는 공간이 주어지는 국가에서 적극적으로 활동한다. 외교관과 마찬가지로 STC(North Korean State Trading Company, 북한관영무역회사) 요원들도 DPRK(북조선인민공화국) 외곽에 오래기간 거주토록 하면서 자신들이 진입하고자 하는 시장과 관련된 전문가 등과 보다 많은 커넥션을 구축하고자 한다.

Hasting은 WMD와 관련된 품목을 포함해서 북한의 광범위한 상품의 수출입 네트워크 분석을 했다. 북한의 무역거래에 대한 더 강한 제재를 고려하려면 북한의 STCs를 철저히 조사해야한다고 주장한다.

"외교관들은 대체로 물품 운송을 자제했다. 대신 그들은 주무역망에서 브로커 노릇을 주도했으며, 외교적 거점은 협상과 거래를 위한 지리적 초소역할이 되어주었다. 그 초소에서는 상업적 비즈니스의 행위와 양식 처리를 전담했다. (Diplomats largely recoiled from transporting goods themselves. Instead, they took a greater role in state trading networks as brokers, and diplomatic outposts served as the geographic loci for negotiations and deals that increasingly took on the forms and behaviors typical of commercial business.")

"지휘와 통제(command and control)" 측면은 북한의 무기 수출네트워크에서 군수품 조달 측면과는 확연히 구분된다. 외교관들이 가끔은 브로커 노릇도 하고 기존에 존재해있는 상업적 네트워크를 활용하여 공산품을 운송하기도 한다. 북한의 수입 네트워크는 외국 브로커와 상당히 밀착되어 있는데, 특히 중국, 홍콩, 말레이시아와 같은 동남아 지역의 허브 국가들이다.

한편으로 유엔의 전문가패널을 비롯한 여타 기관들의 북한 제재에 대한 분석은 북한이 위법적인 무역거래, WMD와 관련된 기술, 이중용도 물품, 불법적 무기 판매 등을 하는데 대사관을 얼마나 효율적으로 이용하는지에 대한 중요한 데이터를 제공해준다. 이 논문의 문제의식은 3가지이다.

1) what further can be learned about NK's use of these assets? (북한이 이런 자산을 이용하는 것을 보고 무엇을 배울 것인가?)
2) what advantages account for their enduring value and persistence in these networks?(이런 네트워크를 유지하고 북한이 지속하는 가치를 설명하는 것이 무슨 이점이 있는가?)

3) what further options are there for the international community to limit their use?(국제사회가 북한의 행동을 제한하는 추가적인 옵션은 무엇인가?)

Diplomatic missions and Proliferation networks : Brokering, facilitation and Espionage(외교적 미션과 확산네트워크: 브로커활동, 용이하게 하기, 첩보활동)

무역분야나 군사분야에서 이중용도 기술을 몰래 회득하기 위한 북한 외교관의 역할은 유엔 제재 이전부터 시작되었다. 1974년부터 1994년까지 비엔나에 주재했던 **김정렬**은 유럽국가들을 상대로 다양한 이중용도 기술과 북한 주민 억압을 위한 품목, 김씨 일가를 위한 사치품 조달에 핵심적 역할을 한 외교관이다. 그가 구입한 이중용도 품목은 기계장비, 방사선 탐지기, 가스탐지기, 실험장비 등인데, 냉전시기 소련이 COCOM 통제를 뚫었던 방식을 배워서 했다.

김정렬은 Project 303이란 평양의 밀명을 수행하기 위해 몇 달에 걸쳐 원천 설비를 구입 했다. 이 계획은 평양에서 70km 떨어진 거리에 있는 공장 지하탱크를 새로 설치하는 사업이었다. 독일, 오스트리아, 스위스에 기반을 둔 여러 회사로부터 수천만 달러를 호가하는 수십 종의 기계들을 은밀히 구입하여 러시아와 중국의 철도를 이용해서 북한으로 반입하였다. 북한이 생산한 기계들도 기차를 이용하여 유럽으로 운송되었다.

1990년대 초 비엔나 주재 북한 외교관 **윤호진**은 북한의 무역대표단의 유럽 방문 시 길잡이 역할을 했을 뿐 아니라, 우라늄 연료 fabrication plant를 포함한 핵기술과 관련된 품목을 위법적으로 구매하는데 관여했다. 이 품목들은 영변 핵연구소로 옮겨졌다. **윤호진**은 또 북한의 공식 대표자격으로 IAEA를 상대로 북한당국의 성명서를 전달하는 역할도 함으로써 북한외교관의 이중적인 역할을 극명하게 보여주었다.

비슷한 시기에 **김정렬**은 잠수타기 전에 마지막으로 비엔나에서 극비 구매 미션을 수행했다. 소방차, 냉각기, 모뎀과 메탈 탐지기 등을 구매했는데, 이중용도 품목으로 분류될 수 있는 가스 마스크와 가스 색층분석장치 등도 포함되어 있었다. **김정렬**은 NSG(Nuclear Suppliers Group)과 은밀한 거래선을 확보했다. 이 그룹은 1990년대 우라늄과 플루토늄 입자를 확인할 수 있는 mass Spectrometers를 통제하고 있었다.

1990년대와 2000년대 초에 외교관이 간여한 또 다른 케이스도 있다. 1997년 파키스탄 주재 북한 외교관과 KOMID(Korea Mining and Development Trading Corporation, 조선광업무역회사) 대표가 러시아 회사와의 거래를 통해 북한으로 철강수출을 하도록 했으며, 1990년대 중반 파키스탄에 지대공 미사일을 판매하는데 브로커 노릇을 했다.

이집트 카이로대사관 **김군진** 경제 참사는 1990년대 말 탄도미사일 개발을 위해 북한과 이집트 간의 협력 물꼬를 트는데 기여하고 이와 관련된 품목을 구입했다. **김군진**은 슬로바키아로 임지를 옮기고 마누라와 가짜 회사를 세워 이 사업에 필요한 품목을 계속 구입했다. 이 같은 사실이 당국에 포착 되어 조사가 착수되자 평양으로 도주했다.

유엔 안보리 전문가패널은 북한이 제재회피와 위법적 구매, 무기 금수조치를 뚫기 위해 외교관을 동원하는 것에 대한 문제점을 되풀이해서 지적해왔다. 2013년 유엔 전문가패널은 "북한의 외교관 혹은 외교업무를 빙자하여 여행 온 관리들이 유엔의 무기 수출통제를 어기는 행위를 밥 먹듯이 했다"고 지적했다. 2016년에도 "외교적 행위나 대사관 직원을 통해 위법적인 네트워크를 지원하는 행위는 끊이지 않는 패턴이다. 그 네트워크는 시간이 갈수록 몇 몇 핵심 노드에 의존하여 자신들의 불법적인 비즈니스를 수행하고 있다". 2017년에도 "외교관, 상무부 대표들은 조직적으로 금지된 거래, 구매, 자금조달과 군수품 조달행위를 하고 있다".

2020년에는 "reoccurring trend(새로 창안한 트렌드)"에 대해 언급했다. 이는 북한 외교관과 가족 들이 합세해서 제재 회피를 위해 은행계좌를 개설하는 방법이다. 북한의 정찰총국(RGB, Reconnaissance General Bureau)과 해외에서 활동하는 인민군의 주요 정보조직등도 무기 금수조치를 위반하고 무기 판매를 용이하게 하는데 일조하고 있다. 무기 밀매와 확산 네트워크는 최종적으로 평양과 연결되어 있다. 그 어느 국가도 해외에서 많은 미션을 수행하면서 국가적 네트워크를 치밀하게 연결하여 작동하는 국가는 지구상 어디에도 존재하지 않는다.

북한의 미션을 수행하는 개인은 3가지 기본적인 역할을 충족해야 하는데, WMD 확산 및 무기 밀매, 브로커 노릇 및 각종 거래 용이하게 하기 그리고 스파이활동 등이다. 북한 외교관들이 자행하는 무기 거래와 확산 행위들은 brokering 범위에 속한다. 상품 구입이나 판매를 위한 거래, 구매자 등과의 약속 잡기 등이 그것이다. 북한 외교관, 정보요원, 외교적 특권을 부여받은 STC 매니저 등이 브로커 노릇을 전담한다. 그들이 하는 일은 구매자와 판매자를 연결시키고 약속을 잡으며 북한 외부에 있는 전문적인 브로커들과도 연결시키는 역할을 하고 있다.

Brokering : WMD-related and Dual-use Procurement(브로커 노릇 하기 : WMD와 연관된 물품과 이중용도 물품 획득하기)

북한은 끈질기게 외교관과 대사관을 이용하여 자신들의 WMD 프로그램을 지원하기 위해 핵무기 및 화학무기, 미사일 및 이중용도 기술을 획득하고자 혈안이 되고 있다. 김정은 정권 초기에 활약했던 인물들이 **김정렬, 윤호진** 같은 자들이다.

베를린 주재 북한대사관은 독일의 첨단기술을 불법적으로 획득하는 전진기지로 사용되어 왔다. 독일 정보기관 정례보고서는 되풀이해서 2000년대 중반이후의 북한 대사관의 역할에 대해 언급했다. 유엔 전문가패널은 독일 주재 북한 외교관들이 2000년대 초 컴퓨터 전산통제장치(CNC) 머신 tools을 획득하기 위해 전력을 다했는데, 이 CNC는 매우 정밀하고 이중용도설비로서 메탈 성분을 제조하는데 이용되었다.

2005년 독일 정보기기관은 훨씬 진전된 정보를 보고했다.
"독일 정부로부터 추인을 받은 외교관을 가장한 북한 정보요원들이 the Second Economic Committee(제 2 경제위원회, 핵관련 산업에 필요한 물자획득)이라는 무기 등 구매 조직과 인민군 대표자로 자처했다. 핵프로그램과 관련한 물자를 구매하는데 있어 독일의 수출규제와 통제조치를 감안해서 대사관 직원들이 제3국(중국, 싱가포르 등)을 이용하는 우회로를 통해 관련 물자를 확보하는데 크나큰 노력을 했다. 최종 사용자는 북한이 개설한 페이퍼 컴퍼니였다.

"the intelligence station at the embassies are part of NK Procurement facilities for planned purchases such goods in Germany. Several attempts to procure special machines for metal working in sensitive areas(atomic and missile program) could be recognized in good time and their delivery prevented" ("대사관에 있는 북한 정보기관 지부는 독일에서 그러한 물품들을 구입하기 위한 NK 조달 장치의 일부였다. 민감한 영역(원자력 및 미사일 프로그램)에서 금속 가공을 위한 특수 기계를 여러 차례 조달하려는 시도가 적시에 인지되어, 북한으로의 운송을 방지했다.")

2012년 유엔 전문가 패널은 2000년대 말 경에 이뤄진 이 같은 교묘한 케이스들에 대해 독일 정보당국과 공조하여 정기적으로 보고했다. 베를린 주재 북한의 정보요원들은 외교관의 탈을 쓰고 메탈 처리에 관한 기술적 노하우와 관련된 기술을 획득하기 위해 분주히 움직였다는 내용도 들어있다.

 2009년 독일 정보기관은 또 2000년대 말에 북한 공작요원 등이 수출제한 품목인 EU의 이중용도 물품에 대한 불법적 획득 사례도 언급했다. 이 후에도 끊이지 않고 계속 발생했다.

2011년 독일 정보기관 보고서를 보자.
"외교관의 탈을 쓰고 대사관에 포진한 각 기관 대표자들이 군사 과학, 무역, 기술이전과 특허 등에 관한 것들을 수집했다."

2012년과 2013년 베를린 주재 외교관으로 자처한 **이은택**은 이중용도 물품인 멀티가스 모니터를 획득하려고 공작했으며, 이 물품은 화학무기 생산과정에 필수적인 것이었다. 2018년에도 베를린 주재 북한 대사관이 미사일 및 핵과 관련된 이중용도 물품을 2년간에 걸쳐 확보하려 했다고 독일 정보기관이 추가로 보고했다. 이로써 WMD 관련된 물질을 획득하는데 있어 베를린 대사관이 어떤 역할을 했는지 전모가 대부분 밝혀졌으며, 그 미션은 확장하고 있는 추세다.

Brokering : WMD-related and Dual-use exports?(브로커노릇 하기 : WMD와 연관되면서 이중용도 품목 수출)

북한은 WMD와 관련한 기술 수출도 추진해왔다. 이 중 탄도미사일 기술 부문에서 의미 있는 수출국이었다. 북한의 핵과 화학무기수출에 대한 일부 사실이 종종 드러났다. 대표적인 사례가 파키스탄에 미사일 기술을 전수해주고 핵 연료봉 관련 기술을 그 대가로 받은 것이다. 또 리비아에 AQ칸 네트워크를 이용하여 UF6를 전수해주고, 시리아와는 핵발전소 공동 개발을 도모한 것 등이다.

북한 외교관들이 가만있을 리 없다. 이 처럼 고도로 민감한 핵관련 기술 획득이나 이전에 관련된 일에 연루된 증거가 있다. 2016년에 온라인상에 핵융합기술을 응용한 무기에 사용되는 필수물질인 리듐6를 파는 광고가 떴는데, 외교관으로 공개적으로 등재된 이름이 접촉자에 포함되어 있었고, 베이징 북한 대사관의 '3등서기관'이었다. 광고와 연계된 회사는 General Precious Metal로서, EU에서 북한의 무기 판매를 전담하는 대외무역회사인 Green Pine Associated Co의 가명이었다.

북한 외교관들은 이란으로부터 수입한 설비를 북한으로 운송하는 역할도 했다. 유엔 패널 보고서는 북한의 흥진무역회사를 북한의 무기 수출창구로 보고 있으며, KOMID도 이란 SHIG(Shahid Hemmat Industrial Group)에게 미사일과 관련한 무기를 판매한 것으로 의심하고 있다. 이 회사는 이란의 액체연료 미사일 개발을 책임지는 곳이다. **Korea Heungjin**의 국장은 2012년 베이징 북한대사관에서 1등 서기관으로 일했던 사람으로, 유엔 패널이 제재 리스트에 이름을 올린 인물이다.

또 북한 외교관들은 장래에 무기와 WMD와 관련한 물품 제조에 응용할 수 있는 이중용도 기술을 해외 시장에 수출하는 일에도 간여하고 있다. 예를 들어 Ryonha(연화)는 북한의 기계 제조회사인데 러시아에 실체가 있다. KORTEC는 기계 tools을 시장에 판매한다. 2016년 유엔 패널은 전 KORTEC 국장의 증언을 토대로, "상기 두 회사와 관련된 행정(계약과 송장 등)은 모스크바 주재 북한 대사관 소속 서기관들이 처리 한다"고 보고했다.

Brokering : Arms transfers(브로커 노릇하기 : 무기 이전)

북한이 유엔 등의 무기 수출 규제망을 뚫는데 커다란 역할을 한 북한 외교관의 행태가 공개적으로 드러난 케이스는 WMD와 연관된 획득과 무역 거래 분야에서 두드러진다. 북한은 오래전부터 이념적으로 동맹으로 여겨지는 국가를 상대로 재래식 무기를 수출해왔다. 이들 국가들은 무기를 획득하는데 별다른 선택의 여지가 없었다. 북한 외교관이나 외교관 여권을 갖고 행동하는 사람들이 2006년 이후 "무기 수출통제를 위반한 수많은 사례"를 빠져나가는데 역할을 했다. 외교관들이 수행한 정교한 역할은 케이스별로 다양한 형태를 보였다.

특정 정부와의 브로커 노릇을 하면서 무기를 거래했으며, 아프리카 모 대사관에서 일하던 3등 서기관 2명은 업무를 승계하면서까지 2013년에

MANPADs와 레이더 부품을 모잠비크에 공급했다. 지대공 미사일과 T-55 탱크 현대화를 지원하는 것과는 별개의 행동이었다.

 북한 무기판매회사 대표를 자처하여 행동하는 경우도 있었다. 2012년과 2016년 사이 테헤란 주재 외교관 2명은 KOMID 대표로 자처하며 활동했다. 미국 정부는 "2016년에 미얀마 주재 북한 대사가 KOMID와 연계된 의혹이 있다"고 주장했다. KOMID의 지령 혹은 대리인으로 행동한 2등 서기관은 2017년 미얀마로부터 거부(reject)되었다. 앙골라 주재 북한 외교관은 해양부문에서 북한 무기를 판매하는 Green Pine Associated Corporation 회사 대표로 행동했다.

또 다른 경우는 군사용 물품과 설비를 해외에서 들여오는 소스(source)를 구축하는데 동원된다. 북한에서 사용하려는 목적이거나 해외에서 그 프로젝트를 다시 가동하는 것이다. 2012년과 2013년 사이에 베를린에 기반을 둔 북한인 경제담당관은 T-54, T-55 탱크 부품을 조달하기 위한 일에 가담했다.

어떤 외교관은 새로운 비즈니스 기회를 물색하고 시장을 더 잘 이해하는 일에 투입되었다. 2014년 구체적인 성명이 확인되지 않은 모스크바 주재 북한 외교관이 무기 전시회를 가기 위한 패스를 요구했다. 그 전시회에 그들이 참여했다는 증거는 확보하지 못했지만. 비즈니스 이든 어떤 형태로든 거래는 성사되었다. 2014년에서 2016년 사이 앙골라에 주둔한 그린 피인 대표 겸 외교관은 스리랑카로 여행을 가서 보트 만드는 것에 대해 여러 번 상의했다.

한발 더 나아가 즉흥적인 역할도 한다. 무기판매가 시급할 때 외교관들이 즉각 동원되기도 한다. 2016년에 카이로 대사관에 주재하는 3등서기관은 북한주민들이 생산한 로켓추진 Grenades(RPG)를 실었다가 압수당한(impounded) 선적을 석방하기 위한 협상에 동원되었다.

Brokering : Technical Assistance and Expertise(브로커노릇 하기: 기술적 지원과 전문적 역량 지원)

무기 수출통제를 깨기 위해 혈안이 된 북한 외교관들의 행동은 물품을 이송하는데 별로 제한 받지 않는다. 북한은 여러 나라에 나가있는 외교관 등에게 기술적인 지원과 전문가적인 조언을 해주고 있다. 군사용 설비 재가공, WMD와 미사일 프로그램에 대한 기술적인 조언, 군인 훈련 지원 등이 그것이다.

북한은 과거 소련으로부터 군사훈련을 받고 소련제 무기도 지원 받은 관계로 이에 대한 상당수의 전문가들이 포진하고 있다. 그런데 지금은 소련제 무기는 드물게 운용되고 있다. 외교관들은 이 같은 지원관계를 관리하거나 관습을 선전하고 있다(tout for custom).

2000년대 말 콩고 대사관에 주재한 counsellor는 재가공문제(소련이 디자인한 탱크와 다른 무기 등)에 대해 브로커 역할을 했다. 앙골라 주재 외교관은 순찰선을 재가공하고 계약협상 및 부품을 여분으로 준비하는 문제와 그 프로젝트를 감독하는 거래에 브로커 역할을 했다.

군사훈련 이란 특정한 분야에도 여러 북한인들이 물건 팔리듯 팔린다. 2017년과 2018년 우간다에서 북한의 군사고문단과 외교관들은 공군 조종사와 기술자, 우간다 경찰 등을 훈련시켰으며, 남수단 대통령 경호부대와 탱크부대 훈련도 맡았다. 양국 간의 협력의 한 형태로서.

지금까지 언급한 다양한 브로커 활동은 외교관이란 전제에서 벗어나 국가보위성 요원들의 감시 하에서 최선의 행동을 한 것이다. 만약 그 미션이 정부가 호스트가 되어 거래하는 것이라면 그 미션과 거리를 두고 공작해야할 필요성은 적다. 대사관이 제3세계에 위치해있다면, 브로커 거래로 성사된 물품은 관할구역을 통관하지 못할 가능성도 있다.

외교적 미션 그 자체는 종종 2차적인 것이다. 외교관의 역할은 특정 국가에서 활동하는 브로커의 신분을 위장하는 역할인 것이다. 대사관은 암호화된 통신 설비를 통해 그 거래나 비즈니스가 성사되도록 온몸으로 뒷받침 한다. 외교적 특권 때문에 대사관은 민감한 서류를 보관하는데도 안성맞춤이다. 획득한 샘플이나 작은 아이템들은 미션 장소에 은닉하기 좋고 외교 행낭을 통해 북한으로 밀반입한다. 획득한 물품들을 선적하는 것 대부분은 너무 커서 미션을 행한 부지(site)를 통해 이송하지 못하는 경우도 있다.

facilitation : logistics and Finance(편의성 도모: 병참과 재정)

최근 사례를 보면 북한 외교관들이 무기 거래와 관련된 업무를 보다 수월하게 하기 위한 퍼실러테이터(촉진자) 역할을 하고 있음을 보여준다. 물품 선적이나 지불 약정 등이 그것이다. 이런 것들은 앞서도 언급했듯이 브로커나 하는 짓이지만 다른 외교적 업무나 사적인 브로커 활동을 지원하기 위해 별개로 수행한다. 청천강호 케이스[91])를 보면 무기를 싣고 가다가 파나마 당국에 걸려 장기간 억류되었던 선박인데, 쿠바주재 북한 대사관원이 선박 출항과 관련된 서류에 적혀있을 정도로 연루되었으며, 신포선박회사는 자금거래의 촉진자역할을 했는데, 싱가포르 북한대사관에 위치해있다.

베이징 대사관의 북한 외교관은 북한과 콩고 간의 무기거래에서 받은 돈을 집어넣는 은행계좌를 갖고 있다. 또 2013년 북한이 이집트에게 판매한 미사일 부품 이전과 관련된 자금 및 군수품 약정에도 관여했다. 시리아 북한대사관은 이중용도 물품과 군사용 물품을 2012년에서 2017년 사이 여러 번 선적함으로 인해 감시리스트에 올랐다.

---

91) 청천강호는 2013년 7월 쿠바에서 미그기와 엔진 등 옛소련산 무기를 20만 포대의 설탕 밑에 숨기고 파나마운하를 통과하려다 적발돼 억류됐으며, 2014년 2월 풀려나 쿠바로 되돌아갔다.

이런 미션에 관여하는 요원들은 외교관을 물품을 핸들링하지 않는 사람으로 간주하고 브로커 같은 케이스 보다 더 세밀한 케이스를 만든다. 이는 국가와 연계된 브로커에서 이격하여 상업적 병참 루트를 이용하는, 보다 넓은 지역으로 술책을 옮기고 있음을 반영한다. **김정렬** 케이스는 외교관들이 역사적으로 물품 획득 공작을 논리적 측면에서 어떻게 직접 수행하는지를 보여준다. 1994년 **김정렬**은 Bratislava에서 재빨리 종적을 감추었는데, 북한 일루신 수송기에 실린 물품을 북한으로 보내는 일을 마친 뒤 그 비행기를 타고 북한으로 돌아갔다.

Espionage : procuring intangible technology(첩보행위: 꼬집어 말할 수 없는 기술 획득)

북한 외교관들은 열성적으로 민감한 정보와 "intangibles(눈에 보이지 않는 무형)"한 지식을 모은다. 지식이나 디자인에 관한 정보, 전문가 등을 이용한다. 2011년 벨라루스 소재 북한 무역대표부 직원으로 포장한 외교관이 우크라이나를 여행 명목으로 가서 우크라이나 로킷 디자인국의 "secret academic thesis(비밀 학문적 주제 논문)"에 접근했다. 우크라이나 당국에 의하면 이들 전문가들로부터 북한은 적지 않은 정보를 챙겼다. 비밀스런 논문에 접근한다는 것은 평양에서 "선진적인 기술과 미사일 시스템의 디자인에 대한 새로운 형태의 기술적 프로세스, 액체 프로펠러가 달린 엔진, 우주선 및 미사일 연료공급 시스템, 연산컴퓨터 시스템 등"을 북한외교관에게 수집하라고 지시한 때문이다.

 우크라이나 당국의 공작에 의해 체포된 북한 외교관은 8년형을 선고받았다. 법원은 판결문에서, 두 명의 외교관 중 연장자는 "자신의 직업을 이웃 벨라루스에 주재한 북한 대사관의 무역대표부 소속이라고 주장했다. 북한 기술자를 위해 미사일 기술에 관한 훈련시키는 것을 약정하는 임무를 수행했으며, 그것이 비밀정보라고 여기지 않았다고 주장했다".

모스크바 대사관에 근거를 둔 외교관은 러시아에 소재한 <합동 핵연구소>의 Plenipotentiaries의 과학자문위원회가 벌이는 활동에 적극적으로 참여했다. 이 연구소는 정부 간 과학연구를 함께 연구하는 국제조직이다. 이 조직은 18개국에서 온 과학자들을 호스트하며, 핵개발과 관련한 연구를 하지 않는 국가들도 포함되어있다. 이 회의 참석한 북한 외교관들은 유엔 제재명단에 오르지도 않았다. 그렇지만 이들의 참석은 최소한 북한 외교관들이 해외에서 네트워크를 구축하여 민감한 과학적 연구를 용이하게 뒷받침하는 역할을 하고 있음을 보여준다.

이 두 사건은 통찰력을 준다. 북한 외교관들이나 정보요원들이 학문적 탐구 또는 상업적 명분을 내세워 잠재적으로 WMD와 관련 된 정보나 군사정보 등을 확보할 수 있는 네트워크를 구축하며 동시에 산업첩보도 수집하려는 북한의 다양한 미션 스펙트럼을 보여준다. 정보요원임을 선언하고 외교적 미션을 수행하는 것과 정보요원이 외교관으로 위장하여 활동하는 일은 일반화된 일이다. 물리적인 외교적 구역은 이런 역할을 하는데 있어 부차적인 공간이다.

How do they Feature? Exploring patterns in the use of diplomatic missions?(외교적 미션을 이용하는 패턴 탐색하기)

Exploiting high tech and laxly regulated markets (첨단 기술과 느슨한 규제 시장 활용)

북한이 WMD와 연관된 물품을 수입하면서 유럽인을 이용하는 미션은 독일과 오스트리아에서 보여주었는데, 이들 국가들은 첨단기술을 가진 산업체가 밀집되어 있고 규제 환경도 명확하지 않은 곳이다. 이는 파키스탄에서 벌인 획득공작과정에서도 나타난다. 1970년대에 무기와 핵기술을 포함한 아이템을 위해 벨기에, 프랑스, 서독에 소재한 대사관이 중심이 되어 이루어졌다.

미국의 이에 관한 정보능력과 집행력이 커짐에 따라 미국으로부터 불법적 획득은 워싱턴에 북한 대사관이 없음을 고려하여 제3국 대사관을 통한 우회로를 이용해서 이루어졌다. 북한은 또 다른 첨단기술 국가인 일본에도 대사관이 없는 관계로 사실상 대사관 역할을 하는 조총련이 북한의 불법적인 구매활동을 용이하게 하는 역할을 은밀히 하고 있다.

Arms markets in developing states(개발도상국가의 무기 시장)

무기 거래에서 가장 적극적인 미션은 개발도상국인데, 이들 국가들은 북한의 오랜 주요 무기 시장이며 소련이 두고 간 기술로 무장된 국가들이다. 북한 군사고객은 3가지 부류로 나눈다. ▲resilient customers, ▲reluctant customers, ▲ad hoc customers이다. the resilient customers는 북한과 장기간 고정적으로 무기 공급 관계를 맺은 국가를 말하는데, 북한의 모든 활동을 주관한다. reluctant customers와 ad hoc customers는 북한인들의 일회성 구매활동이나 공급 활동에 대해 그리 호의적이지 않은 국가들이다. 북한이 자신들의 활동에 도움되는 국가들하고만 대사관을 유지하는 사실은 그리 놀랄만한 일도 아니다. 이런 관계의 대다수는 무기거래와 연관되어 있으며 그 곳에 주재하는 대사관들이 네트워크상에서 핵심 노드역할을 한다.

Third country hubs(제3국 허브)

제3국에서의 미션은 상당히 유용함이 증명되었다. 브로커와 스파이들에게 대사관을 벗어나서 공작을 할 수 있게 해주기 때문이다. 영국의 무기 거래상 Michael Ranger은 "북한 딜러와의 만남은 제3국에 있는 호텔, 레스토랑 등 공공장소에서 이루어졌는데, 그 주변에 반드시 북한 대사관이 있었다"고 술회했다. 무기거래에 간여하는 북한 요원들과 북한 대사관의 불법적인 획득은 이웃 국가에서 벌인 불법적인 행위와 빈번히 관련되어 왔다. 벨라루스 무역사무소는 이웃 국가인 우크라이나를 상대로 미사일 제조에 관한 비밀을 수집하려고 했으며, 베를린 주재 외교관은 체코에서 무기를 찾고자 했다. 남아프리카 주재 외교관은 모잠비크와의 수상한 거래에 간여했으며, 우간다 주재 외교관은 남부수단에서 상업적인 기회를 탐색하던 사람이었다.

Greater involvement of larger missions?(더 큰 미션을 위해 개입을 확대?)

이제까지 드러난 것은 빙산의 일각이지만, 북한대사관의 규모가 큰 곳일수록 불법행위를 대규모로 행한다. 베이징 대사관이 바로 대표적이다. 불법적인 획득과 관련된 에피소드가 상당히 많은 곳이다. 중국에서는 유엔 제재를 뚫었다는 보고가 거의 없다. 동독과 북한과의 역사적인 친밀한 관계 때문에 베를린 주재 북한 대사관은 유럽에서 북한이 벌이는 가장 큰 미션을 수행하는 공간이다.

유럽지역에서 이중용도 물품을 구입하는 곳으로 의심받는 곳이기도 하다. 2018년 독일정보요원이 이 같은 내용을 보고하면서, 북한 대사관은 2017년과 2018년 북한의 불법적인 획득 시도와 분명히 연관되어 있다고 보고했다. 2010년경 14명 정도 되던 북한 대사관 인원이 2018년에 이르러 7명 선으로 줄었음에도 불구하고, 불법적 물자 획득은 인원감축으로 인해 부담이 업무 부담이 커졌음에도 계속되었다는 사실은 이 미션이 얼마나 중요한 지를 암시해준다.

Regional arms trading hubs and representatives(지역적 무기 거래 허브와 대표단)

중동지역에서 가장 큰 이집트 북한 대사관은 중동지역 전역에 걸쳐 북한이 무기를 판매하는 전진기지 역할을 해왔다. 카이로 대사관 소속의 1등

서기관 또는 2등 서기관은 Saeng Pil 이라는 무기 거래 회사인 무역회사에 일하면서 중동과 아프리카 지역에서 북한의 군사장비 전담부처의 총대표부 행세를 해왔다. 우간다 주재 국방무관인 인민군 소속 대좌는 우간다와 동아프리카 지역에서 북한의 무기판매상의 대표로 간주되었다.

A Range of officials involved?(여러 방면의 요원들이 간여?)

대사관 요원들이 불법적인 무기 등 무역거래에 관여한 사실에 대해서는 확인된 것이 많지 않다. 아마도 이러한 미션은 종종 극히 제한된 스태프들이 수행하는 때문으로 보인다. 무기 딜러들은 다양한 모자를 쓰고 변장하여 행동한다. 외교관으로 승인받은 사람이 부차적인 역할로 북한의 주요 무기 회사의 대표로 행동하는 것이다. 여러 무기 거래 케이스는 북한 무관들이 간여했는데 우간다 주재 북한 무관 사례가 대표적이다.

Rotation between missions (돌아가면서 미션 수행하기)

북한 파견자들이 해당국에서 추방당하는 경우에서 조차 그 자리를 떠나도 무기 밀매와 WMD 확산과 연관된 거래를 새롭게 임명받은 지역에서 행한다. 북한 외교관 여권을 가진 **오학철**은 이전에 쿠바, 페루, 예맨에서 근무했다. 이들 국가들이 북한과 무기를 거래하는 국가들과 반드시 일치하지는 않는다. 독일에서 PNG(외교상 기피인물)를 당한 **이연택**은 모스크바 주재 북한대사관으로 자리를 옮겨 활동했다.

과거에는 일부 외교관들이 외교적 승인도 받지 않고 임지에서 평양으로부터 하달 받은 임무를 수행한 적도 있었다. 1990년대 **윤호진**은 임지였던 비엔나를 떠나 <남천강 무역회사>를 세우고 중국으로부터 우라늄 농축 프로그램에 필요한 물자를 획득했다. **김금진**은 슬로바키아에서 회사를 운영하면서 북한제 미사일을 이집트에 공급하는 역할을 맡았다. 최근에 제재가 늘어나는 등 압박이 커지자 STC 매니저들은 외교관으로 승인받고 있다.

Who so persistent? the Competitive Advantages of NK's diplomatic and intelligence networks(북한의 외교적, 정보적 네트워크의 경쟁적 이점)

북한의 외교 및 정보자산 이용은 그렇게 하고자 하는 결정의 결과물이다. 이런 결정에 드라이브를 거는 것은 무엇인가? 왜 북한은 민간 부문 브로커를 제쳐놓고 이런 외교적 또는 정보적 자산을 이용하여 무기를 획득하고 판매하게끔 만드는 구조가 무엇인지 궁금하지 않을 수 없다.

이 같은 의문에 대한 대답은 통찰력을 제공해준다. 2가지 개념이 이러한 의문을 푸는데 적절하다. 그 개념이 "competitive advantage"인데, 비즈니스 세계에서 경쟁자를 이겨내는 바람직한 속성을 설명할 때 사용하는 개념이다. 또한 이 개념은 확산네트워크 상에서 다양한 형태의 자산의 상대적인 가치를 설명하는데도 의미가 있다.

"competitive adaption(경쟁적 적응)" 과정은 - 적대국들이 상대방보다 한 수 앞서서 행동하려는 노력의 과정 속에서 상대방의 행동에 대해 어떻게 대응하는지? 시간이 지나면서 이런 자산들이 타국과의 경쟁하는 과정에서 어느 정도 이점이 있는지에 영향을 받는다. 일부 이런 competitive adaptation은 북한이 취해온 행동과 네트워크에 대해 불시단속을 벌이게 하여 다양한 형태로 제재하게 되는데, 이는 보다 넓은 추세를 읽게 해준다

일부 competitive adaptation은 미시적 수준에서도 일어난다. 개인적으로 구축한 네트워크를 이용하여 외교업무 담당직원들이 부여 받은 특정한 임무를 완수하려고 노력한다. 5개의 주요 요인들은 WMD 확산과 밀매 네트워크상에서 북한이 외교적 미션 명목으로 수행하는 competitive advantages를 잘 설명해준다. 이 중에서 convenience(편의성)과 외교관 면책특권이 이 미션을 지속적으로 수행할 수 있게 해주는 요인이다.

Convenience(편의성)

이 자산들은 북한이 WMD와 무기 획득 및 수출네트워크에서 사용되었다. 편리하기 때문이다. 북한 외교관 네트워크는 오랫동안 유엔 등의 제재시대에도 개의치 않고 WMD 관련 품목 확보에 동원되었다. 기존의 이런 네트워크들은 불법적인 물품 구매나 WMD와 연관된 물품이나 무기를 브로커처럼 판매하는데 있어 편리한 기반을 제공해준다. 무기 판매를 하는데 있어 대사관이나 외교적 네트워크 이용은 국제무대에서는 평범한 일상이다.

대다수 국가들의 무기 이전은 국가 對 국가 형태로 이전함에 따라 정부와 정부 사이의 거래가 손쉬운 지역에 미션이 떨어지게 마련이다. 이 점에서 무기거래에 대사관이 관여하는 것은 상업적 형태이자 안보 외교의 형태이기도 하다. 이런 관점에서 보면 북한이 외교관 네트워크를 이용하여 무기 밀매하는 것은 놀랄만한 일은 아니다. 대사관에 소속되어 있는 정보공작요원들은 비밀 네트워크를 주로 만드는데, 이들이 관여하는 것은 논리적이기도 하다.

외교관이란 가면을 쓰고 하는 미션은 제재도 피할 수 있고 눈에 띄는 무역 회사나 브로커로 지목받는 것도 피하기 쉽다. 이런 짓을 하는 사람들이 편리하게 놓여있다고 해도 적절히 잘 다듬어진 것을 의미하는 것은 아니다. 외교관들이 반드시 국제간 비즈니스에 대해 전문가 이거나 관련 지식을 충분히 갖고 있는 것도 아니다. 특정한 공급자나 시장의 특성 혹은 필수적인 기술적인 내용 등 구체적인 분야로 들어가게 되면 그 한계는 명확히 나타난다.

 김정렬의 경우를 보면, 자기가 가진 노하우 중에서 선별해서 행동한 사람이다. 1950년대 동독으로 유학한 덕분에 습득한 유창한 독일어를 바탕으로 오스트리아와 독일에서 이중용도 물품을 구입하는데 혁혁한 공을 세웠다.

최근에 노출된 무기거래 케이스를 보면 군인들도 포함되어 있다. 아마도 군사기술 면에서 상대적으로 우월한 능력을 갖고 있기 때문일 것이다. 특히 네트워크를 만드는데 일가견이 있는 외교관이나 정보요원들은 항상 필요한 접촉을 하지 않는다. 사람 간의 관계 맺기에는 시간이 걸리며 외교업무가 끝나거나 외교관이 추방당하면 그 관계는 끊어지는 경우가 많다. STC 에이전트를 외교관으로 추인하는 것은 그들을 해외에 더 오래 머물게 하면서 자신만의 네트워크를 구축하도록 해준다.

Diplomatic Immunity (외교적 면책)

외교관에게 부여된 수단과 특권은 북한인들의 competitive advantage에 도움을 준다. 1961년 비엔나 외교관계 협정(VCDR, Vienna Convention on Diplomatic Relations)에 따르면, 외교관은 불가침 권한이 있어 체포할 수 없다. 이런 면책특권은 단지 그 외교관을 본국으로 추방하는 역할 밖에 하지 못한다. 해당국은 그 외교관을 기소하지 못하며, 유일한 방법은 PNG(Persona non-grata)를 선언하고 추방하는 길뿐이다. 이 때문에 전 세계 모든 국가들은 외교관의 비행이나 불법행위 등을 처벌하는 문제를 놓고 고민에 직면해있다.

일부 북한 외교관들이 무기 밀매와 WMD 확산과 관련한 활동에 연루되어 추방당해 왔다. 독일에서 추방당한 이연택은 베를린 주재 외교관으로 재임하며 이중용도 다중 가스 모니터를 구입하려다 성공하지 못했다. 독일은 유엔 전문가패널에게 보고했다. "이연택에 대한 합법적 지위 때문에 어떤 법률적인 조치도 취하지 못했다"고.

2017년 미얀마에서 추방당한 북한외교관은 유엔 무기 수출통제 조치를 깨는데 관여한 혐의를 받았다. 면책특권은 해당국들에게 법률적, 기술적, 실증적인 것들이 복잡하게 얽혀있는 분야에서 외교관들이 자행하는 불법적인 거래를 대처하는데 있어 많은 숙제를 던져주고 있다.

Diplomatic privileges(외교적 특권)

competitive advantages 의 세 번째 셋트는 VCDR에 명기된 다른 외교관 특권을 포함한다. 북한이 외교적 수단 즉 외교적 파우치를 사용하여 물품을 이송하거나, 민감한 정보 혹은 WMD와 연관된 물품 및 무기 거래로 받은 자금 등인데, 노출된 사례는 많지 않다.

유엔 전문가패널은 2018년 북한이 이 수단을 이용하여 시리아에 물품을 보낸 것을 예시로 들며 북한이 "불법행위 객체로 지목된 곳과 연계되어 금지된 행위를 하는", "자주" 사용하는 외교적 선적을 봉쇄했다고 보고했다. 이라크와 파키스탄 같은 국가들은 이전에도 외교 파우치와 대사관만이 사용하는 운송수단을 이용하여 WMD와 연관된 구매 지침서, 통화와 민감한 핵관련 정보를 이전했다.

북한 관리들은 외교적 파우치를 이용하여 마약을 밀수[92]한 적이 있으며, 외교관들이 늘어나자 이런 수법에 부드럽게 적응하도록 그 비법을 전수했다. 최근에 노출된 케이스를 보면 일반적인 외교관들은 물품 선적하는 일과 거리를 두는데 비해, 북한 외교관들은 손가방에 금을 운반한다거나 다른 가치 있는 물품들을 국경을 넘어 이송한다. 테헤란에서 KOMID 대표로 활동하는 이란 주재 북한 외교관은 테헤란과 두바이를 2010년부터 2016년 사이 무려 282번이나 왕복하며 현금을 손으로 날랐다.

무기와 이중용도 물품의 경우 그 크기 때문에 외교관들은 루틴하게 이런 물품들을 이송하는데 잘 사용하지 않는다. 나아가 VCDR은 외교적 미션은 절대 침해할 수 없으며 조사받지 않는다고 명시되어있다. 북한 외교관과 정보요원들은 평양으로부터 받은 미션을 수행함에 있어 이 특권을

---

[92] 이런 사례는 1970년대까지 거슬러 올라간다. 덴마크는 1976년 마약·술·담배 밀수 혐의로 북한 공관원을 전원 추방했고, 1988년에는 외교행낭을 이용해 밀수를 한 북한 외교관 부부가 아프리카 자이르(현 콩고민주공화국)에서 적발돼 추방령을 받았다. 비동맹운동의 주요 국가로 북한과 관계가 돈독했던 탄자니아에서는 1996년 북한 대사관 관계자들이 상아 900여개를 밀반출하려다 들통나 외교상 기피인물이 됐다. 멕시코 정부도 1998년 북한 공관원 2명이 코카인 35kg을 밀반출하자 김찬식 당시 대사를 추방한 것으로 알려졌다.(출처 : 연합뉴스, 2017. 3. 5)

교묘히 이용하여 구매행위, 민감한 네트워크, 스파이활동을 통해 획득한 기술정보와 같은 기밀정보를 보호한다. 북한이 이 특권을 사용하여 활동했다는 증거가 공개적으로 드러난 것은 드물지만, 이란 사례를 비추어 보면 외교관 구역이라는 특권적 지위를 활용하여 자신들이 구축해놓은 네트워크가 침해당하지 않도록 행동한다는 것을 얼마든지 추론 가능하다.

Secrecy and operational security(비밀성과 공작 보안)

이런 자산 이용은 바람직할 수 있다. 왜냐면 이런 역할을 만족스럽게 수행하는 정보요원이나 외교업무 담당자들은 자신들이 저지른 행위를 은폐할 수 있기 때문이다. 특정 국가를 위해 일하는 사람들은 정권에 대한 충성도가 더 높다. 외국 무기딜러들이 가장 돈을 많이 주는 구매자들에게 제공하는 서비스보다.

외교적 미션에 바탕은 둔 사람들을 이용하는 것은 그 인프라를 레버리지(지렛대)로 삼아 보다 확실하게 불법적인 거래를 은폐하게 해준다. 대사관은 종종 암호화된 통신을 지원하여 외교관과 정보요원들이 공작보안(OPSEC, operational security)훈련을 보다 수월하게 받을 수 있도록 측면 지원한다.

정요 요원들이라고 해서 항상 충성하는 것은 아니다. 1994년 북한 외교관 **김정렬**은 죽음을 가장하고 유럽에서 물자획득 과정에서 도주했다. 고급 사치품과 김씨 정권을 위한 이중용도 물품 구입과정에서 벌어들인 돈 중에서 3%를 갖고 잠적했다. 그리고는 15년 동안 국가보위성의 감시를 피해 언론에 그 전모를 털어놓았다.

암호와 OPSEC[93] 는 민간 부문의 무기 딜러들의 능력 범위를 넘어서는

---

93) operation security의 약자로서 공작보안을 말한다.

것도 아니다. 많은 무기 딜러들은 자신들의 활동을 은밀히 해야 할 필요성을 느끼고 있으며, 특히 불법적이거나 제재를 받는 시장에서 활동해본 경험이 있는 사람이라면 더 치열하게 절감한다. 북한의 물자 획득과 은밀하게 무기를 수출하는 시장을 공개하면 북한의 불법적인 행동을 제어할 수 있다고 가정하는 전문가도 있다. 대사관과의 밀착도 공개출처를 이용해서 드러낼 수 있다. 리듐-6 광고를 통해서 베이징 대사관이 막후에 있다는 사실을 알게 된 것처럼.

Standing and reputation (자리지키기와 평판)

외교적 미션에 대해 누구나 인식하고 있는 입장도 유용할 수 있다. 국제 외교의 핵심기관 역할을 하는 대사관에 대한 합법성과 존중감은 WMD 확산을 기도하는 자들을 일반인의 눈 밖에 벗어나도록 해준다. **윤호진**이 IAEA에서 고위급 대표로 자임함으로써 그가 물밑에서 물자 구매와 같은 불법적인 활동을 하는 것을 거의 인식하지 못하게 한다.

북한 에이전트들은 외교적 지위를 이용하여 외교관 면책 특권이 적용되지 않는 순간에도 면책특권을 주장한다. 북한의 군사통신회사인 Pan Systems Pyongyang 과 연관된 북한인이 말레이시아 쿠알라룸푸르 공항에서 미화 4만5천 달러를 반출하려다 적발되자, "자신은 말레이시아 주재 북한 대사관 소속"이라고 강변했다. 이런 합법성 위장은 양국 관계를 위태롭게 하거나 상응한 보복조치도 초래할 수 있는 일인데, 북한이 뒷배가 되어 불법 자금 반출과 같은 일을 외교적 미션으로 호도하는 여지를 제어할 수 있다.

북한의 미션에 대한 평가와 태도는 오래전부터 문제가 되어왔다. 1970년대 마약 거래에 연루된 북한 외교관을 추방한 이래, 핵무기 실험 등으로 인한 유엔 제재가 시행된 부터는 제재범위가 더 확대되었다. 유엔 전문가 패널이나 안보리 결의 2094(2013)에서 권고한 내용을 보면, 모든 국가들에게 "북한 외교관들의 행동에 대해 보다 치밀한 감시를 행하라"면서, 이러한 것들이 북한의 핵과 미사일 프로그램 개발에 전용되는 것과 제재망을 부수는 것을 막기 위함이다. UNSCR 2270(2016)은 북한이 비엔나 협정에서 규정하고 있는 외교관 면책특권을 악용하고 있다"고 강조한다. 북한의 미션은 합법성이란 공기를 심각히 결여하는 것으로, 북한에 대한 제재를 부스팅하는 핵심 촉진자로 간주된다.

Curbing the utility of NK's diplomatic and intelligence networks?(북한의 외교적, 정보 네트워크 활용을 제어하는 방법은?)

유엔과 여러 국가들은 점진적으로 제재망을 피하는 북한의 네트워크 내에서 불법적인 외교적 미션을 행하는 것을 제어하기 위해 다각적인 조치를 취해왔다. 2016년 UNSCR 2270은, "회원국들은 북한 외교관, 북한관리, 북한 주민을 추방해야 한다"면서, 그 대상에는 제재 대상으로 지목된 기관을 대신해서 활동하거나, 제재 회피를 돕는, 즉 "정부기관과 같은 행위(governmental capacity)"를 하는 사람들도 포함했다.

2016년 UNSCR는 한발 더 나아가 회원국들에게 북한 외교관과 영사관 직원 수도 감축하고, 은행 계좌도 미션 한가지와 외교관 1명당 하나씩 개설을 제한하라고 권고했다.

그러면서 회원국들에게 다음과 같은 내용을 상기시켰다.
 "북한 외교관을 받은 국가들의 경우, 전문적인 행위나 상업적 행위를 통해 이익을 챙기는 외교관들이 VCDR을 등에 업고 불법적인 행위를 하도록 방치해선 안되며, 북한외교관들이 이런 행위를 한다면 명백히 금지시켜야 한다"고 강조했다. 나아가 그 결의안은 "모든 회원국들은 북한이 부동산을 이용하는 것도 금지시켜야 한다면서, 북한이 자신들의 영역 안에 있는 부동산 등을 외교 혹은 영사 목적으로 이용하는 것 외에 빌려

주거나 임차해주는 행위도 막아야 한다."고 강조했다. UNSCR 2371(2017)은 "북한은 비엔나 외교관계 협정과 영사관계 협정을 충실히 따라야 한다."는 것도 덧붙였다.

국가적 수준- 유엔 제재가 실행되는 수준-에서 각국은 유엔 결의안과 북한 대사관 및 미션에 대한 조항 등을 이행하기 위한 다각적인 조치를 취해 왔다. 여러 국가들은, 북한이 핵과 미사일 시험발사와 같은 도발을 통해 제재 네트워크를 부수려는 시도를 포기하지 않음에 따라 북한인들의 미션 규모를 축소하는 조치를 취해왔다.

놀라운 것은 북한인들의 미션을 완전히 봉쇄한 국가가 없다는 사실이다. 일정 정도 북한과의 외교적 관계를 유지하는 것이 유익하다고 생각하고 있는데다, 평양의 보복조치를 두려워하는 때문이다. 미얀마에 주재한 두 명의 북한 외교관 추방은 미국 정부의 압력과 관여에 의한 것이었으며, 독일은 미국의 유사한 압력에 대해 저항한 적도 있었다.

국가들 사이에 정보를 공유하는 것은 못된 짓을 관리들이 다시 자리 잡는 것을 저지하는데 도움을 준다. 전문가들의 악용이나 장기간에 구축한 커넥션을 최대한 억제할 수 있다. 독일에서 추방된 **이윤택**에 대한 정보를 다른 EU 국가들에게 제공함으로써 오스트리아와 불가리아에서 그의 임명에 대한 승인을 받지 못하게 하는 성과를 거두었다.

국가들 간에 공유된 정보는 비밀 정보활동과 공개출처에서 수집한 것이다. UN패널이 이용하는 많은 정보들은 각국이 신뢰성을 담보로 제공해 준 것이지만 공개출처 정보도 적절히 활용한다. 공개출처 정보는 북한외교관과 불법적인 거래가 어떻게 링크되어 있는지 잘 보여주는 사례다.

외교관 면책특권과 프로토콜 ; VCDR 존중 필요성; 북한 주재 외교관에 대한 상호 보복 위험성(김정일 암살 당시 북한은 말레이시아 정부를 상대로 김정일 암살범으로 지목된 북한인을 석방하지 않으면 평양 주재 말레이시아 외교관도 연금하겠다"고 협박하여 결국 북한의 의도대로 관철시켰음) ; 북한에 대한 유엔 제재 실행을 담보하는데 전통적인 도전과제 등은 북한 대사관과 외교관들의 위법적 행위에 대처하는데 있어 "wicked problem(사악한 문제)"를 던져 주고 있다.

그렇지만 몇 몇 진전된 조치들은 북한 외교관등의 미션의 역할을 균열시키는데 도움을 준다. 일부 외교관들이 지역적 무기 딜러로서, 이웃국가들을 상대로 스파이 활동을 하거나, 제3국 대사관에서 역할을 하거나, 북한 외교관들에 의해 제기된 WMD 확산 위험성 등은 한 국가만의 힘으로는 안 되고 초국가적으로 대처해야 한다.

위험을 줄이고자하는 사람들은 길을 찾아야 한다. 북한 대표단들이 지역을 세분화하여 공작하는 것을 주시하며 다양한 미션을 수행하는 외교관의 능력을 제한하거나, 금융과 은행계좌 정보 같은 정보공유를 촉진하며, 위험에 처해있는 국가들 끼리 대화도 권고하는 것 등이다.

둘째, 북한 외교관들의 자금 흐름에 대해 좀 더 세밀히 추적하고 감시하는 일이다. 2019년 유엔 전문가패널은 각국 정부들은 북한 외교관들의 자금 집행이나 흐름 등에 관해 더 치밀한 감독할 수 있는 조치를 취하라고 권고했다. 이 권고에는 외교관 가족들에 관한 상세한 정보를 금융기관에 제공하여 이 이름을 사용하여 계좌를 개설하는 것을 막으며, 북한외교관을 비롯한 북한인들의 계좌는 한 곳으로 모으며, 은행들에게는 다른 국가 소속 북한 외교관들이 만든 계좌를 오픈하는 앱을 거부하도록 하는 것이다.

셋째, 정부, 정보기관, 그리고 비정부 연구조직들은 북한 대사관, 외교관, 로컬 네트워크와 관련된 사안에 대한 연구에 더 깊이 파고들어야 한다. 개인이 들락거리는 비즈니스 서클은 대사관, 가족, 북한 이탈주민 커뮤니티 및 한 줌도 안 되는 회사와 local contacts 등에 집중되어 있다. 공개자료 뿐 아니라 모든 정보원천을 찾으면 많은 제재 회피사례를 찾을 수 있다.

마지막으로 상기 제안들과 제재 실행은 전 세계에 걸쳐 꾸준하고도 광범위하게 이루어져야 한다. 각국 정부는 북한의 미션이 무기 밀매 네트워크와 WMD 확산과 관련된 것이 주요 특징이기 때문에 제재의 폭을 넓히는데 보다 깊은 주의를 기울여야 한다.

냉전 시기 북한 스파이 외교관의 휴즈 헬리콥터 입수 공작의 전말(1981-1986)[94]

역사적으로 보면 정보와 글로벌 무기 거래 간의 관계는 밀접하게 움직였다. 정보기관들은 주로 개별 국가들의 무기 획득과 무기 거래 결정내용의 전달 방법 등을 집중적으로 평가해 왔다. 은밀한 무기거래는 냉전을 전후로 정보기관들이 수행하는 은밀한 비밀 업무의 오랜 tool이 되어왔다. 각국 정보기관들은 적대국들의 무기 확보 노력을 모니터하는데 주력했으며, 특히 무기 금수조치와 제재 국면에서는 그 강도를 더 높여왔다. 제한적 조치에 직면하는 국가들의 경우, 외교관의 탈을 쓴 해외 정보요원들이 대사관에 배속되어 불법적인 무기 획득공작을 주도하면서 각종 금수조치를 우회하는데 중심적인 역할을 해왔다.

이 논문은 1980년대 벌어진 냉전 이후 가장 대규모로 자행된 북한의 86Huges(휴즈) MD500 헬리콥터와 부품에 대한 불법적인 획득 공작을

---

[94] Daniel Salisury, 2022. 3. 4. *Intelligence and National Security* 에 기고한 논문으로, 원제는 "Countering a technological Berlin tunnel: North Korean operatives, helicopters and intelligence in the Cold War illicit arms trade, 1981-1986" 임.

다루고자 한다. 아울러 역사적인 케이스를 통해 정보와 무기 거래 사이에 마주치는 통찰력 있는 세 가지 측면도 제시하고자 한다. 1) 무기거래에 있어 정보요원들의 역할, 2) 무기획득 과정을 모니터하는 정보기관의 역할, 3) 무기 밀거래를 둘러싼 수집, 분석, 취할 행동에 관한 과제 등이다. 이 논문의 바탕이 된 자료는 비밀에서 해제된 미국 정보기관과 영국 외무성 문서들이다.

1. Intelligence, the arms trade and North Korea's networks(정보, 무기거래와 북한의 비밀 네트워크)

Huges 헬리콥터 거래는 국제적으로 큰 이슈가 된 이란 콘트라 사건과 달리 상대적으로 크게 주목받지 않았지만, 그것이 가지는 역사적 의미가 있기 때문에 탐구할 가치가 충분하다. 첫째, 단일 거래치고는 가장 대규모적인 불법 무기 거래였다는 점이다. 미국 관리들은 이를 두고 "The largest illegal diversion(최대 규모의 주의 딴 곳으로 돌리기) of US aircraft ever"로 묘사했다.
둘째, 대단히 유순한 시민들이 간여되고 이중용도 기술에 관한 것일 뿐 아니라 그 거래가 한반도 정세에 상당한 전략적 의미를 담고 있다는 점이다.

이 글은 두 가지 점에 학문적 공헌도 있다고 본다. 첫째는 정보와 무기 거래 간의 인터페이스에 관한 것이고, 둘째는 북한의 이중용도 기술 획득에 관한 것이다.

정보와 글로벌 무기거래 간의 밀접한 관계는 다양한 측면을 갖고 있어 그간 여러 학자들이 탐구해왔다. 정보기관은 분쟁에 미치는 영향을 이해하기 위해 글로벌 무기거래 실상에 대해 오래전부터 모니터해왔다. 보다 최근 연구는 바람직하지 못한 무기이전에 관한 정보의 역할에 대해 탐구해왔는데, 국가끼리 수출이나 다른 국가와 특정 집단 사이의 거래 등이 그것이다. 많은 학자들은 정보의 역할을 무기수출 통제를 실행하거나, 정부 정책의 틈을 악용한 불법적 무기거래를 막는 것에 집중해왔다.

혹자는 대량살상무기와 무기 밀거래를 차단하기 위한 보다 공세적인 행동에 초점을 맞추어 정보기관, 정보요원, 공작에 대해 중점적으로 설명해왔다. 또 동전의 다른 측면처럼 무기거래를 용이하게 하는 정보기관과 정보요원들의 역할을 언급하기도 했다. 정보기관이 주도하는 비밀공작에 은밀한 무기거래가 포함되기도 했다.

전직 정보요원은 퇴임 후에도 무기거래에 계속 간여한 적이 있다고 술회했다. 정보요원들은 늘 하던 버릇대로 국영기업과 민간기업들이 무기를 판매하는데 지원역할을 해왔다. 대사관직원, 외교관, 정보요원들은 각종 제한에 직면한 상태에서 군수품 획득 사업에 빈번하게 활용되었다. 아쉽게도 이런 정보자산들이 동원된 유형에 관해 상세한 사례연구가 거의 없다. 그래서 무기판매를 용이하게 하는데 동원된 정보요원들의 역할을 뒷받침하는 신뢰성 있는 증거 확보가 매우 어렵다.

불법적인 무기거래나 획득에 외교관으로 위장한 정보요원을 상습적으로 활용해온 북한은 연구 범위를 확장하는데 적절한 사례이다. 북한의 선진 기술 획득에 대한 토론은 유엔 안보리가 북한의 핵과 미사일 도발 때마다 북한에 대해 광범위한 제재가 시행됨에 따라 수시로 이뤄져왔다. 북한 제재를 평가하는 유엔 전문가패널은 매년 북한의 제재회피 실태를 분석한 상세한 보고서를 내놓고 있어 북한의 무기거래 네트워크에 대한 풍부한 통찰력을 제공해준다.

그 보고서는 ▲불법적인 무기를 획득하는데 북한 당국의 역할, ▲북한의 행위에 영향을 주는 맥락, ▲무기거래 네트워크의 운용방식 즉 북한외교관의 심대한 역할, 네트워크를 추동하는 행위자들의 발전상 등을 포함한다. 한편 일부 분석자들은 유엔재재 틈 사이로 북한의 불법적인 무기 및 첨단기술 수출 네트워크를 분석하고, 이것이 초래하는 넓은 충격파를 연구하기도 한다.

2006년 유엔의 대북 제재가 본격화하기 이전에 북한의 첨단무기 획득 노력에 대한 토론은 많지 않았다. Hastings는 북한의 무역관계를 맥락화 하려고 노력했다. 현재 상황을 이해하는데 있어 직접관련성이 높은 과거의 행위들을 분석하면서. "북한이 글로벌 경제에 간여하는 태도를 보면 냉전 이후 북한 기업들이 구사하는 수많은 무역 방식을 배신한다."고 말한다.

2. North Korea's Cold War illicit procurement(북한의 불법적인 무기획득)

냉전 기간 동안 북한의 불법적인 무기 획득 노력에 대해서는 현재의 시점에서 분명한 선을 그을 수 있다. 북한은 오랜 기간 첨단기술 특히 군사용 물품을 획득하는데 적지 않은 장애물에 부딪혀 왔다. 1950년 6월 25일 남한을 침공한지 3일후 미국은 북한에 대한 무기금수조치를 취했다. 냉전기간 동안 북한은 COCOM(대공산권 수출통제기구)으로 인해 기술이전에 관한 수출을 통제받았으며 공개적으로 선진국인 유럽으로부터 군사적으로 필요한 기술을 획득할 수 없었다.

러시아와 중국은 냉전시절 북한에 대한 기술, 무기 및 재정을 지원한 호흡기 같은 소스였다. 이들 국가 휘하에 있는 개별 공급자들은 각기 다른 시간에 상기와 같은 것을 공급했으며 평양은 한 가지를 갖고 다른 것들과 교환하는 짓을 했다. 이 같은 내용은 1970년대 초 러시아와 중국의 북한에 대한 지원 행태를 분석한 미국 정보기관의 보고서에 상세히 나와 있다. 다방면에 걸쳐 북한이 자립해서 충족할 수 있도록 음양으로 도왔다. 이는 북한이 무기를 확보하는 그 장소에 주재한 미국 정보기관들의 관심에도 비켜나갔음을 보여주었다. 한국전쟁 종전 후에 4만여 명의 미군이 주둔하고 있는 가운데 공식적인 평화협정이 맺어지지 않았기에 별로 놀랄만한 일은 아니다.

소련은 1973년까지 북한에게 주요 무기시스템을 지원했으며 북한의 방위산업 기반을 발전시키기 위한 지원도 계속했다. 반면 중국은 1978년부터 북한이 수입하는 물품의 대부분을 제공했다. 그러나 1979년에 간행된 특별정보판단서는 "북한이 항공기, 미사일, 광학기계, 정밀 전자 부품 등은 러시아와 중국이 아닌 다른 나라에 의존해야만 한다"고 분석했다. 중국은 1970년대 중반부터 제트기의 유일한 공급처였으며, 북한이 F-7을 독자 생산할 수 있는 기술적 지원을 아끼지 않았다.

이런 생산능력은 1980년대 중반부터 결실을 맺기 시작했지만, 외국에서 생산한 부품에 대한 의존도가 컸다. 1984년부터 소련과의 관계개선이 이루어지면서 소련은 10년 만에 첨단 전투기인 Mig 23과 SA-3대공미사일을 제공했다. 소련은 전통적으로 북한에 선진 군사장비나 기술을 제공하는데 신중을 기해왔었다.

소련과 중국이 대량으로 무기를 제공하는 동안 북한은 서방을 상대로 첨단 기술을 확보하기 위한 노력을 이어갔다. 두 번째 어프로치는 러시아와 중국 제품을 다른 나라와 교환하는 방식을 넘어서서 북한의 경제적 관계에 대한 분석을 반영했다. 북한은 경제적인 헤징전략을 추구했는데, 소련이나 중국의 통제를 벗어난 곳에 무역네트워크를 확립하는 것이었다.

이를 통해 북한이 원하는 조건으로 직접 물품과 수익(income)을 제공하는 것이었다. 이 네트워크들은 전 세계에 나가있는 북한 대사관과 외교거점을 광범위하게 활용하는 방식으로, 소련이 붕괴된 이후에도 북한이 강고한 네트워크를 유지하게 된 근원이 되었다.

북한이 획득한 많은 것들은 민간기술이거나 이중용도 기술이었다. 유럽과 일본 등 선진국으로 얻은 것이었다. 북한은 1960년대 말부터 공급 기반을 넓히고자 했으며, 1971년에 공개된 CIA 보고서는 "유럽과 일본으로부터 수입한 기계류와 장비는 1969년에 이르면 67백만 달러에 이르는데 이는 1967년에 비하면 10배 이상 증가한 액수이고 소련으로부터 수입한 것들과 비교해보면 가치가 훨씬 컸다." 이는 북한의 산업생산능력이 크게 확충된데 기인한 것으로 1970년대 중반에는 서방을 상대로 사재기(buying spree)를 계속했다. 1984년경 유럽과 일본을 상대로 한 도입 방식을 세련되게 개선해 나갔다.

1980년대 비밀해제된 문건을 보면, 서방측이 북한의 불법적인 무기획득 노력을 위협으로 인식하고 있음이 드러난다. CIA는 당시 "평양은 민간 및 군사분야 현대화를 최우선과제로 설정하고 서방이 보유한 첨단기술 획득을 당면 최우선 과제로 삼았다"고 분석하면서 다양한 영역의 민간분야와 이중용도 기술을 리스트로 만들었다. 또 "겉으론 노력하지 않는 것처럼 보이면서 서방의 첨단기술을 획득하고자 노력하는 많은 북한의 조직들은 "anything goes" 전략을 타깃으로 설정했다."

이는 "북한이 기술적인 항구를 은폐하려는 시도로 이어졌는데, 정교한 통신 및 전자 장비에 대한 시선을 돌리는 데서부터 하찮은 기술이지만 우선적인 물품(중장비 트럭 등)에 이르기까지." "기술적인 희망 리스트"에 포함된 이중용도 기술은 반도체, 컴퓨터, 전자통신 기술, 방위산업 장비, 운송수단 등이었다. 평양이 구입하려는 많은 기술과 설비 등은 북한으로 수출이 금지된 것이었다. 그래서 북한은 은밀한 획득 공작을 추진하게 되고 군사용으로 변형시킬 수 있는 이중용도 기술을 확보하려고 애쓰게 되는데, 이는 북한이 추진하는 핵심요소였다. 평양은 일본과 유럽을 무대로 첨단기술 획득 공작을 벌였으며, 재일 동포(조총련)와 북한에 협조적인 조직들이 이 공작을 도왔다.

1985년 초에 공개된 CAI 보고서는 다음과 같이 상술한다.
"평양은 일본을 상대로 첨단기술을 획득하기 위해 주력했다. 일본은 북한이 수입하는 물품의 70%를 차지했다.(2000년대 초 북한의 핵 개발로 인해 북한과 일본을 왕래하며 각종 물품을 실어 나르던 <만경봉호> 입항이 금지되는 등 북한에 대한 제재조치로 일본의 비중은 급격히 감소했다. 역자 주) 북한과 거래하는 많은 일본무역업체들은 재일동포였으며 평양에 대해 호의적인 사람들이었다. 지난 수십 년을 거치면서 평양은 일본기업들에게 접근하여 다양한 미국제 설비를 획득했으며, 여기에는 컴퓨터, integrated circuits, 마이크로웨이브 리서버, 선박엔진, 레이다 시스템 등도 포함되었다."

북한의 핵무기 프로그램을 지원한 초기 네트워크들은 소련과 중국을 훌쩍 뛰어넘어 살펴봐야 한다. 1980년대 말부터 부분적으로 양국이 북한에 공급하는 것을 꺼리는 것도 감안해서. 일본 조총련은 과학적 지원에 헌신적이었고 이중용도품목은 일본 시장에서 구입했다. 1980년대 말 거대한 지정학적 변화로 예측이 어려워진 상황을 감안하여 북한은 위험을 무릅쓰고(hedge its bet) 외국 기술 획득 소스를 다변화하기 시작하면서, 미국 정보기관들은 북한의 획득 과정에 관심을 갖기 시작했다. 작은 공산주의 국가들이 벌이는 행위를 흥미있게 모니터하는 것이었다. 북한뿐 아니라 바르샤바 조약 소속 국가들의 무기 판매 고객에 이르기까지.

3. Europe and the Cold War illicit arms trade(유럽과 냉전시기 불법무기 거래)

Hughes케이스는 미국이 제조한 항공기와 그 부품들의 이전에 관한 것이지만, 유럽 중개상들이 깊숙이 개입한 중대 사안이었다. 유럽에 거점을 둔 중개싱들은 1980년대에 제재와 수출금지, 금지된 고객(제재 리스트에 등재된 사람) 등과 같이 광범위하게 제재조치가 이루어지고 있는 상태에서 빈번히 미군의 군사기술 획득에 이용되었다. 유럽 각국은 미국 기술을 빼돌리는 '안전한' 도착지로 보였다. 나토회원국이 많은데다, 일부 국가들은 미군 외부에서 나가는 미국 군수물자를 수입하는 큰 고객이었다. 유럽 각국은 미국 측보다 수출통제에 크게 관심을 두지 않았다.

1980년대는 불법무기 거래의 성장기였다. 다방면에 걸쳐 살펴본 결과, 미국이 타깃 임을 시사하는 경우가 늘어났다. 최대의 블랙마킷이 이란 주변에 도사리고 있었다. 이란은 1980년부터 1988년까지 이라크와 값비싼 전쟁을 치르고 있었다. 이는 수백만 명이 살아가는데 드는 비용보다 많았다. 1984년 CIA는 이렇게 보고했다.

"북한이 이란에 대한 무기판매는 북한의 외화 수입의 1/3정도 되었으며, 1980년과 1983년 사이에는 10억 달러 이상에 달했다. 거래된 물품은 대부분 lower-end 테크놀로지로 구성되었다. 박격포, 항공기 고사총, 모르타르, 탄약 등이 운송의 다수를 차지했다. 탱크, 소형무기, 해군 어뢰, 對탱크 및 지대공 미사일 시스템은 제한된 수량만 판매했다. 이 시기 이보다 작은 블랙마킷도 가동되었다. 북한 주변을 포함해서."

COCOM(the Coordinating Committee for Multilateral Export Controls)은 미국, 나토, 호주, 일본 등이 공산국가들에 대한 전략적인 기술 수출 통제를 위한 비공식 협의체였다. 이 기구는 1949년부터 1994년까지 가동되었다. COCOM포럼은 참여국들에게 수출가이드라인과 통제품목, 그리고 실행 노력 시 상호협력방법 등을 조화시키는 수단을 제공했다. COCOM이 공산국가들에게 선진기술이 흘러들어가는 것을 성공적으로 막은 요인은 복합적이었다.

냉전은 러시아나 중국과 같은 공산주의 강대국들이 불법적으로 무기 등을 획득하는 의미 있는 시기였다. 이들 국가들은 자신들보다 훨씬 기술적으로 발달한 서방과 경쟁하고자 했다. 가장 잘 알려진 사례가 1980년대 벌어진 **도시바-Kongsberg 스캔들**이다.

소련이 첨단 기계 툴을 수입해서 잠수함에 장착할 소리나지 않는 프로펠러를 만들도록 지원하여 미국의 분노를 샀다. COCOM회원국 간의 긴장은 그 협약이 추구하는 정교한 목적을 다르게 해석하는데서 파생했으며, 이는 비효율로 이어졌다. 비공식적 협약의 성격은 미국과 파트너 국가들 간에 공산권에 대한 금수조치를 실행하는 방법의 차이를 노정시켰다.

1960년대와 1970년대의 지배적인 트렌드는 COCOM의 통제를 줄이는 방향으로 나아갔다. 소련의 아프가니스탄 침공이 이어진 1980년대까지 미국과 파트너 국가들의 시각은 더욱 다변화되기 시작했다. 서구와 일본은 동유럽과 소련과 접촉을 늘려 정치적 경제적 안정도를 높이고 동구와 서구 간의 상호의존망을 확립하는 것이 자신들의 정치적, 안보상 이익과 직결된다고 보았다. 유럽국가들과 일본은 공산권 국가로의 기술 통제 및 실행 필요성(소련 군사력 증강)을 공감하면서도 이 정책을 의심스러울 때 수출을 허가하는 것으로 해석하길 더 좋아했다.

금수조치가 모호한 면이 있어 1982년 CIA 문서는, 유럽인들은 다른 경제적 정치적 이익을 감안해서 수출통제를 '부차적인(subordinate)' 것으로 여겼다. COCOM회원국들이 폭넓은 실행을 선호하는 것처럼 말하지만 행정적인 조치를 주로 언급한 것이며, 회원국 대부분은 통제를 회피하는 수출기업들을 제재하는데 별로 열정적이지 않았다. 이는 불법적 무기 획득 네트워크를 폐쇄하고 미국 기술을 이용한 군수품 등의 수출에 간여한 기업이나 개인을 체포한 미국 정부의 조치와는 사뭇 다른 방향이었다.

유럽의 모호한 태도는 미국에게 숙제를 던져주었으며, 소련이나 북한과 같은 공산국가들에겐 기회였다. 1980년대 Operation Exodus는 미국 정부가 주도했으며 첨단 기술이 소련과 바르샤바 조약기구 소속 국가들에게 흘러가는 것을 막기 위해 미 관세청이 주도한 공작사업이었다. 첨단 기술이 북한과 같은 수출금지 국가로 흘러들이기는 것을 차단하는 부차적인 역할도 했다. 이에 미국은 다른 국가들이 미국이 추구하는 수출통제 전선으로 끌어들이기 위해 보다 창의적인 방법을 고안한다. 미국 정부는 Operation Staunch(견고한 공작)에 착수했다. 이란에 대한 무기 금수와 유럽국가들의 지지를 확보하기 위한 공작이었지만, 1986년 이란 콘트라 사건이 터지면서 난관에 봉착하게 된다.

유럽 국가 중에 서독은 외국 정보기관의 공작관들에게 특별한 기회를 제공했다. 서독을 소련으로 흘러들어가는 불법적인 획득을 저지하는데

'비효율적' 국가였다는 게 그 당시 CIA의 평가였다. 서독에서 1980년대 불법적인 수출을 실행한 케이스가 여러 건 발생했다. 1984년 5월 서독에 근거지를 둔 **Babeck Seroush**는 미국이 생산한 야간 투시경과 반도체를 북한으로 수출하려다 적발되어 미국 법원에 의해 기소되었다. Seroush는 앞서 언급한 Operation Exodus 공작의 일환으로 독일에서 검거되었다. 1984년 3월, 143개의 반도체를 선적하고 1984년 5월 두 번째로 금지명령을 받았다. 이 부품은 미사일과 야간 투시 장비에 사용될 가능성이 충분한 것이었다.

Seroush의 사업 파트너인 **Yuri Geifman**은 미국에 거주하며 필요품목을 획득했다. 북한이 요청한 271개의 아이템도 있었다. 채소구입 리스트처럼 가장하여 미국 국내용 혹은 유럽 바이어에게 팔 것처럼 하여 대놓고 관련 부품을 확보했다. Seroush는 Cologne게 근거지를 둔 수출입 기업 Interational Processing Systems GmbH 사 회장이었다. 이듬해인 1985년 그 회사는 두 번째 사건에 연루된다. 소속 직원이 1982년 경 전자부품을 빼돌려 소련에게 넘겨준 것이 드러난 때문이다. 이 사건의 경우 피고인들은 재판에서 "Babeck's datcha가 있는 국가'로 용품을 선적했을 뿐이라고 강변했다. Yuri Geifman은 추가로 3척 선적분을 확보해서 1983년과 1984년에 소련으로 재수출했다.

미국은 Seroush를 재판에 회부하기 위해 송환을 요구했지만 서독은 송환요청을 거부했다. 천의 얼굴을 가진 Seroush는 '이란태생의 공산주의자로서 1970년 경 소련으로 이주하고 소련의 붉은 군대를 위해 군사용 첨단기술을 밀수출하는 전문가였다. 감청 정보는 Seroush가 1976년 모스크바에서 전자전시회를 기획하여 이 분야에 선도적인 미국기업도 참여시키려 했다. 1989년 미국 대사관으로 귀순한 소련 첩보원은 "Seroush가 KGB에서 포섭한 요원이었다"고 주장했다.

첨단기술과 유럽국가들의 느슨한 규제는 북한에게 확실히 매력적인 획득전망을 가져다주었다. 외교관 탈을 쓴 북한 외교관들은 주요한 획득 에이전트였다. 1970년대 오스트리아 비엔나에 주재한 **김정렬**은 다양한 첨단기술과 사치품을 유럽 각국에서 구입하여 김정일에게 바친 인물이다. 김정렬은 첫 부임지로 동독에서 근무하고 동독의 자동차 제조 공장을 견학하고 학습했다. 이후 오스트리아로 부임하여 머신 툴, 방사선 탐지 도구, 가스탐지기, 다양한 실험 장비를 확보했는데, 코콤이 통제하는 품목도 포함되어 있었다. 또한 김정렬은 1980년대 초 새로운 탱크 유지 공장을 위해 장비를 조달하는 원천을 뚫기 위한 소위 'Project 303' 사업을 위해 몇 달에 걸쳐 독일, 오스트리아, 스위스 등지에서 머신 툴을 확보했다.

1980년대 중반까지 미국 정보기관은 많은 유럽국가들이 북한의 미국 기술 확보의 저수지가 되었다고 평가했다. 한 예로 1985년 CIA의 평가를 보자.
"스위스, 오스트리아, 영국, 서독, 프랑스 기업들은 미국 기술의 또 다른 중요한 원천이다. 평양은 컴퓨터, 마이크로웨이브 설비, 마이크로 포토미터, 측정기, oscillators, 제련 설비 등을 이들 국가들로부터 은밀히 확보했다."

이 미션 수행을 위해 동원되었던 유럽 주재 북한 외교관들의 행태도 기술했다. "평양은 상업적 수완이 가장 뛰어난 사람을 골라 유럽에 파견하고 1980년대 내내 북한은 서베를린을 주요 공작 거점을 삼았다."
북한인이 운영하는 무역회사는 가장 적극적이고 성공적으로 서방의 첨단 기술에 접근했다.

CIA는 그 미션의 역할에 관해 다음과 같이 기술했다.
"한정된 인원과 좋지 못한 평판에도 불구하고 비즈니스 전문가이기도한 해외파견 외교관들은 서방의 첨단 기술에 접근하여 기술을 빼내오라는 평양의 미션을 전 유럽지역에서 수행하는, 둘째가라면 서러워할 알찬 수단이었다. 외교관들은 무역회사처럼 유럽 전역을 휘젓고 다니며 금지품목을 확보했다. 우리는 북한 외교관들이 평양에서 파견한 비공식 대표단에게 각종 물품 획득 기회를 포착하는 방법을 브리핑하거나 코치한다고 믿고 있다. 중국과 소련 동맹들처럼 북한은 어느 정도 학문적 소양과 비즈니스 감각을 갖춘 대표단을 보내 기술정보를 빼내고 거래를 성사한다고 본다."

유럽 특히 서독은 북한 입장에서는 중요한 시장이었으며, 냉전시기 최대 규모의 불법적인 무기 거래 시장의 중심 거점이었다.

4. The Hughes deal : benign helicopters yet strategic implications?(휴즈 헬리콥터 거래: 은밀한 거래의 전략적 함의는?)

북한이 수행한 가장 대담하면서도 광범위한 불법무기 획득 공작은 86Hughes helicopters 입수 공작이다. 이 사건은 1981년과 1985년 사이에 벌어진 일이다. 86Hughes 500은 Hughes OH-6 Cayuse military light utility 헬리콥터의 민간 버전이다. 이 헬리콥터는 대량으로 제조되고 운용되었다. 1960년대 말부터 약 5천대가 생산되어 전 세계적으로 공군, 경찰, 소방청과 민간 기업에 이르기까지 광범위하게 사용되었다.

캘리포니아에 둥지를 튼 **2명의 형제(the Semlers)**가 캘리포니아에 주소를 둔 Hughes helicopters 사로부터 헬리콥터를 확보한다. 그 헬리콥터는 North Hollywood에 기반을 둔 회사로 운송되고 이후 서독 회사를 거쳐 북한으로 간다. CIA는 Semlers 형제가 평양을 방문하여 계약한 것으로 결론지었다. 당시 언론보도를 보면 그 형제는 85만 달러에 팔아 5백 내지 9백만 달러를 벌어들인 것으로 추정했다. 베를린 외곽에서 공작하는 북한의 'commercial officers'가 거래를 성사시키는 핵심 역할을 했다.

상무성 부차관보 **Ted Wu**는 워싱턴 주재 영국 관리들에게 주지시키기를 Semlers 형제가 1981년-1982년 사이에 거래를 성사시켜 1983년에 첫

선적을 했다고 말했다. 항공기는 Antwerp의 벨기에 공항에서 베를린으로 방향을 틀어 트럭에 하역한 다음 로테르담 항구로 가서 수련 화물선에 실어 북한으로 보낸 것이다. 1984년에 추가적인 선적이 이루어졌다. Wu는 북한이 마약으로 화물 값을 지불한 것 같다고 시사했다.

독일 본에 거주한 영국 관리는 다음과 같이 기술했다.
"미 대사관은, 그 케이스가 COCOM과 관련한 사안을 둘러싸고 Bonn(독일)과의 관계를 현재보다 훨씬 민감하게 만드는 것으로 생각지 않는다고 덧붙였다. 그것은 일도양단하는 이슈였고 치외법권에 대한 곤란한 질문을 나오게 하지 않았다. 그 혐의가 독일 땅에서 제기되지 않았다는 사실은 독일인들 입장에서 보면 안도하는 원천이었다. 독일의 사법·통제 기구들은 적어도 이 케이스만큼은 의문을 달지 않았기 때문이다."

영국 관리는 이전 문제를 놓고 독일 정부 관리들과 논의한 내용도 기술했다.
"이 사안이 COCOM 이슈를 놓고 미국과 독일 간의 대화에 어려움을 초래할지 여부에 대한 나의 질문에 대해, Gerhardt는 이런 어려움은 대단히 과장되었다고 말했다. 워싱턴 소재 언론들이 적대적인 코멘트를 보도하긴 했지만, 고위급 대화에서는 미국인 특히 펜타곤 조차 독일이 COCOM의 의무를 충실히 지키고 있어 만족한다고 말했다는 것이다."

논란이 되는 여러 설명들을 보면 미국 당국이 불법적인 거래에 대해 던져준 정보의 성격에 관해 생각케한다. 영국 문건들을 보면, Wu는 미국 국방정보국(DIA)이 처음 관련 정보를 던져주었다고 말한다. 다른 문건들은 미국 관세청이 일본인 고객의 MD500s가 북한인 화물에서 풀어헤칠 무렵 경고를 발했다는 것이다. NBC의 탐사보도를 보면, CIA가 그 네트워크를 줄곧 모니터했으며, 정보공작이 누설될 것을 염려하여 행동을 취하지 않았다는 것이다. 언론보도는, 미국 정부의 여러 부처들이 그 거래에 관한 정보를 효과적으로 공유하지 않았고, 경고조치가 늦어져 CIA가 지켜보는 동안에 그 헬리콥터가 북한으로 넘어 갔다는 것이다.

몇 년 후 CIA는 Hughes 구입을 '장대하고 희귀한 성취(a spectacular, but rare, achievement)' 라고 술회했다.

미국에 근거지를 둔 Semlers 형제는 1987년 수출규정 위반, 음모, 허위진술, 세금회피 등 27개 혐의로 기소되었다. 1988년 죄를 경감받는 조건으로 플리바게닝을 신청하여 3년형을 언도받아 1년간 옥살이를 했다. 그 헬리콥터가 군수용이라기 보다 민간용이었기 때문에 서독회사인 Delta-Avia는 독일 법을 위반하지 않았다. 비록 그 회사가 1985년 2월 미국 정부에 의해 블랙리스트에 등재되어 있었지만. Hughes 헬리콥터는 자사제품을 변종하는 것을 알지 못해 아무런 행동도 취하지 않았다. 미 정부는 그들의 잘못은 아니라고 기록했다.

냉전기 가장 규모가 크고 대담한 불법적 무기이전에 관해 - 어떤 의미에서 light utility 헬리콥터라는 물품 이전-은 대단히 상냥한 것이었다. 민수용 기계들은 언제든지 군사용으로 전용될 수 있고 오늘날 까지 북한 헬리콥터 목록의 핵심 파트를 차지하고 있다. 어느 시점에서 이중용도물품으로 밝혀지는 민수용 헬리콥터 이전은 우려할만한 전략적 함의를 던져준다. 그 함의는 물품 그 자체가 갖는 위협을 훨씬 넘어서는 것이다. DMZ에서 근무 중인 한국군과 미군이 사용하는 모델과 유사한 것을 사용하는데서 괴이한 위험들이 시작되는 것이다.

남한은 1970년대 미국으로부터 유사한 헬리콥터를 34대를 구매했다. 1977년과 1985년 사이에 미국의 라이센스를 받아 175대를 자체 생산했다. 이렇게 새롭고도 은밀하게 획득한 항공기와 유사한 것이 북한에 넘어갔다는 것은 북한에게 새로운 기회를 준 것이나 다름없다. 1985년 4월 WP지는 "북한으로 넘어간 헬리콥터가 남한 영공을 침범한 적이 있다"는 기사를 실었다.

그러나 서울에 주재한 미국 고위 관리들은 단호하게 부인했다. 하지만 영국 관리들은 한국 정부가 새로운 또는 그 이상의 군용 하드웨어의 공급과 구매에 대해 미국과 더 강력한 협상 위치에 설 수 있도록 노력을 기울이고 있었다. 이 시점에 전두환 대통령의 미국 방문은 헬리콥터에 대한 우려로 인해 다른 안건을 삼켜버렸다.

미 상무장관은 영국 측 카운터 파트를 상대로 다음과 같이 말했다.
"전두환 대통령 방문기간 중 거의 1/2을 이 문제에 대해 말했다. 남한사람들은 매우 강하게 주장했다. 북한으로 간 Hughes헬리콥터가 불법적으로 변형된다면 남북 간의 전략적 균형을 깰 것이라고. 그 헬리콥터는 군사작전 뿐 아니라 남한 정부 전복에도 악용될 수 있다고. 특히 1988년 서울 올림픽에 위협적 존재로 부상할 것을 우려하여 DMZ 내에 이런 타입의 헬리콥터 모두를 철수했다고 강조했다."

이런 남한의 우려를 미국 관리들도 공감했는데, 미군은 유사한 헬리콥터를 DMZ 근처 작전에 운용하고 있었다. 1985년 CIA 조사보고서를 보면, "Hughes500은 침투에 매우 적합하다. 이유는 남한이 보유중인 195 Hughes500과 구분이 잘 안되기 때문이다. 남한에 첩자 혹은 테러리스트를 투입하기에 이상적이었다."

그해 5월 영국 측 카운터파트와 만난 Richard Perle 국방부 부차관은, 미국은 '유사한 것(look alikes)'으로 인해 파생되는 위험에 대한 연구를 시작했다고 말했다. 그러면서 "북한이 밀수한 헬리콥터에 남한 칼러를 칠해 사용하면 심각한 군사적 결과를 낳을 것이다. 바르샤바 조약기구 소속 국가들이 서방으로부터 상업적으로 이용가능한 설비를 구입하여 군시적으로 전용하는 시니리오를 연상하면 이해하기 쉽다."

Hughes헬리콥터 사건은 수출위반과 불법적 무기거래가 유발한 리스크의 전략적 차원을 부각시켰다. 그 당시로선 크게 고려한 사안이 아니었다. 미국 정보당국은 이 문제를 고민하는 쪽으로 방향을 틀었다.

A technological Berlin tunnel?(기술적인 베를린 터널?)

Hughes헬리콥터를 북한으로 몰래 운송하는데 있어 북한인들의 역할은 동 헬리콥터의 부품을 민간분야 공급망에서 확보하는 것이어서 이를 차단하기 위한 조치들이 취해졌다. 1985년 4월, 미 대사관이 영국 정부에 보낸 서한을 보면, 미국은 "북한이 최근 획득한 헬리콥터의 기능 유지와 부품 확보를 위한 공급 채널을 만들기 위해 부심하는 만큼 이를 저지하기 위해 양국이 콘서트와 같은 조화로운 노력이 특별히 필요하다"고 강조했다.

1985년 6월 CIA 정보보고서는, 북한이 이미 출처를 정확히 알 수 없는 곳에서 MD500s 부품을 확보했다고 기술했다. 이는 Hughes헬리콥터 거래에서만 드러난 독특한 문제는 아니었다. 1980년대 미국은 거대한 second hand와 이란 에이전트들이 주도하는 유럽시장에서 F-4s, F-5s, F-14s에 대한 부품 확보 움직임을 차단하고자 고군분투해왔다. F-4s 등은 미국이 이란 혁명 전에 이란에 제공한 무기들이었다. CIA는 1984년에 "많은 부품들이 스위스 국방간행물 <Interavia>에 등재된 회사와 계약하는 방식으로 주문되고 있었다"고 말한다.

남한은 영국과 다른 국가에 대해 부품이 초래하는 우려사항을 전달하고자 애썼다. 남한 정부는 Hughes헬리콥터와 부품을 제조하는 모든 국가를 접촉했다. 일본, 아르헨티나, 이탈리아는 물론이고 호주, 캐나다, 콜롬비아, 영국과 멕시코에 있는 부품을 배급사의 리스트까지 제공했다. 영국 관리는 "엔진이나 항공전자기기(avionics)와 같은 많은 부품들이 COCOM망에 적발될 수 있었으며, wheels과 같은 것은 적발대상이 아니었다"고 술회했다. 미국은 특별 라이센스 요구품에 무게를 두고 1985년 3월부터 최종용도에 대한 설명서를 요구하고 rotor(회전자), blade(날)와 같은 핵심부품에 대한 우려를 표명했다.

베를린 주재 북한 대사관 외교관이 세운 front company는 동 헬리콥터 북한 운송에 대한 1차적인 간여를 하고, 부품확보를 위해 북한의 전진기지로 활용되었다.

북한은 German Democratic Republic(DDR, 동독)과 오래전부터 밀착해왔으며 그래서 냉전기 동안 동베를린에 대규모 대사관을 운영할 수 있었다. 1983년 동독 **슈타지** 보고서에 의하면,
"북한인들의 미션에는 외교관 30명, 행정요원 15명이 가담했으며 딸린 식구만도 90여명에 달했고, 동독 주재 북한대사관이 유럽에서의 불법적 무기 획득 등을 하는 중심 허브역할을 했다."
"베를린 Schonerefeld에서 북한으로 가는 정기항공편을 이용하여 북한 대사관은 필요한 물품을 모으는 중심 거점역할을 하면서 북한으로 실어날랐다. 북한은 서유럽에 소재한 한국 대사관으로 부터도 이런 용품들을 받았다."

1986년 1월 미국은 동베를린 주재 북한 대사관 외교관 4명을 추방하고자 영국의 지원사격을 얻고자 했다. 이들이 베를린을 통해 서방의 첨단기술을 빼내려고 했다는 이유였다. 1985년 가을 미국인들은 "5만 달러 상당의 헬리콥터 부품이 Delta-Avia로부터 회사가 소재한 서베를린으로 운송하기 위한 'firm indications'를 수령했다. 이 회사는 <Killewald Expotrans Gmbh>였으며 Schonerefeld공항에서 북한으로 실어날랐다.

<Killewald Expotrans Gmbh>은 북한외교관들이 front company로 적극 이용했으며, 당시 그 회사 오너는 북한의 불법적 행위를 돕는 꼴이 되고 있다는 것을 몰랐다고 주장했다. 서베를린에 소재한 Killewald는 제 3국 허브라는 장점을 활용하여 이득을 챙기는 중간기지 역할을 했다. 서베를린은 동베를린이나 북한보다도 수출에 대한 우려가 적었다. 서베를린을 통한 군사용품 운송에 대한 제약이 있긴 했어도, 북한 공작원들은 외교적 지위 덕택에 분단된 베를린시 모두로부터 금지당하지 않았다.

한편 베를린 장벽 너머로 Killewald와 북한과의 밀착관계에 대한 루머가 나돌기 시작했다. 뉴욕타임즈는 서베를린 TV 영상팀이 북한 외교관들이 한 달 동안 매일 <Killewald Exportrans>로 가는 상황을 촬영했고, 북한 공작요원들이 서베를린 외부에서 밀수한 헬리콥터 부품을 외교관 전용차편을 이용하여 싣고 다닌 상황을 파헤쳤다"고 보도했다. US의 NBC 탐사보도팀은 다음과 같이 보도했다.

"전 세계 북한 공작원들은 동베를린에 거점을 둔 북한의 고위 정보요원의 지시아래 밀수공작을 하고 있으며, 그들은 서베를린에 있는 운송회사를 활용하여 이 프로그램을 가동하고 있다. CIA는 북한 에이전트들의 행동을 알았다. 북한인들이 가동하는 네트워크는 운송회사 혹은 소비에트 front라는 권위를 인용해서 활동했는데, 이게 버그가 나서 미국 정보요원들이 북한 공작원들의 음모를 청취할 수 있는 계기가 되었다."

대사관에 소속된 정보요원들과 외교관들은 불법적인 물품획득과 무기거래를 위한 기회를 확실히 제공했다. 면책특권을 가진 사람들과 함께 핵심 시장 근처근거지를 마련하여 무기밀매 네트워트의 유용한 노드로 활용했다. 외교관 면책특권에다가 이 문제가 초래하는 정치적 외교적 파장으로 인해 이런 자산들은 이 네트워크에 대응하려는 사람들에게는 사악한 과제를 던져주었다. 이 과제는 특정 정부와 정보기관이 적대적인 정부에서 대사관이나 외교관 신분을 첩보 목적으로 악용하는 것을 제한하면서 부딪치게 되는 것과는 사뭇 달랐다.

5. Countering the Berlin network: challenges of investigation, jurisdiction and immunity(베를린 네트워크 대처: 조사, 사업관할권, 면책 특권이란 과제)

북한의 외교관 신분을 악용한 무기 밀매네트워크에 대응하는 것은 외교적 면책특권과 베를린의 분단으로 인한 재판관할권을 둘러싼 정치적 판단까지 얽혀 복잡했다. 이는 더 큰 모호성을 낳았다. 특히 북한이 악용하는 COCOM을 둘러싼 사안이 가장 큰 문제였다. 베를린의 통치는 2차 대전이래 AK(Allied Kommandatura)가 감독했으며, 소련이 1948년 철수한 뒤에는 미국과 영국, 프랑스가 나누어 맡았다.

소련 대표의 부재는 AK가 유일한 서방지역에서 일어나는 사건에 대해 사실상 유일한 영향력자임을 의미하는 것이었다. 동베를린은 이 통제를 효과적으로 벗어난다는 것을 의미했다. 미국은 부품을 선적하게 된 네트워크를 조사하기 시작했다. 1985년 10월 가치 있는 정보를 바탕으로. 그 네트워크는 미국이 이를 추적하고 있음에도 불구하고 실처럼 치밀하게 짜여있었다.

베를린에 있는 미국 요원은 다음과 같이 증언했다.
"장관, 사령관, 대사들은 매단계마다 베를린과 연관되는 행위들이 있는지를 확인하기 위해서 밀접하게 의논해왔다. 기존의 베를린이 표방한 합법적인 절차를 준수하는지 따졌다. 우리는 특별히 마크하길 원했다. 우리는 미국이나 독일법정의 조사 결과를 이용하기 위해 우리의 능력을 위험에 빠트리지는 않았다. 베를린에서는 '관련된 법률적 특권'을 사용하는 것을 놓고 논란이 있는 것을 감안해서 이 문제를 필요하다면 독일 당국과 다루고자 했다."

1985년 12월 서베를린의 여러 군데서 적지 않은 조사가 이뤄졌다. 동년 12월 19일 Killewald 선적에 대한 조사는 베를린 관세청이 보세창고에서 수행했지만 헬리콥터 부품은 찾지 못했다. 12월말 미국은 서베를린 경찰에게 지시하여 두 개의 다른 properties를 조사하도록 했으나, 별무소득이었다.

이에 미국 관리들은 다음과 같이 말했다.
"헬리콥터 부품을 포획하는 것이 우리에게는 중요한 사안이어서 불가피하게 의혹이 있는 사안을 빨리빨리 진행할 수밖에 없었다. 우리는 리딩이 되는 건을 조사해야 한다는 의무감이 있었다. 이유는 가급적 빠른 시간 내 이를 보고 배워서 헬리콥터 부품들이 베를린을 떠나기 전에 부품을 찾아내는 능력을 키우려는 생각이었다."

영국은 이 속도를 따라잡지 못했다. 동의를 받아야 하고, 정보도 공유해야 하는 관계로. 그러면서 베를린의 영국 섹터 내의 properties(재산, 부동산)에서 일어난 것만 조사했기 때문이다.
"어설픈 미국의 행동은 영국인들에게 분노를 야기했다. 영국은 만약 베를린 관리가 자신들의 권위아래 조사를 착수한다면 크게 우려하지 않는다고 미국에게 분명하게 말했다. 그러나 allied 지침이 필요하다면 이에 관한 정보도 제공하고 논의할 여지가 있다."

두 번째 조사에서도 헬리콥터 부품을 찾아내지 못한 것은 '별로 놀랄만한 일'도 아니었다. 이유는 두 번째 전제는 'comprised of residential apartment(주거용 아파트)'를 조사하는 것이었기 때문이다. 두 번째 조사는 베를린 법정에서 occupier, '의심스런 평가를 받는 법률가'들로부터 공식적인 문제제기를 당했고, 이 사건과 관련해서 포획한 서류들에 대한 논란으로까지 이어졌다. 영국은 다음과 같이 기록했다.

"미국인 스스로 빠져든 곤경을 작은 Schadenfreude에서 탐닉하고 싶은 유혹이 될 수 있다. 그 사건이 동맹들끼리 정한 재판관할권에 관해 동맹들에게 진지한 시사점을 던져주지 못한다면."

미국은 COCOM의 틈새에도 불구하고 1986년 1월 "북한인들이 1946년 12월 통과한 AK법 43조를 어겼다"고 주장했다. 이 베를린법의 타이틀은 'prohibition of the Manufacture, Import, Export, Transport and Dtorage of War Materials'로서, 확실히 자기설명적이고 박물관 물품을 제외한 첨단기술 리스트에 적용되었다. 'Group V'의 리스트에는 모든 종류의 항공기 등이었다.

Article Ⅵ에 따르면 법을 어기는 사람은 군사정부 법정에 회부되어 5년형, 1년에서 15년 사이의 강제 노역까지 언도받을 수 있는데, 심하면

사형 또는 평생 중노동에 처해질 수 있다. 면책특권을 가진 북한 외교관들은 체포나 기소되지 않았다. 그래서 미국은 주장하기를 AK Law 8은 1950년부터 '추방위원회'를 열어 'Greater Berlin'으로부터 북한인들을 추방한 적이 없다. 비독일인들이 연합군의 안보권위나 공공질서 유지를 위태롭게 할 경우에 적용하는 조항이다.

'Greater Berlin'은 사실상 서베를린을 지칭했고 거의 40년간 소련이 없어 AK 법을 적용하지 않았고, 서방세력들의 요구에 의해 소련이나 DDR은 외교관을 추방하는 경우가 간혹 있었다. 영국은 이 케이스에 AK Law 8 적용하는 것을 기피했다.

FCO 법률자문관은, AK Law 8 NO2가 규정한 Allied Forces라는 용어는 그 중에서도(inter alia) Allied Kommandatura와 각 사령관, 그를 대신해서 권한을 행사하는 사람과 점령군대까지 포함하는 것으로 해석했다. 서베를린에서의 북한인들의 존재와 AK Law 43조 위반만으로는 '공공질서 유지를 위태롭게 하는 것'이 아니었다. 그런 행동은 '동맹군의 안보 혹은 권위를 위태롭게 하는 것'으로 보고 논의하는 것이 합리적인 것처럼 보였다.

그런 추방이 실제로 하는 것은 무엇인가? 동베를린에서 일하거나 거주하는 북한 외교관들은 서독에서 체포되면 서베를린에서 DDR로 추방될 것이며 서방으로의 입국을 거부당할 것이다. 물론 추방되어도 DDR을 통해 동베를린으로 다시 들어올 수는 있다. 1974년에 일어난 추방 사건이 적절한 사례가 된다. 동베를린 주재 폴란드 대사관에서 Shipping Affairs 책임을 맡은 Assistant Attache였던 **Eugenuisz 사건**이 그것이다.

그는 서베를린의 영국 섹터에서 체포되어 곧바로 스파이활동 혐의로 추방되었다. 몇 달도 안되어 1986년 4월 5일 서베를린 나이트클럽 La Belle 폭탄테러 발생으로 미국 군무원 2명을 포함 3명이 죽고 230명이 부상을 입는 사건이 발생했다. 1986년 4월 AK Law 8은 동베를린에 주재한 리비아 외교관을 조치하는데 적용되었다. 나이트클럽 폭탄테러

연루 혐의로. AK Law 8은 이 이후에도 1986년 11월 Greater Berlin 으로부터 33명의 시리아인과 이라크인 한 명을 추방하는데 이용되었다. 프랑스는 1986년 7월과 11월 두 번에 걸친 파리 테러공격을 받은 뒤에야 두 번째로 이를 지지했다.

미국 베를린 사령관의 역사는 PNG를 관철하기 위한 노력에 관한 통찰력을 준다. 리비아인 추방에 관한 얘기다.
"이 조치의 실제적인 결과는 리스트에 등재된 인물들이 접경 지점에 어슬렁거릴 경우 경찰이 빡빡하게 감시하는 것인데, 기차 플랫폼을 체크하는 'flying squad'도 포함했다. 그로인해 서베를린으로 가는 도중에 설치되어 있는 통제구역을 지나가거나 탐지되지 않는 지역으로 비즈니스로 가는 사람들에게는 매우 어려운 일이 되었다."

테러 커넥션은 동독 당국으로부터 보다 의미심장한 반응을 끌어냈다. 불과 몇 달 전에 북한인들의 무기 밀매한 것 등. 동베를린 Karlshorst 소재한 리비아 대사관은 경찰로 둘러싸여 아무도 당국 모르게 들어가거나 떠날 수가 없었다. 리비아 관리들의 일거수일투족은 공개적이면서도 엄중한 감시아래 꼼짝달싹도 못했다. 촘촘한 감시망으로 인해 리비아인들이 불법적인 공작을 수행하기에는 한계가 있을 수밖에 없었다.

흥미롭게도 리비아 사무소를 상대로 한 조치 필요성에 대한 GDR의 시각은 Greater Berlin에서 리비아 외교관들의 존재를 'considerably (현격하게)' 축소하려는 미국의 시각과 매우 흡사했다. 1986년 11월에 추방된 시리아인들에 관해 "첫 추방이 일어난 날은 블랙리스트에 등재된 시리아 외교관이 Charlie 검무소를 넘어가려고 시도한 때이다.

그는 Mission 관리로부터 추방명령을 받은 서베를린 경찰에 의해 체포되었으며 동베를린 중심가에서 상당히 떨어진 GDR- 서베를린 건널목이 있는 도시에서 쫓겨났다. 그 도시의 서부 경계선에 있는 검문소에서 추방된 북한인들은 동료들이 데리러 올 때까지 기다려야 했다.

그 동료들은 150km나 되는 힘든 여정을 하고 추방된 동료를 데리고 거의 4시간이나 걸려 소비에트 섹터로 돌아와야 했다.

6. Expelling the North Koreans : a largely symbolic PNG(북한인 추방: 상징적인 PNG)

1986년 당시 동베를린 대사관에서 근무했던 영국 관리는 북한사람들과 관련된 사건을 놓고 베를린이 분할 된 관계로 재판관할권을 둘러싸고 적지 않은 어려움이 있었다고 말한다.

서방 섹터로 접근하는 것을 금지하는 것이 현실적이라고 생각하는지? 동맹국들은 GDR(독일민주공화국, 동독) 카운터 파트와 같은 열정을 갖고 접경지점을 순찰할 준비가 되어있는지?

GDR은 베를린 지위문제를 둘러싼 고민거리에 대해 그다지 심각하게 바라보지 않고 있지만, 그것들이 해악을 끼칠 수 있는 절호의 기회가 주어진다면 그렇게 할 것이다. 북한사람들에 대한 차단 실패는 서방측의 주장이 빈깡통 임을 퍼레이드처럼 나열하는 것으로, 베를린에서도 써먹을 수 있는 말이 될 것이다. AK Law 8의 법률적 실제적 측면에 관한 영국의 의구심을 뒤로 하고 1986년 1월 중순 Allied Legal Advisers간의 논의한 결과, 추방을 정당화하기 위해서는 동법 43조를 어긴 명백한 증거가 필수적이라고 결론지었다.

1986년 2월 미국인들은 여전히 추방하도록 압박했다. 프랑스는 같이 따라가는 것에 행복해했다. 영국인들은 법률적 근거와 강행하기 어려운 추방조치에 대한 회의감을 갖고 있으면서도 미국의 요구에 순응하고자 했다. 미국인들은 AK Law 43항의 링크를 끊기로 결심하고, AK Law NO. 8 조항을 근거로 추방하는데 초점을 맞추어 북한사람들을 추방하고자 했다. 동맹군들의 안보와 권위를 위태롭게 하는 존재라는 이유로.

영국은 여전히 유보적인 태도를 고수했다. 동맹군을 위협할 정도로 명백한 위협이 없었다는 이유에서였다. 동맹군의 권위에 대한 위협도 '매우 막연한' 것으로 치부했다. 미국인들은 첫 추방은 북한인들을 서베를린을 피하게 만들었고, 필요시 언제든지 제거할 수 있다면서 한방 먹였다. 영국 대사는 미국과 행동을 같이할 의향을 가지면서도 서독 정부에게 이렇게 말했다.
"우리는 북한 사람들이 무기밀매 네트워크 속에서 장난쳐 온 것들에 대해 명확한 생각이 없다."

영국으로선 정보기관이 제공한 정보는 허약했다. 그저 '강력한 주변 상황에 대한 증거'뿐이었다. Bonn 주재 영국대사는 이렇게 정리했다.
"그럼에도 불구하고 당신이 말한 것처럼 COCOM의 규칙을 깨는 어떠한 행동도 대체로 서방에겐 위협이다. 그리고 나는 우리는 미국인들의 노력을 좌절시킬 수 있는 강력하고도 충분한 근거를 갖고 있다고 생각지 않는다. 워싱턴이 강력한 느낌을 갖고 있고, 프랑스가 지지하며, 서구 사회에서 북한을 동정하는 마음이 별로 없는 것들을 고려한다면."

AK Expulsion Board는 2월 24일 회동하고 북한인 4명을 추방키로 결정했다. 추방이유가 흘러나왔다. "4명의 북한 요원들은 서방의 섹터에 설치된 사무실에서 불법무기 거래를 목적으로 활동해왔다."

다음 날 추가 조사가 서베를린에 있는 두 개의 사무실을 상대로 진행되었다. Killewald를 포함하여 PNG를 당한 4명을 집중 조사했으나 별다른 근거를 찾지 못했다. Killewald 사무실에 북한인 2명이 근무하고 있긴 했지만. 북한 대사관은 추방 조치에 대해 비즈니스는 성격상 시민들의 작품이며, 추방조치는 정당한 것이 아니고 조선인민공화국을 적대시하는 남한과 미국의 적대적인 음모 때문이라는 성명서를 내놓았다.

연합군 지휘관들은 미팅을 갖고 북한대사관의 항의성 멘트에 대해 상당한 모욕감을 드러냈다. 미국 부사령관은 'Kommandatura'라는 단어는 스펠링이 틀렸다고 지적했지만, 프랑스 부사령관은 AK가 남아있는 AK 3개 회원 중 어느 누구도 외교적 관계가 없는 국가로부터 서신을 받은 것은 처음이라고 언급했다. 북한은 DDR, 소련, 바르샤바 조약 소속 국가들이 서방을 향해 겨누는 안보 위협에 비하면 1순위는 아니었다. 그리고 그 서한을 베를린 주소란에 GDR에 대한 어떠한 명기도 하지 않고 평범한 봉투에 넣어 발송자에게 반환하기로 의견을 모았다.

첫 추방이 있은 지 꼭 10개월이 되던 1986년 12월 미국은 재차 3명의 북한 외교관을 추가로 추방하도록 압력을 넣어 관철시켰다. 이 3명은 추방된 4명의 업무를 인계받은 자들이었다. 이 때 영국은 북한외교관들이 불법적 기술 이전에 간여한 대략적인 개요를 담은 의미 있는 정보를 수집했다. 이에 CIA는 후에 "북한인들은 1986년 7명이 활동을 금지당하기 전까지 서베를린을 유럽지역 공작 주요 거점을 이용했다"고 기술했다. 북한의 무기 밀거래에 대한 정보는 북한의 네트워크와 활동방식에 대한 통찰력을 주었다. 한계가 있는 정보이긴 했지만 북한의 밀거래 네트워크를 조사하는 실제적인 과제와 외교적으로 동맹국들을 설득하는 근거로 사용되었다.

7. plus ca change, plus c'est la meme chose?

그 일이 있은 지 2년이 지난 1989년 11월 베를린 장벽이 무너졌다. 몇 년 전 한줌도 안되는 외교관 추방은 더 이상 문제되지 않았다. 그러나 베를린 주재 북한대사관은 여전히 북한의 각종 물품 확보 네트워크의 핵심 노드로 남았다. 2000년대에 공개된 일련의 독일 정보기관 보고서를 보면, 북한대사관이 여전히 각종 용품 획득 활동을 하고 있으며 특히 북한 정보요원들의 활약이 크다."

2006년 보고서는 이를 상술한다.
"북한대사관 내 북한 정보기관 지부는 북한의 독일에서 구입하려고 계획한 각종 물품의 구매 시설 중 일부였다. 민감한 분야(핵과 미사일 프로그램)에서 사용할 메탈과 관련한 특수기계를 확보하려는 여러 차례의 시도는 적기에 포착하여 북한으로 가는 것을 저지했다."

2012년과 2013년 독일 정부에 따르면 베를린에 거점을 둔 북한 외교관들은 이중용도 품목인 multi-gas monitor를 획득하려다 쫓겨났다. 독일 당국은 법률적으로 조치하지 못했다. 그들이 외교적 신분이었기 때문이다. 2018년 독일 정보기관은, 북한의 베를린 대사관은 미사일과 핵과 관련된 이중용도 물품을 확보하는데 이용되어 왔다고 보고했다.

13년이 지난 후에도 북한외교관들은 여전히 북한의 무기거래 네트워크의 심장역할을 하고 있다. 2016년 유엔 전문가 패널은 북한에 대한 제재를 하면서 북한의 외교 네트워크를 제재 대상에 '**지속적인 패턴**'으로 집어 넣어야 한다고 지적했다. 그 네트워크는 북한 외교관들이 무기 밀거래 공작을 수행하는데 필요한 몇 안 되는 신뢰받는 핵심 노드에 의존한다. 2017년 전문가 패널은 "외교관, 무역대표부 대표들은 조직적으로 금지된 물품 판매, 획득, 자금조달, 병참 등 분야에 핵심역할 수행한다.'고 지적했다.

오늘날 북한의 제재 회피 노력에 대한 분명한 목소리를 넘어 지금까지 상술한 모호하기까지 한 냉전시절 무기 거래 역사는 오늘날에도 교훈을 던져준다. 수출에 대한 사법적 조치를 위한 행동, 조사, 정보수집 등에 대한 여러 도전과제를 제시한다.

Intelligence, investigation and action(정보, 조사, 그리고 행동착수)

은밀하게 이루어지는 불법적 네트워크 상에서 은밀하게 이루어지는 내용을 적시성 있게 실제적인 조치로 이어지는 정보를 수집하는 것은 오랜

공을 들어야 하는 지난한 작업이다. 나아가 오랜 기간 정보평가해온 것들을 토대로 불법적인 행위 패턴에 대한 전체적인 그림을 그린다. Hughes 케이스는 미국 정부가 북한 공작원들의 행동 양식을 분명히 인식하고 있더라도 북한의 네트워크에 대해 실제적인 조치를 하는데는 각고의 노력이 필요함을 보여준다.

초국가적인 수출 행위 케이스는 정보공동체에게는 복잡한 과제이다. 미국이나 다른 나라 정보기관이 다 함께 단합하여 효과적으로 대처하는 것이 필수적이며, 이에 더해 정보기관은 법집행기관과도 협력해야 한다. 관세청이나 상무성, 국무부 등. 동맹국이나 베를린 경찰 등 해외 파트너와 작업하는 일은 손쉽게 조사하기 위한 놓쳐서는 안 될 대상이다.

조사과정에서 비밀 유지에 못지않게 정치적 도전과제도 해결하고 협력적 태도로 진행해야 한다. 다양한 행위자들은 감시하고 꽌련 증거와 행동에 대한 증거를 수집하는 일이 과제이다. 이런 모든 과제들이 정부기관들의 우선적인 활동목표가 되어야 한다. 북한은 베를린 내 혹은 주변에 있는 소련이나 바르샤바 조약 국가들에 비해 우선순위가 크게 낮은 국가이다.

Jurisdiction(관할권)

정보기관은 사법적 관할권을 쇼핑하듯이 누비는 불법적 네트워크와 경합해야 한다. 편리한 곳이 어딘지, 공급 옵션은 풍부한 곳이 어딘지, 법집행과 규제가 느슨한지, 비용이 저렴한지 등이다. Hughes 케이스는 이 같은 고충을 여실히 보여준다. 북한인들은 동유럽에서 규모가 가장 큰 서베를린 대사관을 활용해서 특권적 지위를 이용하여 여러 나라 국경을 휘젓고 다니고 규제가 느슨한 시장의 틈새를 파고들었다. 수출서류 작업에 활용된 제한된 눈초리를 이용했다.

관할권은 또한 북한의 네트워크 악용을 대처하는데 문제를 던져주었다. 40년동안 베를린 군사법이 제공한 법률적 근거는 구시대적 유물이 되었고, 무정부와 같아 당면한 문제에 적용하기가 쉽지 않았다. 베를린에서 관할권 이슈는 북한에게 퇴거에 저항하는 방식으로 대응하게 만들었다. 최종적으로 큰 의미는 없었지만.

관할권 이슈는 유사한 방식으로 오늘날의 북한 네트워크 문제를 대처하는데도 여전히 문제로 남아있다. 각국은 시대에 맞지 않는 각기 다른 법률을 갖고 있고 불법적인 사항에 대한 제재 의지와 능력도 상이하다. 북한의 구매 네트워크들은 종종 여러 지역의 관할권을 넘나들고 있어 골치 아픈 과제이다.

Immunity(면책)

특정국의 구매와 판매행위는 항상 해당국이 가진 자산 즉, 외교관, 정보요원, 무기거래 회사 대표, 선박회사나 항공기와 같은 국가소유의 운송자산 등이 개입한다. 각국은 항상 외교관 면책특권을 악용할 개연성을 갖고 있다.

1961년 외교관에 대한 비엔나 협정에 명시된 것으로 구매와 판매 요원들을 외교관으로 승인해준다. 면책특권으로 인한 처벌 면제는 구매행위를 일삼는 요원들에 대한 처벌과 조사에 어려움을 가중시킨다.
오늘날 북한은 외교관 특권을 무제한으로 향유하고 있는 국가이다.

어둠 속에서의 정보공작

CIA 밀라노 지국의 Abu Omar 납치 공작 전모 노출, (2003년 2월)

디지털 시대 변화에 발빠르게 적응하지 못하고 아날로그식 방법으로 테러리스트 납치공작을 벌였던 CIA의 신분노출 사례이다. 납치는 성공했으나, 각종 디지털 기록을 분석한 이탈리아 검사의 집요한 추적으로 납치에 가담했던 CIA 요원 23명이 궐석재판에 기소된 사건이다.

2003년 2월 17일 이탈리아 밀라노에 살고 있던 이집트 국적자 Osam Mustafa Hassan Nasr(약칭 Abu Omar)가 Via Guerzoni 거리를 걷는 도중 사라졌다. 목격자들은 오마르가 사라진 순간에 대해 언급했다. 그가 핸드폰을 들고 있는 남자에게 무언가를 말했다고.

이탈리아 검사들은 1년이 지난 후 이 사건에 대해 오마르가 설명한 것을 깨닫게 되었다. 오마르가 2004년 4월 이집트 한 가옥에서 연금되어 있을 때 가족에게 전화했을 때를 상기했다. 오마르는 그곳에서 심문을 받고 있었지만, 자신의 주장 말고는 납치는 물론 이집트에서 1년 이상 갇혀있는 상황을 입증할 물적 증거가 없었다.

검사들은 물적증거가 거의 없는 상태에서 디지털 데이터를 뒤지기 시작했다. 핸드폰 가입자 인식모듈(SIMs: subscriber identify modules)을 토대로 납치지역 주변과 납치를 전후한 2시간 대역을 추적했다. 로컬 휴대폰 중계 기지를 통해 1회 이상 통화한 11개의 SIMs를 파악했다. 처음에는 몇 초 정도 통화하다가 시간이 지나면서 통화빈도수가 늘었고, 납치 순간 피크를 이루었다가 납치 후 갑자기 통화가 중단된 것을 확인했다.

SIMs는 또 다른 SIMs와 링크되어 핸드폰 사용자의 전체 네트워크를 파악할 수 있었다. SIMs 분석과 납치지역에 대한 위치정보 분석을 통해 검사들은 여러 팀이 합동으로 이 공작을 벌인 것으로 추정했다. 납치조, 지원조 등이고, 차량 3대가 납치범을 태운 후 Aviano Air Force 공항으로 간 것도 알아냈다. 카라반에 등승자 중 누군가는 버지니아 근교에 속한 핸드폰으로 Aviano AFB를 여러 번 호출했다는 것도 확인했다. SIMs가 포함된 핸드폰만으로 납치범들이 CIA 밀라노 지국장(COS)과 밀라노 영사관 소속 요원임을 알아냈다. 이탈리아 경찰은 54개의 독특한 SIMs가 납치와 연관되었음을 파악했다.

밀라노에서 Aviano로 가는 A4 고속도로는 톨게이트가 있었다. 검사들은 요금 정산회사들의 디지털 기록을 체크했고 Aviano로 향한 팀이 디지털 결제카드를 사용했음을 찾아냈다. 3대가 고속도로를 진입하여 빠져나갔는데, SIMs에서의 위치와 맞다. 요금도 차량의 크기와 맞아 납치조가 사동차 1대와 밴 2대임을 확신했다.

요금지불카드는 밀라노의 한 편의점에서 구입한 것을 알아냈지만, 누가 무슨 목적으로 구입했는지에 대한 세세한 내용은 알 수 없었다. 몇 명 SIMs를 추적하던 중, 구입자가 미국 주소와 사진이 있는 미국 신분증을 가진 자임 알아냈다. 나아가 SIMs를 토대로 밀라노 지역의 호텔과 숙박업소를 뒤져 여행객의 신원을 파악했다.

COS의 경우 더 쉽게 신원을 증명할 수 있었다. 집주소와 SIM을 추적하여 정확한 위치를 찾았다. 몇몇 SIMs는 오랜 기간 둘이 한 조가 되어 여행했음을 보여주었고, 같은 폰으로 SIMs를 바꾸었다. 핸드폰 중계기지 로그기록은 각 핸드폰의 연속 숫자가 기록되어 있었다. 이 연속 숫자를 통해 추가적으로 4명이 더 가담한 것을 알아냈다. 총 25명의 미국인 신원이 파악되었다.

호텔에서 체크인한 것, 주소적은 것 등 모두가 버지니아 근교의 P.O. 박스였다. 카드는 비자, 마스터카드, 디너스 카드 등 다양하게 사용했지만 16번 중 14번을 같은 카드로 사용했다. 신용카드 사용 데이터와 위치정보는 납치조가 차를 빌렸고, 계산할 때는 누군가 비행/여행객넘버를 주었다. 이 넘버를 토대로 유럽 지역을 통과하는 승객들의 여행내역을 모니터할 수 있었다. 이탈리아를 떠난 지 상당한 시간이 지난 뒤에도.

모든 SIMs는 납치공작 후에는 거의 사용하지 않아 4개만이 신분을 위장한 공작원 추적에 이용 가능했다. 핸드폰 4개는 다양한 SIMs를 재사용했고, 미국인 한 명이 구입하여 로마 미국 대사관 근처 중계기지와 연결되었다. 이 핸드폰은 이탈리아에서 활동 중인 CIA 공작관이 단기 임무를 목적으로 사용한 것으로 결론지었다.

이 사건은 **CIA의 신분 위장과 비밀공작을 감추는 과정**이 디지털 세상에서는 더 이상 통하지 않는다는 것을 입증해주었다. CIA 공작과정에서 디지털의 속성을 상세히 알지 못한 치명적 결함은 적의 성격에 기인한다. 사법기관은 적대국이나 對테러집단 이상으로 조사하기 때문에 조사과정을 공유하여 성공적으로 미션에 간여한 공작관들의 위법행위를 찾아내어 기소할 수 있다.

이 조사가 對테러 미션을 담당하는 기관이 조사했다면 조사관들은 단순히 데이터를 수집하고 그 활동이나 핸드폰 등 정보에 도움되는 사실적인 내용들을 모니터하는데 치중했을 것이다. 이를 토대로 CIA내 다른 부서들이 갖고 있는 정보와 종합하여 지도를 그렸을 것이다. 유럽에서 활동 중인 CIA 공작관들의 신원과 공작 내용을 지도화했을 것이다.

* CIA는 활동 목표에 대해 지도처럼 그려서 구체적으로 활동하는 것을 선호한다. 전 CIA 여성 요원이었던 트레이시 월더는 <unexpected spy>라는 자신의 회고록에서 "아프리카에서 테러리스트를 추적할 당시, 장장 세 시간 넘게 알고 있는 것을 교차 확인하고 서로 맞춰가며 총체적 정보를 그려냈다. 우리는 서로가 허슬히 넘어가버렸던 부분을 밝혀내기도 하고 몰랐던 내용을 채워 넣기도 하면서 인명, 도시 이름, 의도가 포함된 전체 시스템을 그린 지도를 만들어냈다"고 술회했다. (관련 책. p. 144-145)

이탈리아 법정에서 기소장이 공개되었을 때 전 세계 언론들은 납치사건의 시간대와 아부 오마르 납치에 구사했던 수법을 대서특필했다. 이 민감한 내용들이 이탈리아 법정에서 소상히 공개되고 철저한 조사와 디지털 데이터에 대한 포렌식 분석을 토대로 사건을 재구성되었다. 미국 정보기관에 대한 미디어의 불같은 관심만큼이나 문제가 된 것은 조사기법이 백일하에 드러나 정보전문가들도 검사들이 한 것처럼 신분위장, 공작에 간여한 공작관들의 활동 방법 등에 대해 정확히 연구할 수 있게 되었다는 점이다.

예전에 TV의 폭력적이고 범죄 드라마가 시청자에게 범죄수법을 교사하는 역할을 한다고 비판받은 적이 있다. 폭력적 범죄에 대한 조사는 포렌식 증거가 쉽게 없어져 시간을 다투는 일이었다. 미국의 다큐시리즈 *The First 48* 을 보면 내레이터기 음울하게 이렇게 얘기한다.

"*살해범 추적자에게는, 시계는 그들이 전화 받는 그 순간부터 째깍째깍 가기 시작한다. 살인 사건을 해결하는 시간은 48시간 내에 결정적 단서를 찾지(get a lead) 못하면 해결가능성이 반으로 떨어진다.*"

아부 오마르 납치사건 조사는 증인이나 물증이 부족해도 **디지털 증거**는 무한정 넘치며 언제든 찾아내 다시 끄집어내어 가치 있는 내용을 분석한다는 점이다. 밀라노에 사는 이집트 출신 여성 Merfat Rezk가 유일한 증인이었지만, 겁을 먹고 오마르가 사라진지 9일 후인 2003년 2월 26일에도 경찰 조사에 응하기를 꺼려했다.

Rezk는 오마르가 밴차에 끌려들어가는 것을 보았다고 인정하지 않았다. 오마르와 오마르에게 말을 하고 있던 사람들이 사라진 것을 보았을 뿐이라고 마지못해 말했다. 밴을 타고 떠났지만 자발적인 행동이었는지는 확신하지 못했다. Rezk는 아이들의 베이비시터인 Hayam Hassanein에게 많은 얘기를 했다. 납치사건이 발생한지 5일째 되던 날이다.

그 내용은, 오마르가 밴차량에 끌려들어갔으며, 아랍어로 도와달라고 소리쳤다는 내용이었다. 그렇지만 이 내용은 2년 동안이나 조사관의 주목을 끌지 못했다. Hassanein이 Rezk의 증언을 뒷받침하기 위해 2003년에 들었던 내용을 간략하게 증언할 때까지.

당연히 조사관은 2년 동안이나 납치 상황을 묘사하는 증언록을 가지고 있지 못했다. 설상가상으로 그 증언은 Rezk가 Hassanein에게 말한 내용을 토대로 한 간접증언이었다는 점이다. 조사관들은 조사를 꺼리는 Rezk를 만날 수 없었다. 그녀는 첫 조사를 받은 다음 날 황급히 아이를 데리고 이집트로 돌아갔기 때문이다.

Rezk는 오마르가 사라지는 순간에 오마르에게 말을 건 사람이 손에 핸드폰을 쥐고 있었다고 진술했다. 조사관들은 이 진술에 주목하고 핸드폰 회사들의 중계기지를 탐문하고 11시에서 1시 사이에 통화한 핸드폰들의 로그기록을 받아 세세히 조사해나갔다. 대화내용은 찾아낼 수 없었지만 SIM카드가 중계기지와 연결되어 있음을 로그 기록은 보여주었다.

2003년 3월 관련 자료를 요구하여 6개월이 지나서야 관련회사로부터 자료를 받을 수 있었다. 틀린 자료가 도착하여 다시 요구하여 또 다시 6개월을 기다려야 했다. 이는 조사가 오마르가 사라진지 1년이나 지나 raw list10,718 SIMs가 도착되어서야 시작되었다는 것을 의미한다.

이 데이터만으로 이탈리아 조사관들은 25명의 신분위장 공작원의 신원과 spending history, 커뮤니케이션 네트워크, 사용자들의 움직임 등을 밝혀냈다. 이 탐지작업은 2시간의 창을 연 SIMs 리스트로부터 시작되었다. 다시 말하지만 인간이 도처에 뿌리고 다닌 통화기록, 여행 내역, 카드 구입 등 방대한 자료 등이 바탕이 되었다.

디지털 증거는 피할 수 없으며 흘러넘칠 정도이다. 2004년까지 명백한 증거를 찾지 못했지만, 2005년 검사는 사건 전체의 윤곽을 그려내고 기소했다. 2009년에 이탈리아 법원은 23명의 CIA 요원을 궐석재판에서 (*in absentia*) 오마르 납치혐의로 기소했다.

'넵튠 공작': 냉전시기 허위조작 심리전 공작[95]

넵튠 공작은 체코 정보기관 StB가 냉전 기간 동안 서독을 겨냥한 허위조작정보공작이었다. 조작된 나치에 관한 문서를 이용했다. 코드네임은 NEPTUNE이었다.

1964년 5월 StB는 적절하게 이름 붙인 이 공작을 착실히 수행했다. 보헤미아의 한 호수에 나치가 만들었다는 가짜 서류를 호수에 던져 놓고 우연히 발견된 것처럼 위장하여 이를 공개했다. 서독 정부에 대한 신뢰를 떨어뜨리는 게 목적이었다. 넵튠 공작의 성격은 프라하에 있는 StB의 서류저장고와 왈튼의 블로그를 통해 그 전모가 드러났다.

왈튼은 'N 공작' 설계자인 Ladislav Bittman을 2018년 9월 사망 직전에 인터뷰했다. 비트만은 고위 StB 허위조작정보 담당관이었고, 1968년 미국으로 망명했다. 소련의 잔인성을 보고 공산주의에 대한 회의감이 생겼기 때문이었다. 1968년 4월 소련군 탱크의 프라하 자유운동 진압을

---

[95] Calder Walton, 2021.9. 21. 원제는 "Cold War Disinformation : operation NEPTUNE"임.

보고 큰 실망감을 갖게 되었다. 미국으로 전향한 이후 CIA등을 상대로 상세히 브리핑했으며, 남은 일생을 허위선전이 민주주의에 대해 미치는 위협에 대해 연구했다. 의회에서 증언하기도 하고, 책도 출판하며 보스턴 대학에서 강의하기도 했다. 말년에는 해안 도시인 메사추세츠주 Rockport에서 화가생활을 했다. 비트만은 한마디로 "공공여론 조작 전문가(professional manipulator of public opinion)"였다.

오늘날 기술과 미디어 정경이 전에 없이 바뀌었다고 하지만 국가가 후원하는 밑바탕 전략은 거의 변하지 않았다. 심리적 도구는 소셜미디어로 바뀌었지만 그 목적은 변함이 없다. 과거 'N공작'과 같은 심리전 공작을 이해하는 것은 오늘날의 전체주의 국가 등의 심리전을 이해하는 첩경이 된다.

Context(공작 맥락)

냉전 시기 소련은 철의 장막 뒤에서 위성국가의 정보기관을 동원하여 심리전을 펼쳤다. 서방과의 대결 속에서 위성국가들을 대리전에 활용했다. 소련의 open 외교정책은 정보기관이 수행했던 은밀한 공작으로 귀결되었고 공개적인 대외정책만큼이나 중요한 위치를 차지했다. 소련의 비밀 외교정책은 '공세적인 조치(active measures)'를 수반했다.

국제정치나 국제문제에 소련에게 이익을 주고 서방측은 신뢰나 권위에 타격을 주는 것이었다. 소련이 구사했던 더러운 공세적 조치 중의 하나가 허위조작정보였다. 교묘하게 살포하고 누가 했는지도 모르게 출처를 감추면서 허위 또는 잘못된 정보를 퍼뜨리는 방법이었다. 소련의 허위조작정보는 서구 민주주의를 전복하는데 초점을 맞추었다. 사회를 갈라치기 하고 그들 사이에 존재하는 갈등을 증폭시키며, 그들 자신의 눈으로 다른 사람들을 불신하게끔 하는 것이었다.

서방도 소련을 상대로 이에 상응하는 행동조치로 반격했다. '비밀공작' 혹은 '특별 정치적 행동(special political action)'이란 이름으로 CIA가 전담했으며, 영국 정보기관은 '손 밑에서 하는 행위(underhand activities)'라는 점잖은 표현을 사용했다.

비트만은 프라하 소재 찰스 대학에서 법학을 전공했다. 1954년 StB 요원으로 채용된 뒤 승승장구하여 1964년 2월 새로 만든 조직인 Department for Active Measures 부국장이 되었다. 이 부서는 KGB가 조언자의 위치에서 감독했다.

비트만은 동독에서 근무하면서 서독에 대한 허위역정보 공작을 수행함에 있어 무르익은 주제에 한 가지 얻을 거리가 있다고 보았다. N공작이 자신이 속한 부서의 테스트 케이스였다. 나치라는 제3제국의 공포감을 선전선동함으로써 서독에 대한 불신감을 조장하는 게 목적이었다.

N 공작의 대상은 3가지였다. 첫째, 서독 내에 전쟁범죄에 관한 기소를 제한하는 규정을 확대하도록 하는 것인데, 서독 사회내의 균열을 키우는 것이었다. 둘째, 서구 유럽 국가들 내에 '반독일 선전'을 자극하며, 셋째는 서독 정보기관들의 체코를 상대로 한 공작을 와해하는 것이었다.

후반은 나치와 협력한 체코인들의 이름을 조작하는 방식으로 비트만이 기획한대로 달성되었다. 서독 정보기관들이 체코인들을 협조자로 물색하지 못하도록 악독한 유산을 만들어 서독 정보기관에 뒤집어씌우는 방식이었다.

공작은 다음과 같이 진행되었다. StB가 나치가 만든 서류인 것처럼 조작한다. 그 서류는 드라마틱하게 발견되고 대중에 공개되어 유력한 서독의 공적인사들에게 스며들게 한다.

체코 영화제작자가 보헤미안 숲속에서 발견된 이 서류뭉치를 토대로 다큐(가제 the Devil's and Black Lakes)를 만들고자 함으로써 StB에게 기회가 찾아왔다. 서독과 체코의 국경사이를 천천히 걸으면서 나치의 행태를 폭로하는 방식이었다. 체코 다큐제작팀은 허가가 필요하여 내무부의 도움을 요청했다.

그 서류가 발견된 블랙레이크 주변은 누구도 들어오지 못하게 차단했다. 근처에 주둔한 군부대가 이동하기 위해서라는 허위 명분을 만들었다. 이는 비트만과 체코 정보기관에게 그 블랙레이크 주변에 의도적으로 4개의 chests- 나치 문서가 담긴- 를 부식할 시간을 벌어주었다. 수심이 얕은 지역을 골라 진흙 속에 궤짝을 묻어 두고 그들이 발견하도록 장면을 연출했다.

다큐 제작자는 비트만과 스포츠 다이버와 함께 출입을 허용 받는데, 공작 요원은 다큐 제작을 도와줄 내무부 공무원으로 가장했다. 2개의 호수를 몇 주 동안 살펴보는 과정에서 블랙레이크에 빠져있는 4개의 chests(궤짝)를 발견했다. 사전에 짜인 각본에 따라 체코 당국은 즉각 그 발견된 궤짝을 압수한다. 그 궤짝에 폭발물이 들어있을지도 모른다는 명분을 내세웠다.

 포인트는 그 궤짝에 빈 종이만 있었다. StB가 재빨리 움직여서 그 조작된 나치 서류뭉치가 발견되도록 한 것이었다. 내무부 장관은 7월경 언론에 이 궤짝에 비밀스런 내용이 있었다는 투로 언론 플레이를 했다. 시간 차질은 있었다. 비트만 팀이 예상한 것보다 두 달이나 지체되어 실행된 것이다. 블랙레이크의 나치 서류뭉치는 1964년 9월 15일 내무장관의 공식 기자회견 형식을 빌어 만천하에 공개되었다. 아이러니한 것은 기자회견 장소가 프라하 방송국의 Studio D였는데, 이는 StB의 D 공작부서와 흡사하게 맞춰졌다.

이 기자회견은 센세이션을 일으켰다. 체코, 소련 및 서방진영의 미디어까지 가세하여 보도경쟁을 벌였다. StB는 허위조작정보 공작이 성공했노라고 흐뭇해했다. 의도했던 3가지 공작목표도 달성했다고 자평했다. 서독은 역공개방식(adverse publicity)을 택했다. 서독 정부는 1969년까지로 되어 있던 전쟁범죄자에 대한 기소 제한 규정(20년)을 연장했다.

체코를 상대로 한 서독 정보기관들도 공작업무 수행에 적지 않는 타격을 받았다.

The Documents(문서들)

프라하에 있는 StB 자료보관소 자료를 보면 N공작이 상당히 잘 짜여진 기획과 창의성 및 논리성이 뛰어났음을 알려준다. 대략 비밀로 분류되었던 파일이 37개인데 160페이지 정도 되는 비밀기록 등도 포함되어 있다. 그 중 일부가 2020년 1월 비밀해제가 되었다. 이 기록을 보면 효과적인 허위조작정보 공작에는 3가지 요소를 필요로 했다. 가짜로 조작된 정보(falsified information), 창작자가 누구인지 알 수 없도록 할 것 (unattributable to its creator), 타깃으로 삼은 수용자에게 살포하기 (which is then disseminated to a target audience).

1964년 5월경 만든 StB의 공작 제안서를 보면, N공작의 영감(inspiration)이 잘 드러난다. 아이디어는 오스트리아 지역에 퍼져있던 유사한 스토리에서 영감을 얻었다. 조작한 나치 서류를 Toplitz 호수에 숨기는 것이다. 2차 대전 종전 후 루머가 돌았다. 나치가 이 지역 호수가 어딘가에 궤짝을 빠트렸다는 내용이었다. 나치가 이 호수 근처에 금괴를 감춘 것으로 소문이 진화하면서 이 지역 사람들의 호기심을 자극했다.

아마추어 다이버들이 생명을 무릅쓰고 나치가 숨겨놓았다는 금괴를 찾고자 호수에 뛰어들었다. 죽은 사람도 발생했다. 오스트리아 내무장관까지 개입하여 다이버 자격증을 가진 사람만이 잠수할 수 있도록 허용했다. 그러면서 1964년 12개의 궤짝을 발견하게 된다. 허위정보를 만들기 위한 도구로 가득찬. 가짜 영국 파운드, 가짜 화폐제작 기구, 얼핏 보면 나치 정보기관이 제작한 것으로 보이는 것이었다. 이 내용이 보도되자 국제적인 관심거리로 부상했다.

오스트리아 호수 바닥에서 발견된 나치 비밀문건들은 중동부 유럽에 있는 다른 호수들에게까지 영향을 미친다. 그 호수 어딘가에 전쟁 중에 작성한 또 다른 나치의 비밀 서류가 담긴 궤짝이나 금괴가 있을지도 모른다고 상상했다. 체코 국영매체가 오스트리아 이야기를 끄집어 낸 이후 체코 TV 프로그램 'curious camera' 제작자는 1964년 4월 이에 관한 이야기를 담은 다큐를 제작하기로 마음먹는다. 이는 N 공작의 무대가 되었고, 제작진은 의도하지 않게 방송이라는 전달매체를 공산권 진영의 허위선전의 도구로 역이용당한 셈이 되었다.

예나 지금이나 허위조작정보는 거짓된 정보 생산과 연관되어 있다. 전시 나치 서류를 선택하는 과정은 StB가 KGB에게 보낸 편지에서 잘 드러난다. 1964년 8월이다. 양국 정보기관은 협력하여 진짜 독일 서류를 자신들의 자료보관소에 찾는다. 이렇게 찾은 자료를 조작된 내용에 집어넣는 것이다. 그들은 발견되는 궤짝은 공개될 것이고, 그 내용은 전문가들이 검증하며, 조작한 서류는 Strougal 내무장관의 언론 기자회견에서 노출시킨다는 것이다.

N 공작을 위해 나치 서류를 만드는 작업은 처음 생각했던 것보다 힘들었다. StB는 체코 자료보관소와 함께 적절한 자료를 찾고자 했으나 별다른 성과를 거두지 못한다. 그래서 1964년 6월 소련정보기관의 도움을 받기로 한다. 소련 정보기관은 자신들이 보관 중인 나치 관련 자료를 보내겠다고 약속한다. 소련 정보기관이 최종적으로 만든 독일관련 서류는 나치 독일이 전쟁 전에 오스트리아와 당시 동맹이었던 이탈리아에 대한 독일 해외정보부의 공작에 관한 것이었다. 모스크바도 이를 만드는데 생각보다 많이 지체되어 기자회견을 하루 앞 둔 저녁인 1964년 9월에야 서류뭉치를 가까스로 전달한다.

허위정보 공작의 또 다른 요건은 누가 만들었는지 작성주체를 모호하게 하는 것이다. 진짜로 만든 사람의 손을 감추는 것이다. 블랙 호수에 있는 궤짝에 감추는 공작은 다른 StB 서류에서도 확인된다. 'Stage 1 Behavior Report'이다. 날짜는 1964년 6월 22일로 적혀있다.

이 서류를 보면 비트만과 그의 팀들이 야밤에 호수가 근처로 가서 아무도 들어오지 못하게 하고 잠수용 스쿠바 옷을 입고 램프를 들고 호수가에 4개의 궤짝을 묻었다는 내용이 기록되어 있다.
StB 팀원 중 한 명이 스쿠바 핀을 잃어버렸으나 운 좋게 찾았다는 내용도 있다.

"공작 장소에 흔적을 남기지 않는다(No trace were left at the work site)"

허위조작정보 살포 공작을 하기 위한 마지막 요소는 대중들에게 퍼뜨리는 방법이다. 이는 "Action Plan(1964.7.9.)"에 선명하게 드러나 있다. 체코 내무장관 Strougal이 기자회견을 열어 나치 서류에 대해 전문가들로부터 감정 받았음을 강조하고, 기자들을 발견 장소인 호수로 데려가는 것이었다. Strougal 장관은 비트만의 코치를 받은 뒤 멋지게 기자회견을 열어 미디어들의 취재욕구를 촉발시켰다. 유명한 나치 헌터인 Simon Wiesenthal 조차도 블랙 레이크의 비밀 서류에 대해 살펴보았을 정도다.

Assessment(평가)

문제의식

1) 넵튠 공작이 성공한 방법은?(How successful was Operation NEPTUNE ?)
2) StB가 주장하는 것처럼 이 공작은 효과적이었나(Was it as effective as the StB claimed in contemporary records?)

소련 치하의 다른 위성국가의 정보기관처럼 StB도 상관에게 공작의 성공과 실적에 대해 과장해서 보고하는 내부 경향이 있었다. 일부 과장은 정보 요원들의 경력 주의로 인한 관성 때문에 생기기도 하지만, 이번

이슈는 더 깊숙한 곳에서 시작되었다. 공작 성공에 대한 거짓말은 소련이나 위성 국가의 정보기관 모두에게 고질적인(endemic) 행태였다.

소련 정권의 경우 실패를 인정하는 것은 감옥행이거나 죽임을 당할 지도 모를 일이었다. 서방정보기관 역시도 공작을 실행하면 성공한 것처럼 장식하는 경우가 왕왕 있지만, 이는 정치 지도자에 잘 보이기 위한 용도이다. 그러나 소련 정보기관에 있어 성공여부는 가장 중심적인 사안이었다. 민주국가와 달리 그들은 국민을 위해 존재하는 기관이 아니라 정권을 위해 존재하는 기관이었다.

이는 지도자들의 세계관을 확신시키거나 아첨하는 정보만을 보고함을 뜻한다. 한국에서는 이를 매춘보고서라고 비아냥거린다. 공작성공을 과장하는 일은 소련 정보기관에게 쉬운 방법이었다. 출세 등과 같은 꿀 같은 기회를 보장하기 때문이다.

비트만은 미국으로 귀순한 뒤 솔직히 인정했다. 자신의 저서 <The Deception Game> 중에서 넵튠공작이 진정으로 효과가 있었는지에 대한 구체적인 증거를 찾기 어려웠다고 실토했다. 서독정부는 나치 전범에 대한 공소시효 기간을 연장했다. StB는 공작을 착수하는 시점부터 스스로 속이기 시작했다. 서방정보기관처럼 StB는 기득권에 집착하여 역정보 공작의 효과를 검증하는 구체적인 측정을 하려고 하지 않았다.

역정보를 생산하는 일이 더 쉬었다. 역정보 내용을 살포하고 그 조작뭉치의 양으로 대충 효과를 재는 방식이었다. 이를 계산해서 자신 있게 보고했다. 서방언론이 블랙레이크 비밀을 다룬 기사의 숫자도 포함해서. 이는 진짜로 해야 할 질문에 대해서는 일언반구 언급도 없었다.
　"그 공작이 타깃 수용자에게 얼마나 영향이 있었는지?"

이는 StB나 KGB 모두 알고 싶지 않은 질문이었다. 자신들의 운명을 좌우할 지도 모르므로. 비트만은 나중에 솔직히 인정했다. 자신들이 기록하진 않았지만 주요한 목적은 서독 정부의 전범에 대한 공소시효 연장이란 결과를 거두는 것이 아니라 서방 타깃들에게 고통과 혼란상을 주고 헷갈리게 한 것이라고.

이러한 일은 양적으로 측정하기 어려운 일이며 자신의 저서에서 허위조작정보를 프레임하지 않은 이유이기도 하다. 이런 모호하고 치명적인 전략은 오늘날 적대국가들의 허위조작정보 퍼트리기 행태와 별다른 차이가 없다.

Chests of Disinformation in Today's Digital Age(디지털 시대의 허위조작정보 궤짝)

비트만은 1968년 미국으로 전향한 이래 소련의 보복과 신체적인 상해 여부에 대한 두려움 속에서 살았다. 소련이 자신을 발견하면 1년 이상 살기 어려울 것이라고 회상했다. 그러나 비트만은 숨어서 살기보다 최선의 방어는 서방 세계인 모두의 눈에 노출되는 것이라고 판단했다. 이 결심은 옳았다.

몇 년이 지난 뒤 비트만은 소련정권의 성가신 존재이긴 하지만 암살대상에서 벗어났다는 것을 믿게 되었다. 그러나 소련이 붕괴된 후 겁을 먹게 되는 사건이 일어난다. 프라하에 있는 StB 존안 서류함에서 전임자 들이 미국으로 전향이후부터 자신의 행적을 추적해온 기록을 입수했기 때문이다. 자신의 파일에는 친구와 가족들이 자신을 맹비난한 것에서부터 미국생활에 관해 StB가 교묘하게 적어놓은 것들이 자세하게 포함되어 있었다.

비트만에 관한 StB 파일은 메사추세츠주 Rockport에 있는 자신의 집 안과 주변에 대해 스케치한 지도도 있었다. 이 지도는 동구유럽에서 유학 온 학생 중 누군가가 그렸을 것으로 추정했다. 이들은 자신의 허위조작정보에 대한 강의를 들은 학생이었다. 학기말이면 비트만은 학생들을 집으로 초청해 쫑파티를 하곤 했다. 이는 StB 협조자에게는 둘도 없는 기회였을 것이다.

소련이나 StB의 첩보 공작 기법으로 볼 때 그 집에 대해 스케치한 사람은 현지에서 은밀히 포섭한 협조자이며, 정보요원에게 그 목적에 대해 속았고 부탁한 사람이 정보요원이었는지도 몰랐을지 모른다. 비트만에게 자신의 집을 누군가 스케치한 사실은 자신에 대한 파일을 갖고 있는 StB가 공포스러운 암시를 던진 것이기도 했다. 납치를 하거나 신체적 폭력을 가할 수 있는 행동적 자료로 사용될 수 있기 때문이다.

비트만은 말한다. 우리는 허위조작정보의 황금시대에 살고 있다. 소셜미디어는 허위정보를 미사일만큼이나 빠르게, 더 쉽게 값싼 비용으로 퍼지게 하고 있다. 2차 대전이나 냉전시기와는 비교가 안 될 정도이다.

현대에 와서 허위조작정보 살포에 대한 새로운 기술이 나날이 등장하고 있다. 미국의 경우 소셜미디어를 통해 유포되는 허위조작정보를 믿는 경향이 많아지고 있음은 낙담스런 경향이다. 비트만은 말했다. 자신이 StB에 다닐 때에는 단지 전문적인 허위조작정보 전문요원이 되는 게 꿈이었다고.

넵튠 공작의 역사는 특정 국가가 경쟁국을 상대로 심리전 내지는 허위조작정보 공작을 하는 방법 등에 대한 통찰력을 준다. 이 공작은 우리에게 현대 디지털 세상에도 적용가능한지에 대한 숙제도 던져준다.
(What would a contemporary chest of disinformation documents would look like today?)

러시아 해커들은 넵튠 공작 당시에 써먹던 기술을 재사용하는 방법을 터득했다. 온라인 공간을 이용한 심리전 공작을 하면서 조작내용을 살포하고 진짜 서류 속에 끼워 넣는다.
러시아 시각에서 보면 2016년에 폭로된 **'파나마 페이퍼'**는 푸틴 정권의 신뢰도를 저하시키기 위한 디지털 허위조작정보의 궤짝에 불과하다.

오늘날 러시아와 중국 정보기관은 '상대 정당의 분열을 야기하는 주요 사안(wedge issue)'를 사용하여 서방을 상대로 심리전을 펼치고 있다.

그들은 'astroturfing' 기술[96]을 사용한다. 공작관이 온라인 상에서 서구시민으로 행세하며 그럴듯한 소문을 퍼트린다. 서구 사회의 언론의 자유를 최대한 악용하는 것이다. 핫이슈에 끼어들어 국민 여론은 분열시키는 것이다. wedge issue에는 백신불신 선동, 서방측이 개발한 화이자 모더나에 대한 불신감 조성, Black Lives Matter[97], 낙태반대, 영국의 브렉시트 등도 포함되어 있다.

민주사회의 고민은 이 같은 허위조작정보 퇴치가 쉽지 않다는데 있다. 공산권 사회가 퍼트리는 허위조작정보에 가장 적절히 대처하는 방법은 깨어있는 시민들이 간여하는 것이다. 뉴스를 비판적으로 소비하여 건강한 여론을 조성하고, 혼란시키려는 허위정보를 파악하는 것이다. 시민적 간여는 디지털 리터러시 즉 문해력과 연관된다. 가짜뉴스와 진짜 뉴스를 가려내는 능력이다.

---

[96] 어떤 사안에 대해 인기 있는 풀뿌리 운동처럼 보이기 위해서 공적인 관계나 정치적인 캠페인을 이용하는 것을 말한다.

[97] 2012년 미국, '조지 짐머만'이라는 히스패닉계 미국인 성인남성이 '트레이본 마틴'이라는 미국 흑인 청소년을 살해한 사건으로 인해 2013년 소셜미디어에 '#Black Lives Matter'를 사용하면서 시작된 사회 운동이다. 이후 흑인 범죄자에 대한 체포과정에서 백인 경찰의 과잉 진압에 대해 주로 항의하는 사회 운동이다. "Black Lives Matter"라는 구호와 해시태그가 이 운동의 대표적 상징이다. BLM으로 줄여 부르기도 한다.2020년 조지 플로이드라는 흑인 가장이 미네소타 백인 경찰의 총격에 맞아 죽는 사고가 발생하면서 미국 대도시 전역에 시위가 벌어진 바 있다. 이때 이 구호가 미국은 물론 전 세계에 퍼졌다.(출처 : 나무위키)

흐루쇼프의 스탈린 격하 연설문 입수 공작 : 바르샤바에서 사랑을 싣고[98]

- 흐루쇼프의 스탈린 격하 연설문 입수 공작 전모와 이스라엘 정보기관의 중동국가들과의 은밀한 협력체제 구축 실상

"나는 충동적으로 행동했다"

 Viktor Grayevsky는 말했다. 동명은 이스라엘 정보기관의 권위를 새로운 수준으로 한껏 높여준 사람으로, 흐루쇼프 연설문을 넘겨주어 이스라엘 정보기관에게 대단히 의미심상한 성공을 안겨준 인물이다. Grayevsky가 부지불식간에 Amos Manor와 CIA 요원 James Angleton과의 관계가 돈독해진 상황에서 1956년 4월에 벌어진 이 일은 이스라엘과 미국 정부를 엄청나게 기쁘게 했다.

 Grayevsky는 첩보기관에게 닥치는 일련의 우연과 행운의 연속이 겹친 사람으로, 은밀한 관계로 시작하여 미국과 이스라엘과의 관계를 찰떡

---

[98] Dan Raviv and Yossi Melman이 공동으로 저술한 「Spies against Armagedon」(Lavant Books)에 실린 내용의 일부임.

처럼 돈독하게 해주었다. 종종 뜻하지 않은 환경 하에서도. 역사적으로 동명은 쓸만한 자리에 있던 유태인의 가치를 여실히 보여주었는데, 상당수 유태인들은 이스라엘 정보기관을 음양으로 도와주는 자발적인 협조자였다.

Grayevsky는 은퇴한 뒤 80대가 되자 텔아비브 남부지방 작은 아파트에 앉아 "되돌아서 생각해보니 내가 어리고 어리석었음을 알았다."며 당시를 회고했다. 그는 자신이 한 일을 거의 믿지 않았다.
"만일 러시아인들과 폴란드인들이 나를 찾아냈다면 우리는 오늘 이 자리에 없었을 것이다. 나는 그들이 나를 죽이려 했는지는 알지 못하지만 잡혔으면 적어도 수십 년 간 옥살이를 해야 했을 것이다."

Grayevsky는 1925년 Krakow에서 태어났다. 이 도시는 한때 폴란드 왕의 의자가 있던 왕궁 도시이기도 했다. 청소년기에 그의 가족들은 2차 대전이 발발하자 소련으로 피신했다. 1946년 종전 후 폴란드로 귀국하여 공산당에 입당하고 정부산하 아카데미에서 저널리즘을 공부한 뒤 폴란드의 관영뉴스 기관에서 근무하면서, 유태인계 이름을 확실히 벗어던졌다.

새로 개명한 Viktor Grayevsky라는 이름을 달고 선임 편집장으로 승진하여 소련과 그 위성국가들을 커버하는 부서의 책임자가 되었다. "이 자리는 나에게 정부와 공산당의 문을 여는 자리였다."고 회상했다. 1949년 부모와 누이는 이스라엘로 이민 가고 자신은 폴란드에 남기로 결정한 가운데, 부모와 누이는 Nativ라는 비밀 기관에 협조자 역할을 한 것이 나중에 밝혀졌다. 1955년 12월 부친이 중병에 걸렸다는 소식을 듣고 이스라엘을 방문하기 결심한다. 비자 발급과 여행 준비 차 바르샤바 주재 이스라엘 대사관 1등 서기관이었던 Yaakob Barmor을 만나게 되는데, 사실 동명은 이스라엘 국내보안기관인 신베트 요원이었다.
"나는 그가 정보기관 출신인지 모르고 단지 외교관이라고만 생각했다."

이스라엘 방문은 그가 가진 세계관을 뒤흔들어 놓았다. Grayevsky는 시오니스트로 변신했다. 그 사실을 꼭꼭 숨기고 폴란드로 돌아온 뒤부터 망부석처럼 이스라엘을 바라보며 활동하기 시작했다. 퇴사 신청서를 제출하여 자신의 경력이 망가지기 전까지 역동적으로 활동했다. 바르샤바에 있는 동안 여자 친구가 넘쳤지만, 이 중 유태인 배경을 가진 여성이 있었다.

Lucia Baranowsky는 Lvov의 게토지역에서 피난을 와서 2차 대전 동안 반나치 활동을 벌인 여성이었다. 그녀는 폴란드 지도자이자 공산당 리더인 Edward Ochab 사무총장의 비서로 일했다. 35세로 아들 한 명을 두고 있는 기혼여성이었으나 가정생활은 엉망이었다. 남편과는 한 아파트에 살았지만 실제로는 별거상태나 다름없었다. "그녀의 결혼생활은 그다지 성공적이지 않았으며 모든 면에서 나의 걸프렌드였다."고 Grayevsky는 나이 들어 자랑스럽게 회상했다.

그녀와 사랑에 빠졌을 당시 그의 나이는 30세였다. 1956년 4월 둘째 주 이스라엘로부터 돌아온 지 넉 달 째 되는 날 Lucia와 만나 커피를 한잔 했다. 그날은 그녀가 굉장히 바빠 공산당 중앙위원회 본부 내에 있는 그녀의 책상주변을 정신없이 들락거리고 있었다. "모든 사람은 나를 알았다. 경비원과 사무실 직원들에게는 나는 가족과 다름없었다. 루시아와 환담하는 동안 두꺼운 책자 같은 것에 붉은 띠가 묶어진 것이 눈에 띄었다. 겉장에는 이런 말이 쓰여 있었다.

"Comrade Khrushchev(흐루쇼프 동지)의 제20차 당대회 연설문".

그리고 한 구석에 'Top Secret'라고 적혀있었다. 이 연설문은 소련 정치국의 명령으로 몇 부만 복사해서 동구권 국가들에게 전해진 것이었다.

"나도 다른 사람처럼 흐루쇼프의 연설문에 관한 이야기를 듣긴 했다. 미국이 이 연설문을 입수하는 사람에게 1백만 달러의 포상금을 내걸었다는 것도 들었다. 모든 정보기관과 외교관, 언론인들이 이 연설문을 손에 넣기 위해 동분서주하는 것도 알았다. 그래서 내가 붉은 책자를 보자마자 그 중요성을 직감했다. 언론인 특유의 호기심이 발동했다. 루시아에게 넌지시 말했다. 한 두 시간만 빌려주면 집에 가서 읽어 보겠다"고. 그녀는 말했다. "좋아요. 4시에 집에 갈테니 그때 돌려주세요. 왜냐면 그 책자를 안전하게 보관해야 하니까요"

Grayevsky가 스탈린의 잔혹한 범죄상을 기록한 세기의 문건을 입수하는 역사적인 날이었다. 쇼핑리스트 같이 우연한 것처럼 하여 폴란드 언론인(Grayevsky)에게 건넨 것이다. "나는 코트에 그 책자를 숨기고 빌딩을 나섰다. 누구도 의심하지 않았고 신체검사도 하지 않았다. 나중에 그들 모두 나를 알았다. 집에서 그 연설문을 읽는 순간 커다란 쇼크를 받았다. 스탈린은 범죄자이자 살인마!"

그 문서는 공산당 지도자로 새로 선출된 Khrushchev가 모스크바 의회에서 연설한 내용의 연설문이었다. 이 장소에서 Khrushchev는 처음으로 스탈린의 철권통치로 인한 처참한 실상을 드러냈다. 정치범에 대한 고문과 살해, 대량 체포, Gulag라고 불린 정치범 수용소에서 실종된 사람들, 전 국민 타지역 이주, 강제노동, 시대에 맞지 않는 농업 및 산업 프로젝트 등.

감추어진 잔혹함으로 인해 1천만 명 이상이 저 세상으로 갔다. 그 연설문은 역사적 교훈이자 새로운 소련의 지도자가 새로운 길로 가겠다는 메시지였다. Khrushchev는 명령했다. 부수를 한정해서 번역하고 인쇄하여 러시아가 지배하는 위성국가들의 지도자들에게 보내라고. 서방측에는 이 같은 사실이 알려지길 원치 않았다.

"나는 원자폭탄을 맞은 기분이었다. 전 세계가 이 연설문을 입수하려고 혈안이 되고 있음을 알기에. 내가 이 폭탄을 던지면 엄청난 폭발음이 들릴 것이라는 것을 알았다."

Grayevsky는 처음에는 그 텍스트를 갖고 무엇을 해야 할지 몰랐다는 것을 설명하면서 당시에 받은 충격과 감정을 토로했다.

"나는 루시아에게 이 책자를 돌려주려고 되돌아갔다. 가는 도중 온갖 생각이 머리를 어지럽혔다. 그때 Yaakob Barmor가 떠올랐다. 이스라엘 대사관으로 가기로 결심했다. 폴란드가 나에게 특별히 해를 끼친 적은 없지만 나의 마음은 이스라엘에 빠져 있었고 도와주고 싶었다."

 대사관으로 가서 벨을 눌렀다. 이스라엘 대사관은 폴란드 군인과 경찰관이 에워싸고 있었다. 주변에 온통 카메라가 설치되어 드나드는 사람을 체크하고 있었다. Barmor에게 가서 말했다. "내가 갖고 온 책자를 한번 보세요." 이 책자를 본 순간, 이스라엘 외교관은 문자 그대로 얼굴색이 눈처럼 하얗게 변했다가 곧 장미처럼 붉게 상기되었다. 폴란드의 국기처럼. 그는 잠시나마 그 책자를 갖게 해 달라고 요청한 뒤 1시간 30여분 후에 돌아왔다. 그 책자 전 내용을 사진으로 찍은 뒤 돌려주었다. "대단히 감사합니다" 라는 말과 함께.

그 시니어 폴란드 언론인은 최대한 조용하게 걸어가 루시아에게 그 연설문을 반환했다. 그녀는 15년 후 사망하였고 Grayevsky는 그녀가 죽자 이스라엘로 이주했다. "우리는 그 연설문에 관해 한마디도 나누지 않았죠." 그는 어떠한 대가도 보상도 요구하지 않았음을 강조했다.

"나는 본능적으로 이스라엘에 뿌리를 둔 사람이라는 생각을 했을 뿐이다. 미래의 이민자가 이스라엘에 바친 부케였다. 결혼식날 신부가 친구들에게 부케를 던지듯이."

 Grayevsky가 바르샤바 주재 이스라엘 대사관을 방문한지 며칠 후 Jaffa에 있는 신베트 본부의 Amos Manor 사무실에 Zelig Katz가 들어섰다. 1956년 4월 13일 금요일 오후였다. 일을 마치고 집으로 향하기 전에 Manor는 자신의 핵심보좌관인 Katz에게 물었다. 혹시 동구유럽에서 무언가 도착한 것이 있느냐고. 특별한 것이 없다는 대답이 돌아왔다. 늘 그렇듯 지부에서 보내오는 통상적인 보고서 뿐이라고. 그러면서 Katz는 바르샤바로부터 온 것은 있다고 말했다.

"흥미 있는 것이냐"고 Manor는 중얼거렸다. Katz는 자신의 말에 담긴 무게를 전혀 모른 채 "흐루쇼프의 당 대회 연설문입니다"라고 말했다. 이 말을 들은 Manor는 자리에서 벌떡 일어나 "뭐!. 그 자료 어디 있어"라고 소리쳤다. 방에 있다는 대답을 듣자마자 "빨리 가져와."라며 천둥처럼 소리쳤다. Manor는 방으로 달려가 70페이지 분량의 사진자료를 들고 왔다.

Manor는 후에 이렇게 회상했다. "당신은 세계에서 최고의 비밀 자료를 손에 들고 있다"고. Manor는 그 연설문이 바르샤바 주재 신베트 파견자로부터 외교 파우치를 통해 보내온 것이라는 것을 알고 분노가 치밀었다. 3일전까지 그 문건을 주목조차 하지 않았기 때문이다.

Duvid로 불리는 David Schweitzer은 신베트의 사진실을 책임지면서 여유가 있을 때는 축구선수로서 이스라엘 축구 국가대표팀 코치를 맡을 정도였다. Manor는 그 문서를 읽어보며 Katz에게 물었다. 이 문건을 건넨 폴란드의 출처가 어디냐고. 번역을 진행할수록 'my God'이라고 소리칠 정도로 경악했다.

얼마 지나지 않아 Schweitzer가 도착했다. "나는 그 사본을 빠른 시간 내 사진 찍고 현상해서 벤구리온 수상에게 보내라"고 말했지만, 사진촬영과 현상하는데 두 시간이나 걸렸다. 6시에 Manor는 영국제 Vauxhall을 타고 텔아비브에 있는 벤구리온 수상 관저로 갔다.

"흐루쇼프 소련 공산당 서기장의 20차 당대회 연설문을 입수했습니다. 진짜인지는 명확히 모르겠지만 바르샤바에 있는 정보출처로부터 확보한 것입니다. 그 연설문은 폴란드 공산당 여비서에게서 받은 것이지만, 심리전 차원에서 이중스파이가 흘린 것인지도 알 수 없습니다. 주도면밀하게 우리에게 흘려서 서방측으로 들어가게끔 했을 수도 있습니다."

Manor는 그러면서 이 문건은 진짜라고 강조하며 폴란드에서 태어나 이런 문건 읽을 능력이 충분한 벤구리온 수상이 스스로 결론을 내리길 기다렸다. "벤구리온 수상은 세 번이나 물었다. 허위조작 정보가 아니냐"고. 세 번씩이나 진짜라고 얘기한 뒤 복사본을 남긴 뒤 이석했다.

다음날 Manor는 벤구리온 수상이 거주하는 Keren Kayemet에 들어오라는 전화를 받았다. 벤구리온 수상은 말했다. "이 문건이 진짜라면 정말 역사적 사변이며 30년 만에 모스크바에 리버럴한 체제가 들어설 것이다." 벤구리온은 그 문건을 어떻게 활용할 것인지에 대해 아무 말도 하지 않고 돌려주었다.

Manor는 Sabbath가 끝날 때까지 기다렸다. 4월 15일 자신의 집에서 이스라엘 모든 정보를 총괄하면서 동시에 모사드 국장인 Isser Harel에게 전화를 걸어 이 문건의 내용과 입수경위에 대해 언급했다. 벤구리온은 정보기관 최고 책임자인 Harel를 배려했지만, Manor는 Memuneh에게 즉시 정보를 전해줄 생각은 없었다.

신베트나 CIA와 정보협력을 하는 수장에게 자율적으로 처리할 수 있는 권한을 갖고 있다고 생각했다.
"나는 Harel에게 이게 진짜라면 핵폭탄급이라는 벤구리온 수상과의 대화내용을 말한 뒤 CIA에게도 한 부 보내겠다"고 말했다.

Manor는 보안유지를 위해 텔아비브에 있는 CIA 지부장에게 건네주지 않고 워싱턴 주재 이스라엘 대사관에 근무하는 정보요원인 Izzy Dorot에게 믿을 만한 '손'을 통해 보냈다. Dorot에게 쓴 손편지를 통해 Angleton에게 직접 전달하도록 당부했다. 그러면서 "이 문건의 진위 여부는 단정할 수 없으며 면밀히 살펴보라"는 얘기를 덧붙였다.

이틀 후 그 문건은 CIA 국장 **알렌 덜레스**의 책상위에 놓여졌다. 4월 17일은 미국 첩보공작사에서 가장 성공적인 날로 기록된 날이다. 덜레스는 뛸 듯이 기뻐하며 **아이젠하워** 대통령에게 신속히 보고했다. 몇 년 후 덜레스는 겉표지에 "당신은 진짜 프로야"라고 친필로 쓴 회고록을 Manor에게 선물했다.

4월 17일 저녁 **Angleton**은 Amos Manor를 호출하여, "그 문건은 정말 중요하니 입수출처를 공개해 달라"고 말했다. "우리 사이에는 정보출처를 노출시키지 않기로 약속하지 않았습니까. 그 약속은 이 케이스에도 적용됩니다"며 거부했다. 2주 후 Angleton은 CIA내 최고 소련전문가의 검토 결과, 이 문건은 진짜로 판명되었다는 내용의 전화를 받았다. Manor는 회상했다. "이 문건을 공개해도 되는지 물어 벤구리온 수상에게 가서 수상의 의견을 구한 결과, 미국인의 입장을 이해한다면서 공개에 동의하지만 출처만은 밝히지 말라"고 요청했다.

그간 이스라엘과 소련과의 관계는 소련이 이집트를 막후에서 지원하는 바람에 최악의 상태로 치닫고 있었다. 이스라엘 지도부는 혹시 이 문건 공개로 인해 소련 내 살고 있는 유태인이 박해받지 않을까 염려했다.

흐루쇼프의 연설문은 CIA만 엄청난 관심을 갖고 읽은 것이 아니었다. 이를 NYT에 흘리고, CIA가 재정 지원하는 Radio Free Europe과 Radio Liberty는 26,000단어나 되는 이 연설문을 각 공산국가들의 언어로 번역하여 방송했다. 인쇄된 문건은 철의 장막을 넘어 동구권 공산국가들로 전파되었다.

CIA홀 안에 이스라엘 이라는 이름의 찬란한 아우라를 등에 업은 Angleton은 미 정보계와 국방부내 이너서클에서 과거 보다 훨씬 자유롭게 이스라엘의 지지자가 되었다. 국무성과 국방부내에 친 아랍편향이 만연해 있는 가운데 일부 CIA 요원과의 우정은 이스라엘 입장에서는 워싱턴이란 사막의 오아시스였다.

 Angleton은 이스라엘에게 해를 끼치는 정보출처에서부터 나온 정보를 왜곡하거나 대응할 수 있었다. 1956년 10월 텔아비브 주재 미국 무관이 '이스라엘의 이집트 침공계획'에 관한 보고서를 보내왔을 때 상사에게 그 정보는 정확하지 않다고 둘러댔다. 의도적이든 아니든 워싱턴의 이스라엘의 위대한 친구는 이스라엘의 수에즈 운하 침공을 감추는 담배연기처럼 위장 장막(the smoke screen)을 유지하는데 도움을 주었다.

CIA와 신베트 간의 정보협력은 동구권 블록을 넘어 서방권으로 확장되었다. 불가리아 태생으로 이스라엘 공작관인 **Nir Baruch**가 이 역할을 담당했다. 먼저 유태인 이민기구인 Nativ에 가입하고 외교관 신분을 활용하여 불가리아 소피아에서 이들의 이민을 도왔다. Nir Baruch는 1961년 신베트에 입사한 뒤 쿠바 하바나에서 외교관 신분으로 이민을 돕는 미션의 부책임자를 맡았다.

"마노르는 나에게 자신의 주요 임무는 CIA로 전달되는 정보를 수집하는 것이라고 말했다. 나는 CIA를 위한 허가받은 스파이였다."고 Baruch는 폭로했다. 불가리아 근무당시 똑같은 일을 했다. 군사기지를 촬영하는 등. 마노르가 이렇게 찍은 사진을 미국에게 전달한다는 것도 알았다.

Baruch는 CIA가 카스트로 정권을 전복하기 위해 쿠바 피그만 침공을 하기 2주전에 하바나에 도착했다. "나는 임무를 수행할 시간적 여유를 갖지 못했다. 침공 시도 후에서야 임무를 시작했다. 미사일 위치를 촬영하고 쿠바에 입국하는 러시아인에 대해 보고했다. 이 보고서를 워싱턴 주재 이스라엘 대사관 내 모사드 요원에게도 보냈다.

모사드 요원은 이를 Angleton에게 건네주었다. CIA는 성능이 더 좋은 암호기계를 주면서 보고서 작성과 전달을 보다 빨리 해달라고 권유하기도 했다. 몇 개월 마다 워싱턴으로 가서 Angleton과 그의 동료들을 만나 그들에 관해 상세히 브리핑한 뒤 쿠바로 돌아오곤 했다. 내게 인상적이었던 것은 Angleton의 술실력이었다. 거의 매시간 마다 술을 마셔댔다. 그리곤 호텔방에 나가떨어졌지만 얼마 되지 않아 정신이 멀쩡하게 돌아왔다. 이런 모든 내용을 Amos Manor에게 보고했다.

Manor은 눈을 찡긋하며 이미 알고 있다는 듯이 말했다. Angleton은 마법같은 이스라엘 정보기관의 매력에 빠졌고, 워싱턴에서 그 계정(**account**. 비유적 표현으로 이스라엘이 비밀리에 관리하는 인물)의 유일한 핸들러가 되기를 열정적으로 고집했다.

Angleton은 정보기관 내의 다른 사람들이 자신을 제쳐놓고 이스라엘 요원들과 접촉하려고 하면 격분했다.

CIA 국장은 후에 "Angleton은 對테러분야에 막중한 책임을 지고 있는 인물이었으며, 방첩업무처럼 업무별로 구획하여 관리했다"고 술회했다. Angleton과 같이 일해 본 이스라엘 요원들은 조금 특이하고 "괴짜(kooky)"같은 기질이 있음을 인정했다. 그러면서 동명이 이스라엘과 중대한 전략적 협력의 길을 닦음으로서 미국 정보기관 내에 퍼져있던 이스라엘에 대한 의혹을 부수는데 기여했다고 고마워했다.

1987년 11월, Angleton은 사망 1년 후 추모관에 봉헌되었다.
'소중했던 미국인 친구로서'. 살아생전 수십 차례 예루살렘을 방문할 때마다 묵은 최고급 호텔인 KIng David Hotel방이 보이는 곳에, 커다란 돌에 히브리어, 영어, 아랍어로 다음과 같이 새겼다.
"In memory of a dear friend, James(Jim) Angleton 소중한 친구 안젤레톤을 기념하여".
이 추모비 제막식은 전·현직 이스라엘 정보기관장 모두가 참석한 자리에서 진행되었다.

이스라엘 정보기관은 미국과 서방 정보기관과의 상호 관계개선에 많은 노력을 기울인 결과, 중동지역에서 동맹들이 무시할 수 없을 정도로 위상을 높여놓았다. 이스라엘은 작은 신생국가이지만 중동지역에 나름대로의 국익이 걸린 서방에게는 대단히 쓸모 있는 나라였다. 원유수급 담보, 보수적 체제 지원, 나세르가 이끄는 아랍민족주의 열풍 차단 등.

 어느 누구 보다 이스라엘의 중차대한 역할을 알아챈 사람이 모사드 국장 Reuven Shiloah였다. 그는 영국과 프랑스가 포스트 식민지 시대를 맞이한 중동지역에서 여전히 적절한 그립을 잡고 싶어 하는 것을 눈치챘다. Shiloah는 이스라엘의 주가를 더 높이기 위해 주변 국가들이 전혀 눈치 채지 못하는 작업을 시작했다.

공식적으론 적대국인 아랍국가내에 비밀 접촉 라인을 만드는 것이었다. 상세한 설명은 어렵지만 심야에 국경을 넘나들거나 암호통신 하는 것 등 이었다. 이스라엘의 이웃국가들과도 막후채널도 구축했다. Shiloah는 벤구리온 수상의 최고비선 외교관으로서 Abdullah왕과 벤구리온 수상과의 만남에도 동석하여, 1947년 유엔의 분할투표로 인해 탄생도 하기 전에 좌초위기에 처한 '팔레스타인 국가' 수립에 대한 전술적 이해도 같이 했다. 이 운명의 순간이 바로 정보기관의 공작에 기인한 것이었다.

1948년 전쟁 동안 이스라엘이 꾸민 음모를 보면, 이스라엘은 영국이 떠난 후에 팔레스타인을 지배한 majority 아랍 진영을 건너뛰었고, Abdullah의 군대가 요르단 강 west Bank를 장악한 뒤 요르단왕의 이름을 딴 지명으로 개명했다. 이집트나 다른 아랍국가와 달리 Transjordan은 이스라엘을 전복하려는 시도를 하지 않았다.

Abdullah 요르단왕은 아랍세계 내에서 이스라엘을 도우는 "영향력 있는 협조자(agent of influence)"이자 돈을 받은 유급 협조자였다. "agent of influence"는 an intelligence catch pharse to describe a person in a foreign country whose political goals fit your own country를 말한다. 1951년 7월 명미상의 무슬림에 의해 Abdullah가 암살당함으로써 이스라엘과의 평화협정은 물거품이 되었다.

1949년 3월 시리아 육군참모총장 Hosni Zaim이 쿠데타로 권력을 장악하고 이스라엘과 평화를 제안했다. 그 이벤트는 겉보기에 태평양처럼 관대해 보였지만 평화협정으로 나아가진 못했다. 10여년 후 Hosni Zaim이 미국, 프랑스, 이스라엘 정보기관으로부터 상당한 돈을 받았다는 것이 폭로되었다. CIA 요원은 Zaim의 쿠데타를 도우기도 했다.

이스라엘은 뇌물 수법을 통해 이집트와 이라크 지도부에 은밀한 접촉면을 구축하고자 했다. Shiloah는 이스라엘 공작관이 아랍지도자들을 포섭하는 능력만으론 중동 지역이 갖고 있는 정치적·전략적 지도를 바꿀 수 없다는 것을 깨달았다. 이너서클로 알려진 이스라엘의 절친한 이웃들도 이스라엘을 증오하고 전쟁으로 몰아갔다.

Shiloah는 중동지역에 또 다른 지정학적·민족적 요소가 있음을 알았다. 이너서클은 비아랍국가들의 '주변'이라고 불리는 외부 서클에 둘러싸여 있고, 아랍국가 자신들은 종교적으로나 민족적으로나 소수파였다. 주변적 국가와 소수파와 우정을 만들 수 있었다. 아랍민족주의와 싸우거나 반대하는 그 어느 세력도 이스라엘의 잠재적인 동맹이 될 수 있었다.

레바논 소수파 the Maronite, 시리아의 the Druze, 이라크 쿠르드족, 남부 수단의 기독교인 등이었다. 이란과 터키는 무슬림임에도 기존 아랍과는 다르다는 지적에 늘 자부심을 갖고 있었다. 이 때문에 이스라엘의 외교정책은 복잡하고 비밀성을 띄게 되었다. 모사드가 그 일부를 담당했다. 이는 이스라엘 정보기관의 지속적이고 독특한 특징이기도 했다. 어느 누구도 이스라엘이 사람들로부터 짤렸다고 생각지 않았다. 미국 대통령은 모사드가 아랍국가 곳곳에 접촉면과 협조자를 구축해놓았다는 사실을 알았고, 때론 이스라엘 총리조차 그 능력에 놀랐다.

Shiloah가 구축한 가장 의미심장한 커넥션은 쿠르드족과의 관계였다. 국가도 없이 이란, 이라크, 시리아, 터키 등에 흩어져 살고 있었다. 모사드 수장은 1930년대 바그다드 소재 유태인 기구 소속으로 위장하여 이라크의 쿠르드족 마을에서 파트타임 선생 혹은 언론인으로 활동했다. 2천여만 명에 달하는 쿠르드족은 자치권을 얻기 위해 투쟁해왔으며, 1960년대에 모사드가 직접적인 지원을 하여 이스라엘 군사고문관이 쿠르드족 게릴라를 훈련하기도 했다. 미국과 이란의 팔레비 왕조가 이 프로젝트를 지원했다.

이스라엘은 최대의 적 중의 하나인 이라크 군대가 게릴라들의 공세에 대처하기 위해 발이 묶임으로써 일정 정도 혜택을 보았다. 이스라엘은 쿠르드족 게릴라들이 이라크에서 이란으로 잠입하는 것을 도왔으며, 이란에서 비행기로 이스라엘로 실어 날랐다. 팔레비 즉 Saah는 무슬림 국가의 지도자로서 이스라엘과는 공식 외교관계를 맺지 않았지만 이스라엘의 다수 아랍 국가들과의 투쟁을 존중했다. 이스라엘에 원유를 공급하거나 이란의 국영항공기를 통해 유태인 피난민을 텔아비브로 수송하기도 했다.

고위 이스라엘 관리가 비공식적으로 테헤란을 방문하여 무역사무소를 사실상의 이스라엘 대사관으로 사용하는 것을 묵시적으로 응낙받기도 했다. 이스라엘의 목표는 팔레비를 반아랍맹주로 자리 잡게 하는 것이었으며, 팔레비는 자신과 관련한 의혹을 부추기는 정보는 거리낌 없이 받았다. 10여년이 지난 뒤 팔레비 반대파인 호메이니측은 주장했다. "이스라엘은 아랍국가들과 비밀 접촉면을 유지하면서, 특히 팔레비 왕조를 극렬하게 비판해온 호메이니측의 의혹을 부추기려고 노력했다."

미국과 영국의 축복 속에 이스라엘과 이란과의 동맹은 비아랍 무슬림 국가인 터키로 까지 확대되었다. 1958년 6월 터키와 이스라엘 고위 정보관리가 만났다. 벤구리온 수상은 이 프로젝트를 모사드 국장직에서 물러난 지 6년이나 된 Shiloah에게 맡겼다. 그 회담은 그해 8월에 벤구리온이 앙카라를 비공식적으로 방문하는 성과를 이뤄냈다. 언론에서 El Al 비행기가 터키 수도 공항에 착륙한 것을 의아하게 여겨 취재에 들어가자 "엔진에 이상이 생겨 비상착륙했다"고 둘러댔다.

모사드와 터키 정보기관 **TNSS**(the Turkish National Security Service)는 포괄적 협력을 내용으로 한 협약을 맺었다. 모사드는 이와 비슷한 시기에 그 악명 높은 팔레비 왕조의 비밀경찰 Savak와도 유사한 협정을 맺었다. 1958년 말 3개의 비밀기관이 이른바 **Trident**라고 불리는 공식적 협력네트워크를 구성했다. Trident는 3개 정보기관 수장이 반년마다 모임을 가졌다.

모사드는 일반인에게 알려지지 않은 국제만남 조직이 과다하여 inkeeper 역할이 필요함을 깨닫고 텔아비브 북쪽 고속도로 교차지점에 '게스트하우스(guest house)'를 마련했다. 그곳에는 헬리콥터도 이·착륙 수 있었다. 어느 누구의 주목도 받지 않고 드나들 수 있는 은밀하게 드나들 수 있는 장소였다. 언론들은 정부의 요청을 수용하여 익명의 중요한 외국 인사들의 방문 사실을 보도하지 않았다.

시간이 흐르면서 이 게스트하우스는 규모가 점점 커져 모사드 공작관의 훈련장소로 변했다. 건물도 추가로 신축하여 모든 첩보기술을 가르치는 핵심적인 교육현장이 되었다. 모사드는 이 장소를 *Midrasha*로 호칭했다. *Midrasha*는 일종의 종교학교 같은 곳으로, 성경과 탈무드 및 신앙과 관련한 글들을 집중 교육시키는 곳이다.

모사드의 세속적이고 비밀스런 이 곳은 대를 이어 스파이에게, 분석관에게 전승되면서 모사드를 최고의 정보기관으로 변모시켰다. 모사드는 나중에 본부 전체를 이곳 아카데미로 옮기게 된다. 이를 계기로 모사드는 창설 초기 때부터 사용해온 건물보다 훨씬 넓은 공간에서 활동할 수 있게 되었고, 외부와의 차단도 훨씬 용이해졌다.

예전 본부 건물은 Hadar Dafna로 불리는 미국식 스타일 건물인데, 사람들이 분주히 오가는 비즈니스 구역에 자리 잡고 있었다. 이 위치가 노출되지 않도록 검열이 강화된 결과로 정부 관리들이나 언론인들은 단지 "the Midrasa"라고만 입에 올렸다. 고도의 보안구역인 이 건물 출입이 허용된 몇 안되는 인사들은 이 건물이 놀라울 정도로 멋들어지게 건축되었다고 술회했다. 이스라엘 최고의 예술가들이 조각한 '조각 정원'도 있다. 이는 **창조성의 온상**이라는 모사드의 이미지를 반영했다. 이스라엘인들은 "the art of espionage"를 능가하려고 함으로써, 창조성을 꽃피우는 것이 수학공식처럼 되었다.

작은 국가 이스라엘이 무슬림의 거인 이란 및 터키와 비밀 동맹을 맺은 것은 공통의 이해도 강하게 깔려 있었다. 이 국가들은 중동 지역에서 활동하는 소련 스파이들을 염려하고 있었다. 그래서 러시아인들의 활동상에 관한 정보를 풀장에 물을 채우듯 모두 채워 넣었다. 터키는 **TNSS**가 시리아에서 수집한 정보를 모사드와 공유했다.

이 정보는 아랍 급진파들이 이스라엘에 대한 속내가 담긴 내용이었다. 모사드는 터키 정보요원을 상대로 對테러 테크닉과 첨단 기술 사용법을 가르쳤다. 팔레비가 운영한 Savak도 유사한 교육을 시켰지만 1979년 호메이니 혁명으로 인해 좌초되었다.

이스라엘은 1950년대부터 동부 아프리카 **이디오피아**의 전략적 중요성을 인식하고 미국 및 영국 정보기관들과 함께 정보활동을 전개했다. 이디오피아는 홍해와 이스라엘의 Eilat 항구, 이집트의 수에즈 운하로 가는 주요한 선박항로상에 위치해 있었지만, 지정학적 중요성이 간과된 측면이 있었다. 당시 이디오피아는 **셀라시에** 대통령의 철권 통치 덕분에 비교적 안정되어 있었다.

셀라시에는 20여년을 통치하면서 자신을 고대 헤브류 유다의 후손으로 자칭했다. 그래서 왕의 문장은 유다의 상징으로 정하다보니 이스라엘이란 현대의 유대국가를 존중했다. 이스라엘 영사관이 이디오피아에 개설되자 농업고문관과 교수들이 뒤따라 부임하여 아디스아바바 대학을 세웠고, 뒤이어 최소 인원의 군사고문단과 정보요원들이 파견되어 황제 직할 보안부대를 훈련시켰다. 이 덕분에 모사드는 이디오피아에 상당한 규모의 지부를 운영하면서 다양한 비밀공작을 수행했다.

이디오피아는 이스라엘 정보기관이 정보활동을 하는데 있어 초원을 달리는 말처럼 알맞은 사냥터였다.[99]

---

[99] 세계 정보역사상 가장 뛰어난 작전으로 불리는 '**엔테베 작전**'(이스라엘 여객기 피납사건 구출작전) 성공할 수 있었던 것도 이디오피아가 이스라엘 특공대를 실은 수송기의 자국 영공 통과를 허용했기 때문이다. 평소 모사드가 이디오피아와 막후에서 관계를 돈독히 한 결과이다.

영국 정보기관의 성공적인 노르망디 상륙작전 역정보 공작과 시사점

6월 6일은 우리나라에게 현충일이라는 국가적 기념일이기도 하지만, 2차 대전의 승패를 가른 분수령이 된 날이기도 하다. 연합군의 노르망디 상륙작전을 앞두고 펼친 영국의 국내 정보기관 MI5의 성공적인 역정보 공작으로 히틀러는 상륙지점을 오판했고, 아이젠하워가 이끄는 연합군은 노르망디에 상륙함으로써 2차 대전의 전황을 바꾸었다.

성공의 이면에 영국 정보기관의 역정보 공작이 있었다. 공작을 성공적으로 주도한 스파이는 MI5가 운영한 '이중 간첩(double agent)'이었다. 코드네임은 당시 유명 여성 배우 가르보를 본 따 '**가르보(GARBO)**'였다. 실제 '**가르보**'는 스페인의 기업가 후안 가르시아(Juan Garcia)였는데, 그는 스페인 내전 당시 열렬한 반파시스트로 활약했던 인물이었다.

2차 대전이 발발하자 독일 정보기관은 **가르시아**를 첩보원으로 채용하고 '**ARABEL**'이라는 코드네임을 부여했다. 동명이 비즈니스 명목으로 영국을 자주 왕래하고 있어 첩보원으로서 효용가치가 있다고 판단했기 때문이다. 가르시아는 자신을 조종하는 조정관(handlers)에게 수시로 영국 군부대의 거짓된 배치상황 등을 보고했다. 그런데 이 전문을 영국의 감청기관이 GCHQ(정보통신본부)가 해독한다. 그 결과 가르시아가 첩보원으로서 효용성이 있다고 판단한다. 이 같은 내용을 영국의 해외정보기관인 MI6에 넘겨주고, MI6는 1942년 3월 포르투갈 리스본에서 동명을 첩보원으로 채용한 뒤 MI5에 인계하게 된다.

가르시아를 조종한 영국 공작관(case officer)은 유창한 스페인어를 구사하는 돈 많은 미술작품 딜러 **Tommy Harris**였다. 이 둘의 만남은 첩보 세계의 역사상 가장 창의적이고 성공적인 팀웍(teamwork)으로 기록된다. 재능 있는 두 사람이 서로의 단점을 보완하며 천재성을 발휘한다. 우선, 영국 내에 가짜 하부조직을 만들어 27명의 허위 첩보원(bogus operatives)을 그 조직 산하에 편재한 것처럼 위장했다. 그럴듯한 인생 스토리, 가짜 이름을 작명하여 신분을 철저히 감추었다.

이 가짜 첩보원들은 베를린에 보내는 '정보'를 생산하면서 믿기 어려울 정도로 허구적 내용(fiction)을 유지하려고 노력했다. 가르보와 해리스는 1944년 6개월 동안 무려 500건에 달하는 첩보를 마드리드에 있는 독일 정보기관의 거점에 보낸다. 이 첩보를 받은 독일 정보기관은 대부분 '긴급첩보(urgent)'로 분류했다.

이들이 보내는 역정보 조종자는 다름 아닌 MI5가 운영하는, 20인 위원회로 일컬어진 〈이중스파이 감시위원회(Double Cross Committee)〉였다. 처칠은 이 공작을 보고받고 "전시에 진실은 너무 소중해서 '거짓의 보디가드(bodyguard of lies)'의 시중을 받아야 한다"고 언급할 정도였다. 영국 정보기관은 가르보(가르시아) 덕분에 영국에서 암약한 독일 스파이 전모를 거의 파악했으며, 이들 중 상당수를 이중스파이로 전환시켰다.

가르보 역정보 공작의 백미는 **OVERLOAD공작**이었다. 노르망디 상륙작전을 앞두고 비밀이 샐 것을 우려하여 '동맹국 상대 역정보 공작'이었다.

공작명 OVERLOAD였다. D-Day 며칠 전, 가르보의 허위 첩보원들은 "영국 남부지역에 미군이 대규모 배치된다"는 첩보를 만든다. 조지 패턴 장군이 지휘하고 Galais를 겨냥한 움직임이라고 보고했다. 독일 공군의 정찰을 속이기 위해 풍선과 같은 가짜 탱크를 만들어 배치했다. Shepperton이란 영국 최대 영화제작업체는 도버강 인근에 가짜 석유 저장고를 만들었다. 영국의 유명 건축가 Basil Spence가 디자인했다. 전후에 독일 전쟁지도를 확보해서 보니 이 내용이 기록되어 있어 역정보 공작이 성공했음을 실증해주었다.

영국 정보기관은 그러나 "이 같은 역정보공작은 10일정도 경과하면 들통 날 것"을 염려했다. 독일 2개 보병사단이 Calais로 이동함으로 인해 연합군은 노르망디에 교두보를 구축할 수 있는 시간을 벌었다. 만약 독일이 노르망디 지역으로 군부대를 배치해야 한다는 **롬멜**의 주장을 수용했더라면 전쟁의 균형추는 달라졌을 것이다.

가르보는 1944년말 영국 MBE상을 수상했는데, 나치 철십자상과 영국 왕실이 주는 상을 모두 받은 희귀한 인물이 되었다. 전쟁 후 남미로 이민을 가서 첩보세계와 인연을 끊고 말년을 조용히 보냈다.

필자가 70여년 전 영국의 성공적인 '역정보 공작'사례를 새삼 꺼내든 이유가 몇 가지가 있다. 우선, 디지털 정보세계로 변모하면서, 진실과 허위정보, 가짜 정보와의 경계선이 허물어지고 있고, 많이 배웠다는 사람들이 선전과 선동에 더 휘말리고 균형적인 판단을 상실하는 모습을 수시로 목도하고 있기 때문이다.

둘째는 러시아나 중국, 북한 등이 역정보 공작을 상습적으로 펼치고 있는데다, 일본과 같은 자유민주국가들도 '소프트파워'라는 이름으로 세계 싱크탱크 등을 우군으로 만들어 일본에 유리한 시각을 전파하고 있다. '합법적인 역정보 공작'이라고 불러도 좋을 것이다.

셋째는 인터넷이나 SNS 등은 이런 공작을 펼치기에 더 없이 좋은 무대이며, 정보의 홍수 속에서 판별력을 잃어가고 있는 시민들은 정파적· 이념적 입장에서 사실을 해석하고 있어 '진실'이 더 이상 설자리가 없어지고 있다는 우려가 또 하나의 논거이다.

독재로 인해 나라를 엉망진창으로 만들면서도 건재한 베네수엘라 마두로 정권의 여론조작 및 관리 행태는 '역정보'와 '선전선동'의 위험성을 여실히 보여주고 있다. 베네수엘라는 현재 반정부 시위대와 인사들에게 어린이도 포함하여 고문을 자행하고, 재판도 없이 살해나 참수 등의 불법적인 참형을 저질러 국제사면위원회가 국제형사재판소(ICC)와 유엔인권위원회에 진상 조사와 해결을 촉구할 정도로 인권이 말살되었음에도, 어용 언론을 앞세워 정당화하고, 사법부를 시녀로 두어 공포정치를 하고 있다.

어용 사법부는 인도적 차원의 물자 지원을 거부하고, 인터넷의 해외접속을 차단하는 등 좌파독재 정권의 버팀목이자 충견역할을 하고 있다. 그런데 60년 가까이 지속적으로 정권의 나팔수 역할을 해온 족벌가문인 시네레로스의 언론인 네비시온 등이 중심이 된 친정부언론들은 이런 베네수엘라 법원 세력, 대법관 및 친정부 판사들이 나라를 구하는 정의의 사도라고 칭송하며 국민을 호도하고 있다.(최종호, 유리된 언론의 문제와 대책, 2019. 5. 29. 국회 세미나 발제문)

더욱이 마두로는 독재를 강화하기 위해 중국기업 ZTE가 개발한 '빅브라디 시스템'인 <조국카드>를 구축하였다. 이 카드는 개개인의 신상정보가 담긴 데이터베이스를 기초로 하여 소지자의 행동과 성향을 파악할 수 있고, 실제 이 카로 투표소에서 스캐너로 신분확인을 하여 비밀투표의 원칙마저 무너지고 있다. 한마디로 마두로 정권은 영악하다. 무조건 탄압하는 게 아니라 자신들의 언론을 통해 행동을 미화시키고 유명인들을 동원하여 국민들의 직관과 감성에 호소하여 진실구별을 어렵게 하고 있는 것이다.

킹스칼리지런던(KCL)의 정책연구소장인 바비 더피가 쓴 <팩트의 감각>이란 책은 '인식의 위험성'을 잘 보여준다. 무슬림 인구비율에 대해 물은 결과, 미국의 무슬림인구는 1%에 불과한데도 17%나 된다고 응답했다. 이런 인식의 격차 원인은 외부적 요소 때문이다. 우리가 믿고 싶은 것에 부합하는 사실만 기억한다. 정보보다는 감정에 더 크게 반응한다.

 각종 정치일정을 앞두면 유권자들의 인식을 흔들기 위한 각 정파세력들의 선전 선동이 증가하고 있다. '선전선동의 난무'라는 표현이 옳을 것이다. 역정보와 가짜뉴스가 판을 칠 것이다. 이 때 무엇보다 우리 민주시민에게 필요한 것은 균형감각과 정보 선별력 그리고 진실판단력이다. 지배이데올로기에 함몰되고 지배적으로 보이는 담론에 묻혀 버릴 때 진실의 변화나 실상을 읽지 못하게 된다.

당나라 시인 **許渾(허혼)**은 '咸陽城東樓(함양성동루)'라는 시에서 이렇게 갈파했다.

'山雨欲來風滿樓(산우욕래풍만루)'.

사건이 생기기 전에는 반드시 평온하지 않은 조짐이 일어나는 법이다. 바람은 변화를 예고하는 전령이다.

중동지역에서의 숨 막히는 첩보전

1967년 '6일 전쟁' 비사· 숨가쁜 막전막후[100]

1967년 아랍과 이스라엘 간의 전쟁, 이른바 '6일 전쟁'은 1956년 나세르 이집트 대통령이 수에즈 운하 국유화를 선언한 이래, 이스라엘과 그 주변을 둘러싸고 있는 아랍국가들 간의 정치적 증오감과 폭력사태 등이 에스컬레이트 되어 가는 과정에서 돌출적으로 터진 전쟁이다.

1956년 휴전은 이스라엘이 점령한 시나이반도를 포기하는 대신 UN 평화유지군이 이 지역을 비무장지대화 한다는 조건이었다. 그러나 이 휴전 협정은 중동지역에 내면에 잠재해 있던 국제적 긴장상태를 설명해주지 못한다. 끓어오르는 민족주의, 반이스라엘 감정, 아랍국가들의 소련과의 연대 등에 힘입어 아랍국가들은 급속히 군사력을 현대화하면서 팔레스타인 게릴라와 테러리스트들의 이스라엘 공격을 지지하기 시작했다.

그 결과는 이스라엘의 보복조치로 이어지고 이집트 나세르 대통령은 이를 빌미로 시나이 반도에 군사력을 배치하고, 1967년 5월 UN 평화유지

---

[100] 이 내용은 Aleksandar Matovski 영국 해군대학 조교수가 2020년 *Security Sudies* (Vol. 29, No. 5)에 기고한 논문 중에서 발췌하여 필자가 번역한 것임

군 추방으로까지 이어진다. 나세르의 목적은 이스라엘을 시리아와의 대결전선으로 밀어내고 피한방울 흘리지 않고 승리하는 것이었는데, 이렇게 되면 아랍국가 전체를 대표하는 정치지도자로 부상할 수 있다는 계산이었다.

그러나 시나이 반도의 재무장화는 이스라엘에게 안보딜레마를 안겨주었다. 이스라엘 정부는 이 사태를 묵과하면 적대적 환경 속에 처해있는 이스라엘의 미래 생존에 큰 위협이 될 것으로 보았다. 이스라엘 정부는 며칠 간 격렬한 토론을 거친 뒤 1967년 6월 4일 아랍 국가들에 대한 전격적인 기습 공격 방식으로 안보 딜레마를 해결하기로 결심하기에 이른다.

여기서 **'6일 전쟁'** 개시를 이해하는 데는 두 가지 질문이 제기된다.

(1) 이스라엘 지도부가 전쟁을 피할 수 있는 외교적 혹은 억지전략을 취하지 않았는가?
(2) 초기 기습 전략이 최종적으로 최선의 선택이라고 믿도록 만든 것이 무엇인가?

이스라엘 내각은 1967년 당시 전쟁이냐 외교적 해결이냐는 갈림길에서 최종 결정의 키를 쥐고 있었다. Levi Eshkol 총리가 이끄는 내각에서 총리와 그 각료들은 전쟁을 먼저 일으키는 것을 극도로 망설였다. 이유는, 여러 적대국으로 둘러싸인 이스라엘이 단일 전선이 아닌 여러 곳에서 펼쳐진 전선에서 과연 승리할 수 있을까하는 의문 때문이었다. 소련도 개입할지 모른다는 두려움도 원인의 하나였다.

특히 Eshkol 총리는 선제공격으로 인해 미국과의 the much-caveted (갈망해왔던) 전략동맹에 손상을 주고, 이스라엘을 위태로울 정도로 고립화시키지 않을까 크게 염려했다. 다른 한편으로 이스라엘 방위군(IDF, the Israel Defense Forces) 합참의장은 "아랍국가들의 침공위협을 낮게 평가하고, 공격 받으면 강력하게 대응하면 된다"고 주장했다. 그러나 그도 생각을 바꿔 전격기습공격을 지지하게 된다.

정책결정을 두고 벌인 이런 치열한 갈등상은 이스라엘 역사상 가장 논란이 많은 것이었다. 여기서 '6일 전쟁'을 결심하기 까지 결정적인 역할을 한 것은 '정보'였는데, 많은 학술적 연구에서 이 부분을 적게 다루었다. 아랍국가들의 취약점에 대한 실질적인 정보는 선제 기습공격을 통해 결정적인 한 방을 계획하는 정책결정자들의 머리 속에 강하게 자리 잡았을 소지가 있다. 이 옵션의 대두는 이스라엘 지도부로 하여금 위기에 대한 대안적 해결책의 범위를 좁혀주었을 것이다.

Intelligence and the Israeli Military Options(정보와 군사작전)

군사전략 상 선제공격 전술채택에 따른 효과 분석 방법 중 하나는 조건법적 서술(counterfactual)분석 방법이다. 1967년 위기의 경우, "이스라엘 군부와 민간 지도자들이 아랍국가에 관해 월등한 정보가 없었더라면 선제 공격 옵션에 자신감을 갖게 되었을까" 하는 질문이다.
다른 말로 하면 "이스라엘만이 적의 성향이나 취약점에 관해 폭 넓은 지식을 갖고 있었다하더라도 선제공격 전략이 여전히 그럴듯한 대안으로 존중받을 수 있었을까" 하는 점이다.

일반적인 군사적 지식은 적대국에 대한 군사적 균형 문제로서, 전쟁 개시의 이득을 평가하는 벤치마크로 기능한다. 1967년 위기의 경우, 군사력은 아랍 국가들이 이스라엘 비해 상당히 우위에 있었다. 이스라엘의 주적인 이집트는 야전군이 240,000명, 1,180대의 탱크를 보유하고, 이스라엘은 전투부대원 264,000명, 탱크 800대였다. 이집트는 시나이 반도에 자신들의 군사력을 집중할 수 있는 반면 이스라엘 국방부는 2개의 전선이 더 있었다.

시리아와 요르단 연합군은 163,000명의 병력과 820대의 탱크, APCs(무장 수송차) 750대, 1,400문의 포병 전력 등을 배치하여 이스라엘과 대치하고 있었다. 공군의 경우 이스라엘은 수적으로도 열세였다. 전투기의 경우, 이스라엘은 207대, 이집트는 450대인데다, 시리아와 요르단의 공군전력 160대가 합세하면 공군전력 열세는 현저했다. 3개의 전선에 배치된 군사력을 비교해보면, 전투부대는 1.5:1, 탱크는 2.5:1, 전투기는 3:1로 열세였다.

아랍군은 군사기술면에서도 첨단전력을 과시하고 있었다. 소련의 최신 무기제조기술을 도입하였고, 소련의 당시 최신예 전투기인 미그 21기를 236대나 이집트와 시리아 공군이 보유하고 있었다. 이스라엘은 72대의 미라주 전투기로 맞설 수 있을 뿐이었다. 지상군의 경우, 소련제 T-54/55 탱크가 이집트와 시리아의 주력 기종이었는데, 이스라엘은 최신예 탱크가 Centurion으로 겨우 250대 밖에 없었다. 게다가 소련의 최신 APCs, 대포, 탱크 공격용 무기, 통신장비 등은 "이스라엘이 서방으로 획득한 장비 대부분을 황폐화시킬 수 있을" 정도로 아랍군의 기세를 올려주고 있었다.

외부에 드러난 이런 일반적인 군사력만을 살펴보면 이스라엘이 어째서 선제공격 전략을 결정했는지에 대한 결론은 내리기 어렵다. 특히 이스라엘에 대한 아랍 국가들의 전면적 공격이 임박한 것으로 보이지 않았음에도. 무기 등 수적인 우세와 기술력 우위라는 전통적인 분석방법은 공격 어드밴티지를 제대로 예측하지 못한다. 대신에 성공적인 공격작전 수행에 중요한 것은 적의 군사력에 맞추어 전투원을 배치(은폐, 기동, 독자적인 작전수행 등)하고 자신들의 강점과 약점을 어떠히 이용하느냐 하는 것이다.

Did the quality of Israeli intelligence allow for this?(이스라엘의 정보 질이 기습공격을 허용했는가?)

이스라엘은 수년간에 걸쳐 이집트와 시리아 등 주된 적국에 유능하고 노련한 스파이를 심어 아랍 국가들의 군사적 동향과 지도부의 행태나 의사결정 상태 등에 관한 1급 기밀을 방대하게 수집했다. **엘리 코헨**101)과 같이 시리아 최고위층에 스파이를 심은 것이 좋은 예이다.

Samuel M. Katz에 의하면, "현대전의 역사상 한 국가가 적국이 무슨 생각을 갖고 있는지, 군사력 배치와 작전 능력에 대해 이 정도로 완벽한 그림을 그렸던 예가 없으며, 이 같은 치밀한 정보를 토대로 IDF(이스라엘 국방군)는 1967년 6월 5일 오전 07시 40분에 선제공격을 감행했다고 가정하는 것이 안전하다".

intelligence picture는 아랍국가들의 취약점을 적나라하게 그려내어 IDF가 군사적 작전을 감행해도 되겠다는 확신을 심어주었다. 기습공격으로 이집트 공군력을 궤멸 계획은 이집트 군부 속에 심어놓은 첩보활동의 결과물이었다.

선제공격 계획은 이스라엘 지도부를 위기기간 내내 격렬한 토론으로 이끌었다. Gordon Thomas에 의하면, "1967년 전쟁이 임박한 시점에 모사드 Katsa(카챠, 공작관 case officer)나 이집트 군부와 공군기지에 협조가 있었다." 이 첩보망을 통해 이스라엘 정보기관은 이집트 공군력이 기습공격에 극도로 취약하다는 것을 알아냈다. 특히 오전 07:30부터 08:00 사이에.

이 시간대에는 전투기 수리 담당 기술자들은 8시간 주야간 근무교대로 인해 지쳐있으며, 이집트 전투요격기들은 시나이 전선을 감시 비행한 뒤 기지로 돌아와서 조종사와 간부들은 아침 식사를 위해 뿔뿔이 흩어진다는 정보였다. 이스라엘 정보기관은 07:00와 08:00 사이는 대부분 이집트 공군 간부들이 사무실로 출근하는데 카이로의 지옥 같은 도로정체에 시달려 예하 부대를 적절히 통솔하지 못한다는 것도 알았다.

---

101) 1964년 바트당의 신설된 최고위직에 올라 골란 고원의 전략적 요새들을 촬영한 사진을 손에 넣었다. 이 정보를 비밀리에 이스라엘로 보내어 마침내 제3차 중동전쟁에서 이스라엘이 승리하도록 만들었다. 난공불락이라고 하던 골란 고원을 이스라엘이 손에 넣을 수 있었던 것은 바로 **엘리 코헨** 덕분이었다

이것들로 인해 이스라엘의 전격적인 기습공격에 마비상태가 되었다. 이집트 군부는 고위 장성들의 지시 없이는 거의 움직이지 않는 수동적인 태도가 만연되어 있었다. 나아가 이집트 레이다와 공군방공 범위, 작전 루틴(평소 작전 수행 방식)을 알아냄으로써, 이스라엘은 이집트의 blind spots가 어딘지 파악할 수 있었으며, 전투기들이 전혀 탐지되지 않고 목표지역을 타격할 수 있었다. IDF 작전 기획자들은 이런 정보를 바탕으로 구체적인 공격계획을 세웠다.

 이스라엘 전투기 편대가 지중해 위를 낮게 비행하여 배후에서 이집트 공군기지를 공격한다는 계획이었다. 시나이 반도 전선을 향하는 것이 아니라 북쪽에서 남쪽으로 기습 공격하는 것이었다.

이스라엘 정보기관은 폭탄을 투하할 상세한 지점에 관한 정보를 제공했고, 비행기의 위치, 활주로 주요 빌딩, 지대공 무기, 그리고 이집트가 유사시 공격회피용으로 만들어놓은 위장 공군기 위치 등에 관한 정보를 수집해서 보고했다. 지상군에 대해서도 유사한 정보가 입수되었다. 시나이, 골란 고원, 서부 뱅크 전선 등에 관한 정보이다. 휴민트와 통신첩보, 공중 정찰 등을 통해 입수한 정보를 종합하여, 이스라엘 군 지휘부는 시나이 반도에 배치된 이집트 군사력은 1956년 전쟁 당시 이스라엘 군이 행했던 그 방식에 맞추어 짜여있다는 것을 알았다.

사막의 어떤 지역은 장갑차로 넘어 올 수 없다고 보고 비워둔 곳도 있었다. 그래서 이스라엘 군부는 기존의 통념을 뒤집어 전진 측을 따라 공격하기로 방향을 바꾼다. 이집트 전투전선에서 비워놓은 곳과 배치된 전투부대의 측면을 공격키로 한다. 웨스트 뱅크와 골란고원 전선의 경우, 요르단과 시리아 연합군은 방어전략을 채택하고 이스라엘 군의 진격을 막기 위한 장애물과 요새 구축에 주력했다.

그러나 이스라엘 정보기관의 시리아와 요르단 고위층에 심어 놓은 고급 정보를 분석한 결과, IDF는 이 전선에서도 핀포인트식으로 공격하는 것이 좋겠다는 결론에 이른다. 시리아군의 요새 배치, 방어계획, 군사훈련,

전술 등에 대한 정보는 IDF가 과감하게 골란고원을 전격 공격하는 산파(midwife)가 된다. 아랍 군부에 대한 통찰력 있는 정보는 전격기습 작전의 가능성을 높여주었으며, 이스라엘 군 지휘부에게는 이 위기를 해결하는 유일한 길이란 확신을 심어주기에 이른다. 군부입장에서 적을 한 방에 녹다운 시키는 기회가 눈 앞에 다가온 것처럼 보였다. Ariel Sharon 장군의 평가는 만장일치로 모든 장성들에게 받아들여졌으며, 그 위기는 이스라엘 군부에게 아랍 국가들의 군사력을 파괴하는 역사적 기회를 주었다.

위기상황이 진전됨에 따라 이스라엘 지도부는 의사결정 문제를 놓고 진흙탕 싸움을 벌이고 있었다. 군부는 선제공격만이 살길이라고 주장하는 군 지휘부와 주저하는 각료들 틈에서 난감해 했다. 이 상황에서 이스라엘 정보기관이 아랍 군부 등으로부터 입수한 통찰력 있는 정보가 막힌 흐름을 뚫는 역할을 한다.

그 위기 동안 내각 회의의 주요 멤버 중 Aharon Yariv는 IDF 내 정보수장으로서 아랍 군부 등에 대해 첩보원의 부식 실상을 공개하여, 선제공격 계획의 성공을 믿는 각료들에게 확신감을 심어주었다. 전쟁을 돌입하기로 한 최종 결정은 7월 4일 이루어졌는데, Meir Amit 모사드 국장은 미국으로부터 입수한 내용을 내놓았다.

내각은 심각하게 분열되어 있는 상황에서 Amit는 "미국은 이스라엘의 행동에 대해 간섭하지 않으며 이스라엘의 선제공격 선호에 대해서도 긍정한다"는 내용이었다. Amit의 정보평가는 선제공격 반대자들에 대한 최후의 일격이었다. 외교적 해결의 불확실성과 선제공격에 대한 확신 중에서 이스라엘 정부는 후자를 선택했다.

Intelligence and Surprise Attack- Stifling the Alternatives(정보와 기습공격- 대안 틀어막기)

UN 평화유지군의 5월 19일 시나이 반도에서의 철수는 이집트와 이스라엘 간의 직접적인 군사적 충돌을 막는 마지막 허들이 제거되는 것을 의미했다. 이스라엘 지도부는 선제공격 옵션에 대한 확신이 커져갔으며 전면전을 피할 수 있는 대안적 해결책을 조직적으로 피해갔다. 이집트가 UN에 평화유지군을 철수하라고 요구한 직후 유엔 사무총장과 미국 외교관은 이스라엘에게 완충지대에 주둔 중인 유엔군의 이동조치를 수용하도록 노력했다.

그러나 양측은 단호히 거부했다. 이스라엘은, 유엔군의 주둔은 이집트에 대한 이스라엘의 공격능력을 제한한다고 주장했다. 이집트는 5월 23일 Tiran 해협을 폐쇄한지 며칠이 지난 후 똑 같은 상황이 반복되었다. 이스라엘 군부는 군사적 대응능력을 제한함과 동시에 이집트군의 도발을 저지하기 곤란하다는 이유로 그 옵션을 거부했다. 대신에 전면적인 선제공격 계획을 실행 필요성을 주창했다.

여러 경우를 보면 외교관은 대체로 비둘기파인데, 선제공격을 몇 주 연기하고 외교적 해결기회를 모색하자는 제안을 한다. 미국은 이스라엘 선박이 냉각기 동안에 자국의 국기를 달고 Aqaba灣을 통행하지 않는 방안을 제안했다. 이집트도 미학인 선박에 대한 통행을 방해하지 않도록 하는 안이었다. 일부는, 이 제안은 이스라엘에게 이집트의 해안 봉쇄를 깨트리는 충분한 대안이 된다고 주장했다. 그러나 군부는 이를 일축했다.

위험스러울 정도로 자기패배적 방안으로서 기습작전을 통해 승리해야 하는 군부의 능력을 위태롭게 한다는 이유를 내세웠다. IDF 합참의장인 Yitzhak Rabin 장군은 이성을 잃고 노골적으로 지적했다.
"2주안에 이집트인들을 옥죌 수 있는 기회라는 보장이 없다."

외교적 해결은 위기가 에스컬레이트되는 것을 줄이고 이스라엘에게 자신의 국가적 위치를 재강화하는 것이 목적인데, 기습공격 한 방으로 중동지역 군사력의 균형을 일거에 바꿀 수 있다는 군부의 전망을 뒤집기에는 역부족이었다. Moshe Dayan 국방장관은, "만약 우리가 수백기의 이집트 비행기를 장악한다면 이스라엘이 수개월에 걸쳐 획득하는 무기보다 몇 배의 가치가 있다"고 강조했다. 샤론 장군도 이집트군에 대한 파괴는 적어도 십년 동안은 이집트의 이스라엘 공격 의욕을 꺾어놓을 것이라고 주장했다.

이런 강경노선은 위기를 억제하는 다른 옵션 실행을 막았다. 당시 야당이었던 시몬 페레스는 '핵사용 옵션'까지 제안했다. 확실히 이스라엘의 전쟁방지 의지를 보여주고 전쟁 발발을 막을 수 있는 수단으로 보았다. 1967년 위기 당시 이스라엘 각료 내에서의 핵 옵션에 대한 논의는 여전히 베일에 가려있지만 페레스의 제안은 거부되었다. 이스라엘 선박을 Aqaba灣에 보내고, 이 선박을 이집트 군이 공격하면 이를 명분삼아 되받아치는 형식으로 이집트를 공격하자는 안도 무산되었다.

군은, 이 안은 오히려 이집트군에게 "전쟁이 임박했다"는 경계심만 높여주어 기습공격 타이밍만 상실한다고 주장했다. 이스라엘의 엄청난 정보이점을 기습공격 논리로 바꾸려는 욕망은 선제공격 계획을 승인하는데 있어 주요한 압력 원천이 된다. 아랍국가들의 취약점을 완전히 꿰뚫은 이스라엘 정보망은 이 논쟁을 추동하는 촉매제였다.

각료회의가 열리기 전에 IDF내 정보국장인 Yariv는 예민한 정보를 사전 브리핑하면서 선제공격의 정당성과 필요성을 고창했다. 6월 2일 열린 내각회의에서, 이집트 군 부대들의 많은 병력이 시나이반도에 배치된 때문에 적재적소에 배치되지 못하고 있고, 기민한 이스라엘 군 활동을 통해 준비되지 않은 이집트군의 실상을 포착 가능하다고 주장했다. 이스라엘 공군 사령관인 Mordechai Hod 장군은 "공군정보팀의 경우 적의 전투기 위치까지 파악하고 있다"면서 "이스라엘 공군력의 우위를 매일 조금씩 갉아먹고 있다"고 말했다. IDF의 라빈 합참의장과 16명의 장성들은 각료회의에 참석하여 격렬하게 내각이 즉시 선제공격을 승인해 달라고 간청했다. 하늘이 내린 천재일우의 기회를 놓치지 않도록.

군부가 마지막으로 내각을 상대로 선제공격을 승인해달라고 압력을 넣은 것을 이틀 후였다. 6월 4일 Yarib는 이집트가 요르단에 전투부대 2개 중대를 배치한다는 정보를 보고했다. 합참회의에서는, 이 정보는 국경근처에서 사보타지 공격이 임박했다는 신호라는데 아무도 이견을 달지 않았다. Eilat라는 도시 장악을 노린 것으로, 동 도시는 홍해 지역의 이스라엘의 전략적으로 중요한 항구이다.

다얀 국방장관과 라빈 합참의장은 "기다리는 작전은 이스라엘에게 승리의 대가를 지불하게 만든다"는 결론에 이르게 된다.
"이스라엘이 즉각 행동을 개시하면 전쟁은 쉬워진다고 확약했다. 2-3시간 안에 전투기 공습으로 획기적인 성취를 이루고 하루 정도면 육군 등도 의미 있는 진군이 가능하다. 이틀 내에 수에즈 운하 근처에 당도한다."고.

회의가 거의 끝날 무렵 이스라엘 내각은 만장일치로 다음날 아침 전격 기습작전 계획을 승인한다.

이집트 등 Victim's Ignorance (이집트, 시리아 등은 왜 몰랐는가?)

이스라엘의 행동과는 너무도 대조적으로 1967년 당시의 아랍국가들은 이스라엘에 대한 성향이나 군사능력 등에 대한 기본적인 정보조차 제대로 갖고 있지 않았다. Kenneth M. Pollack 교수는 말한다.

"이집트는 아무 생각도 없었다. 이스라엘이 공격할 것이라고, 공격대상이 어디인지에 대해서도. 이집트 군의 정보는 이스라엘이 어떤 방식으로 전투할지에 대해서도 알지 못했다. 그들은 이스라엘의 전술도 몰랐고 신속한 기동에 대한 이해도 부족했으며, 예하부대 지휘관에게 재량을 주는 탈중심화된 지휘 개념도 몰랐다. 장갑차들이 공군력에 지원을 받거나 공군에 의한 선제공격과 같은 것도."

아랍 국가들은 이스라엘 정보기관이 자신들 내부의 고위층에까지 정보망이 침투한 사실도 몰랐기 때문에 이스라엘의 선제공격의 이점을 줄일 수 있는 기본적인 주의조치조차 할 수 없었다. 아랍 지도자들도 이스라엘의 선택지를 과소평가했고, 이스라엘에 대해 한보따리의 군사적 위협을 가해도 무사할 것이라고 믿었다. 이스라엘의 군사전략과 능력이 1956년 수에즈 운하 사태 당시 정도의 수준이라고 예단했다. **나세르**는 자신했다. 시나이반도에 배치된 이집트군이 IDF 공격에 버틸 것이라고.

위기가 에스컬레이트되고 있는 데도 이스라엘의 대응 동향에 대한 정보 부족이 오히려 나세르의 신념을 더 강화시키는 역할을 했다. Amit 모사드 국장이 나중에 술회했듯이, 위기가 시작된 이후에도 이스라엘측이 별다른 행동을 보이지 않자, 이집트는 더 대담해지고 도발적인 행위를 일삼았다. 자신들도 전면적 전쟁을 피하고자 했으면서도 그렇게 행동했다.

이집트의 무지는 그 위기를 상승시킨 주요한 원인이었다. 이는 이스라엘측이 선제공격을 감행하기로 결정한 마지막 국면에서 여실히 드러났다. 나세르가 정확하게 이스라엘은 6월 첫째 주에 공격할지도 모른다고 예측했지만, 공격범위와 아랍군대에 얼마나 타격을 줄지에 대한 것은 판단하지 못했다. 이스라엘의 전격제로작전에 위험성이 직면한 상태에서 그 위기를 둔화시키는 노력대신에 이집트는 더 공격적인 언사와 행동을 함으로써 이스라엘 군부가 내각에 선제공격을 강하게 건의하는 동인만 제공했다.

대안적 설명(Alternative Explanations)

1967년 선제공격 문제를 다룬 지금까지의 통념은 아랍이라는 적을 목전에 둔 이스라엘의 지정학적 취약점과 공격적인 군사교리에 많은 신빙성을 두었다. 이 관점을 따르게 되면, 이스라엘은 전쟁을 수행하거나 자신들의 영토 방어에 필요한 맨파워도, 심도 있는 전략도 부족한 집단으로 여겨진다. 인구가 많은 주변국을 상대로 소모적인 전쟁이나 벌이는 국가로 간주된다.

나아가 이스라엘의 압도적인 예비자원- 전쟁이 길어지면 동원하기도 쉽지 않은- 에는 상당한 제약이 있음에 따라 전방위적으로 자원을 동원해야 하는 상황에서는 시간적 여유가 이스라엘에게 없다는 점이다. 이런 요인들이 이스라엘 국방부의 공격능력에 대한 자신감과 결합되어 이스라엘로 하여금 1967년 전쟁에 선제기습공격을 하게 만들었다고 본다.

이 같은 통념을 면밀히 조사해보면 두 가지 문제점이 드러난다.
첫째, 왜 이스라엘이 억지전략을 채택하지 않았는지를 설명하지 못한다. 억지전략은 아랍 국가들이 이스라엘의 불안정한 상황을 이용하는 것을 사전에 억지하는 것을 말한다. 근육을 보여주려는 목적의 핵실험 구상은 군부가 제시한 억지전략의 하나로 포함되어 있었다. 이 당시 이스라엘은 적어도 2개의 원자탄을 가용할 수 있는 것으로 추정되었다. 페레스도 지신의 회고록에서 슬쩍 언급했고, 그러한 조치만으로도 아랍국가들이 준동을 예방할 수 있었다는 것이다.

둘째, 보다 중요한 것으로서 이스라엘의 지정학적 위치와 공격적 군사교리만으로는 왜 이스라엘이 1967년 국제정세 속에서 선제공격을 수행키로 했는지에 대해 설명하지 못한다는 점이다. 선제공격 옵션은 다른 전략보다 덜 위험하고 이득이 더 크다는 결론을 내리기 위해서 이스라엘 지도부는 추가적인 통찰력 있는 그 무엇이 절실했다. 적에 대한 상세한 정보가 없었다면, 이스라엘은 아랍국가들이 어떤 방식으로 비효율적인 행동을 할지, 기습공격 실패에 따른 후과, 이스라엘에게 미칠 위험한 상황 등에 관해 알 길이 없었을 것이다. 만일 초장에 박살내지 못하면 이스라엘은 배후에서 공격(sneak attack)을 받을 수 있으며, 아랍국가들이 단합하여 유태국가를 끌어내렸을지도 모른다.

Edward Luttwak와 Dan Horowitz가 이 수수께끼에 대한 해답을 내놓았다.

"적의 약점을 콕 집어하는 외과수술식 공격은 남는 장사다. 그 공격 포인트가 예상했던 것보다 완강히 저항하면 재앙적인 손실을 초래할 수도 있다. 이스라엘이 지속적으로 합리적으로 행동할 수 있었던 것은 정보기관이 수집한 정보를 상당히 신뢰하고 제시한 방향에 따라갔기 때문이다. 내부 정보를 가진 갬블러는 한 방에 모든 것을 합리적으로 걸 수 있다(Only the gambler with inside information can rationally bet his whole stake on a single race)."

모사드와 이란, 모순적인 관계 :
핵개발 추진과 저지 공방. 친이란 성향
IAEA 사무총장 낙마 공작과 실패

모사드의 수장으로써 모사드를 역량을 한 단계 더 업그레이드 시킨 사람이 메이에르 다간이다. 샤론 총리에 의해 다간이 발탁된 주요 이유 중의 하나가 이란이 이스라엘 안보의 최대 위협으로 부상했기 때문이다. 다간은 부임 후 이란의 ayatollah 정권이 넘버 원 위협대상이며 이란의 핵무기 개발을 저지할 방도를 고민해야 했다.

이란의 핵야망은 Shiite 선지자의 부상과 1979년 호메이니 정권시절 이전으로 거슬러 올라간다. 1950년대 중반 팔레비 왕조 시절부터 시작되었다. shah(팔레비)는 미국 원자력 발전 산업의 예찬론자였다. 미국이 만든 원자력 플랜트를 열심히 사들였다. 전기 생산 목적이었지만 언젠가 군사적 용도로 이용하겠다는 희망을 감추지 않았다. 원자폭탄을 만들어 중동지역의 맹주로 부상하겠다는 야심을 내심 갖고 있었다.

1979년경 이스라엘은 먹음직스러운 이란의 파이 중 일부를 갖길 원했다. 사하정권은 1950년 이후 줄곧 유대국가와 긴밀했다. 이스라엘은 아랍권 국가와 싸우고 있었다. 이란은 아랍인의 일부로 여기지 않았고,

아랍인들을 자신들의 일부로 간주했다. 이 때문에 이집트 나세르와 사우디 왕조와 충돌했다. 이스라엘과 함께 한 것은 자연스런 결혼과 같았다.

이스라엘 정보기관은 팔레비 정권의 정보기관 Savak(사바크)를 조련했다. 사바크는 비밀정보기관으로 악명이 높았다. 이에 대한 보상으로 사하정권은 모사드가 이란 땅에서 공작하도록 허용해주었고, 이라크 등지에서 요원을 충원하는 베이스기지로 활용하는 것도 허락했다. 이스라엘 정보기관의 비밀 활동을 후원하기 위해 문서화작업을 하기도 했다.

이스라엘 무기 제조상은 이란과 열성적으로 사업을 벌였다. 사하는 기름을 판 돈으로 합작 무기제조 기업에 자금을 댔다. Jericho라는 지대지 미사일 성능개선 등이 한 예다. 조인트 미사일 프로젝트의 코드명은 **Flower**인데, 이스라엘의 핵무기 운송 수단을 제공할 것으로 여겨졌다. 이 때 **시몬 페레스**가 등장했다. 후에 총리까지 한 인물로 이스라엘의 비밀 핵개발을 주도한 사람 중의 한 명이다. 페레스는 사하에게 핵기술과 이스라엘의 원자력 위원회 소속 전문가를 이용할 수 있도록 해주었다.

이 일은 사하 정권이 붕괴하고 **호메이니**가 들어서면서 깊은 상처와 후회를 남길 뻔 했다. 미래의 적대국의 핵개발을 도운 꼴이 되기 때문이다. 다행스럽게도 사하가 거부했다. 사하는 이미 미국과 프랑스, 독일, 캐나다 회사로부터 원자력과 관련한 큰 건의 계약을 했기 때문이다.

1979년 사하 정권이 붕괴된 후 집권한 Shi'ite 정권은 핵개발에 투자할 여력이 없었다. 후세인과 수십 년 간의 전쟁에 얽매여 있었다. 양측은 이 과정에서 수십 만 명이 죽었다. 이라크는 이란을 상대로 화학무기와 독가스를 사용했고 장거리 스커드 미사일로 이란의 주요 도시를 타격했다. 호메이니는 깨달았다. 세계가 이러한 잔혹한 범죄행위에도 침묵하는 것을 개탄했다.

수이트 성직자들은 실의에 빠져있으면서도 미국이 이라크을 후원하는 증거를 찾으려고 백방으로 노력했다. 호메이니는 비재래식 무기 개발을 반대했다. 교리에 맞지 않다는 이유였다. 이라크와 전쟁 후 호메이니도 생각을 바꿨다. 이란도 적에 맞서려면 이에 걸 맞는 억지력을 갖추어야 겠다고.

호메이니 사망 후 이란은 원자력 개발 프로젝트를 새롭게 다듬었다. 러시아와 중국의 도움도 받았다. 무엇보다 파키스탄의 핵개발 아버지인 Abdul Qader Khan으로부터 결정적인 도움을 얻었다. 우라늄 농축에 필요한 drawings와 원심 분리기 건설을 위한 지침서 확보에 전력 투구했다.

놀라운 일은 이 때까지만 해도 이스라엘 정보기관과 국방부는 이란을 위협대상으로 간주하지 않았다. 이스라엘 기업들에게 보안 장비와 군사 장비를 팔도록 허용했다. 이 거래는 은밀히 이루어졌다. 미국의 눈을 피하기 위해. 미국이 알았더라면 굉장히 반대했을 것이므로. 미국은 1979년부터 1981년 까지 테헤란 미국 대사관에서 52명이 인질로 잡혀 곤욕을 치루었기 때문에 이란에 대해 원한이 깊었다.

가장 우려스러우면서도 지대한 영향을 준 비밀 거래가 Nahum Manbar과 관련된 것이었다. 1980년대 말 이스라엘 기업인이 폴란드로 간다. 폴란드제 무기를 이란에 팔려고. 이란은 이라크와 전쟁 하면서 무기 조달에 큰 애로를 겪고 있었다. Manbar은 중국과 헝가리로부터 원료 물질을 구입해 이란에 공급하고 이란은 이 물질을 토대로 화학 무기를 개발했다.

영국 정보기관 MI6는 Manbar의 행동이 영국 땅에서도 이루어지고 있음을 알았지만 이스라엘이 막후에서 후원하는 줄은 몰랐다. 영국 정보기관은 만바르가 모사드 공작요원으로 이란의 화학무기 및 방어 무기 제조 능력 파악을 위해 투입한 것으로 추측했지만, 만바르는 아니었다.

모사드와 이스라엘 국내보안기관인 **신베트**는 군사적 야망을 가진 이란은 결코 도움되지 않을 것이란 사실을 깨닫기 시작했다. 무기거래를 묵인하는 것이 이해가 되지 않았다. 미국이 우려를 나타낸 때문 등으로 인해 만바르는 24시간 감시를 받았다. 이스라엘 스파이들은 이란 정부 요원들과 함께 전화 또는 직접 접촉 방식으로 감시했다.

1993년 비엔나에서 감시작전을 벌이던 중 모사드 요원 2명이 추운 야밤에 오토바이를 타고가다 미끄러져 차량과 충돌하여 사망한 사건이 발생했다. 모사드의 조사 결과, 차량 운전자는 적의 요원이 아닌 것으로 판명되었다. 만바르가 이 죽음에 대한 책임은 없지만 이 사건은 모사드로 하여금 만바르를 확실히 응징해야겠다는 생각을 굳건히 했다. 1997년 만바르는 체포되었다. 재판에 넘겨졌으나 함구령과 보도를 통제하여 일체 언론에 보도되지 않았다. 이는 스파이 행각이나 민감한 외교문제를 처리하는 관행이기도 했다. 만바르는 적과 내통하여 거래한 혐의로 16년형을 언도받았다.

다간이 이란을 이스라엘의 최대 위협으로 설정한 것은 샤론 총리가 추구한 정신에 기반한 것이었다. 샤론과 다간은 전우이자 오랜 친구이기도 했다. 다간은 나태한 모사드를 강인한 조직으로 탈바꿈하고 최고 비중을 두고 해야 할 미션에 분명한 사명감을 갖고 하도록 주문했다. 모사드는 상상력이 부족하고 나태하기까지 했다. 다간의 목표는 모사드를 '**단검을 입에 물고 활동하는 조직**'으로 올려놓는 것이었다. 선택된 시간에 이란을 향해 던질 단검이었다.

모사드와 군정보기관 '**아만**'은 이란의 핵프로그램이 투 트랙으로 진행되고 있다고 판단했다. 하나는 민간차원으로, 전력 생산과 의료 및 농업 연구를 위해서이고, 다른 하나는 이란 과학자들은 은밀히 군사적으로 전용이 가능한 길을 연구하고 있었다. 민간연구기관으로 위장하여 핵무기를 만들 능력을 발전시키는 것이었다. 어떤 시설은 이중용도(dual use)인 것도 있었다. 대학교수들과 연구자들이 핵폭탄 제조 계획에 가담했다. 샤론은 다간에게 최고 수준의 project manager가 되도록 주문했다. 프로젝트 매니저는 정보업무를 조직화하는 용어이다. 모사드 수장은 이란에 대처하기 위해 광범위하게 진행되어 온 이스라엘의 활동상을 협력적으로 바꾸어나갔다. 정치적, 경제적으로, 심리적으로, 때론 비밀리에.

가장 유순한 조치가 이란에 대한 외교적 압력이었다. 이란의 회교정권은 여러 나라로부터 메시지를 받았다. 군사적 목적으로 핵 프로그램을 가동하지 말라고. 중단하지 않으면 엄청난 위협이 배가될 것이라면서. 다음 단계는 이란의 주요 무역 파트너를 설득하여 제재를 통해 이란 경제에 타격을 입히는 전략이었다. 이 조치에는 대다수 유럽 국가들이 동참했고 이란의 무기와 미사일 프로그램은 결국 유럽 국가들을 위협할 수 있다는 논리로 설득했다. 이란 지도자들이 핵무기는 불필요한 무기라고 인식하길 희망했다. 경제와 무역 제재 등은 이란 경제와 국민들의 고통을 더해주는 것이기 때문이다. 이스라엘의 정보 평가는 이란이 엄격한 종교적 독재 체제인 것처럼 보이지만, 정부는 민중의 지지를 의식할 것으로 판단했다.

이에 모사드는 이란 국민들의 여론을 움직이기 위해 상당한 에너지를 쏟아 부었다. 이란 인구의 절반은 페르시아인이지만, 사실 이란은 Azeris, Kurds, Arabs, Turkmen 등 다인종 국가에 가깝다. 소수 민족은 항상 억압받았다. 이는 이란의 입장에서 보면 약한 고리였다.

 이란 내에 불만여론을 자극하는 모사드의 심리전은 양측 간의 긴장을 불러일으켰다. 이란 내에서 불행하다고 여기는 사람들은 모사드의 잠재적인 첩보원이 되었다. 비밀활동은 다양한 형태로 이루어졌다. 이란 지도부외 핵프로그램 개발팀 등에 첩보원을 부식, 핵시설 사보타지, 핵프로그램 주도 인물 등에 대한 암살 등이었다.

 이런 활동을 포괄하는 철학은 가용 수단을 보다 세련화하여 국가의 마인드를 개조하는 데 있었다. 이란 고위급 인사들은 핵무기 개발이 상당한 후폭풍을 몰고 올 것이란 생각을 받아들였을 것이다. 정권 유지에도 바람직하지 않다는 것을. 모사드의 정신세계 속에서 압력과 설득은 핵시설에 대한 대량 공습보다 훨씬 좋은 전략이었다.

이스라엘은 이란 지도부와 직접 소통채널을 갖고 있지 못했다. 때때로 미국과 유럽 동맹국 들은 핵프로그램 문제로 이란과 대화했다. 그렇지만 긍정적인 결과는 보이지 않았다. 2011년과 2012년 이란의 넌더리날 정도의 기만 등에 지쳐 핵개발과 관련한 주요 인물 등에 대한 경제제재를 시행했다. 이스라엘 지도자들은 모사드에게 전면전에 미치지 않는 선에서 작전하도록 하면서도 국민들을 상대로 호전적인 발언을 쏟아냈다.

이스라엘 공군기들이 이란의 핵시설을 폭격할 수 있음을 시사함으로써 이란의 핵무력에 대한 경각심을 준다고 보았다. 다간이 모사드에 부임한 2002년 초 샤론은 다른 국가들이 이란을 압박하는데 나서주길 바랬다. 이란 문제는 이스라엘의 골칫거리인 동시에 국제적인 문제로 여겼기 때문이다. 다간은 이 신조를 신봉하여 다른 나라의 안보기관들의 지지를 얻기 위해 부심했다. 모사드 국장의 위치만으로 이란이 핵무기 개발에 박차를 가하고 있다고 설득하는데 한계가 있었다. 힘든 미션이기도 했다. 군 정보기관인 **아만**의 분석관들은 연례 정보평가보고서에서 도와달라고 소란스럽게 굴었다. 1990년대 중반 정보평가서를 보면, 이란은 2000년에 들어서면 핵무기를 보유할 것이라고 예측했다. 이후 2003년으로, 2005년으로 조정되었다.

미국 정보기관의 정보평가와 다른 것도 이스라엘에겐 어려움이었다. 미국 NIE는 2007년 부시에게 보고했다. 2003년 이란은 핵프로그램을 중단할 것을 확신한다고. 이런 판단에는 미국의 이라크 침공에 대한 부담도 작용했다.

왜 세계는 이스라엘의 분석이 정확한 것으로 믿었을까?
상당수 정부들은 중동지역의 비밀스런 내용 모두에 대해 회의적이었다. 미국과 영국 정보기관의 이라크 대량 살상무기에 대한 허위정보 판단의 여파도 있었다. 다간은 정력적으로 유럽, 아시아, 아프리카 등의 정보기관들과 깊은 유대관계를 맺기 위해 발 벗고 뛰었다. 그들에게 이란의 위협은 현실적이며, 이에 대한 상세한 정보도 내놓았다.

그간 이스라엘 정보기관은 정보공개와 공유에 매우 인색했지만, 다간은 이란이 평화적 이용 목적이라고 주장한 내용을 반박할 정도로 광범위한 자료를 제공했다. 수시로 해외에 나가 정보기관장들을 만났다. 재임하는 동안 4명이나 되는 미국 CIA 국장과 만났다. George Tenet, Porter Goss, Michael Hayden, Leon Panetta 등이 그들이다. 정보자료에 대한 보완을 위해 아만과 원자력위원회(IAEC)와도 연대했다. 이 모든 자료를 취합한 결과, 이란은 핵폭탄을 보유할 것이라고 확신했다.

IAEC는 이스라엘이 핵무기를 개발했던 경험을 십분 활용했다. 25,000개의 아이템을 리스트업했다. 작은 스크루부터 미사일 엔지 부품까지. 카본 fiber, valves, wiring, fast computers, control panels 등 핵개발에 필요한 대부분의 품목이 망라되었다.

이란 측은 5개 대륙에 걸친 구입선을 통해 핵개발에 필요한 물품 등을 분주히 비밀리에 사들였다. 다간은 가만있지 않았다. 해당국 정보기관장에게 합법적 방법으로 이란이 구입하려는 물품을 선적 못하게 해달라고 요청했다. 폴란드와 같이 정보기관이 소규모인 나라들도 비공식적 정보연대에 가세했다. 모사드와 CIA, MI6 등의 노력에 힘입어 이란의 구매 네트워크가 드러났다.

이란으로 향하려던 탄자니아, 이탈리아, 벨기에, 스페인 우크라이나, 아제르바이잔 등과 같은 국가들은 유럽 국가들의 조치로 좌절되었다. 모사드는 또 과거 동구권 국가들의 정보기관과도 연대를 강화했다. 때론 서방 정보기관보다 훨씬 유용했다. 동구권 국가에서 온 여행객이나 기업인이 이란에 머물면 당국은 크게 의심을 품지 않는다. 이스라엘은 이들로부터 정보를 수집했다. 다간이 여러 나라 정보기관들과 유대를 맺은 효과는 명예시민증을 받은데서 드러난다. 심지어 폴란드로부터도 받았다. 이 명예시민증은 2차 대전 당시 폴란드 땅에서 벌어졌던 비극적인 가족사102)에 비추어보면 가슴 아픈 일이었다.

---

102) 다간은 유태인인 외할아버지가 나치의 가스실을 이용한 집단학살의 희생자였다. 그래서 모사드 내 자신의 사무실에 할아버지가 젊은 나치 군인에게 무릎을 꿇고 비는 사진을 걸어놓고 복수를 다짐했다.

이란은 원자력과 관련된 물질들의 공급이 막히면서 뭔가 핀치에 몰리는 느낌을 받았지만 핵프로그램은 저지되지 않았다. 유엔이 중심역할을 하길 기대하며 국제적인 저지노력은 단계를 높여갔다. 이스라엘과 협조적인 정보기관들은 이란의 의도를 파악하기 위해선 더 많은 증거가 필요했다. 모사드, CIA MI6, BND가 연합해서 움직였다. 이들 기관이 수집한 정보는 최종적으로 IAEA에 제공되었다.

이란의 핵시설을 모니터하는 일이 IAEA의 당면과제가 되었다. IAEA는 민간업체로부터 위성사진을 구매하고 감독관을 보내 핵관련 시설로 의심되는 이란 내 시설을 사찰했다. 감독관들이 현장확인을 통해 상당한 성과를 거둘지라도 완전한 진실을 말하지 못했다. IAEA사무총장은 이집트 외교관 출신인 Mohamed ElBaradei였는데, 결론을 물타기하여 질척거리게 만들었다. 이스라엘은 동명이 이란 측에 우라늄 농축을 허용하는 방향으로 몰고 간다고 여겼다.

✧ 친이란 성향의 IAEA 사무총장 낙마 공작과 실패 ✧

빈 도나후 강 근처 '유엔 시티'에서 모사드, CIA 등 몇몇 국가의 정보기관요원들이 모였다. 시긴트(SIGINT, 신호) 정보를 갖고 온 요원도 있었다. 이란에 요원을 파견하여 대화를 감청하기 위한 목적이었다. 이란 원자력기구의 시니어 과학자와 매니저들이 대상으로 검토되었다. ElBaradei는 완고했다. 이란원자력 기구가 서방의 이익에 좌우될지도 모른다는 두려움 때문이었다. 이란을 비난하거나 서방측의 압력에 굴복하지 않았다.

동명의 스태프 중에는 이란인이 20명 정도 있어, 이스라엘은 이들 속에 이란 스파이가 심어져있을 것으로 보았다. IAEA 전체에 구멍이 뚫린 것처럼 느껴졌다. 모사드는 ElBaradei에 대한 신상파일을 꺼내들었다. 이란 측과 친밀한 관계로 판단하고. 이에 관한 자료를 Omar Suleiman (이집트 무바라크 대통령 시절 정보기관장)에게 전달했다. **무바라크**는 이란 팬이 아니었다. 술레이만은 이스라엘에 협조적이었다.

모사드 공작요원은 IAEA 사무총장을 곤혹스럽게 할 내용 마련에 고심했다. 사직하길 기대하면서. 그 공작 중의 하나가 은행계좌를 찾아내어 그가 알지 못하는 돈을 예치했다. 심리전팀은 그에 대한 루머를 언론에 뿌렸다. 동명이 이란 정보요원으로부터 돈을 받았다고. 그러나 실패했다. 오히려 동명의 주가만 올려주어 2005년 IAEA와 공동으로 노벨 평화상을 받았다.

사실 ElBaradei는 이란 측에 대해서도 강경했다. 서방정보기관이 제공한 정보가 명확했기에, 이란이 감독관을 기만한 것은 분명했다. 의학적 치료나 원자력 발전에 필요한 농축 우라늄을 필요 이상으로 생산했다. 이란은 핵프로그램의 마지막 단계인 핵무기 제조로 나아가고자 했다. 핵폭탄 뇌관실험 방법과 핵폭탄을 떨어뜨릴 최적 고도 등에 대해 고심했다. 랩탑 컴퓨터 안에 30분 분량의 페르시아어로 된 비디오가 있었으며 이는 IAEA의 판단에 영향을 미쳤다. 이란인 소유의 이 컴퓨터 내에는 실험실 사진, 워크숍 장면, 미사일에 장착할 모형 탄두 등이 담긴 영상물이 있었는데, 그 영상물은 오스카상을 받은 Chariots of Fire의 음악으로 위장되어 있었다.

모사드는 2004년 스모킹 건을 확보하고 이를 국제 감독관에게 보냈다. 한 때 이 비디오를 모사드가 조작한 것이 아니냐는 억측도 있었지만, CIA가 진실임을 확인해주어 신빙성이 높아졌다. 서방측은 이 비디오를 근거로 IAEA 소속 회원국들을 상대로 2005년 결의안을 통과시키도록 설득했다. 그 결의안은 이란의 비순응을 비난하는 내용이었다. 이란은 투명성을 담보하지 않고 우라늄 농축을 중단하라는 국제적 요구를 거부한다고 공언했다.

모사드는 한 차원 높은 단계로 수준을 올려 이란 측과 대결했다. 2006년 2월 유엔 안보리를 이용하는 공작이었다. 이란으로부터 원유를 15% 정도 수입하는 중국과 러시아가 강하게 반대했다. 러시아는 무역 관계가 긴밀했고 Bushehr에 원자력 발전소를 건설해주었다. 그럼에도 2006년 12월 이란에 대한 제재결의안은 통과되었다.

이어 이란 혁명수비대 지도자와 이란군 고위장교, 과학자, 협조기업 등에 대한 제재가 이어졌다. 여행도 금지되고 이란 외부에선 은행계좌도 동결되었다. 이스라엘과 미국 정보기관은 그간의 공작을 중간 평가했다. 이것만으론 너무 유약하다는 결론을 내렸다. 추가적인 강한 제재만이 이란 지도부를 흔들 수 있다고 판단했다. 원유와 그 부산물에 대한 수입금지를 포함했다. 그러나 중국과 러시아는 거부했다. 이 때문에 제재만으론 이란 지도부의 핵포기 결정을 얻어낼 수가 없게 되었다.

모사드는 더 강력한 조치가 필요하다는 것을 터득했다. 다간의 전투플랜은 네스트 사보타지였다. 2003년초 모사드와 CIA는 나탄즈에 있는 이란의 원자력 발전소 원심분리기를 무력화시키는 사이버 공격을 감행한다. **스턱스넷**[103]이라는 바이러스를 심어 독일이 제조한 컴퓨터 통제시스템을 붕괴시키는 것이었다.

이 공작으로 나탄즈에서 작동하던 원심분리기의 5/1인 1,000여개가 한동안 제 역할을 하지 못했다. 이란 정보기관과 컴퓨터 전문가들은 쇼크를 받았다. 이에 핵프로그램은 지체되었으며 계획도 한참 처지게 되었다. 스턱스넷 공격은 이란으로 하여금 사이버전에 대응할 능력이 부족한 점을 깨닫게 하는 계기가 되었다. 이란도 2011년 말 두 차례에 걸쳐 사이버공격을 감행하는 방식으로 반격했다. Duqu라고 불리는 바이러스는 스턱스넷과 비슷한 수준임을 과시하면서 이란의 사이버 능력이 결코 무시할 수 없는 수준임을 보여주었다.

---

[103] 스턱스넷(Stuxnet)은 2010년 6월에 발견된 웜 바이러스이다. 마이크로소프트 윈도우를 통해 감염되어, 지멘스 산업의 소프트웨어 및 장비를 공격한다. 이 웜이 산업시설을 공격하는 최초의 악성 소프트웨어는 아니지만, 산업시설을 감시하고 파괴하는 악성 소프트웨어로는 최초이다.(출처 : 위키백과)

이에 모사드는 이 방법만으로는 만족할 수 없었다. 암살수법이 동원된다. 2007년부터 2011년 사이 5명의 톱 이란 과학자들이 암살된다. 다양한 방법으로. 자신의 집에서 히터에서 나오는 일산화탄소물질monoxide에 질식해서 사망한 자도 있었다. 폭탄을 이용한 암살 4건 중 3건은 강력한 **자석**을 이용하여 - 한 방향으로 치명적인 에너지를 집중하는- 차 도어를 강타했다. 오토바이를 탄 암살범(attacker)이 신속하게 폭발물을 부착하는 방식이었다. 이는 모사드의 암살 수법의 상징이 되었다.

차 도어에 폭발물을 부착하는 방법을 6번이나 시도했는데 기적적으로 생존한 경우도 있었다. Fereydoon Abbas Divani는 혁명수비대 근무시절 체득한 본능 때문에 암살을 피했다. 위험을 직감한 직후 차에서 뛰어내린 것이다. 이란 정권은 시오니스트와 미국이 암살 배후라고 비난하면서 보란 듯이 **디바니**를 이란원자력기구 수장으로 승진시켰다.

모든 암살은 아침에 시행되었다. 출근하러 가는 빈틈을 노렸다. 오토바이를 탄 공격자들은 최고의 냉정함을 유지했다. 암살은 집주소와 암살대상들의 일거수일투족에 대한 세밀한 정보 없이는 할 수 없는 전문직업이다. 여러 건의 암살 시도 와중에 특이한 경우도 있었다. 2011년 12월 테헤란 근처 미사일 실험장에서 큰 폭발이 일어나 수십 명이 죽었다. 장거리 미사일 개발을 주도한 혁명수비대 장성도 있었다. Hassan Moghadam 장군인데, 시리아와 헤즈블라와 연계를 맺고 있었다. 그가 개발하려 했던 미사일은 이란에서 선적되어 레바논으로 갈 예정이었다.

이란은 이 폭발이 사보타지 때문은 아니라고 부인했지만, 주요 군사기지에 특수요원이 침투했다는 것을 마지못해 인정했다. 희망적 사고로서, 反ayatollah 이란망명자들은 이란 내에서 자유를 추구하는 신도들이 이같은 폭발 행위를 주도했다고 주장한다. 이슬람정권의 오랜 압제에 신물을 내는 망명자들은 이란 내 정치적 비판자들이 행동단체를 조직화하여 핵과 미사일 프로그램을 공격했다는 식으로 믿고 싶어 한다.

진실은 이 공격이 **모사드의 '긴 팔(long arm)'**이 작용한 공작이라는 사실이다. 이처럼 지난한 미션을 놓고 이스라엘 정보기관은 오래 전부터 사보타지 하는 방법과 타깃을 피로 물들이는 방법에 대한 노하우를 갖고 있다. 모사드의 슬로건이 말해주듯 "적의 계획을 분쇄하는 것"이다.

한편으로 미국이 철저히 부인하는 것도 유념할 가치가 있다. 미국 관리들은 공개적으로 외교적으로 문제를 푸는 기회를 망친다고 공격자들을 비난하기도 했다. 사적인 자리에서도 이스라엘을 상대로 화낸 듯이 말했다. 독일 정보기관들은 이란의 행위에 대해 염려하긴 하지만 암살공작 기미는 없었고, 영국 MI6도 1998년 북아일랜드가 사태가 진정된 이후 암살같은 일은 제쳐놓았다. 이란에서 일어나는 암살단은 이란정권에 대한 반대파 중에서 뽑는다. MEK(Mujahideen e-Khalq 혹은 수니파, Jundallah(신의 전사들), 이란의 Baluchistan 지방 근처에서 활동 중인 이란 인민저항운동 등이 대상이 된다.

다간은 암살계획을 수립할 때 당연히 이 불만그룹을 대상으로 삼았다. <위키리크스>[104])에 따르면, 2007년 모사드 수장이 미국 관리에게 얘기한 것이 나온다. Baluchi, Azeri, 쿠르드족 중 불만자들이 미국과 이스라엘에 유용하다고. 이란 내에 민주주의를 선호하는 젊은이들도 포섭대상이 된다. 공식적인 메시지는, 미국과 이스라엘은 이란의 지배체제와 테러를 지원하는 체제를 바꾸겠다. 또한 이란의 핵프로그램을 최대한 지연시키겠다"는 내용이었다.

그리고 "이란 경제가 악화되면 이란의 소수그룹들은 힘을 얻어 폭력에 의존하고 싶은 유혹에 빠질 것"으로 전망했다. 또 이란 젊은이들의 높은 실업률도 협조자 채용에 좋은 여건이 되었다. 용병이나 반란군으로 육성할 수도 있었는데 얼마 지나지 않아 이런 예측들이 현실화되었다, MEK 내 활동가들과 일부 불만자들이 이스라엘 입장에서 보면 다양한 정보 소스로 기능했다.

---

104) <위키리크스>는 호주 출신 줄리안 어산지가 만든 것으로, 국제적인 폭로 전문 매체이다.

이스라엘은 나아가 국제 방송 등에 이란에 대한 팁(tip)을 부식하길 원했다. MEK와 다른 반란군들에 대한 활동상이 국제방송을 타고 퍼지게 하려는 계획이었다. 이는 정보수집과 정보출처를 세탁할 수 있는 (laundering information) 방법이기도 했다. 쿠르드자치지역의 협조를 받아 이란 국내외를 활보하기도 했다. 이스라엘 요원들은 수십 년 동안 쿠르드족 시니어들과 관계를 돈독하게 맺어 아랍제국과 맞서 싸우는 이들이 이스라엘의 도움에 감사할 정도로 만들었다.
 중동에서는 ”나의 적은 곧 나의 친구“였다.

이란에서의 암살공작을 할 때 권총을 찬 용병을 고용하지 않았다. 신뢰성이 의심스러웠기 때문이다. 이 같은 조심성 덕분에 암살공작 수법이 거의 드러나지 않았다. 이스라엘 정보기관의 용어로 '**블루 & 화이트 공작**'이었다. 특정국가의 색깔을 암시하는 의미가 담겼으며, 일단 실행하면 거의 완벽했고, 과감하고 창의적인 방법이 세인을 놀라게 했다.

모사드는 서방정보기관에 비해 공작원의 생명을 무릅쓰고 라도 과감한 조치를 시행할 수 있음을 보여주었다. 이스라엘 스파이들은 체포되면 잔혹한 고문을 받았고, 가끔은 적의 지역에서 이중생활을 하기도 했다. 텔아비브의 어느 누구도 이스라엘인들이 이란을 드나드는 방법에 관해 언급하는 사람이 없다. 문제가 되는 것들은 수시로 있었지만.

이 중 하나가 위장을 위해 다른 나라의 위조여권을 사용하는 것이다. 가짜와 진짜를 혼용했다. 호주 여권을 사용하여 암살공작을 벌이다가 들통이 나서 한때 호주와 관계도 나빠진 적도 있었다. 안전가옥도 비밀리에 유지했다. 이란 팔레비 정권 시절부터. 미래를 위한 투자이기도 했다.

모사드는 특출한 인적자산을 갖고 있었다. 이스라엘에는 수십만 명의 이란 출신이 살고 있다. 이란 유태인들이다. 1979년 팔레비 왕조가 무너지면서 대거 이스라엘로 유입되었다. 이들의 자식들은 페르시아어에 능통했다. 이들 중 용감한 아이들을 선발하여 훈련시켜 이란으로 침투시킨다. 이란 내에서 이스라엘 공작원들은 갖가지 첩보활동을 한다. 언젠가 목표물에 대한 공습을 위한 정보 등을 파악한다.

이스라엘도 핵과학자와 군 고위간부 암살만으로 이란이 핵프로그램을 중단하지 않을 것이라는 점을 안다. 이스라엘의 전략적 사고는 이렇다. 암살 공작 등으로 일시적으로 균열 시키는 것만으로도 모험할 만 한 이유가 충분하다고. 전문가를 암살하는 것은 이런 전문가들의 공급이 충분하지 않기 때문에 공작의 당위성이 훨씬 분명해진다. 암살은 강력한 심리적 대상을 갖는다. 즉 이란인들과 이란을 돕는 사람들에 대해 분명한 메시지를 보내는 것이다.

핵개발 작업은 목숨을 담보하는 일이라고. 조용히 학교에서 강의나 하고 책이나 내는 등 편안히 지내라고. 거부하면 총탄이나 폭탄으로 인해 인생이 종칠 것이라고. 암살공작은 성과를 거두고 있다. 이를 'white defections'라 부른다. 이란 핵프로그램에 간여한 과학자들은 두려워하면서도 이란을 떠나거나 망명하진 않았다. 이는 마지못해 참여한다는 표시였다.

협박공작은 명확히 외국인들에게 영향을 주었다. 과거에는 중국, 러시아, 파키스탄 과학자들이 높은 돈에 현혹되어 가담했지만, 지금은 북한 출신 정도만이 매력적으로 여길 뿐이다. 다간은 공작을 수행함에 있어 지문, 오토바이 등 흔적을 남기지 않는 것에 만족해했다. 이란 당국은 대낮에 벌어지는 공격에 그저 모사드의 소행임을 추측할 뿐이다.

이스라엘 정보기관의 전투방법은 과감하다. 다간이 부임하기 전에도 팔레스타인 과격파와 레바논 헤즈블라의 공작수장을 제거하기 위해 암살자를 파견해왔다. 다간 부임한 이후에는 레바논, 시리아, 이란, 아랍에미리트 등 타깃으로 삼은 지역에서 암살이 빈번해졌다. 다간은 변화에 자부심을 느꼈다. 샤론 총리가 원했던 **"이빨에 단도를 무는 정신"**이 심어졌다.

지난 40여 년 동안 암살공작은 대체로 안전한 국가에서 자행되었다. 총격전과 폭탄 투척이 유럽의 일부를 중동지역처럼 전장으로 만들었다. 파리에 본부를 두었다가 후에 벨기에 브뤼셀로 옮기지만. 아랍 국가지역에서 암살을 위한 급습은 거의 없었다. 다간은 2007년 미국 고위 정보관리와 미팅에서도 폭력적 수단에 대한 상세한 내용을 말하지 않았다. 미국에 요구했다. 하루속이 five-pillar plan에 합류하라고. 이란의 정권을 무너뜨리기 위해. 그 pillars는 정치적 방법, 비밀스런 방법, 확산저지, 제재, 힘을 통한 정권 교체 등을 지칭했다.

다간은 제재와 같은 국제적 압력의 효용성을 굳게 믿었다. 참모진과의 토의에서도 "경제제재는 파워풀하다"고 강조했다. 미국대통령들이 대외정책을 결정하는 동기를 연구한 결과, 미국은 에너지 때문에 이라크와 전쟁하고 싶어 한다. 그래서 미국은 이란의 핵무기를 허용하지 않을 것이라고 믿었다. 핵을 보유한 이란은 남부, 서부로 영향력을 확대할 것이고 사우디, 이라크, 아랍에미리트와 같은 국가들을 에워쌀 것이며, 북부와 동쪽으로 아제르바이잔 등에까지 영향력을 뻗칠 것으로 보았다. 이렇게 되면 이란은 글로벌 에너지 시장의 60%를 장악하게 된다. 미국은 이런 이란을 용납할 수 없는 것이다.

2010년 다간이 물러났다. 재임 중 침묵을 깨고 이스라엘 언론과 인터뷰를 가졌다. 이스라엘의 이란에 대한 공격은 가장 어리석은 선택이라고 주장했다. 그러면서도 CBS의 <60분> 프로그램에 출연하여 "군사적 옵션은 데이블위에 놓여있다. 이란을 핵국기로 되는 것은 용납하지 않겠다"며 군사공격 가능성을 열어놓기도 했다. 아마도 이란을 공격 한다면 미국이 했으면 한다고 우회적으로 말했다. 국제적 문제이기 때문에.

네타냐후 당시 총리와는 충돌이 잦았지만. 모사드는 이란의 비밀 핵실험실과 무기 공장에 대한 정보를 흘려 오바마의 재선을 간접 지원했다. 다간은 네타냐후와 오바마가 공개적으로 너무 많은 말을 한다고 우려했다. 사보타지와 저강도 비밀전투 만으로 핵개발을 지연하거나 파괴할 수 있고, 나아가 급진적인 이란 정권을 무너뜨릴 수 있다고 믿었다.

이스라엘이 이란을 공습하면 모든 이란인들이 현 정권에 모여들어 결과적으로 정권 교체를 어렵게 한다고 생각했다.

다간은 늘 가슴에 새겼다. 핵무장한 이란은 조국의 최대 위협세력이라고. 나치의 홀로코스트로 희생된 외할아버지에 대한 기억을 이스라엘이 적대국에 강경한 입장을 취하는 정치적인 방식으로 외할아버지를 추모했다. 다간은 이스라엘이 다시는 전쟁의 불구덩이로 빠져드는 것을 원하지 않았다. 전쟁의 공포를 몸소 겪었기에. 이란의 칼이 우리의 목에 들이 될 때 전쟁해야 한다는 신념을 유지했다.

다간은 퇴임하게 되자 조금은 실망했다. 네타냐후는 그의 임기를 연장해주지 않았다. 모사드의 전 부국장 Tamir Pardo가 다간의 자리를 이어받았다. Pardo는 모사드 재임 중 공작업무에서 잔뼈가 굵은 인물이었다.

이란 지도자들은 북한을 보고 배운다. 핵을 보유한 북한이 깡패국가 소리를 들어도 면책되는 것에 자신감을 갖는다. 미국을 비롯한 국제사회는 감히 북한을 공격하지 못할 것이라고 자신한다. 이란은 또 리비아 가다피의 운명도 보았다. 가다피는 유럽 국가 등의 바라는 대로 핵개발을 포기했으나, 결과는 정권의 몰락을 가져오고 비참하게 생을 마감한 것을 지켜보았다.

 미국과 일부 유럽 국가들이 리비아 내전이 발발하자 가다피의 반군을 지원하는 모순도 결코 가볍게 보지 않았다. 가다피는 개처럼 쫓겨나 죽음 맞이하는 것도 똑똑히 보았다. 적이 두려워할 정도의 무기 없이는 안보가 보장되지 않는다는 것을 이란 강경파들은 잘 알고 있다. 다간은 2016년 죽기 전까지도 이란지도자들도 합리성이 있어, 자신들의 결정이 가져올 후과를 인식하고 있을 것이라는 믿음도 있었다.
이에 핵무기는 이란 정권의 생존을 보장할 것이라는 생각을 버리기를
기대했다.

이란도 이스라엘이 군사공격을 감행하면 맞대응할 것이고, 그렇게 되면 이스라엘 국민 상당수도 상당한 피해를 입을 것이다. 이스라엘이 쉽게 공격 결정을 내리지 못하는 이유 중의 하나이다.

2014년 이란 핵프로그램 보류를 위한 협정이 미국 등 다자간 협정 형태로 체결되었으나, 트럼프 행정부는 이를 파기한다. 2012년 2월 출범한 바이든 행정부는 이란과의 협정 부활 의지를 밝히고 협상에 돌입하여 타결 직전으로 갔으나 2022년 6월 현재 탑보상태에 처해 있다.

정보와 언론 플레이 : 이스라엘의 사례[105)]

왜 국가들은 힘들게 확보한 정보를 신중하게 공개하는가?

그간의 통념은 "정보의 비밀성은 그 필요성 만큼 가치 있다"는 것이었다. 정보목표에 대한 비밀이 공개될 경우 정보가 유출된 통로를 막아버리는 등 대응조치가 이루어지고, 그 노출을 방지하기 위한 행동이 뒤따르게 된다. 이는 앞으로 그 정보목표에 대한 정보수집을 힘들게 할 것이다. 그 정보는 정책결정에 앞서 안내자 역할을 하고, 외교적 역량과 전쟁, 대테러작전 등에 맞는 정보를 일컫는다.

그러나 종종 "disclosure dilemma"를 불러일으킨다. 정보를 공개함으로써 얻는 정치적 이득이 정치적 또는 공작적 대가보다 클 때이다. Carnegie와 Carson(2019)은 여러 국가들이 정보공개를 통해 다른 국가들에 비해 앞서 가고자하는 정치적·전략적 목표에 대해 설명했다. 전쟁 범죄에 대한 징벌, 은밀히 대량 살상무기 개발프로그램 등을 포함해서.

---

105) 원제는 "politics is not everything : New perspective on the public disclosure of intelligence by states"이며, Ofek Rierner가 *contemporary security policy* 2021, vol. 42, NO. 4.에 기고한 논문임.

그럼에도 불구하고 정보자산과 정보공작 내용의 빈번한 공개에 따른 리스크가 있다고 해서 해당 국가들이 정보를 움켜쥐고만 있지 않는다는 것을 발견했다. 대부분의 케이스에서 각국은 군사적 이점이나 정치적 어려움을 벌충(leeway)하기 위해 정보의 비밀성을 유지하는데 최우선의 방점을 둔다. 다른 케이스를 보면, 사적으로 동맹과 선택적으로 정보를 공유하거나, 민감한 첩보를 보호할 능력을 갖춘 국제기구들과도 정보를 일정 부분 공유함으로써 이런 딜레마를 완화시킨다.

이는 OPID(공식적인 정보까발리기 official public intelligence disclosure)는 직관에 어긋나며(counterintutive) 종종 논쟁적인 정책 선택이 된다. 당국이 감추어졌던 "국내안보 사안과 해외 정보타깃에 대한 예측이나 첩보"를 릴리스함으로써 생기는 현상들이다. 이러한 것들은 과거에는 희박했지만 그 물결이 점차 뒤바뀌고 있고, 이런 관행 위에 배회하는 수수께끼는 최근 OPID가 빈도와 범위 면에서 확산되는 것이 목격되면서 점점 더 복잡해지고 있다. 일례로 유럽국가들과 정보기관들이 수시로 경쟁국 정권들(중국, 러시아, 북한, 이란 등)을 제압하기 위한 방편으로 정보목표물과 관련된 행위들에 관한 첩보를 까발린다. 중동의 경우, 이스라엘과 터키는 종종 적대국 혹은 비국가행위자들에 대한 비밀 정보를 흘린다.

이런 수수께끼 같은 현상을 설명하면서 학자들은 주로 국내 정치적 동기를 강조했다. '목적과 수단에 대한 공개적 논쟁을 불러일으키는 정보의 공개 혹은 popularization(정보포퓰리즘)'은 정보의 정치화의 한 지표로 인식되어왔다. 이는 "편협하거나 정치적·관료적 혹은 평판에 따른 이익이 정보순환과정을 간섭하고 정보의 사용방법을 결정 한다"는 것을 의미한다

2003년 후세인 정권을 무너뜨리기 위해 흘린 정보들은 정보의 정치화의 대표적 사례이다. "이라크 후세인 정권이 대량살상무기를 보유하고 있다"는 서구 정보기관들의 평가는 틀렸음이 입증되었고, 정책결정자들이 대중여론을 흔들고 이라크 정책에 반대하는 사람들을 이겨내기 위한 방편이었던 것이다. '맛있는 딸기만 따먹는" 것 처럼 필요한 것만 흘리고 첩보와 판단을 왜곡한 것이다.

그러나 뚜렷한 예외가 Hastedt의 연구(2005)로서, 공개적인 정보까발리기에 초점을 맞추고 "가치중립적 서술방법(value-neutral descriptive way)"으로 연구했다. Hastedt의 주요 공헌은 정보까발리기를 유형화한 점이다. 정치적

(political), 관료적(bureaucratic), 대외정책 목표(foreign policy objectives)가 그것이다.

또한 미국이 정보를 까발리는 이유에 대해 여러 가설도 제시했다. 일반화하는 데 장애가 되는 미국의 케이스를 제외하면, 필자가 제시하는 가설은 국내적 요인에 중점을 둔다(invoke). 그간의 학계 연구가 주로 국외적 요인에 비중을 두고 연구했다. 그래서 보다 포괄적인 시각을 창안하여 아직 연구되지 않았지만 점점 퍼져나가는 현상을 연구하고자한다. 공개적으로 정보까발리기를 하는 국가들의 저변에 숨어있는 논리를 조직적으로 탐구하고자 한다.

기존 학계의 통념을 깨는 이스라엘의 행동이 좋은 사례가 된다. 이스라엘 정부와 비밀정보기관들은 조직적으로 정보를 공개하기 시작했다. 이런 전환은 수수께끼 같은 관행 뒤에 숨어있는 동기를 조사해보는 희귀한 기회를 준다. 그래서 인터뷰 기법을 동원하기로 했다. 이스라엘 정책과 정보를 다른 사람, 미디어 전문가 등 수십 명을 인터뷰했다.

그 결과, 첫 번째 설명은 정보까발리기가 performative act(일종의 연극행위)로서 공공외교를 뒷받침함은 물론 정보화 시대와 작금의 미디어 환경에 대한 지배자의 위치를 유지하여 국제무대에 파워를 투사하려는 것이었다.
이 설명은 소셜미디어가 1순위로 야기한 프라이버시와 영향 간의 규범적인 교환에 영향을 받지만, "국가들은 국제적인 아젠다를 만들기 위해 정보까발리기를 가열차게 한다"는 것이다. 이스라엘은 드라마틱하게 OPID를 동원하여 국제체제를 어기거나 이스라엘 안보를 위협하는 것들에 대해 전 세계적인 주목을 끌고자 한다.

두 번째 설명은, 공식적인 정보릴리스는 폭력적 비국가 행위자(VNSAs: violent non-state actors)와의 전쟁을 싫어하는 경향과도 맞물린다. 이는 OPID를 하나의 도구(instrument)로 간주하고, 비밀첩보를 전략적으로 무기화하여 적대국의 행동을 만들어내고(적대국이 행동하는 방법 등) 군사적 대결 길목 아래 잠겨있는 안보위협을 제거하자는 것이다. 비밀을 망토아래 감추고 적대국을 상대로 저울질 할 때 OPID는 리스크 수위를 높이거나 무력을 사용하지 않고서도 적대국들의 작전을 형해화시킬 수 있다.

지금까지 학계의 연구는 OPID를 부패의 표시 혹은 정책과정의 필요악 정보로 간주해왔는데, 이스라엘의 사례는 정보파워를 이용하여 국제적인 도전과제를 처리하는 또 다른 형태이다. OPID가 가끔 전략적으로 정책선택을 보증한다는 것을 시사한다.

공개적인 정보까발리기'의 새로운 설명(Toward new explanation for official public intelligence disclosure)

performatization of intelligence in the information age(정보화 시대 정보의 연극화)

오늘날 정보과부하는 다른 사람의 메시지를 받거나 교환하는 일상생활의 과정에서 상징화를 상당히 중요하게 만들었다. 역설적으로 우리가 정보와 시그널을 노출하면 할수록 그 의미에 대해 무감각해지고 있다. 이런 환경에서 이해상관자들은 자신들의 메시지를 주목하게 해야 하는 부담이 커졌다. 다른 말로 하면, 사회적이고 정치적 행위자들은 지속적으로 연극을 하는 것과 같은 '연극적 파워'의 필요성이 커졌다. 수용자들에게 특정한 문화적 의미를 투사하기 위해 사회적 파워를 이용하고, 드라마틱한 조치와 대상을 가급적 아이콘으로 표현하여 도구적인 목표를 달성하고자 한다.

연극적인 메타포 속에서 인간행위를 살펴보려고 한 학자가 Erving Goffman이다. 그가 제시한 이론이 dramaturgical theory of everyday life인데, 이 이론은 개인을 자신의 인상을 관리하는 실현자(수행자)로 간주하고 그 행위를 앞무대(front stage)행위와 뒷무대(back stage)행위로 구분했다. 인터넷 시대 - 정보에 고개 숙이는 환경 즉 사람들이 꾸준히 자기 표현과 자가발전을 하고자 하는 환경에서는 프라이버시와 영향력 간에 거래가 생겨난다.

유저들은 종종 개인정보를 노출시켜 소셜미디어에서 독특한 아이덴티티를 보여주고 사회적 자본과 다른 유저들에 대한 영향력을 키워나간다. 이 규범이 정치 속으로 스며들어 "지금까지 해오던 미디어 시스템의 논리까지 가세하여 근본적으로 새로운 틀이 만들어졌다. 언론이나 대중들은 점차적으로 개인인 정치적 후보들에게 집중하고, 그들은 대중들의 관심을 끌기 위해 사사로운 정보를 노출하거나 어린 시절 사진, 가족들의 생활상, 개인적 공간 등과 같은 영상이나 사진을 공개한다.

국제정치적 수준에서 보면 특정 국가가 OPID를 선택하여 연극하듯 설명하는 행위는 개개의 국가들과 정책결정자들이 현존하는 글로벌 정보사회의 규범에 영향을 받아 유사한 행동패턴을 채택함을 시사한다. 국제적인 아젠다는 정신없이 돌아간다. 정보가 넘쳐나고 뉴스 보도가 널뛰기하기 때문으로, 이는 개별 국가들이 "good stories"를 팔기 위해 연극적인 능력을 키우고 드라마틱한 관행을 적용하게끔 등을 떠민다.

사회적 행위자들은 인정받고, 언론으로 하여금 호의적으로 보도하게하며, 국가안보이슈를 국제적인 아젠다로 부상시키려는 의도로, 비밀 정보를 연극하듯이 극적으로 연출하고픈 충동에 이끌리게 된다. 그들은 강대국들이 지배하고 있는 파워에 얽매일 수밖에 없다. 강대국들은 약소국이 제기하는 중요한 이슈를 무시하기 일쑤고 국제적인 아젠다로 삼을 것인가 말 것인지를 좌지우지한다.

그러기에 OPID는 정보에 고개 숙이고 국제적인 시스템에 대해서도 무관심해지는 이런 환경 하에서 연극적인 수법을 동원해서라도 지지를 끌어내려는 연극적인 행위라고 할 수 있다. 정보를 널리 공개할 때 과시할 수 있게 쇼적인 요소로 구성하게 된다. 무대도 홍보효과를 큰 장소를 신중히 선택(유엔의 연단, 신문의 1면 등)하고, 연극할 행위자(국가수반, 고위 안보관계자, 고위 외교관)를 지정하고, 비주얼한 생생한 자료(통신감청으로 가로챈 기록물, 위성사진, 감시자료)를 보조자료로 제시한다. 그리고는 장막 뒤에 숨어있는 비밀스런 스파이 기관에 친숙한 눈빛을 던진다. 정보노출은 잠재적으로 정보를 까발리는 국가의 연극적인 파워를 높여 세계 무대에서 자신의 이미지를 고도의 정보능력을 갖춘 국가로 투영하고자 한다.

소규모 전쟁에서 정보의 무기화(weaponization of inteligence in the age of small wars)

저강도 분쟁(LICs : Low intensity coflicts)같은 개별 국가들과 VNSAs 간의 소규모 전쟁은 20세기 2분기부터 지구상에서 가장 널리 퍼진 분쟁 형태가 되었다. 전형적으로 LICs는 고비용으로 결행하는 경우가 희귀했다. 민주주의 국가들은 작은 전쟁에서 패한 경우가 흔했다. 전쟁을 오래 끌어 정치적, 경제적, 법률적, 심리적으로 심각한 데미지를 입곤 했다. 나아가 LICs는 **마오쩌둥**이 강조한 "**인민들 속의 전쟁**" 혹은 "**마음을 진심으로 사로잡기 위한 전쟁**"이란 관념 때문에 그 개념이 복잡해졌고, 사회내의 사회심리적 변화를 통해 결정되었다. LICs에 관한 가장 중요한 통찰력은 아프가니스탄과 이라크 전에서 단단하게 정련되었는데 전쟁 수행과정에서 "보다 더 부드러운" 조치에 필요성을 절감하게 하였다. 전략커뮤니케이션이나 정보작전(IO : Information operation), 심리전(PSYOP) 등이 그것이다.

심리전(PSYOP) 은 "다른 나라 수용자들에게 선택된 정보와 지표를 제공하기 위한 의도된 작전"을 말하는데, 정부를 전복하려는 세력들의 중추적인 전략으로 간주되어 왔다. 이는 심리전(PSYOP)이 "정서, 동기, 객관적인 추론, 궁극적인 외국정부의 행위 혹은 조직, 그룹과 개인들에게 영향을 미치기 위해" 기획된 것이기 때문이다. 이라크 전 당시 다국적군을 지휘했던 David Petraeus 장군[106]은 "전투의 약 60%는 첩보내지 정보전"이라고 강조했다. 그런데 그간의 많은 연구들은 심리전의 기획에 주로 초점을 맞추고 그 심리전 활동상에 대한 내용은 많지 않았다.

민주주의 국가들이 고도산업사회로 가면서 점차 VNSAs나 그 행위에 대해 무력 사용을 기피하고 정보나 심리전적인 조치를 구사하여 LICs를 저지하고자 했다. 정보를 정보작전의 수단으로 삼았다. VNSAs가 비밀에 의존하는 지하운동을 기반으로 힘에 따라, 꼭꼭 숨겨놓은 1급 비밀인 고해상도 정보를 공개함으로써 정보작전과 심리전에서 효과를 거두고자 한다.

이는 그들이 외부에서의 치밀한 수색이나 군사 공격에 취약하다는 시그널이며, 그것이 효과를 거두려면 일정 정도 조정을 필요로 한다. 정보는 전장에서 유리한 고지를 점하거나 의사결정을 조력하는 정도의 제한된 역할을 하는 대신, 무력에 의지하지 않고 적대국을 억지하거나 그들의 행동을 변경시키는 심리전

---

[106] 퍼트리어스 장군은 당시 부시대통령의 이라크전 결정을 칭송하는 등 아부 친서를 보내 대장까지 승진하고 CIA 국장으로 올라갔으나, 여성 기자와의 염문으로 낙마하는 치욕을 겪었다.

의 수단으로서 무기화하는 '내적인 그 무엇(inter alia)'이 될 수 있다.

달리 말하면 전쟁이 발발했을 때 정보의 보난자를 아끼는 대신에 전쟁을 방지하는 첫 단계의 소량의 음식으로 "소비"되거나, 시간을 벌거나 직접적 대결을 방지하는 효과를 한다. 이스라엘은 늘 VNSAs에 직면하고 있기에 관련 전문가들과 인터뷰를 하면서 정보공개를 통한 정보의 무기화에 대한 이런 논리를 강조하고자 했다.

방법론

이스라엘을 케이스 study로 선정한 이유

이스라엘 케이스는 국가들의 OPID 선택에 대한 새로운 설명을 탐구하는데 매우 적절한 세팅을 갖고 있다. 첫째, 이스라엘 정부 및 정보기관이 정보를 정치적으로 이용하는 일이 늘고 있다. 일례로 지난 수십 년 간 이스라엘의 가장 큰 안보위협세력인 레바논 헤즈블라에 관한 정보 공개가 가파르게 늘었는데 2010년대 초 매년 평균 15개 OPID를 공개했지만, 2017년에서 2019년 간에는 무려 30여개로 증가했다. 정보를 생명으로 간주하고 비밀지키기를 국가의 주춧돌로 간주해온 이스라엘의 그간의 행태로 볼 때 이 수치는 이스라엘의 외교와 군사 전통에 비추어 하나의 터닝 포인트이다.

이스라엘은 항시 위험상태에 있다는 전제에서 이스라엘은 국익과 생존문제가 백척간두에 직면하게 되더라도 외부에 의존할 수 없는 점을 고려, 이스라엘 지도자들은 단기간에 끝내는 공격적인 군사전략을 선택해왔다. 이 독트린의 중심에는 위협세력에 대한 선제공격이 자리하고 있으며, 이 위협세력들을 분쇄하기 위한 외교적 노력을 먼저 기울이지는 않는다.

이런 전략은 비밀을 철저히 유지한 채 조기 경보, 서프라이즈, 기만에 많이 의존한다. 이스라엘 정보기관은 자신들의 행위에 대한 언론보도를 안보수호 능력을 저해하는 것으로 간주하면서 정보기관 활동상에 관한 보도를 막는데 주력해왔다. 두 번의 예외가 1967년, 1985년 있었는데, 정보공동체 내부에서 엄청난 비난과 저항을 받은 이유이다. 오늘날 이스라엘의 경우 OPID는 예외라기 보다 하나의 룰로 자리 잡아 가고 있다. 이런 shift는 최근 이스라엘이 갖고 있는 동기와 메커니즘을 탐색하는 희귀한 기회를 제공해준다.

이스라엘을 분석대상으로 삼은 두 번째 이유는 이스라엘 OPID가 널리 퍼진 '정보의 정치화'라는 관점만으로 이해할 수 없는 부분이 있기 때문이다. 최근 OPIDs는 폭넓은 안보이슈를 망라하고 있으며, 그 상당수가 이스라엘이 두려워 하는 안보위협과 궤를 같이하고 있다. 즉 이란의 핵개발 야망, 이란의 후원을 받고 있는 무장세력들의 재래전 위협 등이 그것이다. 대중 여론은 이런 위협에 대처하는 정부와 보조를 맞추고 있다. 정보의 정치화 논쟁과는 모순되기는 하지만.

더욱이 이스라엘의 정보 까발리기는 의회 청문회 혹은 미국에서 보편화된 국가정보평가서(NIE: National Intelligence Estimate)만큼 포괄적이거나 구조화되어 있지 않다. 그들은 구체적인 안보이슈에 집중하면서 공개적으로 주의깊게 선택한 개인정보에 가까운 내용을 공개하는데, 이름, 소재지, 무기 등이 그것이다. 일반인들은 이런 것들에 대해 크게 관심이 없지만 알권리와 정보의 민주화 혹은 공공 여론을 형성하기 위한 노력의 일환으로만 설명할 수 없다.

이스라엘의 공개적인 정보까발리기(israeli official public intelligence disclosures)

늘어나는 현상(A growing phenomenon)

인터뷰 대상자 35명 중 27명이 최근 OPIDs의 양과 빈도수가 늘고 있다는 주장에 동의했다. 대상자의 과반수가 약간 넘는 51%가 정보기관의 정보에 대한 현재의 공개 수위가 높다고 언급했다. 이는 "정보공동체가 시간이 지나면서 공개를 확대하는 방향으로 가고 있다"는 것을 의미한다고 해석했다. 2014년 이래 더 심해지고 있다고 본다. 전 IDF(이스라엘 방위군) 대변인으로 군사정보와 언론 보도 간의 중간지점에 있던 Brig. Gen.Ronen Mnelis(2017-2019)는 다음과 같이 말했다.
"IDF 대변으로서, 나는 명확히 전임자들에 비해 더 많은 정보를 공개했다. 나 또한 시간이 지나면서 개인적으로 활동하기도 했다."

커튼을 벗기는 파워(The power of lifting the curtain : The performatization of intelligence)

인터뷰에 응한 사람 60%는 정보화 시대와 정보 공개의 편재화 사이의 커넥션을 말했다. 이들 중 3/4은 정보 과잉과 미디어의 홍수 같은 보도, 온 세상에 퍼져있는 소셜미디어와 스마트폰을 언급하면서, 이들이 정보노출에서 가장 큰 비중을 차지한다고 강조했다. 일부는, "세상은 점점 투명성이 높아가고 있어 정보의 대폭적인 공유(lion's share)는 이미 투명성 바깥에 있어("out there") 비밀 유지가 매우 어려워지고 있다"는데 동의했다.

다른 사람들은 미디어를 정보공개를 하게 만드는 촉진자로 보고 안보와 관련된 비밀을 만족하지 않고 게걸스럽게 먹는 "괴물"로 까지 질타했다. 그럼에도 이러한 주장은 철저하게 유지된 비밀이 어떤 경로로 공공영역에 도달하는지 알려주지 못한다. 전 이스라엘 군 정보기관인 Aman(2006-2010) 국장이었던 Amos Yadlin과 텔아비브 소재 국가안보연구원은 이에 대해 다음과 같이 말했다.

"정보 활용 중 하나는 외교적이다. 공공여론에 영향을 주고 외국 지도자들을 설득하는 것이다. 그래서 종종 외교적 목적을 위해 공개적으로 정보를 활용한다. 과거에는 지도자들 간의 회담 등에서만 정보를 언급할 정도로 비밀을 잘 유지했다. 그러나 요즘은 민주사회에 미치는 미디어의 역할과 여론을 감안해서 가끔 정보를 공개하는 경향이 생겼다. 별로 민감하지 않은 소스의 경우 그 정보출처를 희생하면서 까지 외교적 목적을 달성하고자 한다"

대중들이 관련 정보를 알게끔 하기 위해 정보공개를 드라마처럼 하고 그 메시지를 부풀리는 행위는 뜨거운 감자와 같은 소재였다. "비밀스런 것을 탁 깨는 것은 파워풀하다"고 전 IDF 전략기획국 지휘관 Assaf Orion 장군이 단언했다. 그것에 덧붙여 전 수상실 고위관리는 비밀이 강조될수록 "비밀의 커튼을 제거하고 싶은 욕망도 덩달아 커진다"고 말한다. 비밀 공개는 섹시한 일이며 오묘하기 까지 하다. 그러나 오늘날 미디어 시대에는 정보가 폭포수처럼 넘치고 있어 수용자 및 국제사회와 행위자들의 관심을 끌기 위해서는 일반적인 정보나 지식 그 이상의 것이어야 한다.

정보를 공급할 때는 "쇼"처럼 해야 한다. 프리젠테이션을 하는 사람은 "쇼맨"처럼 극장무대를 휘젓는 능력을 갖추어야 한다. **네타야후**(2009-2021)가 대표적이다. 이스라엘 공공외교의 가치 있는 "운송수단(vehicle)"이자 "연극인(performer)" 이었다. 이스라엘 언론인 Ronen Bergman은 네타야후를 "a media person of the highest standards"로 묘사했다. 전 총리 국가정보담당 국장 Yarden Vatikay(2007-2019)는 여러 해를 네타야휴를 보좌하면서 그가 공공에 모습을 드러내는 방법을 조력했던 사람이다. 네타야후 총리는 시스템적인 변화를 충분히 이해했던 사람으로 정보에 대해 보다 자유롭게 접근하는 쪽으로 방향을 튼 사람으로 인정했다.

"네타야후는 개인적으로 그러한 것들에 대해 마인드를 갖춘 인물이었다. 그는 여러 해 동안 공공외교(hasbara)와 더불어 공공영역에 간여했다. 그는 이것을 예술적 형태로 승화시킬 줄 알았다. 의사결정자들과 이스라엘 및 국제여론을 움직이기 위해서는 공공영역에서 자신이 무엇을 해야 할 지를 너무 잘 알았다. 그는 지휘관이자 공공외교의 "도구"이기도 했다. 다른 전임 수상과도 다른 점이었다. 네타야후가 여러 해 동안 완벽하게 수행했던 그 뛰어난 능력은 모든 이슈가 아니라 이란과 같은 주목받는 이슈들이 가야할 길을 이끌었다."

하나의 연극처럼 정보를 공개하기 위해서는 이미지와 비주얼화가 중요하다. 단어만 나열한 것이 아닌 비주얼화된 메시지는 정보에 대한 신뢰성을 높여주고 수용자들과 마음의 끈도 단단하게 되어 그들과 더 오래 더 심오하게 공명한다. 정보를 드라마처럼 공개하는 것은 전 세계 방송 매체들이 주목할 기회를 증가시킨다. *Channel 13 News*의 시니어 국방문제 분석가인 Alon Ben David는 이렇게 말했다.

"너무 짧은 뉴스사이클을 깨기 위해서는 창의적이고 불꽃 튀길 수 있는 그런 것들을 가져와야 한다. 유엔에서 수백 명의 각국 수반들이 연설하면서 Bibi가 전시하는 그림을 그린다. 뮌헨 안보회의에서 Bibi는 이란의 드론 날개를 제거한다. 그는 제거하는 방법을 안다. 그는 이 사안을 뉴스보도에 포함시키는 방법도 안다. 미국 방송들의 뉴스 사이클을 잘 알아 그에 맞추어 작전을 한다."

뉴스에 한 번 잠깐 비추는 것만으론 충분하지 못하다. 정부가 우크라이나 사태와 같은 특정 이슈를 국제적인 아젠다로 부각시키길 원하면 조직적으로 접근해야 한다. 그 조직적인 접근 방법의 하나가 반향을 일으키는 정보를 공개하는 것이다. 전 Director General of the Intelligence Ministry Hagai Tzuriel는 다음과 같이 말한다.

"오늘의 현실에서 결정적인 한방을 날리고 싶다고 하더라도, 사람들의 마음속에 일시적인 심적변화(blip)를 일으키는 정도 밖에 안 될 것이다."

전 IDF 대변인 Manelis 는 미군들이 2차 대전 당시 일본이 점령하고 있던 IwoJima 섬을 탈환한 뒤 미국 성조기를 흔드는 것처럼, 승리를 아이코닉 이미지로 간단히 표현하던 방식에서 **"수천 픽셀의 인지적 전쟁"**으로 변환되었다고 설명한다.

정보의 조직적인 까발리기는 연극을 잘하는 능력을 부풀린다. 그러나 이런 형태의 파워를 유지하려면 비밀 첩보와 첩보 출처를 여러 번 흘리는 연습이 필요하다. 그렇게 해야 애초에 기대했던 이미지를 지속시킬 수 있다. 이유는 "그들은 당신이 알기를 기대하고, 당신이 모든 것을 다 파악하고 있는 인상을 창조"했기 때문이다. 이런 이유로 전 모사드 국장 Tamir Pardo(2011-2015)는 "대부분 알리는 것은 그 능력을 과장한다는 것을 의미한다. 이스라엘이 세계 어디엔가 숨겨진 무기를 손쉽게 찾아내는 정보능력을 과시해보았자 별로 가치가 없는 것이다."

"OPIDs가 국가안보에 대한 관심을 압박한다"는 아이디어에 대해 의문을 제기한 인터뷰자는 거의 없었다. 정보를 연극하듯 활용하는 것은 자국의 수용자를 겨냥한 것이다. 2018년 4월 네타야후가 이란 핵과 관련한 엄청난 아카이브(archive)를 공개한 기자회견은 전형적인 논란을 불러일으켰다. 연극 대본처럼 판을 짰다. 네타야후는 처음에는 영어로 설명했는데, 의도는 트럼프가 미국 대중들의 지지를 얻을 수 있도록 간접 지원하려는 속셈이었다. 트럼프는 이란과의 핵협정인 JCPOA(the Joint Comprehensive Plan of Action)를 파기하고 싶어 했고, 실제로 네타야후의 회견이 있은 지 며칠 후 파기했다.

이런 행위에 대해 반박하는 사람들도 있다. 국가안보에 대한 관심 촉진을 명분으로 기밀이 담긴 아카이브를 까발리는 행위에 대해 냉소하면서 이스라엘 대중들을 겨냥한 정치적 PR-trick이라고 공박한다. 그들은 연극의 효과를 극대화할 수 있는 타이밍을 고민한다. 오후 8시 정각 방송들의 저녁뉴스가 시간에 맞추어 장시간 회견을 함으로써 자신이 전하고픈 메시지를 이스라엘 대중들에게 직접 전달하고자 한다. 미국인, 유럽인, 이란인 등 여러 당사자들은 이미 2018년 1월 네타야후가 공개한 아카이브와 그 내용에 대한 알고 있었다고 주장하는 사람도 있다. 1월은 모사드가 이란의 모 장소에 은닉해있던 이 아카이브를 빼돌린 날이다. 모사드의 정보자료 절취 공작을 몰랐던 사람들은 오직 이스라엘 국민들 뿐이었다.

후자의 접근방식을 지지하는 사람들은 이스라엘 수상들은 지속적으로 국민들의 지지를 추구했다고 강조한다. 이스라엘은 2021년 한 해에 총선을 4번이나 치룰 정도로 정당 간 대결이 격심하고 어느 당도 확고한 과반수를 얻지 못할 정도로 분열이 심하다. **네타야후** 전기작가인 Ben Caspit 시니어 정치 및 군사 분석가는 네타야후의 유산은 자신의 이미지를 "**protector of Israel**"로 포장하고, 이 이미지를 유지하기 위해 심금을 울리는 정보와 공작내용을 흘렸다고 주장한다. 이스라엘 일간 <Haaretz지> Amos 시니어 국방담당 기자는 심드렁하게 설명한다.
"네타야후는 술책을 좋아해 모든 정치적 행위를 PR에 맞춘다".

정치적 이익만을 따진 사람은 네타야후 만은 아니다. 이스라엘 정부나 정보기관 내에 광범위하게 퍼진 일종의 문화적 규범이다. 이전부터 국가적 수준에서 추적되어 온 것으로 정부기관에 일하는 요원들이나 수장들에게도 영향을 미쳐 왔다. 진직 고위 정보요원은 '**노출하고 싶은 인간들의 필요**(the personal need for exposure)'와 '**정보작전에 대한 퍼블리시티의 증가**(the increasing publicity of intelligence operation)'사이의 링크를 주목하라고 말했다.

" 우리가 살고 있는 이 시대에는 당신이 그 곳에서 무엇을 하고 있는지는 중요하지 않고 당신이 하고 있는 것을 표현하는 것이 중요하다. 드러내는 것은 보다 중요하다. 아무도 그들이 무엇을 하는지, 그들이 무슨 장식을 하는지, 전문적인 성공이 무엇인지를 알지 못한다는 것을 알아채지 못하는 사람들이 있다. 이기심이 동기이다. 일부 사람들은, 이란의 핵과 관련 아카이브 드러내기는 자부심을 충만한 한 개인을 빛나게 한 사안이라고 말한다. 그러나 항상 공작이 있으며 아무도 그 공작을 모른다. 변한 것은 무엇인가? 사람들은 다른 사람들이 자신이 한 것에 대해 말해주길 원한다."

그러한 대중을 상대로 한 알리기는 조직적인 필요성도 있다. 정보기관은 자국 내의 다른 분야의 정보기관끼리 경쟁한다. 예산 및 인적 자원 확보 문제나 정책결정자에 서로 영향을 미치려고 보이지 않는 경쟁을 벌인다. 그 과정에서 자신들이 작업한 공작 내용이나 데이터를 흘려서 자신들의 공헌도를 검증받고 정책결정자들이 선호하는 범위를 조절하고자 한다.

Sima Vaknin-Gil(여성) 전 Military(2005-2015)와 Director General of the Ministry of Strategic Affairs and Public Diplomacy(2015-2019)는 "국가 예산을 따내는 작업은 항상 국가안보위협에 대한 정보판단서를 발표한 뒤 본격화한다." 또 "그것과 연관된 것이 아니면 민감한 정보는 알리지 않는다. 이스라엘의 경우 정보사안을 놓고 대중들이 토론하는 것은 그 것에 관심가진 사람들이 추동하고 모니터하며 선동하는 것이다."

마지막으로 일부 인터뷰자들은 OPIDs의 질에 대해 비판적이었다. 알려지지 않은 것은 "더 섹시하다"며 미스테리는 상상력의 불꽃을 튀기게 하고 공포와 두려움도 유발한다. " 그렇지만 이러한 추세는 이미 구조화되었고 문화도 변해 되돌리기 어렵다는데 대다수가 동의했다.

트위터 계정으로 총구를 바꾸기(Turning rIfles into twitter accounts : The weaponization of Intelligence)

인터뷰자들의 심금을 울린 소재가 "지구상에 존재하는 무장세력들이 이제는 근육을 쓰지 않는 행위를 선호하고 있다"는 믿음이었다. "당신들이 오늘날 관심 갖는 것들은 땅 한 평을 점령하거나 특정 정권을 전복하는 것이 아니고 현 상황을 유지하거나 억지하는 것에 더 관심이 많다." 직접적인 대결은 최후의 수단으로 "개전 초기부터 폭탄을 적게 사용하고 사람들의 인지능력을 혼란스럽게 하는 심리전술을 창안"해서 "심리전 공간에서 상대방을 억누른 다음 근육을 사용하는 영역으로 이동한다." 이 이슈에 관해 Eli Ben-Meir 전 아만의 연구부서 지휘관(2015-2016)은 수사적 표현으로 언급했다.

"IDF가 모든 총구를 트위터와 페이스북 계정으로 돌린다면
그렇게 될 것이다."

여하튼 정보의 역할과 활용은 변화를 거듭하고 있다. 전 IDF 대변인은
"정보공동체도 성숙되어 간다. 그들도 정보는 그저 비밀리에 읽는 그런 존재가 아니라는 것을 깨닫고 있다."
Alon Ben David *Channel 13 News* 시니어 국방담당 기자는 이런 주장을 좀 더 정교하게 펼쳤다.
"과거에는 분쟁이 국가 간에만 존재했다. 그 분쟁도 간혹 발발했고 당사자들은 전략적 기습이나 이점이 있는 진실의 순간까지 그 정보를 쥐고 있었다. 오늘날에는 비대칭적 분쟁이 만연됨으로써 당사국들은 결정을 내리기가 쉽지 않다 보니 정보의 영역, 비밀, 혼동스런 첩보, 사람들의 의식에 미치는 영향, 여론 등이 중요한 위치를 차지하게 되었다."

정보기관의 전 고위요원은 "정보기관 역할에 대한 인식의 변화는 2010년대부터 간혹 나오기 시작했다. 오늘날 정보공동체는 이것이 정보에 바탕을 둔 정치적 전투라고 이해하고 있다. 이미 혁명은 일어났다. 무슨 말인고 하면 Aman은 자신들을 영향공작과 인지 공작을 위한 조직이라고 여긴다. 우리는 의사결정자를 지원해야 하고, 우리 자신이 그 실체를 직접적으로 shape하지 말라고 교육받았다."

이 점에서 억지는 OPIDs의 주요 목표로 간주되었다. IDF의 전 합참의장인 Gadi Eizenkot(2015-2019)는 "메시지를 릴레이경기 하듯 전달하면서 억지태세를 제고하는 일은 재미있다. 당신은 다른 당사자가 이해해주길 원할 것이다. 전문성이 있으면서 진지하고 능력있는 행위자들이 대리를 지행하는 현실과 맞닥뜨리고 있다는 것을. 정보를 흘리는 것은 바로 이런 것들을 뒷받침하기 위한 일이다."

Eizenkot에 의하면, "적대국의 비밀을 지속 까발리는 것은 적들의 군사적 태세가 유리처럼 노출되어 있고, 기술적으로 열등하며 전쟁대비도 안되어 있다"고 믿게 만든다. 억지의 형태가 거부(부정)에 이르게 된다. Eizenkot는 회상하기를 " IDF 북부군 사령관 시절 고급기밀 누설하는 것을 보긴 했는데, IDF가 2006년 여름 레바논 헤즈블라를 상대로 벌인 유쾌하지 못한 전쟁을 치룬지 4년도 채 못돼 Eizenkot는 워싱턴 포스트지에 2개의 정보지도를 제공했다.

지도 하나는 Al-Khiam 마을을 가로지르는 위치에 있는 헤즈블라 전초기지가 정교하게 그려진 지도였고, 다른 하나는 남부레바논 지역에 은둔해 있는 무장단체 그룹들의 대략적인 시설이 그려진 지도였다." 이것은 헤즈블라에 대한 시그널이었다. 2011년 IDF는 2006년 전장에서 맞부딪쳤던 그 때의 IDF가 아니라는 사실을 알리는 것이었다. 헤즈블라가 은둔한 지역을 촬영한 고해상도 데이터가 담긴 질 높은 군사정보였다.

Eizenkot와 다른 전문가들은 "적대국이 꼭꼭 숨겨놓은 비밀을 수집하여 까발리는 것은 자신의 조직내부에 누군가가 침투되었다는 느낌을 준다"는 점에 의견을 같이했다. 이런 정서는 은밀한 네트워크를 통해 쌓아온 신뢰와 생존을 위해 정보보안이 긴요하다는 믿음을 산산조각 낸다.

정보기관이 효과적으로 기능하는 것을 해치게 되는 것이다. Ron Ben Yishai 시니어 국방문제 분석가는 "헤즈블라를 상대로 한 우리의 억지 전략의 많은 부분은 가자에 있는 팔레스타인 조직에 두었고, 외로운 늑대형의 테러분자들은 자신들이 노출되었다는 사실을 인식한데서 연유한다."고 말한다.

*mabam*의 전략적인 개념은 이스라엘이 선호하는 방향으로 지역균형을 유지하려는 의도에 맞춰졌다. 적의 군사자산과 선진 무기의 획득 상황을 지켜보며 시공간을 두고 제한된 무력 사용의 비중을 조절했다. Eizenkot휘하에서 정보장교로 활약했던 Ram Yavne 장군은 다음과 같이 회상했다.

" 내가 처음 지휘부서에 부임했을 때 Eizenkot는 나에게 나중에 *mabam* 이라고 불린 새로운 시대에 놓여 있다고 말했다. 전쟁을 하거나 전쟁에 대비하는 것이 주임무였던 과거와 달리 오늘날은 제3의 시대에 놓여있다. 그 시대는 "between wars"의 시대이며 그 전쟁에서 당신은 큰 공을 세우거나 전쟁을 예방할 수도 있다. 시간이 지나면서 그의 말이 옳았다."

Eizenkot가 IDF 지휘권을 잡았을 때 *mabam*은 "became a buzzword in the army'가 되었으며, 정보를 전략적으로 공개하는 것은 IDF안에 뿌리를 두고 있었다. Eizenkot는 전례없이 2016년에 "the IDF Strategy"라 불리는 문서를 공개했다. 이 문서는 몇 가지 그간 알지 못했던 사실을 알려주었다. 즉 IDF 본부 내에 인지적, 법률적 그리고 합법적인 작전을 함께 조율하는 부서가 신설되었고, 정보자원과 예산, 요원들의 훈련 등에 관한 것도 있었으며,

장교들에게 군사적 문제를 "soft"하게 해결하는 방법에 대해 고민하도록 권고하는 것도 있었다.

그렇지만 Eizenkot가 밟은 가장 중요한 스텝은 Ron Manelis를 정보장교로 임명하여 육군의 개인 참모로 활용할 정도로 신뢰하여 후에 IDF 대변인으로까지 영전시켜주었다는 점이다. Ron Manelis는 단기간에 이 부대를 "이스라엘에서 가장 광고를 잘하는 기관"으로 탈바꿈시켰다.

정보의 새로운 역할에 대한 내재화(internalization)는 새로운 조직의 관행이 드러나면서 훨씬 명백해졌다. OPIDs가 어디에서부터 발단이 되었는지 물었을 때 Manelis는 이렇게 답변했다.

"다양한 장소에서 일어났지요. *Aman*이 시초일 수도 있고요. 연구부서 혹은 작전국의 책임자는 그 존재를 알았을 겁니다. 그들 자신이 시작했으니까요. 그들은 부서의 대변인을 호출해서 이렇게 말했죠. '우리는 무언가를 갖고 있으니 그것을 합시다.'라고요. 그들은 억지, 탈합법화, 합법화 등은 성취될 수 있는 것이라는 점을 알았어요. 두 번째 옵션은 CGS가 했고, 우리는 미디어 공작을 위해 일상적으로 공작적인 만남을 가졌어요."

결론

이 논문은 국가들이 공개적으로 정보를 까발리는 이유에 대해 새로운 시각으로 설명하고자 했다. 이를 위해 이스라엘의 과거 정보 수장을 비롯 정보업계에 종사한 사람 등 수십 명의 전문가와 인터뷰를 갖고, 이 문제에 관해 실천적으로도 그 해답을 찾고자 했다.

첫째 이 논문은 OPID가 연극과 같은 방법으로 공공 외교를 제고하고 국제무대에도 그 파워를 투사한다는 것을 알았다. 이런 설명은 2000년대 중반부터 야기된 미디어와 정보기술의 드라마틱한 변화에 의해 추동되었다. 개인이나 정치인처럼 개별국가들의 행위도 '프라이버시와 영향' 간의 규범적인 거래에 의해 형성되는데, 소셜미디어가 등장하면서 확고히 나타나게 되었다.

개별국가들은 인정받거나 호의적인 보도, 국제적인 아젠다에 영향을 미치고자 하는 갈망을 갖고 있어 이를 관철하기 위해 연극이나 드라마와 같은 방식으로 비밀 정보를 끄집어내어 활용한다. 인터뷰자들은 이스라엘은 안보위협에 대한 주목을 끌기위한 방편으로 OPIDs에 간여한다고 말했다. 그 안보위협은 국제적 행위자들이 분쟁을 인정하거나 그 분쟁에 별로 관심이 없는 것으로 믿는 것들이었다.

두 번째 설명은 정보를 탄약으로 다루고 정보까발리기를 정보전의 무기로 취급한다는 점이다. 비밀의 망토아래 숨은 적대국을 좌지우지하려는 의도였다. 비밀성은 작전이나 적들의 생존을 위한 필수덕목이 되어온 이래 이스라엘은 힘들게 획득한 정보를 활용해야 함을 깨우쳤다. 대규모 군사적 충돌을 방지하기 위해 정보자산이 매우 요긴함에도 이스라엘은 깊숙한 곳에 숨겨둔 정보를 공개하여 적의 의도와 능력을 드러내고자 했다. 이를 통해 상당수의 적들을 무력화시켰다. 이스라엘은 철저히 계산된 정보공개를 통해 억지태세를 제고시키고 전쟁 문턱 앞에서 안보위협을 제거했다. 이는 정보공개를 리스크를 피하고 현상태를 유지하게끔 하는 신중한 조치로 여기게 했으며, '전쟁광인 정책결정자들이 전형적으로 해오던 정치화된 행위'로 보아온 기존의 관점과 현격히 대비되는 것이었다.

그래서 이 논문의 공헌은 정보연구와 비밀에 관한 연구를 피어나게 하고, 국제관계에서의 퍼블리시티 문제를 지적했다는 점이다. 그리고 미국과 관련된 케이스 연구를 해온 그간의 학계연구와 달리, 이스라엘이라는 작은 국가와 그 국가가 비밀을 드라마틱하게 다루는 것에 국한하여 서술했다. 이를 통해 정보를 퍼블리시티하는 다양한 논리를 밝혀냈다. 얼마 전까지만 해도 정통도 아니고 그릇되게 조언한 정책선택으로 간주되었다

이 연구는 몇 가지 한계도 갖고 있다.

첫째, 일반화의 문제이다. 이스라엘 만의 독특한 특징일수 있기 때문에 이 연구를 하나의 '실험실 연구'로 보고 더 많은 연구를 통해 이 논문이 제기한 관점을 테스트할 필요가 있다. 비교연구도 필요하다.

둘째, 이스라엘이 채택한 OPID의 효과성은 이 연구에서 다루지 않았다. 정보까발리기가 비생산적일 수 있다는 일부 연구가 있기에, 추가적인 연구를 통해 분쟁관리와 정보 작전에 OPID를 동원하는 것이 어떤 함의가 있는지 보다 심층적으로 밝혀야 할 것이다.

미국 정보공동체와 이란 팔레비 왕조 몰락 예측 실패[107]

◀ 문제제기 ▶

1) 팔레비 왕조의 몰락 원인은?
2) 팔레비의 성격은?
3) CIA와 국무부 정보팀은 왜 팔레비 몰락에 대해 정보실패했는가?
4) 호메이니 등 근본주의자들에 대한 이해는 어느 정도였는가?
5) 정보분석 상 문제점은 없었는가?

---

[107] Ray Takeyh가 2021년 *Survival* (Vol 63 no.2) 3-4월호에 기고한 내용으로, 원제는 Did the US Intelligence Community Lose Iran?임.

이란 팔레비 왕조의 몰락에 대해 미국의 정보기관이 정보실패를 했다는 주장은 사실 호메이니에 의한 이란 혁명이전부터 나오기 시작했다. 1978년 11월 카터 대통령은 국가안보팀의 정보능력에 대해 불만을 나타냈다. "나는 만족하지 못한다. 우리 정보기관의 정치정보의 질에 대해."

당시 CIA 국장 Stansfield Turner[108]는 이에 대해 고백했다.

"우리가 예측하지 못한 것은 78세 먹은 성직자 호메이니가 15년 동안 망명생활을 한, 팔레비 정권을 무너뜨릴 정도로 기폭제(catalyst)역할을 할 줄은 미처 예상하지 못했다. 국가적 혁명이라는 거대한 화산이 될 줄은."

정보실책 주제는 호메이니의 혁명 성공 이후 여러 경로를 통해 지적되었다. 카터와 그 참모들은 희생양을 찾아서 이란 호메이니 혁명에 대한 정책실패의 책임을 묻고 싶었다. 오늘날 받아들여지는 통념은, CIA가 중동에서 가장 믿을만한 동맹을 쓸어버리는 이슬람 근본주의자들의 혁명적 열풍을 감지하지 못한 실책을 범했다는 것이다.

무엇이 정보실패냐 하는 것은 역사가를 가장 괴롭히는 질문이다. 혁명은 희귀한 역사적 현상이다. 혁명과정에서 나타나는 흉포함과 광포한 힘은 혁명을 주도하는 사람들이나 관련 행위자들을 당혹하게 만든다. 이란 혁명이 일어난 지 40여년이 흐른 지금, 정보기관이 한 일에 대해 엄숙한 평가가 필요한 시간이다.

미 정보기관의 기록이라고 해서 완벽하지는 않지만 옳은 부분이 많다. 1970년대 초부터 미 정보기관은 이란 사회의 주요 섹터에서 팔레비 왕조에 대해 부정적인 생각을 가진 사람들이 늘고 있음을 감지했다. 종교는 불만자들의 이데올로기로 중요하게 작동하고 있음도 알았다. 혁명이 시작됨에 따라 그들의 현실에 대한 평가는 훨씬 날카로워지고 호랑이처

---

[108] 터너 CIA 국장은 해군 제독 출신으로 지미 카터 대통령과 절친한 사이로서, 카터가 대통령이 되자 CIA 국장으로 임명했는데, CIA 보고서가 너무 길어 정세판단에 애로가 많다면서 CIA 정보판단 보고서를 일일이 수정한 것으로 알려져 있다.

럼 기민해졌다. 정보기관이 오판한 것 중 하나는 이란 군부가 팔레비 왕조를 뒤흔들 수 있는 정치상황을 통제할 정도로 능력 있는 장군이 이끈다는 잘못된 믿음이었다. 게다가 팔레비 왕조가 무너지는 상황을 평가하는데 시간을 질질 끌었다. 마찬가지로 혁명가조차 이렇게 이해했으며, 계속해서 군부 쿠데타 가능성을 염려했다.

Iran's anxious decade(이란의 걱정스러운 십년)

1970년대 이란은 정상적이지 않은 지역이었고 아무도 살고 싶어 하지 않는 다이내믹한 국가였다. 오일 머니가 쏟아지면서 전 세계의 고위관리들이 테헤란으로 몰려들었고 럭셔리한 호텔들이 하루가 다르게 세워졌다. 다른 한 쪽에서는 **소외감**이란 사회를 좀먹는 정신질환이 서서히 만연하기 시작했다.

어떤 측면에서 팔레비 왕조는 중산층과 대학생을 양산한 그 성공의 희생물이었다. 부패가 용납되고 재능이 보상은 커녕 벌을 받는 체제에서 메리토크러시109)를 존중하는 사람들이 들어설 자리는 없었다. 새롭게 부상한 도시중산층들은 정치 참여를 원했고, 국가적 사안에 대해 목소리를 내고 싶어 했다.

그러나 팔레비 왕조는 돈을 지원해주는 것 이외에 그들의 요구를 들어줄 생각이 없었다. 당시 전 세계적인 석유 수요가 줄어들면서 1970년대 중반 경기후퇴로 인해 이란의 경제기적이 신기루(mirage)가 되어갔기 때문이다. 혁명의 물결이 차오르기도 전에 이란의 가장 잘 살고 명석한 사람들이 이란을 떠나기 시작했다.

---

109) 영국 사회학자 '마이클 영(Michael Young, 1915~2002년)'의 '메리토크라시의 부상(The Rise of Meritocracy)'이라는 책에서 처음 등장했다. 라틴어 'meritum(가치·공헌)'에서 파생된 'merit'와 고대 그리스어 'kratos'에서 파생된 'cracy'의 조합인데요, 저자는 귀족 정치나 부를 기반으로 하는 금권 정치가 아니라 '개인의 능력과 노력'에 따른 정치 사회 체제를 뜻한다고 밝혔다. 최근 서구 사회에서는 교육 격차가 직업과 소득으로 이어지며 경제적 불평등과 사회적 격차를 야기한다는 측면에서 사용 빈도가 가파르게 증가하는 용어이다.(출처: 매일경제)

미 대사관의 Michael Metrinko 정치담당관은 잘사는 이란인들이 이란을 떠나는 이유에 대해 주변사람들에게 꾸준히 물어보았다. 그들의 대답은 한결 같았다. "이란은 살기가 너무 무섭다"고. 1976년 한해 미 대사관 추산으로 약 6천여 명이 영국런던에 집을 구했고, 혁명이 시작되자 팔레비 왕조치하에 있던 엘리트들은 이란 공항으로 몰려들어 팔레비 치하 엘리트를 찾는 최적의 장소로 변모했다.

정보기관도 이런 이란인의 추세를 놓치지 않았다. 1970년대 중반까지만 해도 팔레비가 실각할 것이란 가정을 아무도 시사하지 않았다. 당시에 이 주장은 비합리적으로 여겨졌다. 테러리스트들이 간혹 출몰했지만 팔레비의 권력에 도전할 세력은 없었고, 팔레비 정권을 위협할 정도의 야당의 존재도 미미했다. 테러는 약한 자의 무기다. 게릴라들은 팔레비의 비밀경찰 SAVAK가 추려냈다.

그러나 정보기관과 미 대사관에는 경고벨이 울리고 있었다. 팔레비 왕가의 트러블이 보고되고 있었다. 1973년 초 미 대사관은 중산층의 소외를 눈치챘다. 경제가 성장하면서 교육이 확대되었고 서구사회와의 접촉면이 넓어지면서 이란 정부에 대한 요구가 꾸준히 늘어났다. 다양한 스펙트럼으로 국민들의 정치참여 욕구가 증가하였다. 2년 후 테헤란 CIA 지국장은 "모든 형태의 자기 표현, 예를 들어 통제받지 않는 언론, 교육관련 포럼, 정치토론 그룹 등은 금지되거나 엄격한 통제 하에 있었다. 대중들의 불만을 해소할 곳이 없었고 불만은 점점 쌓여갔다"고 주장했다.

미 국무부의 INR(Bureau of Intelligence and Research)는 이런 주장에 받아들이고 "전문적인 중산층과 고등교육을 받은 집단이 경제적으로 혜택을 보고 있음에도 만족하지 못하고 있다"고 적시했다. 1976년에 모든 이런 분석들은 NIE에 반영되었고 암울한 톤으로 기술했다. " 군주제는 이란인들이 경험한 것 중 핵심적인 특징이지만, 교육 수준이 높아지고 군주제와 다른 정치체제, 개념, 관행 등을 경험하게 되면 궁극적으로 무너질 수 있다."

이란은 겉으로만 그럴 듯해 보이는 서구화 물결 속에서 종교적으로 근본주의가 소생하고 있었다. 종교서적은 베스트셀러였고, 매년 정기적으로 하는 순례는 대중들의 매력을 끄는 요소가 되었다. 모스크가 전역에 세워졌고 많은 학생들이 기록적으로 신학대학에 입학했다. 수염을 기른 남자와 종교적 의상을 입은 여성이 대학이나 정부기관에서 흔히 볼 수 있는 풍경이 되었다.

 Ali Shariati와 같은 지식인들은 이란의 중하층 젊은이들을 자극하기 시작했다. 종교가 혁명의 이데올로기로 작동할 수 있음을 보여주고 있었다. Shariati와 젊은 지식인들은 맑스주의에 심취했고, 자신들 고유의 지역문화의 정수를 찾아 나섰다. 혁명의 교리로 삼으려는 요구도 터져 나오기 시작했다. 항의의 상징인 Shi'ism의 규범을 다시 재단하고자 했다.

성직자의 명령은 그 자체로 뛰어난 선동가의 특징을 갖고 있다. 호메이니는 1964년부터 망명생활을 했다. 팔레비 왕조와 미국에 대한 적대감을 꺾지 않은 이유였다. 호메이니는 팔레비 왕조의 모든 통치에 대해 반대의 목청을 높였다. 이란에 있는 많은 학생들과 제자들은 호메이니 강연을 담은 카셋테이프를 분주히 돌렸다. 그의 강연 내용을 출판했다. 호메이니가 이런 활동에 대해 일정한 거리를 둘수록 하층 성직자들은 호메이니의 메시지를 더 존경하게 되었다.

그 당시 이란에는 9,000여개의 모스크가 자리 잡고 있었다. 모스크를 중심으로 한 이처럼 강한 회복탄력성을 가진 네트워크를 따라잡을 정당은 없었다. 근본주의 종교의 소생 조짐을 미국 관리들도 놓치지 않았다. 대사관은 보고했다. "성직자들은 영향을 받지 않고 있으며 현 종교는 하류층의 마음과 심장을 여전히 장악하고 있다"고.
종교가 대중들의 opioid(일종의 마약)라는 사고는 폐기되었다. 지식층조차 종교국가 건설에 대해 힐난하고 있지만, 종교지도자들과 현행 군주제 시스템에 대해서 같이 탄식했다. 1976년 NIE 보고서는 종교의 영향력에 대해 경고했다.

"성직자들은 군주제를 선호하지 않지만 팔레비 왕조가 퇴진하게 되면 행복해 할 것이다. 그렇게 되면 세속적인 정부는 현재의 팔레비 보다 더 위험할 수 있다. 그러나 종교지도자의 눈으로 보면 Mohammad Reza Pahlavi는 이슬람을 보호하고 수호해야하는 역할을 방기한 것으로 비친다."

닉슨과 키신저가 이란을 페르시아 걸프만에서 미국의 전략적 이익을 수호할 **린치핀**[110]으로 간주한 시대가 있었다. 닉슨은 모든 경고를 무시했고 팔레비를 상대로 무기 판매에 열을 올렸다. 이란 군대가 이 무기를 사용하지 못하고 이란 경제가 무기를 구입할 여력도 없었음에도. 베트남 전쟁에서 무참히 패배한 미국은 새로운 동맹과 대리를 찾고 있었다. 전략적으로 중대한 지역에서 미국을 대신해서 역할을 해줄 국가를 찾았는데, 팔레비 왕조가 안전한 베팅대상이었다.

Bad moon rising(나쁜 기운이 서서히 피어오르다)

이란의 문제는 모든 사람에게 해당하는 것은 아니었다. 팔레비는 수 십여 년 동안 공들여 이룩한 민주적인 제도를 살려야 한다는 것을 이해했다. 모든 이란인들이 강제로 당원에 가입하는 국민정당을 창당했다. 그러나 슬로건을 무엇을 내세울지에 대한 진지한 고민이 없었다. 갖가지 위원회를 만들어 국가가 직면한 병에 대한 치유법을 연구토록 했다.

자유화정책을 추진했다. 정부비판을 허용했지만 변화여지를 주지 않았다. 1974년 여름 팔레비는 암 판정을 받았다. 비밀에 부쳐졌다. 마누라조차 3년이 지난 후에야 알았다. 팔레비의 암선고에 대한 영향은 과장되었다. 많은 역사가들은 혁명 과정에서 그의 우유부단한 행동을 암 탓으로 돌렸다.

---

[110] 린치핀(linchpin)은 마차나 수레, 자동차의 바퀴가 빠지지 않도록 축을 꽂는 핀을 가리키는 것으로, 외교적으로는 꼭 필요한 동반자라는 의미를 갖는다.

실상은, 팔레비는 원래 **결정장애자**였으며, 어려운 문제에 직면하면 슬며시 장막 뒤에 숨는 스타일이었다. 1953년 자신의 통치력을 회복시켜준 치욕적인 군부쿠데타 역시 CIA와 자신에게 충성한 장군 덕분이었다. CIA가 사태가 악화되는 것을 보고 신속히 현장으로 잠입하여 군주가 정치참여를 제한하는 제의를 한 덕분이었다.

암 진단 이후 보인 태도는 후계자문제에 집중한 것이다. 당시 청소년에 불과했던 장남은 1인 독재 체제를 관리할 능력이 부족하다고 보았다. 단독으로 중요한 결정을 내려야 하는데 틴에이지가 할 수 없을 것으로 보았다. 왕세자에게 통치권을 이양하기 전에 이란 문제를 어느 정도 해결해야 한다고 판단했다.

1970년대 중반, 정치 질서에 서투르게 손을 대면서 불길한 기운이 감돌기 시작했다. 전 세계적인 경기후퇴로 인해 이란에서 생산하는 석유에 대한 수요가 줄었고, 하루 최고 6백만 배럴을 생산하던 것이 1976년에 이르면 360만 배럴로 떨어졌다. 인플레는 24%까지 치솟았다. 농업부문은 인구 증가를 따라잡지 못했다. 이란 정부는 식품조달 비용을 보조하고 수입을 통해 기본적 생필품 욕구를 충족했다. 도시는 시골에서 몰려온 사람들로 인산인해를 이루었다. 당연히 주택난을 야기하여 수입의 60%를 임대료로 지불해야 했다. 이런 주택 문제를 해결할 도시계획을 수립할 조짐도 없었다. 도시 주변에 판잣집이 늘어만 갔다. 1970년 대 중반, 정치적 반대세력이 있었지만 그 영향력은 미미했다.

1975년 6월 Qom시의 음울한 동네에서 일어난 폭동은 종교집단과 호메이니가 이란 정치의 중심에서 활동할 것임을 시사하는 경고신호 구실을 했다. 호메이니 추방 기념일을 계기로 이란 신학대학생들이 거리로 뛰쳐나왔다. 팔레비 정권은 즉각 군대를 보내 진압하여 200여명의 신학생을 체포했다. 팔레비는 그 시위를 "stateless Red and black reactionaries shouting slogans"(국적 없는 빨갱이와 흑심을 품은 반동분자들이 시위한 것)으로 치부했다. 팔레비는 종종 맑스주의와 이슬람주의자들이 협력한다는 생각으로 돌아가곤 했다. 그는 전통적으로 페르시아 왕을 지지해왔던 성직자들이 자신을 끌어내리기 위한 음모를 한다고 믿지 않았다.

이란의 모순은 조지아 주지사 **카터**의 관심이 되었다. 외교업무에 대한 지식이 거의 없었던 사람이다. 베트남전 패배와 워터게이트 사건은 미국인들 사이에 거짓말하지 않겠다고 약속하는 사람에게 대통령직을 맡기자는 여론이 형성되었다. 이에 힘입어 당선된 카터는 초기에는 냉전으로 야기된 전통적인 문제에 대통령직을 걸기로 했다.

즉 소련과의 무기제한협정, 닉슨이 시작한 중국과의 관계 정상화 작업의 완결 등. 중동문제에 대해서는 이스라엘과 인근 아랍국가들 사이에 평화를 가져오는 중재자 역할을 자임했다. 독실한 크리스천이자 기민한 정치인이었던 카터는 Holy Land에 평화를 가져다주겠다는 약속을 남발했다.

선거운동 기간 모든 인권에 관한 얘기는 새로 당선된 카터가 팔레비에게 압력을 넣겠다는 뜻이 아니었다. 팔레비는 상당 부분 자유화를 시행하고 있었기 때문이다. 민주당내 좌파들은 우익 독재자에 대한 비난에 열을 올렸다. 그런 동맹은 득보다 실이 많다는 것이 베트남전의 교훈이라는 것이다. 카터는 실용주의자였다. 이상주의를 현실적인 문제와 연관시켜 풀어나가고자 했다. 이란은 중동 지역이나 지정학적 측면에서 미국의 중요한 동맹이었다.

카터는 이란이 페르시아만이란 중대한 수로를 지켜주는 역할을 하길 바랐다. 팔레비는 그만큼 가치가 있었다. 취임한 카터 백악관은 늘 하던 대로 정보판단서를 받아 보았다. 이란으로부터 사인은 별다른 경고음이 나오지 않았다.

CIA는 '**1980년대 이란**'이라고 불리는 연구를 수행했다. 이런 형태의 정보의 결함 중 하나는 현재의 정부가 파워를 여전히 갖고 있다는 전제하에 발전과 변화의 방법을 한발 앞서서 평가하는 것이다. CIA는 "팔레비 왕조는 1980년대 내내 이란 국민들의 생활에 능동적 참여자가 될 것이다. 이란 정세가 앞으로 나아가며 혁명적 상황은 아니고 그 추세는 지켜보아야 하지만 위험할 정도는 아니다""라고 보고했다.

1980년대 이슬람 근본주의자들이 이란을 장악할지도 모른다는 판단을 할 정도의 용감하고 과감한 정보분석관이 있어야 했다. 국무부 정보분석팀 INR도 자신의 판단에 따랐으며, 혁명과정에 대한 많은 사려 깊은 분석을 제공했다. 그 보고서의 상당부분은 역사가들이 이용했는데, 정보 공동체에게 혐의를 둔 것이었다.

57세의 나이로 건강한 편이고, 정교한 보안기구 **사바크**도 곁에 두고 있는 팔레비가 십 여 년 이상 더 통치할 기회를 갖고 있다고 평가했다. 그 당시 그는 크라운 왕세자가 왕관을 쓸 수 있음을 암시하기도 했는데도 큰 의미를 두지 않았다. 이는 정말 말도 안되는 판단이었다. 팔레비의 건강은 좋지 못했으며, 암으로 고생하고 있었다.

CIA와 INR의 보고서는 회고적 판단이었다. 양 기관 모두 팔레비의 투병 사실을 간과했다. 프랑스 의사가 정기적으로 이란을 방문하여 그의 병세를 체크하고 있었음에도 별다른 의미를 부여하지 않았다. 1977년 국민들의 불만의 징조에도 불구, 팔레비가 계속 직무들 담당한다는 개념은 합리적인 판단이었다. 카터 행정부에게 전달된 이란의 짤막한 스냅사진은 기본적으로 정확했다. 행정부 고위관리들은 팔레비가 통제능력을 갖고 있고 이란에 확산되고 있는 정치 사회적 소외를 달랠 방법을 갖고 있다고 나름 확신했다. 팔레비는 개혁프로그램을 가동했고, 시민단체 등을 부활하고 자신의 통치틀 속에 국민들의 자신감을 불어넣으려 했다. 이 당시 이란에 대한 온정적인 태도는 합법적인 반응이었다.

Iran revolts(이란의 반란)

팔레비는 1977년 어설픈 자유화조치를 시작했다. 정치꾼들은 이에 고무되어 떠들었고 언론은 갈수록 비판 논조가 심해졌다. 서방 여론을 염두에 두고 엠네스티 인터내셔널 대표를 초청하여 수감자의 인권실태를 보여주고 더 이상 고문 같은 것은 없음을 강조하고자 했다. 군사재판소도 가급적 활용하지 않고 정치범들을 시민법정에 세웠다. 변호사를 대동할 수 있도록 했다.

그래서 확실히 말하기 어렵다. 혁명이 언제부터 시작되었는지를. 1977년 10월 이란에게는 중요한 달 이었다. 테헤란에 소재한 **괴테연구소**에 열린 '시 읽기 시리즈'는 뜻하지 않게 임박한 혁명의 전조가 되었다. 시 낭독을 듣기 위해 수천 명이 몰려들었고 헌법 개정과 검열철폐, 사법개혁을 요구하는 목소리로 변해갔다.

더 심각한 것은 10월 23일 **죽은 호메이니의 아들에 대한 장례식** 자리에 무슬림들이 모여들었다는 것이다. 호메이니와 그 추종자들은 애도 분위기를 한껏 이용했다. 호메이니는 13년 동안 망명생활을 하고 있었는데, 이 사건이 발생하기 전까지 이란 내 어느 누구도 호메이니가 그렇게 인기 있는 줄 몰랐다. Mostafa가 이란 비밀경찰 사바크에 의해 살해되었다는 허위조작정보가 나돌기 시작했다. 진실은 심장마비로 사망했는데도. 호메이니 아들은 죽은 뒤 이슬람 교리를 실천하다가 죽은 희생양으로 둔갑했다. 팔레비 정권이 자신의 아들을 죽였다는 **허위조작정보**가 먹혀들었다.

 시아파의 의례 달력은 많은 기념비적 사건을 정치적으로 조작한 이상론의 집합이다. 1년 중 100일은 종교 행사를 위해 제켜 놓을 수 있다. 누군가 사망하면 40일간 애도기간을 가지는 관습도 있다. 혁명이 본격 운동장에 진입하자 모든 그러한 에피소드들은 팔레비 정권 비난 소재로 변질되었다. Mostafa의 40일 간 추모는 국가 전역에서 진행되었고 엄청난 군중이 모여들었다.

호메이니는 13년이란 망명생활에도 불구 이 세레모니를 이용하여 혁명이 나아갈 방향을 지시할 수 있었다. 그 길로 나아가는 모든 단계마다 호메이니는 자신의 반대파의 엉뚱한 행동으로 인한 수혜를 입었다. 어느 누구도 팔레비를 능가하는 파워를 그에게 주지 않았다.

팔레비의 전략 중 하나는 국영매체를 이용하여 반대파를 공격하는 것이었다. 1978년 1월 7일 Ettela'at 신문은 호메이니의 성장배경과 성격에 대해 악의적으로 공격했다. 그 여파로 전국 주요 도시에서 시위가 발발했다. 더 중요한 것은 연로한 성직자들이 호메이니 방어에 나서고 심지어 그의 권위에 따랐다는 점이다. 젊은 신학도들은 고위 성직자 집 앞에 모여들어 행동에 나서도록 촉구하고, 이들을 모욕하여 그들 자신이 부끄럽다고 여기게 하려고 했다. 그들 모두 호메이니를 옹호하고 팔레비를 비난하는 성명을 발표하게 된다.

미국 정보기관들도 이런 내용들을 파악했다. **INR 보고서**는
"이란에서의 최근의 폭력사태는 10년 만에 벌어진 가장 큰 사건이었다. 당장은 팔레비 정권에 위협이 되지 않지만, 그들은 1963년 이래 이슬람 근본주의자들에게 보다 강력한 지위를 부여해왔다. 팔레비가 반대파를 박살낸다면 미국과의 관계가 악화될 것이다. 그렇다고 이대로 두면 팔레비 정권을 위협하는 단계로 나갈 것이다. 지금까지 팔레비 정권은 확실하게 당면한 문제를 해결하는 방안을 보여주지 못하고 있다."

그 보고서는 이란 상황을 잘못 진단하지 않았지만, 카터의 생각을 제대로 이해하지 못했다. 카터가 인권을 대외정책의 기본 가치로 내세웠지만 팔레비를 장막 뒤에서 지켜주고자 했다.

모든 혁명은 밀물과 썰물이 교차한다. 1978년 여름이 시작되면서 위기가 끝날 것이란 희망도 있었다. 한바탕 휩쓸고 간 시위도 조금 잠잠해지고 호메이니 추방을 기념하는 시위를 6월에 개최하려 했으나 시들해졌다. 여러 도시에서 시위가 간헐적으로 이어지긴 했지만 정체 상태로 보였다. 궁안에 있는 팔레비와 그 추종자들은 여전히 자유화가 성공적으로 진행되고 있다고 착각했다. 자신감까지 보이며 다음과 같이 일갈했다.
"어느 누구도 우리를 전복하지 못한다. 70만 군대와 모든 노동자 등 대다수 국민들이 곁에 있다. 나는 여전히 권력을 잡고 있다"

더 신중치 못한 조치는 팔레비 정권이 '자유 운동(the Freedom Movement)'의 대표인 Mehdi Bazargan과 같은 반대 측의 중도 인물들과 협상을 시작했다는 점이다. 그 협상은 순탄하게 진행되는 것처럼 보였다. 군주제를 유지하되 그 권한을 일정 정도 제한하는 국민적 협약을 맺는 것이었다.

이란 문제는 CIA Stansfield Turner 국장이 주도했다. NIE 보고서 작성에 커미셔너 역할을 했는데 몇 달이 소요되었다. 이란 사태가 시시각각으로 급변함에 따라 많은 연구보고서가 작성되었다. 터너 국장은 NIE 정보평가보고서를 보류하기로 결정했다. 지금까지 그 많은 보고서는 비밀로 분류되어 그 중 일부만 공개되어 정보기관 비판가들이 정보기관을 혹평하는 재료로 이용되고 있을 뿐이다.

이 중 역사가의 눈을 사로잡은 보고서 한 건 있다. **'팔레비 이후 이란의 진로'**라는 제목의 보고서로 1978년 8월 작성되었다. 자주 인구에 회자된 서문이 있다.
"이란은 혁명적 상황이거나 혁명의 전조가 보이는 상황도 아니다".

1977년 8월에 마무리된 보고서에는 없고 그 이전 보고서에 포함되었던 문구이다. 정보기관의 최종 판단도 아니었다. 분석관들이 NIE 보고서를 작성하기 앞서 기록해두었던 기초자료 중 하나였을 뿐이다. 우리는 1978년 여름부터 팔레비가 붕괴조짐을 보였다고 인식하고 있지만, 그 당시를 돌이켜 보면 팔레비는 통치의 고삐를 죄고 있는 것처럼 보였다.

반대파 주요인물이 궁정에서 협상하고 있었다. 호메이니와 급진파들은 고립되어 있었고 그 양측 간의 대화를 균열시킬만한 거리의 세력(시위자)을 모으지 못하고 있었다. 그 당시로는 팔레비의 자유화 추진 정책이 작동하고 있었다고 판단하는 것이 합리적이었다. 당근과 채찍 정책도 고루 구사했다. 팔레비 휘하의 군대는 막강했고 반대파는 쪼개져 있었다.

이란이 '혁명 전야가 아니다'라는 판단은 신중하지 못했지만, 왕정이 마지막 순간에도 견딜 것이란 생각은 고수하지 말아야 했다. 역사연구가들은 한 문건에만 집착하여 동시대에 작성한 다른 참고문헌을 무시하는 경향이 있다. NIE 정보판단서의 초안 중 하나는 중요한 사건이란 경고를 발했다.

"1970년대 중반은 팔레비가 왕정과 이란의 현존 정치체제가 과거에 해왔던 그대로 유지할 능력이 있는지를 보여주는 시기가 될 것이다".

팔레비의 자유화 정책에 대해서도 주의 깊게 봐야 한다는 견해를 제시했다. "상당한 양보를 한다고 해서 그것이 곧 안정을 의미하지 않는다. 이유는 이란인들에게 보편적인 경향이 있는데 특히 정치적 반대파와 종교적 반대 들 사이에, 팔레비의 양보를 권력의 취약함의 신호로 해석하고 정치안정에 기여하기 보다 악용할 것이다."

종국에 가서 정보기관은 그 보고서를 선반에 올려놓기로 결정했다. 터너 CIA 국장은 회고록에서 그 보고서를 비판했다. "계량적으로 확증할 수 없는 토론의 성격을 지닌 보고서이고 옳고 그름을 비교하거나 평가하지 않고 카테고리만을 분류하여 소리 친 보고서"라고.
국무부의 INR도 이 견해를 받아들여 정보공동체 전체의 판단으로 끌고 갔다.

사하와의 이별

테러는 역사의 궤적을 바꾼다. **Rex Cinema** 화재가 적절한 사례이다. 호메이니와 급진파들은 눈에 확실하게 눈에 띠는 폭력적 장면 연출을 원했다. 이란인들의 불만이 터져 나오는 모습이 가시적으로 보이길 원했다. 그리고 팔레비와 반대파 지도자들 간의 대화를 깰 정도가 되면 금상첨화였다.

1978년 8월 19일 Abadan의 Rex Cinema의 문이 사람들로 가득 찬, 닫힌 채 화재가 발생했다. 소방서는 1시간이나 지나 구조요청을 받았고 그 사이 400여명이 죽었다. 이는 이란 역사상 가장 가증스런 방화였고 국민적 분노를 일으키기 위한 주도면밀한 기획이었다. 화재 원인을 조사한 결과, 무슬림 극단주의자가 침입하여 벌인 행동이었음이 드러났다.

당혹한 팔레비 정권은 그 비난의 화살이 자신들에게 쏠리고 있음을 알았다. 왕족 중 누구도 그 희생자 추모행사에 참석하지 않았다. 호메이니와 급진파들은 팔레비의 비밀경찰 사바크가 저지른 일이라고 군중을 호도했다. Rex Cinema 화재사건으로 인해 팔레비의 자유화 약속은 퇴색되기 시작했다. 분노는 시위의 형태로 변해갔다.

이 때까지만 해도 팔레비의 강성(hardcore) 반대파만이 그 시위에 동참했다. 많은 방관자들이 시위대로 기울기 시작했다. 시위대가 수천 명으로 불어나고 팔레비와 반대파 지도자들 간의 대화도 공신력을 잃어 갔다. 팔레비의 손에 군중들의 반란이 들어있는 셈이 되었다. 1978년 여름, 상황은 점점 나빠져 갔다. 시위대가 거리를 가득 메우고 파업으로 인해 경제가 휘청거렸다.

팔레비는 결정 장애에 빠졌다. 거리에 군을 배치했지만 유혈사태는 피했다. 검열을 완화하고 언론의 가당찮은 비판에 불평정도 했을 뿐이었다. 자유화 정책을 계속 밀고 나갔다. 후임총리를 임명했지만 팔레비 왕조만큼이나 황당한 인물이었다. 그러는 동안 반대파들은 호메이니 뒤에 포진하고 온건한 목소리를 잠재웠다.

미국 카터 행정부는 이란사태를 보고 방치하면 안된다는 판단으로 주시하기 시작했다. 귀족적인 풍모를 가진 **사이러스 밴스** 국무장관은 팔레비에게 야당을 포함하여 연합정부를 구성하도록 압력을 넣었고 국가안보 보좌관 **브레진스키**는 강경진압을 선호했다. 카터는 브레진스키의 보좌를 주로 받고 있었는데 고위 외교관들의 제언에 대해 실망이 커가고 있었다.

그들 모두 정보공동체의 관점을 주시했다. 자신들의 생각과 맞추어 보려고.

정보기관은 혁명의 막바지 단계에서 3가지 판단을 내렸다.
팔레비는 그 상황을 장악할 능력이 없으며, 국무부가 제안한 연합정부 구성도 거부하고, 군에 권력을 이양할 생각이 없는 것도 아니었다. 그 당시 자료를 보면 정보기관이 강경진압의 타당성을 평가했다는 기록은 보이지 않는다. 단순히 군대가 유사 시 그 임무를 방기할 수도 있음을 시사했을 뿐이다.

이런 오판은 카터와 브레진스키에게 행동에 돌입할 수 있는 충분한 시간적 여유가 있다고 여기게 했고, 강경정책은 가능성으로만 남게 되었다. 1978년 여름 국무부의 INR은 이란 정세에 대한 평가를 다듬었다. 다른 정보기관의 이란에 관한 판단내용도 반영했다. 그 해 9월에 발간된 보고서는 의문을 담았다.
"팔레비의 권력 유지 능력은 앞으로 18개월에서 24개월 사이에 결정될 것이다."

INR은 다른 정보기관과 달리 이란 사태를 더 엄혹하게 보았다. 1950년대에 보여주었던 우울증과 우유부단한 행동에서 벗어나 과연 이란 국민들을 단합시키는 형태로 구원할 수 있을지 주시했다. 그렇지만 이 보고서 조차도 낙관적 편향을 벗어나지 못했다. 권력기반을 상실한 절대왕정을 대신해서 누가 개입할 것인지에 대해 명확한 답을 내놓지 못했다. 한 달 후 CIA는 나름대로 판단을 내렸다. 정보기관은 확신이 없었다. 팔레비가 이 상황을 핸들링할 수 있을지에 대해. 무력 사용이든 협상을 통하든.

CIA는 "군부통치는 피를 부를 것이며 장기적인 해결책은 되지 못한다." 이 판단이 팔레비의 관점에 맞추었는지는 분명치 않다. 이것은 대답하지 않은 문제를 남겼다. 왜 팔레비 휘하의 장성들이 질서회복에 나섰는지 여부에 대해 설명하지 못했다.

협상을 통한 해결책으로, "호메이니가 동참을 거부한다면 팔레비가 극단주의자들을 고립화시키고 온건론자들과 함께 할 수 있는지"가 제시되었다. 호메이니를 고립화시킨다는 생각은 성공가능성이 적어보였다. 미국으로서는 팔레비가 문제가 되어갔다.

왕정이 택한 마지막 조치가 Shapour Bakhtiar를 총리로 임명한 것이다. 동명은 배짱이 두둑한, 이란에서 보기 드문 자유주의자였다. 전 총리 Mohammad Mossadegh가 이끌었던 내각에 참여하고 National Front Party의 주도 멤버였다. 이 때까지만 해도 팔레비 하야를 모두가 희망했다. 백악관이 보기에 이 상황을 타개할 적임자로 보였다.

그러나 새 총리는 우유부단한 이란 왕정을 구할 생각이 애초부터 없었다. 밴스 국무장관도 팔레비의 존재가 군부와 야당 간의 권력분점을 방해하는 요인으로 간주했다. 브레진스키는 팔레비의 우유부단함이 군부의 뒷다리를 잡고 있다고 여기고 팔레비가 하야하면 Bakhtiar와 군부 지도자들이 질서를 회복할 것이라고 판단했다. 종국에 가서 보면 팔레비의 하야를 열망한 사람은 바로 군주 자신이었다. 1979년 1월 16일 Mohammad Reza Pahlvi는 이란을 떠났다.

팔레비가 출국했는데도 이란 상황은 안정되지 않았다. 오랜 망명에서 귀국한 호메이니는 왕정을 종식시키기로 마음먹었다. 역설적으로 워싱턴의 전쟁상황실은 자신들의 고정관념에 사로잡혀 있었다. 밴스와 국무부 팀은 반대파와 협상이 가능할 것이란 희망적 사고에 매달려 있었다.

이 점에서 정보기관은 확고했다. 터너는 보고서에서 강조했다.
"우리는 (팔레비가 호메이니 측과) 타협할 의지에 대한 어떠한 암시도 하지 않았다. 정돈이 될 것이란 낙관론은 정당화되지 못한다."
INR은 단순히 "호메이니는 계속해서 하급 또는 중도 종교지도자들 간에 맺어진 약속을 무시할 것이다. 그 협약내용에는 이란 정치체제의 균열을 방지하는 조치가 담겨있었다." 협상파였던 밴스는 국무부의 분석관 판단을 무시하는 선택을 했다.

정보기관은 이란 군부가 그렇게 허망하게 와해되었는지에 대한 설명을 하지 못했다. 이란 군부가 팔레비만큼이나 자신 없어 했는지를 평가하지 못했다. 카터와 브레진스키는 군부에 대한 믿음을 버리지 않았다.
팔레비의 우유부단함에 자유로워진 군부가 질서를 회복할 것이라고.

카터는 Robert Huyser 장군을 1월에 이란으로 보내 군부로의 권력 이양을 준비토록 했을 정도였다. 2월 11일 이 모든 것이 허사가 되었다. 군부가 중립을 선언하면서. Bakhtiar는 이란을 떠났다.
호메이니는 이슬람 공화국을 세운 뒤 40여 년 동안 미국과 그 동맹국을 이란에서 쫓아냈다.

최초 무슬림 국가와 정보[111]

정보능력과 보안 의식은 신흥종교로서 이슬람의 부상과 확산과 같이 간다. 무슬림 전통에 의하면 무하마드는 습관적으로 메카 근처에 있는 Hiraa Mount에서 고독하게 수행했다. 610년 어느 날 밤 예수가 강림하는 듯한 상황에 접한다. 가브리엘 천사가 꿈에 나타나 그에게 뭔가를 읽어라고 주문했으나 거부했다. 무하마드가 그 미션의 엄중함에 두려워 거절했다고 일부는 주장하지만, 또 다른 사람들은 그가 문맹이었기 때문으로 본다. 그러나 천사가 미션을 주문했을 때 무하마드는 코란의 한 구절을 읽는다. 집으로 돌아온 뒤 아내 Hadija에게 예수의 강림에 대해 얘기한다. Hadija는 그것이 하나님의 계시임을 안 첫 번째 사람이다. 그 후 무하마드는 하나님 말씀의 전파자가 된다. Hadija는 무하마드가 신의 계시를 받고 행동하는 모든 단계를 뒷받침했다. 그녀가 없었더라면 무하마드는 신의 계시를 받은 사람- 즉 선지자로서의 역할을 하지 못했을 지도 모른다.

---

[111] Muhammad Youssef Suwaed & Ephrain Kahana, 「국제정보연구」, 2017. 12. 08. 원제는 (Intelligence in the First Muslim State: 610- 632 AD)임.

이슬람교가 처음 창종된 지 3년 동안은 주로 지하에서 포교활동을 했다. 무하마드(570-632AD)는 메카를 지배하는 세력들의 적대감으로 인해 의도를 감추며 추종자들과 조심스럽게 움직일 수밖에 없었다. 신흥종교의 창종은 가장 세심하게 선택된, 충성스러운 동반자에게만 계시된다는 의미이다. 예언자 무하마드는 알았다. 초기단계에서의 정보유출은 그 지역의 정신적 지도자들의 격한 반발을 사고, 신흥종교에 대해 강력한 억압정책을 펼 것이라는 것을.

그래서 비밀전략을 구사했다. 자신이 선택한 추종자 뿐 아니라 만나는 장소인 이슬람의 집이란 안전가옥까지 철저히 비밀에 붙였다. 그 비밀의 집에서 만나 설교를 했다. 무하마드에게 처음 합류한 사람으로서 예언자 알라(Allah)로 받아들인 사람은 자신의 아내 Khadijah bint Khuwalid와 사촌 Ali ibn Abi Talib(599-661), 절친인 Abu Bakr AS Sissiq(573-634)정도 였다. 이들은 무하마드의 계시를 믿고 열렬히 전파에 앞장섰다.

The House of AL- ARQUM

비밀지하조직 형태로 새로운 종교를 전파하면서 안전지역을 확보할 필요성이 커져갔다. 종교 전파는 물론이고 공작전진기지로서의 필요성도 있었다. 무하마드는 Abdmunaf ibn 아사드(597-675)의 집인 AL-Arqum을 신댁에서 Al-Arqum이라고 닉네임을 붙였다.

초기에 메카의 다신교Quraysh에 의한 무슬림 처형은 증가되어 공개적으로 예배활동을 하기 어려운 정도가 되었다. 안전가옥은 AS-Safa Hill 동쪽 편에 있었는데 안에서만 볼 수 있는 좁은 거리에 있었고, 눈에 띄지 않게 들락거릴 수 있었다. 시간이 지나면서 그 집은 '이슬람의 집'으로 알려지게 되었다.

무하마드가 창종한 이슬람교를 반대하는 세력들은 그 구조가 무하마드와 관련 있다고 생각지 않았다. 그 집의 소유주가 부족 중의 한 사람이었고 논쟁 중이었던 예언자 무하마드의 부족인 Hashem과 연관이 있었기 때문이다. 무하마드가 이슬람으로 개종한 사실은 감춰져 있었다. 신자가 늘어감에 따라 메카의 적대감은 높아져갔다. 그때 무하마드는 깨달았다. Dar-Al-Akram은 더 이상 공동체 전체의 안전을 보장하지 못한다는 것을.

비밀을 유지하기 위해 조직 운영전략을 바꾸었다. 커져가는 그룹을 다시 하부그룹으로 쪼개고, 각 조직을 5명 단위로 편성했다. 적에게 정보가 흘러들어가는 것을 최소화하기 위한 고육책이었다. 소규모 그룹은 사람을 모으기가 수월했고 노출될 위험성도 줄여주었다. 쓸데없는 주목이나 의심을 사지 않아서 좋았다. 그리고 멤버들에게 늘 조심하도록 교육시켰다. 모임을 만들어 예배하거나 사안을 토의할 때 그 세션에 대한 것을 비밀에 부치고 장소나 시간을 수시로 변경하도록 주문했다.

The Opponents(적대자들)

예언자 무하마드의 탄생지인 메카는 종교적, 문화적, 그리고 여러 부족의 무역 중심지여서 중동 각지에서 순례자들이 모여들었다. 이 중심적 지위는 메카의 주요 수입원이 되었다. 메카의 가장 큰 부족이자 지배층은 무하마드의 신흥종교를 반대했다. 무하마드가 지산들의 기득권과 지위를 위협하는 인물로 보았으며, 새로운 종교는 아라비아 반도에서의 자신들의 주도적 위치를 흔들 것이라고 보았다.

Quraysh 부족은 Hejaz에서 가장 세력이 큰 부족이었다. 헤자즈는 아라비아 반도의 북서부지역에 있다. AD 4세기 중반 메카를 지배했다. 이슬람종교가 등장하기 전에 동 부족은 프랜차이즈 방식으로 경쟁을 유도하여 순례자들에게 숙박이나 생필품 등을 제공하는 방식으로 부를 축적했다. "first wave" 동안에 Quraysh 부족의 대다수는 무하마드의 새로운 종교를 반대했다. 자신들이 믿고 있는 신의 권위, 종교, 생활방식 등을 훼손한다고 여겼다.

무하마드가 포교하던 초기 단계에서는 위협적 인물로 비쳐지지 않았다. 지역 지도자들도 무하마드를 소수만 이해하는 난해한 지도자로서 별다른 영향력이 없는 인물로 치부했다. Quraysh는 종교적 광신도 집단이 아니었다. 관용적이고 무관심했다. 사람들은 자신들이 선택하는 신을 믿으면 된다고 생각했기 때문이었다.

그러나 무하마드가 이끄는 신흥종교에 대한 관심이 높아가자 태도가 바뀌기 시작했다. 부정적이고 적대적으로 변모했다. 신흥 종교가 확산되면서 메카의 지위에 대해 영향을 주고 보다 더 중요한 것은 순례자로부터 벌어들이는 막대한 수입에 차질을 주기 시작했다는 점이다. 대다수의 메카 사람들은 무하마드와 그 추종자들에 대해 적대적으로 돌아섰다.

무슬림들은 모멸감과 적대감을 극복해야했다. 군중들의 공격에 대해서도. Quraysh는 무하마드의 가족들은 차단시켰다. 시민들에게 그들과 결혼하거나 비즈니스도 하지 말도록 가르쳤다. 이 압력은 무하마드가 추종자들에게 비밀리에 활동하도록 강조하는 계기가 된다. 메카 내에 첩보요원과 협조망을 부식했다. 자신의 부족 뿐 아니라 아라비아반도, 인근 페르시아 제국, 비잔티움에 이르기 까지 협조망을 심어 동향을 파악했다.

Quraysh는 무슬림을 전복시키기 위한 노력이 실패로 돌아가자 무하마드와 협상하여 그의 숙부 Abu Talib ibn Al-Muttalib를 협상중개인으로 채용하여 신흥 종교를 포기하도록 설득한다.

이 노력 또한 수포로 돌아가자 다음 단계로 무하마드 매수를 시도한다. 거금과 고위직을 제안했지만 거절당한다. Quraysh는 무슬림을 사회적으로 경제적으로 압박하고 제재했지만 무슬림 상층부에 협조자나 첩보원을 심지 못했다.

615년경 무하마드에 대한 사회·경제적 압박이 심해지자 무하마드는 전략을 바꾼다. 압력에 대처하지 못하는 사람들에게 일시적으로 크리스챤 Abyssinia로 이주하도록 한다. 첫 이주로 불리는 613-615년 무하마드의 초기 숭배자들은 메카를 피해 크리스챤 왕국인 Axum으로 이주했다. 이주자들 중 일부는 622년 메디나에서 무하마드와 만난다. 그들에게 설교했다.

"정의로운 왕이 통치하는 Abyssinia 땅으로 가라. 그 땅은 진실이 통하는 땅이다. 신이 당신을 안전한 방법으로 데려오는 날까지 거기에 머물러라"

이주를 위한 준비, 조직화, 실행 등은 철저히 비밀리에 시행되었다. 이 이주프로젝트는 무슬림의 첫 정보에 바탕을 둔 그룹의 활동으로 보면 되겠다. 기획하는 능력, 위치를 선정하는 것, 주변 적대세력에 들키지 않고 조직적으로 움직인 것 등이다. 그 공작은 대단히 성공적이었다. 이는 629년에 시행한 두 번째의 그랜드 리허설이었고, 세계사를 뒤바꾸었다.

다른 공작은 "the Second pledge at Al-Aqabah"라고 부르는데, 622년 6월 메카 근처 Mona에서 벌어졌다. 메디나로 모든 무슬림이 이동하는 전주곡이었다. 메카 지배층 등이 무하마드가 이끄는 무슬림에 대한 적대감이 높아져감에 따라 무하마드는 늘어나는 신도에 발맞추어 보다 안전한 장소를 물색했다.

동시에 협조자를 가동하여 전도유망한 신자들을 접촉했다. Haj 기간 동안 다른 부족들과 만나 자신의 신성한 사명을 설교하고 신흥종교에 합류하도록 설득했다. 또 전략을 바꾸어 모든 공작은 저녁 무렵에 시행했다. 이는 부족을 만나기 전에 이슬람에 합류할 가능성이 있는지를 파악할 수 있는 시간도 벌어주었다. 그들 중에는 Banu Hazraj와 Banu Aus(the Ansar)가 있었고, Ansar은 "helpers"를 뜻하며, 메디나 시민들이 무하마드를 도와준다는 것을 암시했다.

메디나에서 그들과 함께 적극적으로 긍정적인 만남을 이어갔다. 이는 그 유명한 '지지의 표현(Al-Bayah of the Aqabah)"이며, 새로운 전략의 의미심장한 요소였다. 핵심적 특징은 절대적인 비밀성이었고, 이를 토대로 수행하고 이루어나갔다.

기획 : 만남은 사전 기획하여 비밀리에 시간과 장소를 정했다. 메카 교외의 메디나 근처에서 야밤에 만났다.

비밀유지 : 반대자들이나 아직 무슬림으로 개종하지 않은 사람들에게 정보가 유출되는 것을 막기 위해 비밀리에 수행했다.

공작 지시(operational instructions) : 합류할 사람으로 선택된 부족은 사전에 약속된 장소에 오라고 하고 야밤에 개인별로 만났다. 지각하는 사람은 기다리지 않았고 시간을 지키는 사람만 만났다. 약속 시간 전까지는 부족들과 같이 잠을 자되 약속 시간에 은밀히 무하마드를 만났다. Bayah(the pledge/expression of support)는 기획한대로 움직였다. 무하마드는 끝날 무렵에 요구했다. 오늘 만난 일은 비밀로 하고 절대 반대자, 특히 Quraysh과 정보를 공유하지 말라고 신신 당부했다. 보안 유지와 정보적 활동은 제2의 Hejrah(Yathrib로의 이주) 때 빛을 발했다. Yathrib는 농산물이 풍부한 지역으로 나중에 아랍의 도시를 의미하는 메디나로 개칭한다.

The Emigration from Mecca to Medina in 622 AD(메카에서 메디나로 622년 이수)

메카가 이슬람 종교를 전파하는데 안전지역이 아니었다. 무슬림을 관용하지 않았기 때문이다. 무하마드는 모든 공동체가 안전한 지역으로 이주하기로 결정한다. 마음 놓고 이슬람교를 설교하고 다른 종교를 믿고 있는 유망한 신도들에게 새로운 종교를 설교할 수 있는 장소를 찾았다. 커뮤니티를 지켜주는 안전한 곳도 고려요인이었지만, 경제적 필요성도 충족시킬 수 있는 지역을 물색했다.

Interior Security and Intelligence Aspects of the Emigration to Medina(메디나로 이주하는 과정에서 내부 보안과 정보적 측면)

이주할 장소로 Yathrib로 정했다. 넓고 비옥하고 오아시스 보호에도 안성맞춤이었다. Hejaz에서의 정주하려면 농산물이 풍부한 오아시스가 있어야 한다. 무하마드가 도착한 이후 Madinah로 개칭했다. 신의 계시를 전파하는 도시란 뜻이다.

이주하는데 있어 사전 단계의 결정요소는 그 지역이 무슬림을 환대하느냐 여부였다. 개인적 접촉을 통해 긍정적으로 받아들이면 무하마드가 Haj 시간을 이용해서 부족장을 접촉했다. 대화가 잘 되면 무하마드와 Ansar 부족장과 역사적인 약정을 맺었다. 만남은 항상 사전에 기획되었고 철저히 비밀에 부쳐졌다. 기만과 위장 전술 등을 구사하여 적들의 눈을 피하면서 대규모 이주를 실행했다. Quraysh는 뒤늦게 이를 눈치채고 집단적 이주를 막기 위해 인신공격, 제재 등과 같은 방법을 동원했으나 무위로 돌아갔다. 모든 무슬림은- 일시적으로 Abyssinia로 이주했던 사람들까지 포함하여, 메디나로 이주하는데 성공했다.

the Assassination attempt on the Life of the Prophet Muhammad(예언자 무하마드에 대한 암살 시도)

고대 문헌은 Quraysh의 무하마드 암살시도를 이렇게 묘사한다. Quraysh 부족장은 Al-Nadwa 하우스에서 모여 회의를 했다. 오랜 토의 끝에 모종의 미션을 수행하기로 했는데, 개인이 아닌 각 씨족들이 각각 남성 한 명을 뽑고 선발된 남성이 협동하여 무하마드를 살해하기로 의견을 모았다.

집단 살해 계획은 누가 공격자인지 가늠하기 어려워 복수하기 쉽지 않다. 그들은 구체적으로 범죄를 저지른 집단의 이름을 발설하지 않을 것이기 때문이다. 이를 토대로 암살 시간과 장소를 정했다. 그러나 무슬림들은 협조자를 부식해놓은 덕분에 이 암살계획을 사전에 눈치 챘다.

무하마드는 대응방법으로 투 트랙 전략을 세웠다. (1) 위장을 해서 친구인 Abu Baker에게 암살공작에 관한 정보를 주고 자신의 결정에 대해 설명했다. 북부 Hejaz 지방의 Yathrib로 집단적으로 이주하기로 한 약속을 서둘게 된 이유를 말했다. Abu Baker에게 믿을만한 가이드를 물색하고 메카에서 메디나로 가는 길을 잘 아는 안내자를 확보했다. 여행하는데 차질 없도록 건강한 낙타를 구입하도록 지시했다. 도주할 최적의 시간도 말해주었다. 그러면서 모든 일은 최후까지 철저히 신중하게 해야 한다고 강조했다. 뽑힌 가이드가 Abdulla ibn Ureiqet 였고, H-hour는 야밤과 새벽 사이로 정했다.

(2) deception in the sleeping arrangements.(잠자는 곳 기만) 무하마드의 친척인 Ali ibn Abi Talib는 무하마드가 늘 잠자던 곳에서 숙면을 취했다. 무하마드와 Abu Baker가 남의 눈에 띠지 않기 위해 뒷문으로 빠져나가 메카 남부에 있는 Yhawr 산 동굴에 은신할 때까지 위장술을 펼쳤다. 이 두 사람은 Quraysh가 수색을 중단할 때 까지 동굴에서 3일간이나 생활했다.

신뢰하는 협조자인 Abdullah ibn Abu Bakr는 동굴을 조심스럽게 들락거리며 Quraysh의 활동상에 대한 정보를 제공했다. Abu Baker 가족은 음식을 조달하고 친인 Amir ibn Fuhayra는 양과 염소를 키우고 지냈는데, 동굴 주변을 돌아다니며 사람이 다닌 흔적을 없애고 모래에 발자국이 남지 않도록 했다. 모든 일이 계획한 대로 순조롭게 진행되었다. 은밀하면서도 효율적으로 실행되었다. 이 같은 복잡한 공작이 철저히 감추어진 채 성공함으로써 세대를 거치면서 스토리텔러와 시인들을 고무시켰다. Yathrib로의 성공적인 이주는 초기 무슬림 정보활동의 주요한 성취였다. 메디나로의 이주는 무슬림의 보안과 정보기구들의 활용과 정보 수집 측면에서 두 번째로 의미 있는 것이었다.

The Development of Islamic Security and Intelligence Skills After the Emigration to Medina(메디나로 이주 후 보안과 정보기량 향상)

메디나에서의 무슬림들의 사회적·정치적 지위의 차이는 모든 생활에서 영향을 주었고, 정보 기량 발전과 구축에도 영향을 주었다. 메카에서 그들의 신앙은 거부당했고 사회적·경제적 압박 때문에 어려움을 겪었다. 메디나에서는 땅 한 평 없이도 종교를 변용시켰다. 자신들이 자기들의 땅이라고 부를 수 있는 땅을 지칭한다.

두 번째 큰 차이는 다른 사람들에게 자신들을 노출시킨 것이었다. 메카에서는 무슬림이던 아니던 모두가 아랍이었다. 메디나에서는 같은 아랍 사람들 이지만 때로는 동료로서 일부는 우상 숭배자로서 맞닥뜨려야 했다. 이슬람교를 포용하는 사람들도 있었지만 늘 조심스러웠다.

Hejaz로의 이동은 무슬림의 정보원네트워크를 변화시켰다. 협조자는 여러 부족 가운데 컨택포인트를 찾았고, 몇몇 부족은 단일신을 모시기 시작하여 이슬람교라는 신흥종교에 덜 적대적이었으며, 이슬람교를 포용할 생각도 가질 정도로 관용적이었다. 이런 현실은 무하마드에게 새로운 도전과제를 안겨주었다. 정보활동 방법과 내부 보안조치를 변경하도록 촉진했다. 무슬림 정보활동의 최우선적 과제는 이슬람 사회의 통일과 안전을 확보하는 일이었다. 이를 위해 다음과 같은 조치를 시행했다.

Building a mosque(모스크 신축) 이는 메디나에서 무슬림 사회를 결속하고 형성하는데 중요한 요소였다. 모스크는 공작의 전진기지였다. 이슬람의 권리와 율법을 학습하는 장소로서, 하루에 5번 기도하고 부족 끼리 결속을 강화하는 장소가 되었는데, 빈번한 만남과 사회적 친밀도 높이기는 충성도가 의심스러운 사람들에게 주로 시행되었다. 기도나 미팅에 빠지는 사람들이 의문을 제기하기 시작하거나 불만을 표시하는 자들은 감시와 사찰의 대상이 되었다. 모스크는 새로 탄생한 국가의 중심지에 세워졌는데, 설교와 기도 이외의 기능도 했다. 사람들끼리의 만남을 수월

하게 했으며, 여러 형태의 세부적인 모임체도 탄생시키고 토론그룹, 특정 집단의 행정 지원센터 역할도 했다. 무하마드가 신자를 만나는 모스크는 Supreme Council 리더들의 회합장소로 추앙되었다. 때로는 Han-집 없는 무슬림이나 여행객들을 위한 편의 제공장소로서 기능도 했다. 무하마드는 모스크 건축 현장에도 참여했다. 신도들 사이에 명성을 드높이려는 의도였다. 코란에는 상기와 같은 내용을 추론할 수 있는 언설이 있다.

"알라의 자비에 의해 무하마드 당신은 관대한 사람입니다. 당신의 말이 거칠고 마음이 험악하다면 그들은 당신으로부터 떠나 갈 것입니다.
그래서 그들을 사면해주세요. 그들을 위해 용서 해주시고 그들과 문제를 상의하세요. 당신이 결정하면 우리는 알라에 의지합니다. 알라는 그를 의지하는 사람을 사랑합니다."

민중들과 리더 간의 호의적 관계는 안정감을 이끌어낸다. 단결은 무하마드에 대한 신뢰, 존경, 충성을 이끌어낸다. 무슬림 역사에 대한 기록물에는 무하마드를 암살하려는 계획과 시도와 같은 내용은 찾아 볼 수 없다. 독특한 약속(pact)은 이민자를 위한 사회·경제적 문제를 해결하는 내용을 담고 있었다.

많은 이민자들은 가족도 재산도 없었다. 형제들이란 연대감은 통일된 약속 그 이상이었다. 지역주민들은 이민자들을 돌봐주고 "new brethren"으로 자신들의 재산을 공유했다. 이런 중요한 제스처들은 고향을 떠나온 이민자들의 향수병을 치유하는데 크나큰 기여를 했다.

그 약속은 또한 국가 탄생을 알리는 신호탄이었다. Al-Muhajirun(이민자)은 양 팔을 벌려 자신들을 환영해주는 Al-Ansar(the hosts)의 방식에 대해 고마워했다. 서로 이해하게 되면 부족 간이나 계층적 장벽을 없애준다. 부족들은 뒤섞이고 정치·사회적 위치는 신뢰, 충성도, 개인적 능력에 따라 재분배되었다. 그 결과 특정 씨족에 대한 충성도는 국가에 대한 충성도로 바뀌었으며, 부족 열광주의는 이슬람 열광으로 변형되었다. 결속력이 단단한 국가가 만들어졌다. 새로운 국가의 국력이 커짐에 따라 모스크는 추가로 지어지고, 기도전통은 무슬림사회의 성장에 맞추어 진화되었다.

Military Intelligence(군사정보)

무슬림의 군사적 정보능력은 새로운 이슬람 국가를 건설하면서 발전했다. 적들의 의도와 계획에 관한 정보는 협정을 맺을 때나 무기구입을 목적으로 집중 수집하였다. 추가적으로 내부의 적들에 대한 조치도 이뤄졌다. 메카에 있을 때 무하마드는 첩보원 네트워크를 조직했다.

삼촌인 Abbas ibn Al-Muttalib가 가동했고, 무하마드 자신은 내부 보안의 모든 측면을 관장했다. 대다수의 무슬림들이 메디나로 이주한 이후 Abbas는 이슬람교를 믿는다는 것을 감추고 메카에 잔류했다. 최대의 적이 기획하거나 수행하는 모든 움직임과 음모를 파악하여 자신의 조카 무하마드에게 보고했다.

메카에서 벌어지고 있는 사건이나 변화추세 등에 관한 그의 보고는 3일 내에 무하마드에게 보고되었다. 무하마드 자신도 첩보원을 메카 뿐 아니라 Hejaz에 있는 여러 부족, 그리고 아라비아 반도에 있는 모든 국가들에 까지 첩보원을 두고 따끈따끈한 정보를 보고받았다. 초기부터 수집된 모든 정보는 무하마드에게 보고되었으며 혼자서 모든 계획과 정책을 결정하고 누구와 언제 가는 것이 안전한지, 그 정보를 누구와 공유하는 것이 좋은지 등에 대해 단독으로 결정했다. 무하마드에 가장 가까운 몇 사람만이 구체적인 계획과 준비상황을 알았을 뿐이다.

무슬림들은 자신들을 보호하기 위해 낮에는 숨고 밤에 싸우러 나갔다. 사람과 동물을 효율적으로 운용하는 방법을 터득했으며 특히 무장병력을 움직이거나 이동할 때 효율적이었다. 예언자는 코란에 따르면 최고지도자이다. 그는 하느님에 의해 보호받는다. "알라는 민중으로부터 당신을 보호할 것이다." Al-Sahabah 는 '친구들'이란 뜻으로 개인적인 보디가드 역할을 했다. 엘리트 집단이었다. 전투 시 무하마드를 경호했으며 특히 최대의 적인 Quraysh와 전투 시 능력을 발휘했다.

Special Operations(특수 작전)
무슬림 정보기관은 특수공작을 몇 가지 수행했다.

1) Rescue of Muslim Prisoners(무슬림으로 옥살이하는 수감자 구출)

정보원들이 투옥된 무슬림을 구출하기 위한 공작을 수행했다. Hisham ibn al-A'as and Hisham ibn Abi abiahd에 대한 구출공작이 대표적인 사례 중 하나이다. 이들은 Quraysh 에 의해 체포되어 메카에 있는 감옥에 수감되어 있었다. 특수공작원들은 수감자인 Valid al-Mughirah를 구출하라는 특명을 받고 변장한 채 메카에 잠입했다. 감금된 장소에 관한 정보를 수집한 뒤 그 지역을 샅샅이 뒤져, 감금된 곳의 여건을 파악하고 야밤에 잠입하여 그들을 구출해냈다.

2) Targeted Killings(척결대상자 처형)

The suppression of Khaled bin Sufyan-Hathali insurrection (Khaled bin Sufyan-Hathali 반란 진압, 625 AD)

Khaled bin Sufyan이 이끄는 반무슬림 세력들이 무하마드와 그 추종자들을 제거하기 위해 음모를 꾸미고 있다는 정보가 여러 곳에서 무하마드에게 보고되었다. Suftyan이 메카 근처 Arnah로 불리는 곳에서 사람을 모으고 있다는 정보도 들어왔다. 무하마드는 이 음모를 무슬림 국가와 이슬람에 대한 위협으로 간주했다. 그 위협의 싹을 도려내기 위해 Abdullah ibn Unais에게 지시하여 반대세력의 두목을 제거하라고 은밀히 지시했다.

Abdullah는 Arnah에 도착하여 Sufyan을 만나 자신은 무하마드를 반대하는 사람이라고 소개한 뒤 무슬림 국가의 불구대천의 원수라고 거짓 고백을 한다. 그러면서 반란 시기를 얘기해주면 그 세력에 합류한 뒤 무슬림 국가 반대를 선포하겠노라고 Sufyan에게 다짐했다. 이 신참의 말에 감동한 Sufyan은 순진하게도 자신의 집에 머물게 했다. 야밤을 틈타 Abdullah는 Sufyan의 목을 잘라 살해하고 도피했다. 대낮에는 은신하고 밤에 이동하는 수법으로 메디나에 도착했다. 모스크로 가서 무하마드를 만나 참수한 목을 보여주고, 그 공작이 성공했음을 선언했다.

The assassination of Kawb ibn Al-Ashraf (Kawb ibn Al-Ashraf 살해, 624년 AD)

Al-Ashraf는 Banu Nadir 유태인 부족장이자 잘 알려진 시인이었다. Quraysh와 음모를 꾸며 무슬림과 싸워 무하마드를 제거하고자 했다. 그는 계획도 실행하기 전에 무하마드의 지시를 받은 자객에 의해 살해되었다.

3) Coping with the Pretenders(Al_Munafiqun란 가식쟁이 처벌)

메디나에서 무하마드와 그 추종자들은 Pretender(가식쟁이, 권리를 주장하는 사람, 노리는 사람)라는 새로운 도전과제에 직면했다. the Al-Near movement- 겉으론 이슬람교를 수용하는 척하는 사람들이 이전에 자신들이 믿던 다신교를 은밀히 믿는 것- 이 메디나에서 급속히 확산되었고, 무하마드가 죽을 때까지 지속되었다.

Al-Munafiqun은 무슬림 내에서 활동했으며 이슬람교에 대한 의문이 생기면 위원회를 찾았다. 코란은 이들에 대해 여러 번 언급한다.
 "이들은 '거짓말쟁이 'the infidels(신앙심이 없는 자)'들이다. 이들의 마음 속에는 병이 있다. 그래서 알라는 그들의 병을 키워왔다. 그들을 위한다는 것은 고통스러운 형벌이었다. 이유는 그들이 습관적으로 거짓말을 하기 때문이다."

또한 Al Munafiqun 챕터 1절(verse)에는, "위선자들이 당신 무하마드에게 오면서 그들은 말한다: 우리는 당신이 알라의 진짜 메신저인지 테스트하러 왔소. 당신은 알라의 메신저이며, 알라는 위선자들이 거짓말쟁이임을 테스트하오"

코란이 위선자를 대하는 특징은 드러난 것과 감추어진 것과 차이가 있다. Al-Baqarah章 제8절에 잘 드러나 있다. "신자들 중에 이렇게 말하는 이가 있다. 우리는 알라를 믿는다. 최후의 날에 봉착하면 그들은 신도가 아니다"

초기 무슬림 자료에 의하면, Al-Munafiqun 운동은 수동적이면서 확신을 갖지 못한 씨족이나 개인은 포함하지 않았다. 반면 그들은 열성적인 반이슬람 그룹이었으며 조심스럽게 지시를 하고 임무를 천천히 수행했다. 무슬림에 대한 음모도 기획했다. 갈등과 논쟁거리를 만들었다. 무슬림 군사지도자 Abdul-Rahman Hassan Habnkkah al-Midani 암살 계획도 세웠다.

Al-Munafiqun은 무슬림 전교 운동에 부정적인 영향을 주려고 노력했다. 그러한 행위는 625년 the Battle of Uhud, 627년 the Battle of Trench 진두 때 보고되었다. 고란은 이 사안을 이렇게 서술한다.
 "기억하라. 위선자와 마음에 병이 있는 자들은 말했다: 알라와 그 메신저는 우리가 망상을 갖지 않도록 약속하지 않았다".

무슬림 정보기관은 이 그룹의 멤버들을 철저히 사찰했다. 일부는 유태인들과 협력을 맺었다는 것도 알아냈다. Al-Munafiqun은 반이슬람 운동을 펼칠 공간이자 본부역할을 하는 공작의 중심센터를 세우고자 했다. 그들은 모스크를 Al-Drar이라고 불렀다. 이 보고를 받은 무하마드는 추종자들에게 이 장소를 불태우도록 지시했다. Al-Munafiqun은 무슬림 내에 스파이를 심었다는 의혹도 받았다. 특히 629년 the Battle of Khaybar 전투에서 그 흔적이 포착되었다. 한편 Khaybar은 아라비아 반도 북서부에 위치한 메디나에서 150km 정도 떨어진 곳에 있다.

the Battle of Bader(624년 3월)는 Al-Munafiqun이 공개적으로 무슬림에 대항한 첫 번째 사건이었다. Quraysh에 반대하는 전투를 하는 동안 Abdullah ibn Abi Slul이 지휘하는 부대는 무슬림 군대를 버리고 적에게 투항했다. 일부 Al-Munafiqun은 무슬림 군대에 잔류하여 허위 내용을 퍼뜨렸다. "예언자 무하마드는 죽었고 그의 군대는 퇴각했다고."
the Battle of Tabuk(630년 10월) 전투에서는 Al-Munafiqun은 무슬림들의 전투의욕을 꺾기 위한 심리전에 주력했다.

그러나 그들은 자신들이 사찰을 받고 있는 것을 몰랐다. 무하마드가 심은 첩보원들이 음모 회합과 같은 따끈따끈한 정보를 실시간으로 보고했다. Sweilm이라고 부르는 유태인 집에서 모여 몇몇 Al-Munafiqun은 사람들을 선동하여 무하마드 반대운동을 펼치는 음모를 꾸몄다. 다가올 Tabuk 전투에 참전하지 말라는 내용도 있었다. 이 내용을 보고받은 무하마드는 이 회합장소를 불태우라고 지시했다. Al-Munafiqun은 심리전을 통해 자신들의 세력이나 군사능력을 과장함으로써 무슬림전사들의 전투의욕을 무력화시키고자 했으나 실패했다. 무슬림 정보능력과 방첩기구들이 성공적으로 이런 루머와 위협들을 적절히 처리함으로서 그들을 와해시켰기 때문이다.

Field Intelligence(현장 정보)

새로 창건한 무슬림 국가는 당연히 또 다른 위협과 과제에 맞닥뜨린다. 살아남기 위해서 정보를 수집했다. 적들의 계획과 의도, 무기 체계 및 조달, 전투능력, 그들 내부 속사정 등을 파악해야만 했다.
the Bader Battle(624년)을 앞두고 이를 대비한 첩보활동에 들어간다. Hejaz에 있는 Bader에서 624년 3월 전투가 개시되었다. 무하마드 부대의 전투원들은 지방 부족과 군주제가 연합한 메카 군대와 맞서 싸웠다.

이슬람 역사상 가자 유명한 전투 중의 하나로서 무슬림 군대가 결정적 승리를 거둔 전투이기도 하다.

이슬람 초기 단계에서는 무하마드 자신이 스파이 네트워크의 일원으로 가담했다. 변장을 하고 메카에서 메디나로 넘어오는 사람들에게 설파했다. Quraysh부족에 대한 의구심을 불러일으키고 중요한 정보를 얻었다. 조직적으로 첩보원을 보내 전투와 관련한 정보를 사전에 수집했다.

바데르 전투에 앞서 친구 두 명을 비밀리에 파견했다. Besbis ibn Amr과 Besbis ibn Al-ghbaa이다. Quraysh부족의 활동을 탐지하는 것이 주목적이었다. 이들은 수원지가 있는 근처 언덕에 머물렀다. 동물들에게 물을 먹이거나 자신들도 물을 먹은 동안 떠드는 얘기들을 수집했다. 이를 통해 대규모 낙타 상인들이 미래의 희망찬 날을 기대하고 그 날이 곧 오리라고 기대하고 있다는 것을 알았다. 이 내용을 무하마드에게 보냈다.

보고 받은 무하마드는 대규모 낙타군단이 근처에 있는 군대를 위해 많은 양의 물을 공급한다는 것을 감지했다. 즉시 신뢰할 만한 사람을 보내 그 보고내용을 확인시켰다. 그 팀이 주요 수원지에 도착했을 때 물을 적에게 보내는 낙타를 잡았다. 낙타 돌보는 사람을 무하마드에게 데려가 심문했다. 무하마드는 적들이 군대를 먹이기 위해 하루에 동물을 얼마나 도살하는지를 물어본 결과를 토대로 적 부대의 규모가 1,000여명 정도 된다는 것을 간파했다. 무슬림에 대항하는 연합군 모두가 메카에 거주하는 사람들로 꾸려졌다는 것도 드러났다. 심문과정에서 적의 주둔지, 무기 체계, 군대의 전투 능력 등도 파악했다. 무하마드는 이 정보를 토대로 전투를 준비하고 승리할 수 있었다.

무하마드의 통치술의 하나는 소수의 사람에게 사전 예비적인 성격으로 실태를 파악 하도록 하고 작은 팀을 구성해서 그 첩보의 진위여부를 검증하는 것이다. 이 방법은 대단히 유용해서 다른 전투 때마다 활용했다. 628년 "Hudaybiyya" 전투에 앞서 믿는 최측근을 보내 결정하도록 했다. Quraysh 부족이 무하마드가 작은 순례, 즉 Umrah의 일환으로 메카를 방문하려는 의도를 파악하고 있는지를 알고자 했다.

무슬림들에게 메카로 순례를 가는 것은 계명이었지만 정해진 날짜는 없었다. 비밀팀은 회신했다. 만일 무하마드가 메카를 방문하면 Quraysh 부족이 거세게 반대하며 무력으로 메카에 입성하려고 한다면 무하마드를 공격할 것 같다고 보고한다.

무슬림의 적에 대해 동정심을 갖거나 불평하는 사람들도 정보입수의 출처가 되었다. 전쟁 포로는 당연히 중대한 정보 제공자였다. 무하마드는 군사운용과 관련한 모든 정보를 파악하고 철저히 비밀에 부쳤다. 꼭 알아야 할 사람들끼리만 정보를 공유했다. 일례로 630년 메카를 점령하려는 계획은 절친인 Avu Baker에게만 알려주었다. 그것도 Quraysh부족이 Hudna협정을 파기한 뒤에.

후드나 협정은 Hudaybiyya 협정의 일환으로 무하마드와 메카의 지배자들과 628년 10년간 휴전한다는 내용의 협정이다. 무슬림 군대는 야밤에 기동하는 특유한 전법을 갖고 있었다. 이동하는 동안 일체 말하지 않고 낙타 목에 걸려있는 벨소리도 없앴다. 이동시 혹시 있을 소음이 이동을 방해하지 않도록.

Setting the Tone(풍조를 확립하다)

무하마드는 이슬람 초기 단계에서는 비밀 지하조직이 남아있었기 때문에 정보가 없다면 새로운 집권세력은 생존하기 어렵다는 것을 깨달았다. 무하마드는 몇 명 안 되는 절친 그룹만을 믿었다. 그들에게 지시해서 정보를 수집해서 보고하도록 했다. 다른 사람들과 이 정보를 공유하기 전에 반드시 확인하고 검증하는 절차를 밟았다.

첩보원들의 네트워크도 발전시켰다. 크로스 체크하고 단편적인 첩보내용도 서로 비교하는 기법으로 보다 큰 그림을 그렸다. 이 네트워크는 이슬람 외부에서 정보를 수집하는 사람들로 구성했다. 그룹 내에서 의심스러운 사람들을 모니터하는 사람들도 포함했다.

내부 실태에 관해 보안을 지키려는 노력은 Al-Munafiqun이라고 예외는 아니었다. 그들은 제5열(a fifth column)[112]로 취급되었다. 이 같은 방법을 통해 무하마드는 정보수장과 보안기관장 역할을 충실히 하여 자신의 개획과 행동을 철저히 비밀에 부칠 수 있었다.

---

[112] 스파이, 공작원, 정보 계열 또는 (주로 이념적인) 내부의 적을 일컫는 은어. 스페인 내전에서 처음 사용된 용례가 유명해지면서 널리 쓰이고 있다. 그래서 미국 드라마인 미션 임파서블의 국내 방영 제목이 '제5전선'으로 들어왔다.(출처 : 나무위키)

중동을 종횡무진한 러시아 언론인 스파이 [113)

Konstantin Kapitonov는 Cyril와 Methodius 기념비 근처 계단에서 나를 기다리고 있었다. 그는 지역 전문가이자 언론인 냄새도 풍기는 전형적인 공작관이었지만, 중동에서 두 번씩이나 추방되는 것을 구해주지 못했다. 마지막 순간 이스라엘로부터 쫓겨났다. 레스토랑에서 그는 자신의 저서 출판계획에 관해 말했다. 전 러시아 해외정보국 제1부국장 Vadim Kirpichenko에 대한 전기로서, 상당히 솔깃하게 들렸다. 서문은 Yevgeny Primakov가 쓰기로 했다. 비밀 정보기관 근접거리에 있던 출판사가 이스라엘 정보기관 모사드와 이집트 비밀기관 Mukhabarat를 다룬 Kapitonov의 책을 막 출판한 시점이었다.

Kapitonov는 KGB의 해외 정보활동에 관해 서술했는데, 그 자신은 이란의 전문가와 아랍그룹인 소위 '중동 마피아' 의 일원이었다. 이 마피아는 80년대 말 정보전쟁의 전위에서 활동한 단체였다. 소련이 붕괴된 이후

---

113) Agentura.ru, 2022. 1. 7. 원제는 Spy from the Middle East임.

그들은 KGB PGU 기반에서 탄생한 해외정보기관의 이미지를 어떻게 새롭게 창출할지를 놓고 깊은 고민에 빠졌다.

이들은 세계 곳곳에서 선전과 역정보 공작을 해왔던 사람들이고, 모든 단체들이 이들이 퍼트린 거짓말과 음모이론을 이용했으며, 근래들어 이들의 기량이 다시 한번 필요하게 되었다. Kapitonov는 이스라엘에서 추방된 이후 외국 특파원들과 약속을 잡지 않았고 수년 동안 러시아에서 일했다. "나는 Tymoshenko에 대해 상반되는 기사를 썼다"고 솔직히 털어놓았다. 2004년 우크라이나의 오렌지 혁명 당시의 일이다.
"이런 모든 이야기들은 여러 우크라이나 웹사이트에 익명으로 기사화했다. 이 얘기를 만들어내는 집에서 Kapitonov는 새로운 작가를 포섭하는 책임도 맡고 있었다. "

"Andrey, 지금 주는 돈은 거금인데 이 돈으로 당신을 도울 수 있소." 이는 고전적 수법이었다. 스낵이 맛집인 그 레스토랑은 나에 대한 그의 진지한 관심을 보여주었으며, Tymoshenko에 관해 흘러나온 증거를 둘러싸고 진솔하게 언급함으로써 나를 쑥맥으로 여기거나, 자신을 다른 사람인 것처럼 표현하려고도 하지 않았다.

그는 SVR내에서 진짜 흥미를 갖고 나를 접촉하려고 노력했다. 단호하면서도 멋진 매너를 통해 나의 협조를 끌어내려는 노력은 몇 세대를 걸쳐 온 정보관들의 특징이었으며, 이 정보관들은 냉전기 마지막 몇 년 동안 해외에서 활동했으며, KGB PGU(제1국)이 후신인 SVR에 잔류한 사람들이었다. 90년대 개혁조치 시기에도 별다른 영향을 받지 않았다. 이들 중 많은 요원들이 불안정한 중동지역으로 파견되었다.

The first was the expulsion(첫 번째 추방)

1981년 9월 16일 사다트 이집트 대통령은 소련대사관 소속 6명의 외교관과 언론인 2명을 추방한다고 발표했다. 추방자 중에 35세로 Trud

특파원 Konstantin Kapitonov도 포함되어 있었다. 사다트는 추가로 1천여 명의 소련 엔지니어들과 군사고문단도 추방했다. 추방 이유는 이들이 모종의 음모에 가담했다는 것이었다. 소련의 존재를 반대하는 선전활동은 6월 군사쿠데타가 실패한 뒤 이어졌다. 사다트는 소련이 자신을 타도하기 위한 음모를 꾸미고 이집트 내에서 무슬림과 기독교인들 간의 갈등을 부추긴 것으로 믿었다.114)

이 같은 불행한 사건 전개에도 소련대사관을 놀라지 않았다. 소련 대사관은 외교관이 41명이었는데, 이 중 30명이 신분을 가장한 정보요원이었다. 이것만으로도 충분치 않았다. 해가 갈수록 사다트가 소련에 대해 적대적으로 변해갔기 때문이다. KGB는 카이로와 알렉산드리아에 있는 거점을 자유재량으로 처리할 자원이 충분치 않았다. 1977년 초, KGB 본부는 지시를 하달했다.

소련계 아랍인을 포섭하여 "정치정보를 수집하고 행동으로 옮길 이벤트를 기획하라"고. 이집트에서 6년간 특파원으로 활동하면서 현지어에도 능통한 Kapitonov는 이 공작의 적임자였다.

Sadat decided to destroy it all(사다트, 모든 것을 파괴하기로 결심하다)

엔지니어들은 일주일간 짐을 챙길 시간을 주고 모스크바로 출국하도록 하고, 외교관과 언론인은 48시간 내에 떠나도록 명령했다. 사실 이는 1,500여명의 이집트인들이 러시아를 은밀히 도운 혐의로 수감된 사실에 비추어보면 온건한 조치였다. 이틀 후 Kapitonov는 모스크바에 도착했다. 3주가 지난 후 사다트는 카이로에서 군사퍼레이드 도중 AK-47s와 Port Said(스웨덴제 M/45 서브머신을 모방한 것)로 무장한 이집트 근본주의자들의 총탄에 쓰러졌다.

---

114) 2022년 4월 러시아 군대가 우크라이나를 침공한 후 키이우 근처 소도시에서 민간인 300여명을 학살한 것에 분노한 서방국가들이 러시아 외교관을 추방했다. 추방된 외교관은 200여명에 달한다.

검은 머리에 머리도 까진 건장한 공작요원 Kotov는 PGU에서 떠오르는 스타였다. 60년대 중반 텔아비브 소재 소련대사관에서 문화 담당 외교관으로 근무했다. 이 기간 동안 이스라엘의 중추적인 관리 포섭에 성공했으며, 이 들 중에는 이스라엘 장성과 1980년대 국제문제 및 국방위원회에서 활동한 Knesse(이 기구는 이스라엘 군 정보기관이다)t 요원도 있었다.

Kotov는 뛰어난 업무감각 소유자였다. 소련이 6일 중동전쟁 여파로 소련대사관이 일시 폐쇄되자 절친한 친구 Yevgeny Primakov가 있던 베이루트로 옮겨 그곳에서 프라우다지 특파원 신분으로 활동했다. 앞으로 수십 년간 서로 이익을 주고받는 진한 우정의 시작이었다. 자신들의 관계를 이용한 첫 기회는 Primakov와 Kotov가 모스크바로 귀국한지 2년 후 찾아왔다. Primakov는 소련 외교정책연구소 IMO 에서 중요 직위를 차지한 뒤, 지정학적 이슈를 토의하는 사적 미팅을 이용하여 Kotov의 존재를 알리고자 로비했다.

정치국원들이 이스라엘과 오픈되면서도 비밀스런 커뮤니케이션 채널이 필요하다는 생각을 갖게끔 만든 순간이었다. 크레믈린은 이 작업은 KGB 1국에 맡기고, Primakov에게 비밀 협상 임무를 맡겼다. Primakov는 흔쾌히 동의하고 이스라엘로 날아가 활동한 뒤 귀국하여 골다 메이어 당시 수상, 모세 다얀 국방장관, Abba Even(외무장관)과 회동한 결과를 보고했다.

그러나 Primakov는 이스라엘에서 홀로 활동하는 것이 편치 않다는 것을 알아채고 오랜 친구인 Kotov에게 함께 이 미션을 함께 수행하자고 제의한다. KGB의 승낙을 받은 뒤 함께 이스라엘로 건너가 이스라엘 정치인들과 만남을 가졌다. 이 공로로 Kotov는 카이로 있는 거점 책임자로 임명되었다. 야심가였던 Kotov는 소련 외교관 등의 추방이 자신의 경력에 손상을 주지 않는 범위 내에서 자신이 할 수 있는 모든 것에 전력투구했다.

이 불행한 실패는 Kotov나 Kapitonov의 경력을 더럽히지 않았다. 이후 KGB 내에 아랍그룹이 몰려들어 얼마 되지 않아 소련 해외정보국내 '중동 마피아'라는 별칭까지 얻었다. 1982년 6월 이집트로부터 추방된 지 9개월 후 Kapitonov는 중동으로 돌아갈 타이밍임을 직감적으로 느끼고 베이루트로 간다.

레바논은 KGB에서 항시 특별히 주목하는 곳이었다. 미국인을 협조자로 포섭하는 수영장의 다이빙대 같은 곳이었다. KGB 요원 중에서도 중량급인 미국 전문가를 파견하는 이유이다. Ram Krasilnikov 같은 인물이 대표적인데, 후에 모스크바에 주재한 CIA를 상대로 공작을 펼쳤다. KGB의 두더지로서 미국 정보계에 치명타를 안긴 Aldrich Ames를 조종한 Viktor Cherkashin은 FBI 요원으로 20여 년 간 미국의 기밀 자료를 KGB에 넘긴 악명 높은 간첩 로버트 한센도 조종한 베테랑 요원이다.

Kapitonov는 Literaturnaya Gazetz 특파원 신분으로 베이루트에 파견된다. 가제타지는 그 명성에 개의치 않고 문학과 연극에 관한 기사도 출고했는데, 소련 정보기관의 프로파간다와 허위조작정보의 메인 통로 구실을 했다. Kapitonov가 모스크바에서 베이루트로 떠난 그 해 가제타지는 CIA 실험실에 관한 기사를 대서특필한다. 이름하여 "incubator of Death"로서 모기가 치명적 살상무기로 전환된다는 허위기사였다. 이 허위조작선전은 아프간 전선에서 화학무기를 사용한 것을 미국이 비난한 데 따른 KGB식의 대응이었다. 가제타지는 KGB가 준비한대로 기사화하고, 조인트벤처형태로 설립한 가제타지의 해외지국은 KGB의 뒷돈을 받고 기사화했다.

그 아이디어는 모스크바 KGB 본부에서 열린 비밀 회합에서 나왔으며, 그 당시 편집장은 Alexander Chakovsky로서 반대자들을 상대로 무차별 비판기사를 쏟아내는 열혈 공산주의자였다. Chakovsky는 아이디어 내기를 좋아했고, PGU 책임자 Kryuchkov도 틈만 나면 회의에 참석하고, 부국장 Boris Ivanov는 그 사업에 동의했다. 몇 년 동안 KGB 공작관들은 언론인 탈을 쓰고 Literturka 사무실을 공작거점으로 활용했다.

지옥같은 내전에 휩싸인 레바논에 도착한 Kapitonov는 다양한 파벌들이 서로 죽이고 죽는 살육현장을 베이루트 거리에서 목격했으며, 이스라엘 군대는 베이루트 남부를 점령하고 있었다.

"이스라엘인들이 베이루트에 폭탄을 퍼부었을 때 전속력으로 대피소로 달려갔다. 그곳에서 기사를 작성했다. 그 당시 폭탄세례가 내 방을 때려 타자기 등 모든 것이 파괴되었다. 옷가지 등도 모두 불탔으며 셔츠 차림으로 그곳을 떠났다"고 나중에 회상했다.

외국인들은 레바논에서 종종 납치되곤 했다. 80년대 중반 길거리에서 납치되는 일도 다반사였는데, 다양한 그룹들이 이 납치계획에 개입했다. 1985년 9월 30일 베이루트 소재 소련대사관 소속 4명의 근무자가 납치되었고, 두 명은 KGB 요원이었다. 그 중 한 사람이 Arkady Katkov로서 파괴된 스타디움 근처에서 목이 잘린 채 발견되었다. 이 납치극은 헤즈블라의 주요 요원 중 한명인 Imad Mughniyeh가 기획한 것으로 나중에 밝혀졌다.

KGB는 인질 석방을 위한 공작을 개시함과 동시에 일부 근무자들은 잠시 다마스커스로 피신했다. 그 당시 몇몇 언론인만이 베이루트에 잔류할 정도로 상황은 악화되어 갔다.

수년간 베이루트 지국에서 활약한 노련한 영국 언론인 Robert Fisk는 그 당시 레바논에 없었지만 레바논에 돌아가길 열망했다. 베이루트 공항은 여전히 군사작전 중이어서 공항에서 아파트로 가는 방법이 문제였다. 검문소가 곳곳에 설치되어 있었기 때문이다. Fisk는 Kapitonov를 떠올렸다. 소련 외교관 납치사건이 발생한 당일에도 베이루트에서 종종 테니스를 칠 정도로 절친한 사이였다. Fisk는 그를 지원하기 위해 소련대사관으로 달려갔다.

이는 위험스런 장면이었지만 할 수밖에 없었다. KGB가 끝내는 인질들을 다치지 않고 구해내려고 움직였기 때문이다. 이 작전을 위해 KGB가 납치범의 친척을 잡아 고문하는 등 극단적인 조치도 마다하지 않았다는 루머도 돌았다. 만약 누군가가 영국 언론인을 베이루트에 있는 자신의 아파트로 가는데 도와주었다면 이는 필시 KGB였을 것이다. Fisk는 Kapitonov가 이 공작을 맡았는지 확신하지 못했다.

냉전 분위기는 확산되었다. Kapitonov는 Literary Gazette와 함께 이데올로기 투쟁의 전위에 서 있었다. KGB는 이 특별한 주간지를 더러운 공작 수단의 하나로 활용했다. 에이즈가 생물무기를 만들려는 미 국방부의 실험실에서 나온 것이라는 가짜 뉴스를 퍼트렸다. 그러나 FISK는 달리 선택여지가 없어 Kapitonov를 호출했다. " 걱정하지 말아요, Bob. 나는 공항에서 당신을 만날 겁니다."고 Kapitonov가 대답했으나 Fisk는 고개를 갸웃거렸다.

FISk가 베이루트 공항에 당도했을 때 무장군인들이 에워쌌다. "여기서 무엇하는 것입니까?" 턱수염이 있는 군인이 물었다. Fisk는 절망적으로 군중에서 Kapitonov를 찾기 위해 두리번거렸다. 갑자기 어디선가 "Robrt 동지 고국에 온 것을 환영한다"는 목소리가 들렸다. Kapitonov는 혼자가 아니었다. 소련대사관의 공보담당자와 타스통신의 베이투트 지국 특파원과 함께였다. 그들은 워키토키를 갖고 있었다. 길 가던 중 헤즈블라 검문소를 맞닥뜨리자 공보관은 창문을 내리고 "소련대사관이야"라고 말했다. 대사관 직원은 Fisk를 향해 말했다. "KGB가 구해준 것입니다. 맞죠, Robert? 당신을 어디로 모실까요? 집 아니면 식당?"

이 해프닝은 이해할 수 있는 대목이 담겨 있었다. 그들 모두 베이루트의 미 대사관과 Fisk 아파트 근처에 있는 근사한 이탈리아 식당 Spaghetteria로 운전해서 갔다. 그곳에서 프랑스산 고급 샴페인을 몇 병 들이켰다. Kapitonov는 Fisk를 주의 깊게 쳐다보았다.
"당신은 아직도 내가 KGB에 근무하고 있다고 생각하느냐". "나는 언론인일 뿐이고 오직 당신의 친구이기에 돕는 것 뿐"이라고.

20년이 지난 후 노르웨이에서 우리는 Lillehammer 교외 호수 근처에 있는 Radisson 호텔 로비에 Robert Fisk와 둘이서 앉았다. 오래되고 누추한 2층짜리 호텔은 탐사기자 콘퍼런스에 참석한 수백 명의 기자들을 수용하기엔 어울리지 않았다. Fisk는 일장 연설을 했고 근사한 잔으로 마시며 즐기고 있었다.

나는 그에게 Kapitonov와 베이루트에서 있었던 일에 대해 물었다. 피스크는 확인해주었다. 자신의 저서 <Pity the Nation>에도 이 내용을 기술했다. Lillehammer에서 Fisk는 느닷없이 러시아어로 자신의 이름 써주었다. "지금 당신은 그것을 Fuck처럼 여길 것이요"라며 조크처럼 말했다. Fisk는 나에게 "Kapitonov는 그에게 정보활동과 관련한 은혜에 대한 보답으로 그 어떤 것도 묻지 않았을 것이다"고 말했다.

Kapitonov는 내전으로 찌든 중동국가 레바논에서 서로 이방인으로 만났음에도 동료의식 때문에 도와주었는지 알 수 없었다. 그도 아니면 모스크바에 있는 실력자가 해외에서 마음대로 할 수 있는 자유를 허락해준 것인지? 그는 베이루트 전역을 돌아다니는 나토국가에서 파견된 외국 언론인을 소련대사관이 도운 것을 어떻게 설명해야 하는지? 등과 같은 호기심어린 의문이 꼬리에 꼬리를 물었다.
이 당시 베이루트는 오직 신만이 폭탄세례 장소를 알 수 있을 정도로 혼란 상태였다. 일상적인 환경하였다면 그 같은 자유는 모스크바로 소환감이었다. 그러나 Kapitonov는 평범한 스파이가 아니었다.

1988년 Kapitonov는 고르바초프의 페레스트로이카 운동이 한창일 즈음 모스크바로 귀환했다. 새로운 시대가 열리고 있었고 Literary Gazette지의 편집장인 Chakovsky(여성)는 회사에서 퇴직하려던 참이었다. 그러나 "중동마피아"는 없어지지 않았다. 반대로 그녀의 영향력은 정치와 특수임무 양 분야에서 두각을 나타냈다. KGB에서 그들은 주요 보직을 맡았다. Leonid Shebarshin은 First Main Directorate(PGU) 국장이 되었는데, 동명은 대부분의 경력을 인도, 파키스탄, 이란에서 근무했고 특히 아프간 전쟁 기간에 KGB의 해외 공작을 전담했다. Kotov는 터키 앙카라 거점장으로 일했으며, Primakov는 국제관계 분야에 대한 학제적 연구의 선두기관인 IMEMO국장이 되었고 얼마 지나지 않아 소련의 the

Council of the Union of the Supreme Soviet 의장으로 선출되는 등 출세가도를 달렸다.

그러나 구체제는 서서히 몰락하고 있었다. 1990년 동구 공산권이 붕괴되고 동독의 성난 시민들이 베를린에 있는 동독 정보기관 슈타지 본부로 몰려갔고, 슈타지 총책은 감옥에 수감되었다. 같은 해 베이루트에서 인질로 잡혔다가 풀려난 Major Oleg Spirin은 쿠웨이트 소련대사관에서 가족과 함께 미국으로 건너갔다. 반면 Shebarshin은 PGU를 살리기 위한 플랜을 가동했다. KGB와는 독립된 기구로 특수 임무를 수행하는 기관으로 변신하고자 했다. 이 아이디어는 PGU가 KGB의 여러 부서 중에서 가장 자유스러운 부서임을 보여주었다. 1991년 정부전복 시도 이후, KGB는 해체라는 내리막길을 걸었다. Shebarshin은 쿠데타 시도한 지 1개월 후에 사임했지만, 그가 추진한 계획은 기사회생하여 열매를 맺기 시작했다. 2개월 후 KGB에서 분리되어 그토록 염원하던 특수 임무를 수행하는 독립기관이 되었다.

1991년 12월 소련은 지도상에서 사라지고, 정보담당 파트는 SVR이란 새로운 이름으로 탈바꿈했다. Yevgeny Primakov가 신임 수장으로 부임하고 Shebarshin을 Yasenevo 뒤를 이어 부국장으로 데려왔다. 그렇지만 동명은 이 직책으로 자신의 야망을 채울 수 없음을 깨달았다. Primakov는 Kotov를 조수로 삼았다. 그가 KGB의 새로운 지도부로부터 파면당하긴 했어도. Primakov는 그를 불러 복귀하도록 요청하여 개인적 자문관으로 활용했지만, 정보기관 개혁의 유일한 기회는 상실했다. **You can't teach an old dog new tricks.**

1990년대는 Kapitonov에게 매우 힘든 시기였다. SVR은 자원, 정보관, 물적 토대 등 모든 면에서 형편없어졌고 1980년대에 비해 현격히 줄어들었다. 언론인으로 해외에서 활동하는 것은 점점 더 어려워졌다. 러시아어 신문사들이 속속 문을 닫았기 때문이다. 그나마 문을 닫지 않은 곳에서 살아남은 운 좋은 몇몇 사람들은 자본주의라는 그간 경험해보지 않은 환경에서 돈을 버느라 바빴다. 여러 해 동안 Kapitonov는 모스크바에서 자신이나 소련 정보기관 모두 '지구 밑으로 들어갈 만큼 처참한 상황'임을 깨달았다. 이 곤경은 푸틴의 등장과 함께 8년 후 새롭게 소생하기 시작했다.

1999년 FSB 국장으로 부임한 푸틴이 총리로 임명되어 옐친의 미래 후계자임을 과시했다. 그러는 동안 텔아비브에서는 허름한 옷을 입은 검은 수염의 남자가 HaYarkon Street에 있는 허름한 호텔을 점검했다. 그곳에 대사관이 자리 잡고 있었다. 그 사람은 몇 개월 몇 년이고 이곳에 머물 참이었다. 소련 붕괴이후 중동지역에 처음으로 둥지를 만들려고 결정한 사람은 다름 아닌 Kapitonov였다. 이 당시 자신을 기자로 인정해주는 신문도 없었고 일할 만한 지국도 없었다. 프리랜서로 자처하며 조용히 모나지 않게 행동했다.

"우리가 러시아어를 구사하는 언론인을 팔레스타인 땅으로 보내는 계획을 수립할 때 그는 우리와 함께 오길 요청했고 러시아에서 온 언론인이라고 소개하지 않아도 되는지 물었다. 그는 물론 아랍어를 구사하지 못했다."

Kapitonov는 두드러지길(stand out) 원하지 않았다.
그러나 시간이 흐르면서 러시아가 해외활동에서 자신감을 가지면서, 서방 지도자들은 러시아의 늘어나는 첩보활동에 대해 불평하기 시작했다. 이스라엘의 경우, Kapitonov는 한 번에 러시아로 된 여러 신문에 열정적으로 기고했으며 러시아 TV에서 부업하기도 했다. staff correspondent라는 잃어버렸던 지위를 되찾고자 했으며, 얼마 지나지 않아 가족들과 텔아비브 Ramat Street에 있는 멋진 아파트에서 둥지를 마련했다.

2000년 가을, 신참 언론인이었던 동료와 나는 Agentura.ru라는 러시아 정보기관의 이면을 다루는 웹사이트를 론칭했다. 이스라엘에서 전광석화같이 여러 건의 기사를 작성하여 보내면서도 대가를 요구하지 않았다. 한 때 Fisk처럼 내가 이스라엘로 가게 된다면 동료와 함께 공항으로 마중 나가기로 약속할 정도로 친절해서 이스라엘 전 지역을 돌아다니도록 배려해주었다.

이스라엘과 러시아는 가까워지고 있었다.115) 러시아인들은 체첸과의 전쟁을 국제테러리즘이라는 맥락에서 입에 올렸으며, 이는 이스라엘을 이해하는 바탕이 되었다. 이스라엘 주재 러시아 대사관은 이스라엘 언론인과 약속을 잡아 체첸 반군의 잔학상에 대한 다큐를 보여주기도 했다. 이 영상물은 **GRU** 산하 부서인 military unit 5477에서 제작했다. Kapitonov는 이집트에서 일했던 같은 신문사인 Trud라는 신문에서 기자인증을 받았지만 PNG(persona non grata, 외교적 기피인물)를 당했다.

2004년 초 Kapitonov는 Shabak으로부터 한통의 전화를 받는다. 이스라엘 대테러 담당관이 직접 만나 얘기하고 싶어 한다는 내용이었다. 당시 57세였던 Kapitonov는 텔아비브 북쪽 Herzliya에 있는 Dan Accadia호텔로 초빙되었다. 그는 2명의 공작관으로부터 1층에서 222룸으로 에스코트를 받고 올라갔다. 그들은 구체적인 증거는 제시하지 않고 이스라엘 영토에서 비밀공작을 중단하는 것이 좋겠다고 퉁명스럽게 설명했다. 분위기가 썰렁하게 되었지만, Kapitonov는 조용히 공식적으로 PNG를 선언하든지 홀로 떠나는 방안 중 하나를 요구했다. 그러나 **신베트**(이스라엘 국내 보안기관)는 응하지 않았다.

이후 6개월 동안 이스라엘 對테러부서는 Kapitonov에게 계속 압력을 가했으며, 협조자가 Kapitonov의 동료에게 접근하여 동명의 근황에 대해

---

115) 미국의 맹방인 이스라엘이 우크라이나의 지원요청을 모른 체 하고 있다. 휴대전화 해킹 스파이웨어 '페가수스'를 사겠다는 우크라이나의 요청도 거부했다. 국제사회의 대러시아 제재에도 적극 나서지 않고 있다. 이유는 시리아를 둘러싸고 이란과 러시아가 얽힌 복잡한 중동정세와 관련이 있다. 이스라엘은 오랜 앙숙인 이란의 세력 확장을 극도로 경계해왔다. 이스라엘은 시리아에 있는 이란 군사시설이 자국에 위협이 된다고 보고 집중적으로 공습해왔다. 시리아 내 이란 무장세력 주둔지와 관련 시설을 공격하기 위해서는 시리아 영공을 감시하는 러시아의 묵인이 필요하다. 바로 이스라엘이 러시아와 긴밀한 관계를 유지하는 이유다. 이스라엘은 러시아인 인명 피해를 막기 위해 공습 전 직통 전화로 미리 러시아에 통지한다고 알려졌다. (출처: 조선일보, 2022. 4. 30)

물었는데, 그 즉시 Kapitonov는 알았다. 신베트가 이런 수단으로 뭔가 얻으려고 한다면 실패할 것이라는 것을.

그러는 동안 Kapitonov는 판돈을 올리기로 결심하고, 이스라엘이 러시아에서 온 사람들을 형편없이 대우한다는 기사를 송고하기 시작했다. 사실도 있었지만 기괴한 추측성 내용을 뒤섞었다.

"러시아인종들은 이스라엘 사회로부터 크나큰 차별을 겪고 있다. 성호 때문에 직장에서 해고되며 러시아 군인들은 따로 매장되며 러시아 아이들은 돼지 취급을 당한다"

이 기사들은 크레믈린이 이스라엘을 포함해서 세계 각지에 퍼져있는 러시아인 디아스포라에 대해 관심을 촉발하는 계기가 되었다. 예민한 주제였다. 백 만 명 이상이 소련에서 이스라엘로 이주했는데, 1차·2차 intifadas 기간에 있었던 파괴로부터 이스라엘을 구한 사람은 자기는 물론 자기 가족들이었다고 믿는 사람도 다수 있었다. 그러나 여전히 이스라엘 엘리트들에게는 이 같은 사실이 각인되지 않았다. 푸틴은 이스라엘측에서 **올리가르히**(러시아 신흥부호로서 권력과 결탁)인 Leonid Nevzlin에게 은신처를 제공한 사실이 마음에 들지 않았다. 그는 앙증스러운 Herzliya Dan Accadia 호텔에 머물렀는데, 이 호텔은 앞서 Kapitonov가 신베트 요원과 잠시 머물던 호텔이었다.

2004년 7월 이스라엘 신문 Maariv는 "Spy in Ramat Aviv" 제하로 1면 톱으로 보도 했다. 이 기사는 Kapitonov를 "언론인으로 가장한 러시아 정보기관 대표격 인물로서 정보활동을 위해 이스라엘 시민들과 유저를 포섭하는 망을 구축해왔다"고 비난했다. 이 기사는 샤론 총리실로부터 받은 한 통의 서신을 인용했다.
"이는 전례 없는 일이다. 이스라엘은 어떤 경우든 러시아와 스파이 스캔들을 피하고자 했다. 모스크바와의 관계가 항시 중요하기 때문이다."
신베트 요원의 말이다.

그럼에도 Kapitonov는 이스라엘을 떠나야 했다. SVR은 이런 공작을 수행할만한 전문요원을 필요로 했고 Kapitonov의 기량은 이를 충족하고도 남았다. "Tymoshenko에 대한 증거 유출"이 과거 KGB의 허위조작 및 프로파간다 공작 수법을 모방하여 공세적으로 허위조작정보 선전활동의 시작이었을 지를 상상하지 못했다.

이 선전 공작은 우크라이나에 대한 러시아 침공, 시리아에서의 공작, 아프리카 국가와 미국, 영국, 유럽 국가들을 상대로 한 사이버 공작 형태로 나타나고 있다.

복합위기시대, 정보의 미래

복합위기시대 새로운 정보 전략[116)

9.11 이후 서방진영의 정보에 대한 인식

국가안보정보는 전통적으로 수집과 분석으로 인식되어왔다. 안보적 맥락에서 적대국의 능력과 의도를 평가하기 위해서. 국가안보를 유지하려는 목적으로. 그러나 **'국가안보정보'**에 대해서는 다양한 정의가 존재한다는 것을 유념하는 것이 중요하다. 각 국마다, 내부 기관마다, 개념이 다르며 이런 다양한 개념으로 인해 각기 다른 정보생산물이 나오고 있다.
예를 들면 전 CIA 분석관 David Oakley는 미국 정보공동체 간에도 지향하는 정보목적에 따라 - 정책결정자를 지원하는 파트와 군 지휘관을 지원하는 파트 등- 여러 차이(divergence)가 있다. 이런 개념적이고 정보문화적 차이에도 불구 전통적인 정보용어에 있어 21세기는 CT 활동(efforts)에 의해 대체로 지배되어 왔다.

대부분 서방정보기관들에게 2001년 9.11 테러 이후 시작되었다. 미국 뉴욕의 월드 트레이드 센터와 펜타곤에 대한 알카에다와 빈 라덴의 공격

---

116) Patrick Bury & Michael Chertoff가 *RUSI Journal*, 2020년 9월 23일자에 기고한 글로써, 원제는 "New Intelligence Strategies for a new Decade"임.

으로 인한 파괴와 수천 명의 죽음은 글로벌 테러위협에 대한 경각심을 한층 고조시켰다. 유럽 정부들에게 9.11은 지하디스트의 테러활동이 전략적인 위협으로서 자기 나라에 진입했다는 시그널이었고, 미국에게는 일본의 1945년 진주만 공습에 버금가는 정보실패의 상징이 되었다. 알카에다는 위계적인 조직으로 조직원 채용, 재정확보와 훈련 등에 비교적 명료한 패턴을 갖고 있음을 보여주었다. 특히 서방의 운송시설에 대한 특별한 공격능력을 과시했다.

미국은 이 같은 위협의 유형을 **pursue and protect 전략**이란 개념으로 설명하고자했다. 미국과 동맹국들은 신속히 아프가니스탄을 침공하여 알카에다를 제거하는 방식으로 글로벌 테러 공작을 분쇄하고자 했다. 동시에 안보 및 정보기관에 대한 개혁조치가 취해졌다. 2003년에 NCTC가 창설되어 정보공동체 끼리 테러 등에 대한 정보를 용이하게 교환하고 협동할 수 있도록 했다. 더 중요한 것은 미국의 해외 감청능력이 NSA 주도로 획기적으로 좋아졌다. 그 감청프로그램이 **Stellarwind 프로그램**으로 글로벌 통신 상당 부분을 포착하는 것이다.

이런 조치들이 누적되면서 미국에 대한 알카에다 공격을 효과적으로 억제할 수 있었음이 증명되었지만, 2003년 WMD 프로그램 제거를 명분으로 이라크 침공은 특정 국가(이라크)의 위협에 대한 정보평가가 실패했음도 보여주었다. 이라크 침공 그 자체로 글로벌 지하디스트 활동을 분쇄했지만, **2004년 마드리드, 2005년 런던 폭탄테러**는 글로벌 지하디스트 위협이 급속도로 진화하고 있음을 분명히 했다.

EU 내에서 조차 유럽국가들의 **정보에 대한 인식이 변해야 한다**는 사고가 형성되었다. 영국에서는 JTAC가 2003년 만들어져 각급 정보기관이 생산하는 정보를 한 곳에 모아 종합적인 평가를 해왔지만 2005년 런던 테러는 보다 혁신적인 개혁을 요구했다. 집중화된 정보를 분산하고 지역 TF에 전문가를 많이 배치해야 한다는 요구가 빗발쳤다. 유럽에서는 NCTC, JTAC에 대한 CT허브 조직적 검토는 벨기에, 독일, 이탈리아, 스페인, 네델란드, 노르웨이 등 여러 나라에서 실시하게 되었다.

그러는 동안 이라크에서는 알카에다 지부들이 모바일 폰이나 인터넷 등을 최신정보기술을 활용하여 느슨하게나마 조직을 꾸려왔으며, 이라크 알카에다는 폭력과 불안정을 조장하는 선두그룹이었다. 이런 새로운 형태의 테러리즘은 새로운 CT 조직 운영을 필요로 했으며 미국에서는 JSOC라는 형태로 구체화되었다. 통신첩보를 리얼타임으로 분석한 뒤 신속 대응팀을 투입하여 적을 제압하는 방식이었다.

전투부대에 대한 정보지원 필요성이 증대되었고, 이는 정보 수집과 분석이 보다 긴밀하게 통합되는 결과를 낳았다. 유사한 전술적인 CT어프로치들이 다른 곳에서 채택되어 퍼져나갔다. 이라크와 아프가니스탄에서의 폭도 대처 작전 등이 그것이다. 동시에 원활한 정보와 첩보의 공유는 특히 Five Eyes 국가들 간의, 2006년 대서양을 건너는 비행기 폭탄테러 음모를 분쇄하는데 기여했다. 이 음모가 성공했더라면 9.11 테러에 못지않은 충격을 줄 뻔했다. 정보공유는 **Five Eyes** 국가들 뿐 아니라 부분적으로 EU회원국으로까지 확대되었다.

2011년 5월 **빈 라덴**의 파키스탄 은거지를 급습한 미국특공대의 공격으로 빈 라덴이 사망하면서 **21세기 정보시대의 두 번째 서막**을 열었다. 그 급습은 미국의 ICT에 기반 한 정보활동과 분석의 개가로서 이라크와 아프가니스탄에서의 작전능력보다 한층 발전한 모습이었다.

한편으로 빈 라덴의 죽음은 국가가 지원하는 위계적인 테러조직도 꾸준한 서방정보기관의 노력과 협조가 있으면 얼마든지 분쇄할 수 있음을 보여주었다. 2개월 후 노르웨이에서 벌어진 **Anders Brevik**의 공격은 탈중심화된 또 다른 테러양상을 보여주었다. Breivik는 극우이념에 매몰되었을 뿐아니라 스스로 온라인 학습을 통해 급진화되었고, 테러단체의 명시적인 지원도 없었다. 이른바 **외로운 늑대의 테러**이다. 서방정보기관들은 극우집단들의 행동과 움직임에 대해 그간 별관심이 없었다. 이 외로운 늑대의 테러는 ICT 발전에 따른 부산물인 동시에 정보기관들에게는 신형 테러 유형에 어떻게 대처해야하는지 고민을 안겨주었다.

21세기 첫 10년의 ICT 성공은 2010년 **위키리크스**와 2013년 **에드워드 스노든**이 NSA가 수집한 대규모 내용을 폭로하면서 격심한 논란을 불러 일으켰다. 스노든의 폭로는 프라이버시 논란을 일으키고 미국, 영국, 독일 등지에서 감청의 합법성과 감청정보수집 방법에 대한 논쟁으로까지 이어졌다. 미국과 독일 등과 같은 동맹국들 간에도 불편함을 주었다.

이런 와중에서 2013년과 2014년 **ISIS**의 부상은, 치밀하게 조직된 테러집단이 허술한 통치력이 작동하는 지역을 어떻게 공략하고 있는지를 가르쳐주었다. 이슬람국가 TF는 2014년 중반부터 격퇴작전을 시작했다. 유럽과 미국에서의 IS의 공격 물결은 메타데이터의 수집과 정보공유의 필요성을 절감시켰다. IS의 지부격에 속하는 테러집단들의 활동은 해외에서 훈련받거나 중앙통제적인 알카에다 조직에서부터 외로운 늑대와 IS와 느슨한 연계를 가진 조직까지- 다종다양한 운영방식이 작동하고 있음을 일깨워주었다.

이 같은 테러조직 들의 혼성적 방법 구사는 유럽의 ICT에 기반 한 정보 활동과 운용에 변화를 추동했다. 정보연대(liaision)와 정보교환이 더욱 절실하다는 것을. 2019년 뉴질랜드 Christchurch 모스크에 대한 테러가 생중계되는 것을 목격하면서 소셜미디어 업체와의 연대와 협조도 중요함을 알게 되었다.

Strategic Costs of the Tactical CT Focus(CT 과도한 집중에 따른 전략적 대가)

서방 정보기관들은 지난 20년간 테러집단의 기술적 고도화에 발맞춰 그 능력을 발전시켜왔다. 글로벌 지하디스트들의 위협이 정보기관의 주요업무가 되면서 부터이다. CIA의 對테러부서는 가장 큰 부서가 되어 예산도 많으며, 영국의 CT 관련부서는 2015년부터 매년 650만 파운드 상당의 예산을 지원 받는다. 우선순위는 비용에 따라 정해진다. 정보실패는 정보처리 과정을 엉망으로 하여 정치적인 서프라이즈를 방지하지 못한데 있다. 지난 20년 간 서방정보기관들은 크고 작은 정보실패를 반복 했다. 사담 후세인의 WMD 프로그램 가동에 대한 정보 오판 등이 대표적 사례이다.

마이클 하이든 전 CIA 국장이나 NSA 국장은 CIA가 **러시아의 조지아 침공**에 대해 왜 정보실패를 했는지 설명한다. any warning을 하지 못했다. CT의 노력과도 관련이 있다. CT가 각급 정보기관의 자원, 재능 등을 집어삼켰다. CIA의 수집 초점은 테러리스트의 위협에 맞춤에 따라 과학정보 수단과 스파이 위성과 같은 첩보수집 수단 등을 러시아 군대의 움직임에 포커스를 두지 못했다. 이에 CIA의 조지아 분석관은 러시아 군대가 우크라이나 풍요한 평원에 모습을 드러낼 때 까지 알지 못했다.

Asef Bayat와 같은 작가들은 **2011년 아랍의 봄도 서방 정보기관의 정보실패**로 간주한다. 전 CIA국장 **레온 파네타**도 동의한다. CIA는 중동과 북아프리카 지역에서 regime을 구축해야 한다는 압박을 받아왔다.

"우리는 flash point를 기대할 수 없었으며 사건이 진행되는 스피드도 따라갈 수 없었다. 그저 뒤따라가기 위해 어깨동무할 정도였다."

영국 하원 외교위원회는 영국의 리비아 사태 개입을 비판했다. 카메룬 정부는 "리비아내의 소요를 분석할 능력도 부족했다. 정보도 불충분하고 제도를 바라보는 통찰력도 결여되었다"고. 전직 영국 고위 정보요원도 영국 정보기관은 2014년 러시아의 크리미아 복속을 보고 매우 놀랐다고. 이유는 이 지역에 대한 정보적 관심이 적었다는 이유로.

대부분의 서방 국가들은 글로벌 감염병 위협에 대해 인식은 하고 그 성격에 대해 경고는 했다. 그렇지만 판데믹으로 까지 번진 지금의 상태까지 일관성 있게 예측하지 못했다. 이에 각국 정부는 대비를 소홀히 했다. CT에 정보자원을 우선 투입하는 데는 나름의 이유가 있다.

제임스 클래퍼 전 DNI 국장은 "CT focus는 미국의 정보능력이 2016년 러시아의 미국 대선 개입에 대해 관심을 거의 기울이지 않은 상황에 대해 설명해준다".

다만, 서방정보기관들은 CT에 대해 전술적인 포커스를 집중함으로 인해 지난 20년간의 정보실패(값비싸게 치룬 전략적 서프라이즈)를 어느 정도 만회한 측면은 있다.

Strategic Analysis Issues(전략적 분석 이슈)

Oakley는 말했다. CT에 대한 미국 정보기관의 포커스는 'intelligence for action(실행정보)'이며, 2001년 9.11 테러 이후 CIA가 국방부의 작전을 지원하기 위해 정보 통합력을 높이는 것은 "전투원들에게 국가정보를 예속시키는 것과 다름없다"고 말한다. 이어 CT포커스는 전술적인 마인드셋을 고무시키는데 미국 정보공동체내에 '문 뒤에 있는 사람(the man behind the door)'에 집중하고 있다.

영국의 경우 **CONTEST 어프로치**는 전직 고위 CT 담당관이 언급했다. "일련의 전술적 대응조치를 발전시키기 위해 전략은 적고, 프레임워크는 더 많은 대외정책, 이민자 정책 등에 영향을 주거나 받지도 않는다. 그것을 전략이라고 부른다는 것은 전술적 방향과 전략적 사고가 상당히 제한되어 있음을 반영하는 것이다."

이런 전술적 포커스는 미국과 영국을 비롯한 서방 정보기관들에게 어떤 사안에 대한 전략적 중요성을 빠트리게 만들었다. 글로벌 테러위협을 전술적으로 설명할 때는 충분한 주의가 요구되지만, 테러와의 전쟁에 필요했던 정보와 강대국 간의 경쟁시대를 추적하는 정보 간의 구별은 장점이 있다. 전술적 CVT(tactical CT)에 초점을 맞춘 결과로 인해 각국의 전략적 분석능력에 문제가 생겼다는 얘기는 전혀 새로운 것은 아니다.

2004년 CIA 고위요원이 말했다.

"정보공동체의 가장 큰 취약점은 전략 정보를 제공하지 못하는 것이다. 다종 다양한 정보 출처에서 나오는 단편적이고 분산되어 있는 사안을 큰 틀에서 집약하여 의미 있는 정보로 만들어 정책결정자에게 제공해야 함에도. 이런 취약점은 안보정책 결정자들이나 전투현장을 지휘관 모두로부터 비판받는 대목이다. 정보보고서는 너무 세세하고, 전술적 측면만 부각하고 있다. 분석관들의 사고도 협소하다. 현용정보 생산에만 치중하다 보니 전략적 안목을 잃어버리고 있다. 15년 전에는 60%를 정도를 장기적인 정보생산에 고민했으나, 지금은 25% 정도만 장기적 전망 예측에 집중할 뿐이다."

2019년 4월 전 CIA 여성 국장 Gina Haspel이 오래 간만에 공개석상에서 이 문제에 관해 말했다.

"정보기관은 투자하고 있다. 9.11 이후 중압감을 받아온 테러 정보에 대한 압박감을 떨친 이후에 벌어질 세상의 현안에 대해 전략적인 이해와 분석 및 수집능력을 강화하는 방향에 대해"

영국 의회의 정보안보위원회가 발간한 러시아 보고서는, "영국 정보기관이 2000년부터 2014년까지 지나치게 CT에 포커스를 맞춤으로써 러시아 등과 같은 적대 국가들의 행동과 의도를 탐지하는데 필요한 정보자산을 적게 투입했다"고 비판했다. 이에 Raine 전 JTAC 위원장은 "전략적 이해와 위험, 인센티브에 기반을 둔 의사결정 등에 보다 많은 예산을 배정하여 정보분석과 판단의 능력을 제고해야 한다"고 촉구했다.

장관을 지낸 Rory Stewart도 지지했다. "영국 정부의 현안에 대한 분석 능력이 참혹할 정도 형편없으며, 시리아 사태 때 고위 관리들이 하루에 일하는 시간 중 몇 분이나 이 문제에 투입했는지를 국민들이 알면 기절초풍할 것"이라면서. 전 미국 National Intelligence Council 부위원장 Gregory Treverton은 꾸준히 주창했다. "정보기관의 업무 방식이 바뀌어야 한다. puzzle-based 어프로치에서 mysteries-focused 어프로치로 바꾸어 적대 국가의 의사결정 행태와 동향을 파악해야 한다"고.

그러나 미스터리는 편안함을 주지 않는다. 명확한 답변을 주지 못한다. 그 해답이 명료하지 않기 때문이다. 알려지거나 알지 못한 많은 요인들이 상호작용하는 것도 또 다른 원인이기도 하다. 미스터리는 해답이 될 수 없는 것이다. 단지 미래의 현안을 분석하는 프레임을 짤 수는 있다. 중요한 요인들을 파악하고 정보적 센스를 발휘하여 과거에 그들(적대국)이 상호작용했던 방식을 유추하여 앞으로 어떤 방향으로 행동할 것인지를 추론하는 것이다. 그래서 미스터리는 모호성을 규정하는 시도일 뿐이다. puzzle-solving은 정보가 부족하면 제대로 할 수 없다. 그렇지만 퍼즐은 상대적으로 안정적이다. 퍼즐을 맞추는데 필요한 중요한 조각을 빠트리더라도 다음에 그 퍼즐을 푸는데 도움 될 수 있다.

Oakley는 주장한다.
"미국 정보기관은 퍼즐을 푸는데 CT 정보의 비중을 줄이기도 한다. 대신에 목표물에 대한 정확한 첩보를 바탕으로 한 수집과 분석을 통해 퍼즐을 푼다. 이점도 있다. 알카에다의 위계적인 조직 구조를 분석하는데 있어서. 그러나 CT 정보 안에 숨겨진 수많은 미스테리는 여전히 남아있다. 이런 전술적인 어프로치로는 정책결정자의 정보수요를 만적시키지 못한다. 테러문제 보다 강대국들의 각축과 지도자들의 전략, 의도를 더 알고 싶어 한다. 지난 20여 년 동안 서방정보기관들은 이런 사안에 대한 최적화된 정보를 제공하지 못했다."

강대국 간의 각축에 대한 정보 요구는 매우 다양해졌다. 이 문제를 해결하기 위해서는 앞으로 전략 정보에 다시 포커스를 두어야함이 명확해졌다.

Reprioritising Strategic Intelligence(전략정보 재우선순위화)

Sherman Kent는 냉전이 시작되던 초기, 전략정보를 이렇게 정의했다.
"high-level foreign positive intelligence, 즉 전 세계가 평화와 자유로 나아가고, 한 국가의 안보와 그 이상을 수호하는데 필요한 건설적

지식" 이라고. 전략정보는 국내·외 문제에 대한 정책 수립과 군사 계획 수립에 필요한 정보를 수집, 분석, 배포하는 것으로 이해된다.

전략정보 분야에 정통한 학자인 Michael Maccoby는 말한다.
'**효과적인 전략정보**'란, 조직을 위협하거나 기회를 제공하는 변화의 흐름을 감지하는 능력이다. 다음과 같은 요소를 포함해야 한다.
1) 여러 요소를 통합하고 종합할 수 있는 시스템적 사고와 partnering
2) 전략적 동맹을 맺을 수 있는 능력. 이는 테러와의 전쟁에서 요구되는 능력이다.

그간의 정보실패를 보면 서방정보기관이 직면하는 도전은 **전략적 분석 능력의 결여**이다. 그러나 냉전시기의 전략적 정보에 대한 퍼즐 어프로치 방식으로 돌아가는 것으로는 충분하지 않다. 국제문제의 맥락은 결론을 내리자마자 급변하며, 미국의 단극체제에서 다극체제로 변화함으로서 변수가 훨씬 늘어났다. 공격적으로 변하고 있는 중국, 과거 영토를 되찾으려는 러시아의 보복정책, 이란의 호전성 등은 전략적인 도전과제이며, 이들 국가들은 기민하게 사이버 공격, 역정보, 선전선동, 하이브리드 전쟁과 대리전쟁 등과 같은 수법으로 이익을 챙기면서, 전쟁의 문턱을 드나들고 있다.

국제관계의 다극화제제와 전쟁과 평화 간의 전통적인 경계가 흐릿해지고 있는 지금 글로벌 복잡성은 날로 증대되어 적대국의 전략적인 의도와 행동방책을 가늠하기 점점 어려워지고 있다. 지난 20년간 두 가지 요소가 글로벌 상호작용을 가속화시켰다.

1) **기술적 변화**다. 특히 ICT기술 확산이다. 2000년대 초 웹 2.0에서 시작하여 2007년 이후 널리 보급된 스마트폰에 이르기 까지. 1999년부터 2007년까지를 비교해보면 정보처리 속도가 13배나 **빨라졌다**. 이런 기술적 혁명으로 2017년에 이르면 모바일 인터넷 사용자가 무려 6억 명으로 증가했다. 리얼 타임으로 정보를 주고받는 시대가 되었다.

이는 데이터의 폭발적 증가를 가져왔고, 복잡성을 더해주는 상호 링크된 현실은 냉전 시기와는 비교도 할 수 없을 정도로 전략적 정보 환경에 작동하고 있다.

2) **디지털 폭발(explosion)**은 현대생활의 템포를 빠르고 쉽게 해주었다. 기술발전에 힘입어 Haartmit Rosa 사회학자는 이 같은 현상을 학문적 시각으로 확인했다. 사회적 변화의 가속화와 라이프 속도의 가속화가 20세기 말 이후 급속히 빨라졌다는 것을. Robert Colvile는, ICT와 인구 증가가 결합되어 인류 역사상 인간들의 상호작용이 가장 많아졌으며, 시간 흐름도 더 빨라졌다고 부언한다.

이 두 가지의 가속화가 가져온 결과는 **예측의 어려움과 예측 내용의 허약성을 증가**시키고 있다.
"변화의 페이스가 가속화되면 우리는 잘 적응하지 못한다.
 이는 재앙적 오류를 범할 수 있다는 의미다."

이런 복잡성과 fast-paced 맥락은 서방정보기관이 전략적 정보에 더 집중해야하는 당위성을 보여준다.

새로운 환경에서 안전장치를 확보하기 위해서는 전략적 분석 능력과 서방 정보기관의 정보력 향상이 지상과제다. 이를 위해서는 첫째, 분석관, 언어학자, 데이터전문가를 증원해야 한다. **지나 가스펠** CIA 전 국장이 언급한 것처럼, 이제야 시작하고 있다. 유럽이나 연구은 아직 시작도 제대로 하지 않고 있다. 대외 정책과 안보문제의 우선순위를 정하는데 있어 영국의 전직 SIS 수장(John Sawers)들은 말한다.
'영국은 정보분석 분야와 언어 분석 분야에 더 많은 투자를 해야한다. 그리고 정보요원들의 사고방식을 발전시켜야 한다.'

널리 알려진 것이 있다. Foreign and Commonwealth Office는 정보분석 능력이 부족하여 엄청난 고통을 받았다. 영국 대사관과 영사관 등이 정보 공유를 기피한 탓이다. 2011년 이후에는 스태프도 줄였다. 효과적인 전략 정보생산을 위해서는 서방의 정치, 경제, 군사 등 요소와 지역정보 분석능력을 올리는데 많은 투자가 있어야 하며 데이터분석 능력을 정보분석 분야에 확대 적용해야한다.

이제 전략 정보를 바라보는 전통적인 시각을 더 넓힐 필요가 있다. 인공지능과 같은 기술발전의 속도나 범위는 전략적인 환경에 심대하게 영향을 끼치고 있으며, 정보순환체계에 대한 재점검도 요구된다. 적대국의 과학기술 능력이 어느 정도 인지에 대한 판단을 넘어서서 변화의 스케일은 영국 국내보안 정보기관인 MI5(SS)의 수장 **Andrew Parker**의 말대로- 테크놀로지는 MI5의 가장 큰 과제이며 탑다운 식으로 결단을 내려 MI5 조직에 실험해봐야 한다.

특히 민간 부문과의 관계 설정문제에 있어서. 그 하나의 영역이 **코로나 판데믹**인데, 판데믹 출현과 그 출현이 사회에 미치는 영향에 대해 정보가 무엇을 할 것인가 등이다. 국가안보정보에 대한 전통적인 관점으로 보면 글로벌 보건안보에 대한 평가를 하지 말아야한다. 보건분야 전문가의 영역으로 치부되었기 때문이다. 이는 전염병학과 판데믹이 인간의 행동에 미치는 영향을 정보기관이 어떻게 이해하느냐와 관련 있다.

인간행동에 대한 메타정보를 수집하여 판단 분석하는 것은 조기경보역할117)이 되고 판데믹으로 인한 위협을 줄이게 된다. 코로나 판데믹 정보활동이 강화되어 국가안보 조기경보 리스트 중의 하나로 포함시킬 필요가 있다. 국가정보의 용도가 개혁되고 새로운 스킬이 요구된다. 전통적인 정보기관의 활동의 우회로라고 할 수 있다. 양쪽 모두에 집중함으로써 국가안보에 대한 위협을 최소화해야 한다.

이런 관점은 기후변화에 대한 정보활동에도 적용된다. CIA는 이미 Center for Intelligence Climatef라는 부서를 설치하는 등 미국 정보

---

117) 중국이 이 분야에서는 단연 압도적 선두이다. 중국은 세계 최대 규모의 생체정보 데이터 베이스를 만들고 있으며, 장기적으로 국가가 한 개인의 정체성과 활동, 사회적 관계를 최대한 알아내 감시하는 시스템을 설계하는 것이 목표이다.(조선일보, 2022. 6. 23.)

공동체는 이 분야에 대한 관심을 높이고 있다. 글로벌 환경과 생태학적 저하(타락)은 자원, 경제적 곤경, 사회적 불만 등으로 인한 경쟁에 불을 붙이고 있다. 기후변화가 돌이킬 수 없는 데미지를 야기할 것이란 전망이 늘어나면서. 영국에서도 공공분야에서 비슷한 관심이 제고되고 있다. 영국 국방부가 글로벌 전략 추세 보고서에서 이 문제를 거론했고, 2017년에는 범정부적으로 영국 기후변화 리스크 평가도 있었다. 정보기관은 앞으로 더 기후변화 문제에 대한 정보활동의 비중을 높여야 한다.

유럽 국가를 타깃으로 한 허위조작정보에 대한 정보활동도 더 가다듬어야 하고 전략적인 평가에 포함시켜 정책결정자에게 관련 정보를 제공하고 동시에 대중을 상대로 한 교육도 강화하여 회복탄력성도 키워야 한다. 그러나 진정한 전략적 이점을 주기위해서는 상호작용적 효과가 필요한데, 앞서 언급한 모든 과제들이 보다 효율적으로 통합되고 평가되어 정보보고서화될 때 효과를 발휘하게 된다.

기후변화, 코로나와 같은 자원이슈들은 복잡성이 늘어나는 만큼 분석관들의 정확히 분석하는 훈련과 능력이 요구된다. 심리학자 **Robert Sternberg**는 정보를 3가지 유형으로 분류했다. **analytic, practical, creative** 등. 분석적 정보는 논리와 기억을 가지고 퍼즐풀기 식으로 분석하는 것이고, 실용적 정보는 사람, 요령(눈치tact), 타이밍. 효과적인 커뮤니케이션 등을 분석한다. 창의적 정보는 상상력, 패턴 인지, 상호작용 효과를 분석하는 것이다.

이 모두가 전략정보 생산에 필요하다. 특히 복잡성이 높아져 정보 미스테리가 많아진데다, 변화속도 또는 빨라진 오늘날 창의적인 정보 활동과 분석이 한층 더 절실하다.

이를 위해서는 심리적 난관을 극복해야 한다. 정보실천가이자 학자인 Kjetil Anders Hatlebrekke는 합리적인 사고에 대한 장애, 인지적 편견, 정보기관의 비밀우선주의 문화 등으로 인해 창조적 사고가 어려워 결국은 전략적 실패로 이어진다고 말한다. 이에 대한 해법으로 분석관을 대상으로 인지적 특성 습득과 창의적 사고훈련을 강화를 제안한다. 2030년에는 분석관들에 대한 훈련 필요성 목소리가 더 커질 것이다. 데이터의 폭발적 증가와 신기술의 발전을 따라가기 위해서이다.

또 강화해야할 연관된 영역이 분석관과 정책결정자와의 관계설정이다. CT 정보에 포커스를 둔 것이 환영받은 이유 중 하나는 수집관과 분석관, 그리고 CT미션을 수행하는 요원들 간에 통합이 용이했다는 점이다. CT를 통해 확보한 정보들은 신뢰성 있는 것으로 보여 요원들끼리는 물론 각급 정보기관 간에도 정보공유가 수월했다. **파네타** 전 CIA 국장은 따로 따로 밥을 먹는 분석관과 공작관들이 의도적으로 모여 함께 했을 때 서로 간에 믿음이 상당히 증가했다고 말한다. CT 시대에 수집관과 분석관의 관계가 돈독해졌다고 해도 분석관과 정책결정자와의 관계까지 돈독해졌다고 말할 수 없다.

tactical CT에 대한 포커스와 이라크, 아프가니스탄 전쟁은 서방정보기관들이 전략적 정보를 대충 훑어보고 우선순위로 두지 않은 결과이다. 당연히 분석관과 정책결정자 간에 관여의 갭이 커질 수밖에 없다. 이런 문제는 정책결정자들이 지원받은 정보가 과연 무슨 의미를 띄고 있는지 다양하게 해석하는데서 발생한다. 이 한계를 극복하기 위해 고위 정책결정자들에게 훈련이 요구된다. 전략정보의 용도와 한계 등에 대해서이다. 분석관과 정책결정자 간의 관계를 돈독히 하는 것은 비중이 커질 전략정보의 효율성을 높이기 위해서라도 절실해진다.

전략정보는 전통적으로 휴민트, SIGINT, IMINT, MASINT 등이 망라되어 만들어진 정보이다. tactical CT 포커스는 다른 분야에 투입할 예산을 CT 부문에 전용한 결과이다. 다른 부문의 희생이 따른 것이다. 공개출처 정보에서 추출한 정보를 토대로 전략적인 숙고를 하고 있지만, 디지털 시대 데이터의 폭발적 증가는 정보기관에게 많은 숙제를 던져주었다. GCHQ 전 국장인 **David Omand**는 소셜미디어 정보(SOCMINT)의 중요성을 특히 강조했다.

이를 위해 정보자산이나 예산을 재조정하고 새로운 정보 tools을 개발해서 전략적 우위를 차지해야 한다고 말한다. 이것이 자유민주주의를 지키는데 해당된다고. 특히 영국 등 유럽 정보기관들은 국내 문제에 거의 관심을 두지 않았다. NSA 기밀을 폭로한 스노든 사건에서 얻은 교훈은 새로운 정보수집 기술 채택은 합법성을 부여받아야 하며 시민권이나 프라이버시를 침해한다는 비난을 받지 않도록 해야 한다는 것이다. 이를 비중 있게 강조하는 것은 AI와 머신러닝을 도입한 분석기법이 앞으로 더욱 폭넓게 적용될 가능성이 크기 때문이다.

동맹국들과의 정보 파트너십은 갈수록 중요해지고 있다. 유럽국가들은 전략적인 도전과제와 위협에 직면하고 있다. 쌍방 간 정보교류는 유럽국가들이 liaison option(연락 옵션) 형태로 이루어지겠지만, 날로 변화하고 있는 위협에 대한 정경은 전략적인 평가나 대응을 shaping하고 협조하는데 더 많은 노력을 요구한다. 동맹관계는 앞으로 더 중요해진다. 상호 간에 전략적인 판단과 이에 대해 원활하게 공유가 이루어질 때 정보실패를 방지하고 대처할 수 있다.

CT 정보활동에 기반을 두고 만들어져 국제기구 형태로 활동한 **'반이슬람 국가연합'**과 같은 단체의 성공은 청사진을 제시하는 효과를 준다. 각국의 전략적 정보자산을 이용해서 여러 국가들에 어떤 방식으로 제공되는 것이 효과적인지를 알려준다. 먼저 믿을만한 그룹 내에서, TF는 능동적이고 협조적이며 정보를 바탕으로 전략적인 행동을 하는 것을 장려한다. 분석이나 평가이 질이 한층 나아진 전략적 정부를 통해서 이다 이런 TF를 조직화해서 각 국을 상대로 기후변화, 글로벌 판데믹 문제 등에 대해 목소리를 내는 것이다.

전략정보 교류는 전략적 지향점이나 외교적, 경제적 관계를 훼손하거나 문제시하는 첩보에 대한 가치도 재인식시킨다. 정보기관의 중립성 유지 확보는 긴요하다. 특정 정책에 대해 이의를 제기하는 첩보가 무시되지 않게 만들기 때문이다. 특히 국내적으로 긴요하다. 최근의 전략적 정보 실패와 감청에 사용된 감시프로그램은 정보기관 입장에서 공공의 신뢰를 상당부분 잃게 되었으며, 정보 수집 방법과 정보생산물을 정치화시켰다.

정보기관 수장을 임명할 때도 의회 내에서 쉽게 합일된 컨센서스를 끌어내지 못하는 것은 정보의 정치화의 부산물이다.
정보기관이 신뢰를 회복하기 위해 지난 20년간 전·현직 정보기관 수장들이 미디어를 활용하여 정보기관의 능력을 높이거나 보호하려 했다는 점이다. 언론을 불러서 정보기관이 어디에 우선순위를 두고 자신들의 국가가 처해진 위협, 그리고 이에 대처하기 위한 정보기관의 활동에 대해 설명했다. 이에 힘입어 정보기관의 투명성과 공중의 인식은 좋아졌다. 대신 정보의 정치화라는 리스크는 여전히 남겼다. **블랙스완**(Black Swan)이 수시로 나타나고 세상이 더 복잡해지는 이 시대에 군과 같은 정보기관은 오직 국가를 위해서 정보활동을 하며, 정치권과는 거리를 둔다는 원칙을 댐에 물을 채우듯 조직 내에 가득 채워야 한다.

The Enduring Terrorist Threat(지속되는 테러 위협) : 테러리즘 4.0

테러는 조용할 때 주의 깊게 지켜봐야 한다(you need to be most worried when it's quiet). 전략 정보에 다시 포커스를 두더라도 CT에 기반 한 정보활동과 균형을 맞추어야 한다. 글로벌 지하디즘의 진화하고 있는 바탕에는 발전한 ICT 기술을 응용한 덕분이다. 이는 **글로벌 지하디즘 3.0**이다. 개인적인 동기로 테러를 저지르는 자들이 늘어나고, 중앙집권화된 테러단체들의 지원이 별로 없으며 조악한 전술 등을 특징으로 한다. 타깃도 군이나 공공기관 같은 하드 타깃(hard target)에서 민간인을 대상으로 한 소프트 타깃(soft target)으로 이동하고 있다. 2018년 피츠버그 테러 사건, 2019년 뉴질랜드의 극우집단인 Christchurch의 모스크 공격[118] 등이 적절한 예이다.

3.0 타입의 테러리스트는 글로벌 지하디스트도 아니다. 자국 내에서 자생적으로 생긴 자들과 극우 세력들이며 국제적 테러와 국내테러 간의 경계도 흐릿해졌다. 이는 지난 20년 간 가장 걱정스런 테러 양상의 발전이다. 그런데 극단적 이데올로기는 점차 극좌세력과 생태론자, 잠재적 테러리스트와 연계될 가능성이 높아지고 있다. 극우 추종자들이 빈 라덴을 숭배하는 것이 그 증좌이다. 이처럼 테러 동기가 뒤섞이면서 새로운 형태의 데러 수단이 실행될 수 있다. 드론이나 암호화된 통신, 바이러스 등이며, 이는 **테러리즘 4.0**시대를 열 수 있다. 그러는 동안 중앙조직을 가진 지하디스트들은 신경가스와 같은 새로운 무기 획득에 혈안이 된다. 그리고 보호구역에서 기회를 엿본다.

일부 서방정보기관은 이런 위협에 대해 적절히 대처하고 있다. 영국, 스페인, 이탈리아, 독일 등은 국내의 자생적 테러리스트들의 테러를 경험했다. 영국은 특히 커뮤니티를 상대로 한 경찰활동(policing)과 정보활동을 강화하고 있다. 미국도 꾸준히 기민하게 글로벌 테러행태의 진화에 맞추고자 부심하고 있다. 방사선 물질이나 세균무기화 가능성이 있는 물질이 테러집단의 손에 들어가지 않도록 세심하게 모니터링 한다.

국내 자생적 테러가 종종 발생하다 보니 프랑스, 벨기에와 같은 국가들은 여러 CT 정보를 바탕으로 보다 통합된 정보를 생산하기 위해 커뮤니티에 대한 정보활동에 더 비중을 둔다. 경찰관, 지역 지도자들, 교사, 보건의료 종사자들 모두가 잠재적인 테러리스트들에 대한 정보를 조금씩 갖고 있다고 보는 것이다. 테러 정부를 제공하는데 인센티브도 필요하다고 본다. 이 같은 메타데이터를 바탕으로 인간행동분석가와 데이터 분석가들이 협업해서 활동하고 AI를 이용한 암호해독 개술이 발전하게 되면 자생적 테러를 분쇄할 수 있을 것이다.

결론

테러리즘이 진화하는 양상은 철저히 모니터해야 하고 이를 위한 정보활동에 충분한 지원을 하며 능동적으로 국민들에게 정보기관의 활동이 개인의 안전에 큰 역할을 하고 있음을 설파해야 한다. 앞서도 누차 말했지만 앞으로의 세상의 변화속도가 광선처럼 빨라지고 생각지 못한 변수가 느닷없이 등장하여 복잡성을 가속화시킨다.

다극화 체제도 복잡성 증대에 한 몫 한다. 감염병 판데믹과 기후변화 등으로 인해 전지구적으로 스트레스가 가중되고 나날이 악화된다. 이러한 환경 속에서 전략정보는 지난 20년 보다 더 중요해진다. 전략정보 생산 능력을 제고하기 위해서 유럽 국가들은 분석관의 역량을 더 키워야 한다. 정치분야, 경제분야, 군사분야, 지역분야, 기술분야 및 허위조작정보, 언어학자와 데이터 과학자 까지 전 분야를 망라해야 한다.

정보능력에 관해서는 **self-aware 분석관**이 뜰 것이다. 복잡한 문제를 풀어내고, 정책결정자들과 관계도 잘 구축하여 통합적인 정보를 생산해 낼 수 있는 그런 유능한 분석관을 말한다. 그리고 국가 간의 정보공유는 갈수록 필요하고 절실해질 것이다.

일본 정보공동체 개혁성과와 미흡점[119]

1. 들어가기

2000년대 초 일본정부는 정보공동체 개혁을 위한 상당한 노력을 기울였다. 나날이 급변하고 있는 안보환경 변화에 보다 효율적으로 대처하기 위함이었다. 테러리즘의 증가, 북한의 핵과 미사일 위협 등이 그것이다. 개혁의 주요 목적은 1) 정책결정자와 정보공동체 간에 효과적이면서도 체계화된 메커니즘을 확립하고, 2) 정보수집 능력을 개선하는 것이다.

2. 일본 정보공동체 개관

조직 구조

---

[119] Yoshiki Kobayashi, *International Journal of Intelligence and counterintelligence*, vol.28, 2015.

일본 정보공동체는 5개의 핵심 기구로 구성되어 있다. 내각조사실(the Cabinet Intelligence and Research Office), 외무성(the Ministry of Foreign Affairs), 법무부 산하 공공안전국(the Public Security Intelligence Agency), 경시청(the National Police Agency), 내각비서실(Cabinet Secretariat of Japan) 등이다.

내각조사실(CIRO)

내각조사실은 1952년에 설치되었다. 내각비서실 산하 조직으로 출범했으며, 내조실의 역할과 기능은 미국의 ODNI(국가정보국)와 유사하다. 파워와 권위 면에서는 ODNI에 미치지 못한다. 내조실은 총리에게 직통 보고 채널을 갖고 있으며, 전 IC(정보공동체)를 조율하는 책임을 지고 있다. 내조실장은 내각정보관(DCI, the Director of Cabinet Intelligence)이 책임자다.

내각정보관은 정기적으로 수상과 대면한다. 적어도 일주일에 1-2회는 한다. 대면보고 시 정보브리핑을 한다. DCI는 NSC 멤버이기도 하다. 내조실은 자체적인 정보수집 기능을 갖고 있지 않다. 예외적으로 위성정보센터가 내조실 소속이다. 그러나 내조실은 상당한 분석 능력을 구비하고 있으며 정보평가서(IERs, the Intelligence Estimate Reports)를 생산하는데, 각 분야 정보기관들의 의견을 모두 취합해서 작성한다.

미국의 NIEs(국가정보판단서)와 비슷하다. 내조실의 기능은 정보공동체 개혁 조치 덕분에 해가 갈수록 강화되고 있는 추세이다. 내조실의 인원과 예산은 공식적으로 알려지지 않았지만 대략 인원은 170여명이고, 예산은 미화 2,000만 달러 정도로 추산한다.

관방성(The Ministry of Defense)

관방성 내에 DIH(the Defense Intelligence Headquarters, 국방정보본부)가 군사정보를 책임진다. 신호정보와 영상정보는 당연히 포함된다.

국방정보본부의 역할과 기능은 미국의 국방정보국(DIA)와 비슷하다. 국방정보본부는 2,455명이 근무하며, 예산은 5억 달러로 추산한다.

외무성

외무성 내에는 외교정보분석국이 있다. IAS로 불리는데 the Intelligence and Analysis Service가 풀네임이다. 주로 외교업무를 위해 국제정세를 분석한다. IAS는 미국 국무성 산하에 있는 INR(Bureau of Intelligence Research)와 흡사하다. IAS의 분석대상은 주고 대사관에서 보내오는 외교전문이다. 종사자는 80여명 정도이고, 예산은 5백만 달러 정도 된다.

법무부 산하 공공안전국(PSIA)

1952년 對전복행위 차단을 위해 설립되었다. '對전복행위 방지법'이 설립 근거이다. 법무부 산하조직이다. PSIA의 미션은 폭력적으로 정부를 전복하려는 세력을 조사하는 일이다. 1995년 일본 도쿄 지하철 내에서 벌어진 사린독가스 살포사건이 대표적이다. Aum Shinrikyo가 저지른 일로써 일본 뿐 아니라 전 세계인을 경악시킨 사건이다. 근무자는 대략 1,530여명 정도이고, 예산은 1억4천만 달러 정도된다.

경시청

우리나라의 경찰과 같다. 경시청내에 안보국(the Security Agency)이 對테러, 방첩 및 국가안보와 관련한 범죄행위를 담당하고 있다. 자체적인 수사권과 기소권이 없는 것이 미국의 FBI와 다른 점이다. 그 대신, 47개 지방(현) 경찰을 관리 감독하는 기능이 주어져 있으며, 국내정보만을 전담하는 기관이 없는 일본의 특성을 감안하여 동 기구가 그 공백을 메우고 있다.

기타 정보공동체와 연관되는 부처들

일본 정보공동체는 1952년 만들어진 이래로 크게 달라진 것은 없다. 그러나 약간의 변화가 있었다. 2008년 3월 4곳의 부문정보기관이 정보공동체에 포함되었다. 이를 associate member라 부르는데, 재무성, 통상산업성, 금융위원회(the Financial Service Agency), 해경 등이다. 정보공동체 멤버를 늘인 것은 2008년에 시작된 정보공동체 개혁의 일환이었으며 관련 현안이 발생할 때 언제든지 참석한다. 예를 들어 일본과 한국, 중국 등과 해양영토 분쟁이 발생하면, 해경이 참여하여 이에 대한 대응책을 제시한다.

Hubs Connecting Policymakers and the Intelligence Community (정책결정자들을 연결하는 허브와 정보공동체)

정보순환이론에 따르면, 정보공동체의 주요한 미션은 정책결정자들의 결정 행위를 뒷받침하는 것이며 이는 정책결정자들의 정보수요에 부응하는 것이어야 한다고 되어 있다. 그러므로 정보공동체 내 허브기능은 효과적으로 정책결정자들과 정보공동체를 연결시키는 것이다.

문제는 정책결정자들이 정보요구를 정보공동체에 적절하게 제시하지 않으며, 그 결과 정보공동체는 각각의 기능을 효과적으로 수행할 수 없다고 본다. 일본의 경우 '내각정보위원회(CIC, the Cabinet Intelligence Council)'가 허브 기능을 하고 있으며, CIC는 1998년 10월 만들어졌으며 내각 비서실장이 주재한다. 그 멤버는 차관급 정도의 고위관리들로서 정보공동체에 포함되어 있는 부처는 물론이고 연관된 부처까지도 망라한다. 내조실은 CIC의 활동을 뒷받침하는 비서와 같은 기능을 한다. CIC는 일본 정부의 중장기 정보수요를 판단하고 결정하며 정보공동체에 내려 보낸다. 정보공동체는 CIC의 정보요구에 맞춰 각종 정보보고서를 생산하여 보고한다.

일본의 내각정보관이 일주일에 1-2회 수상과 대면하여 주요 사안에 대해 브리핑을 하는 동시에 정보공동체와 정책결정들 사이를 조정하는 허브역할도 한다. CIC가 주로 중장기적인 정보를 판단하는데 중점을 두는 반면, 내각정보관은 수상이 직접 정책판단에 적용할 수 있는 현용정보에 비중을 둔다. 2013년 **아베** 수상 시절 미국의 NSC와 흡사한 NSC를 만들었다. 일본 NSC의 주요 미션은 국가안보정책을 효율적으로 검토하고 결정하는 일이다. 수상을 최고 정점으로 외무성, 관방장관, 경시청장 등이 주요 멤버이다. 정보공동체를 대표해서 내각조사실의 내각정보관이 참석한다.

일본 정보공동체의 특징

일본 정보공동체의 특징은 G7 국가들이나 호주 등과 달리 다음 2가지로 요약할 수 있다.

첫째, 정보공동체의 규모와 능력이 상대적으로 작은 편이다. 익히 알려진대로 일본은 휴민트를 가동하는 정보기관이 없는 유일한 G7 국가이다. 영국의 국내보안 정보기관인 MI5(SS) 혹은 호주의 정보기관인 ASIO에 필적하는 기관이 없다. 캐나다 정보기관 CSIS는 국내보안기관으로 출발했으나 해외정보로 영역을 확대하고 있다. 일본의 경시청이나 PSIA는 국내보안업무를 주로 하는 것이 아니고 국내정보기관이 없는 공백을 메우는 정도의 역할을 하고 있을 뿐이다.

이렇게 된 까닭은 2차 대전과 깊은 연관성이 있다. 국가단위의 대규모 안보기관은 철폐되었기 때문이고, 이후 미국 등 우방국에 국가안보에 관한 정보를 상당부분 의존하는 형태가 되었다.

둘째, 일본의 통치구조 상 정보공동체 간의 통합력은 상당히 허약한 편이다. 가장 큰 이유는 내각조사실이나 DCI가 강력한 조정권한을 갖고 있지 못한데 기인한다. 예산이나 요원 채용 등에 전혀 영향력을 행사하지 못한다. 그래서 정보공유도 원활하지 못한 편인데 최근의 개혁조치로 인해 조금 나아지고 있는 상황이다. 이런 실정이다 보니 다른 국가들에 비해 정보공동체의 통합이 지체되고 취약한 실정이다.

3. 2000년 이후 정보공동체 개혁

앞서 언급했듯이 일본의 현재 정보공동체 기본적인 구조는 2000년대 초 중반 등의 여러 차례 개혁조치를 했음에도 1952년 설립 당시와 크게 차이가 없다. 2000년대 개혁조치도 북한의 상습적인 미사일 발사에다, 더욱이 일본 열도까지 타격할 수 있는 중장거리 미사일 발사에 상당한 안보위협을 느끼기 시작했고, 9.11테러가 영향을 미쳤다. 일본은 미국의 확고한 동맹인데다, 많은 미군시설이 있어 잠재적인 테러 대상이 되고 있기 때문이다. 이런 연유로 정부내 연구기관은 물론이고 민간에서 조차 정보기구 개혁 필요성을 주장하는 보고서들이 생산되고 정부나 의회에 제출되기 시작했다.

개략적인 내용은 다음과 같다.

1) 정보요구의 문제
각 부처들이 필요한 정보요구를 제시할 수 있는 메커니즘이 부재하여 정보순환체계가 제대로 작동하지 않았다. 이는 정보통합 노력 결여에도 있지만, 내각조사실과 DCI의 허약한 리더십도 원인으로 지목 되었다.

2) 정보수집의 문제
휴민트, 시긴트(신호정보), IMINT(영상정보)를 포함해서 전 영역에 걸쳐 정보수집 능력이 취약했다.

3) 정보분석의 문제점
정부 내에 정보공유가 잘 안되고 분석 시 협조가 미흡하여 정보공동체를 포괄하는 "all-sourced(모든 출처를 포괄하는)" 정보보고서 생산이 되지 않았다. 미국의 NIE(정보판단서)와 같은 보고서가 나올 수 없었다. 정보공동체의 허약한 통합의식은 상황을 더 악화시켰다.

4) 對방첩 문제
현 정보공동체 내에는 기본적으로 방첩활동을 수행할 수 있는 메커니즘이 결여된 상태이다. 기밀을 볼 수 있는 보안허가체계, 비밀정보 보호와 관련한 법 등이 부실하다. 이런 이유 때문에 외국의 카운터파트와 효과적인 정보공유를 하는데 장애가 된다.

2008년 정보개혁 보고서

이런 지적에 따라 일본 정부는 2006년 12월 정보능력을 고양하기 위한 패널을 설치했다. 내각비서실장이 주재하는 위원회였는데, 출범한지 석달도 안되어 아베 신조가 수상이 되면서 그 위상이 높아졌다. 2008년 2월 14일 동 패널은 정책적 제언이 담긴 최종보고서를 제출했다.

이 보고서는 일본 정보공동체 개혁의 모태가 되었다. 대략적인 내용은 다음과 같다.
O Enhancement of intelligence Capabilities
O Establishing the mechanism to connect policymakers and the intelligence community
O Improving intelligence collection
O Improving intelligence analysis and sharing
O Enhancement of Information Security(Counterintelligence)

2008년 개혁보고서는 정당이나 민간 싱크탱크들의 연구결과를 상당부분 반영했다. 이 보고서는 일본정부가 포괄적이고 이론적인 토대 하에서 정보공동체의 현실을 진단하고 대응책을 제시한 첫 보고서이기도 하다. 정보사이클 이론을 염두에 두고 작성했다.

정보순환 사이클은 정보요구 → 정보수집 → 분석과 정보보고서 생산 → 배포와 정보소비 → 피드백이 기본적 체계이다. 이 보고서는 CIA와 같은 휴민트 전문조직 창설이나 정책결정자와 정보공동체 간에 연결 체계를 만드는 것과 같은 눈에 확 띄는 제안도 포함되었다.

2008년 개혁보고서의 실행

정보수집 능력의 향상

가장 비중을 둔 것이 타국(미국 등)에 대한 정보의존도를 줄이고 일본 고유의 위성정찰 프로그램을 가동하는 것이었다. 이 보고서가 나오기 이전에도 추진하고 있었지만 2008년 보고서에서는 위성정찰그로그램이 조속이 완전한 업무를 수행할 수 있도록 추진할 것을 권고했다.

사실 일본 정부는 1998년부터 북한이 미사일 개발하고 일본 열도근처로 발사하면서 위성정찰정보의 필요성을 절감하고 있었다. 북한 미사일이 일본열도로 날아올 수 있다는 점은 일본 국민들의 경악하게 하기에 충분했다. 일본 정부의 결정을 앞당긴 촉매가 되었다. 이에 따라 CSIC(위성정찰국)가 내각조사실내에 설치하게 된 것이다. 여러 차례의 고비를 겪은 뒤 2013년 4월 원래 의도한 대로 온전한 위성정찰업무를 수행하게 되었다. 이 프로그램은 두 개의 SAR(synthetic-aperture radar,합성개구레이더) 위성과 두 개의 electro-optical위성으로 이루어졌다.
이외 귀추를 모았던 CIA와 같은 휴민트전문 정보기관 창설문제는 가볍게 언급하고 넘어갔다.

정보분석과 정보공유 행태 개선

항상 문제점으로 지적되어 온 것이 부처 간의 정보공유가 제대로 안되고 분석하는데도 협조가 미흡하다는 지적을 감안하여 2008년 보고서는 다음과 같은 개선책을 제시했다.

1) DCI의 관리감독 아래 모든 소스가 포함된 포괄적인 정보보고서를 생산할 것
2) 내각조사실 내에 고위급 정보분석관 직위를 신설하여 all-sourced 정보보고서 생산을 책임질 것
3) 정보공동체 멤버는 확대하여 정보공유 폭을 제도적으로 넓힐 것

이에 따라 2008년 3월부터 내각은 정보공동체를 상대로 IERs(국가적인 정보판단서)를 작성토록 하고 DCI가 이를 관리감독하며 생산된 보고서를 CIC에 보고토록 했다. 2008년 4월에는 내각조사실 산하에 '내각정보분석관(CIAO, Cabinet Intelligence Analysis Officer)'직을 신설했다. 정보판단서 작성에 전적인 책임을 지도록 했다. 정보공동체 멤버도 확대하여 4개 부처가 "associate members(준회원)"으로 추가되었다.

Enhancing Information Security(Counterintelligence, 對테러 정보: 정보보안 능력 제고)

보안정보와 관련해서 2016년 12월 일본 정부는 패널을 조직해서 방첩업무 능력 향상을 추진했다. 내각 비서실장이 주도가 되어 對방첩 업무 중 어떤 일을 중점적으로 해야하는지를 검토했다. 2008년 4월 내각조사실 산하에 <對방첩센터Counterintelligence Center>를 설치하고 국가적인 방첩업무를 조율하도록 했다. 표준화된 보안허가증 제도를 도입하고, 모든 부처에 적용했다.

2014년에는 새로운 비밀 보호 프로그램을 운용할 수 있는 법안을 내놓았다. "Act on the Protection of Specially Designated Secrets"이다. 이 법은 국방, 외교, 對테러리즘과 관련된 고도의 민감한 정보에 대한 보호에 목표를 두었다. 이 법 제정 이후 대테러 대처능력 향상은 물론이고 정보공동체내에 정보공유도 과거에 비해 보다 원활해졌다.

Assessing the Outcomes of the Reform(개혁결과에 대한 평가)

Evaluation Methods(방법 평가)

정보공동체의 활동을 개혁해온 일본 정부의 노력이 얼마나 효과가 있는지를 객관적으로 평가하기 쉽지 않다. 평가할 자료가 빈약하기 때문이다. 각 부처 등이 비밀의식이 강해 자료를 웬만해서는 공개하길 기피하는데 기인한다. 그나마 평가자료로 삼을 수 있는 것이 총리의 매일 일정이다. 만나는 대상을 보고 어느 정도 유출할 수 있다. 일간 신문도 참고가 된다. 물론 총리가 비공식적으로 외부에서 누군가를 만나 무슨 일을 하는지는 알기 어렵다. 그렇지만 10년 이상 공개된 사실만을 모아서 분석해보면 어느 정도 가치 있는 내용을 추출 가능하다.

Results and Discussion(결과 및 토의)

2000년부터 2014년까지 총리가 DCI 방문 형태를 두 가지 타입으로 분류할 수 있다.
(1) 총리와 DCI와 정례적인 미팅, (2) 총리관저에서 여러 부처 장관들과 회동 시 DCI 참석 여부이다. 후자의 경우 DCI는 다른 고위 IC리더(예, DIH 국장) 또는 내각의 고위 정책결정자(예, NSC 사무총장) 등과 동반 참석한다.

Establishing an Effective Institutional Mechanism Connecting Policymakers and the IC(정책결정자와 정보공동체를 연결하는 효과적이고 제도적인 메커니즘 확립하기)

이 이슈는 총리와 DCI의 관계, 정보공동체의 리더로서 DCI의 위상이 어느 정도인지를 보면 평가할 수 있다. 첫째, 총리관저로 DCI가 방문한 숫자는 2008년 이후 눈에 띄게 늘었다. 방문 빈도수는 물론이고 만남 시간도 상당히 증가했다. 2000년과 2007년 사이에는 DCI의 총리관저 방문은 고작 46회에 불과했으나, 2008년부터 2014년까지를 보면 70회로 점프했다. 최근에는 더 가까워졌을 것으로 추론해도 무리가 없을 것이다.

둘째, DCI는 총리관저에서 내각 각료들이 모이는 자리에도 배석하는 경우가 확연히 늘었다. 2000년 초만 해도 DCI의 총리관저 대면의 70%가 정보브리핑 목적이었다. 총리와 DCI의 책임자 단 둘이 회동하는 형태였다. 2012년 이후부터는 상당히 달라지는 양상을 보인다. 총리와 DCI장이 단둘이 만나는 형태에서 여러 각료 등이 모인 자리에서도 DCI책임자가 참석하는 빈도가 확연히 늘었다. 2번에 한 번꼴로 참석했다. 이는 단순한 정보브리핑에서 벗어나 돌발적인 이슈가 생겼을 때 DCI가 그 정책적 논의에 간여하고 총리의 정보보좌관이 어떤 내용을 총리에게 보고하는지도 알게 된다는 것을 의미한다. 예외가 하나 있다.

외무성의 IAS장이 총리에게 보고할 때는 DCI가 배석하지 않는다. 이런 내용을 토대로 추론하면, DCI의 정보공동체 내 조정기능은 분명히 향상되고 있다고 단언할 수 있다. 하지만 IAS의 사례에서 보듯 DCI가 보다 강한 리더십을 발휘하려면 예산 편성 등에 영향력을 행사하는 정도가 되어야 한다. 2008년 개혁 조치가 한계를 보이는 이유 중의 하나다.

그리고 위성정찰국의 활동은 괄목할 만하다. 내밀한 기밀사항이어서 상세한 내용은 알기 어려우나 일본의 높은 기술 수준을 바탕으로 한 위성정찰 정보는 총리의 정책 판단과 의사결정에 큰 기여를 하고 있는 것은 분명히다.

4. 앞으로의 과제

2008년 정보개혁보고서는 몇 가지 중요한 포인트를 놓쳤다.
첫째, 정보공동체의 통합적 정보능력을 향상하는 수단으로 DCI의 위상을 강화를 제언했다. 현재 진척상황을 보면 어느 정도는 목표에 근접했다.

그러나 여전히 DCI는 다른 부문정보기관에 대한 예산 통제나 인원 등에 대해 영향력을 행사하지 못한다. 미국과 같은 서방정보기관에 비하면 여전히 그 위상이 취약하다.

둘째, 2008년 보고서는 정보공동체와 정책결정자들 간에 밀접한 교류와 관계형성이 긴요함을 강조했지만, **정보의 정치화**[120]를 우려하여 특정 정책을 시행했을 때 야기되는 부정적인 효과에 대해서는 관심을 기울이지 않았다.

셋째, 정보공동체에 대한 민주적 통제 문제는 언급하지 않았다. 이는 일본의 정보공동체의 정보활동이 다른 분야에 비해 비중이 약한 현실을 반영한다. 그러기에 이런 이슈들은 별로 심각하게 받아들여지지 않는다. 일본이 미국이나 영국과 같은 수준의 정보공동체를 만들어 운영하려 한다면 미국과 영국 정보기관이 처했던 문제를 비슷하게 직면할 것이다.

이 논문은 갖가지 한계로 상세함이 떨어지는 한계를 보였으나, 감추고 드러내기 싫어하는 일본의 특성을 감안할 때 일본 정보공동체를 조금이나마 이해하는데 도움이 되는 첫 단추를 끼웠다는데 의미를 두고자 한다.

※ 요시키 고바야치는 하버드대에서 정보와 사법체계를 중점적으로 연구하고 있으며, 2015년 7월까지 하버드대의 '미국과 일본관계 프로그램' Associate였다. 1987년 경시청에 투신한 이후 정보분석과 대테러, 초국가적 범죄분야에 종사했다. 홍콩주재 일본 총영사도 역임했다.

---

[120] 정보의 정치화는 정보기관이 정보판단의 객관적인 자세를 유지하지 못하고 대통령 등 통치권자의 입맛에 맞게 조정해서 보고하는 것이다. 정보실패의 원인 중의 하나로 지목되어 온 문제이다.

위기와 ESPIONAGE

초판 발행 : 2022년 7월
지은이   : 서정순, 이일환 편저
발행처   : 인트루스(In-Truth) 출판사
           서울 중구 수표로 48-12, 203호
           FAX 겸 일반전화 (02) 2261- 1009
           이메일 jina_family@naver.com
출판등록 : 2022년 1월 3일, 제2022- 0000001 호
인   쇄 : 이레문화사
ISBN 979 - 11 - 977556 - 1 - 3(93300)
정   가 : 16,000원